그리스도와의 연합 관점을 중심으로
조나단 에드워즈의 칭의론

그리스도와의 연합 관점을 중심으로
조나단 에드워즈의 칭의론

초판 1쇄 인쇄 2025년 8월 26일
초판 1쇄 발행 2025년 9월 2일

지은이 | 강웅산
펴낸이 | 박성규

펴낸곳 | 총신대학교 출판부
등 록 | 제 바-38호 (1964. 8. 22)
주 소 | 경기도 용인시 처인구 양지면 학촌로 110
전 화 | 031-679-1749
이메일 | press@chongshin.ac.kr

ISBN 978-89-8169-001-4 93230

디자인 | 디자인 봄봄

* 이 책은 신저작권법에 의하여 국내에서 보호를 받는 저작물입니다.
  출판사와 협의 없는 무단 전재와 무단 복제를 엄격히 금합니다.
* 잘못된 책은 서점에서 교환하여 드립니다.
* 책값은 뒤표지에 있습니다.

그리스도와의 연합 관점을 중심으로

조나단 에드워즈의 칭의론

강웅산 지음

총신대학교 출판부

조선예수교장로회
총회록

서 문

　　종교개혁 500주년을 맞이하며 전 세계의 개신교회가 축하와 기쁨과 은혜를 나누는 뜻 깊은 해에 필자도 이 책의 출간을 통해 경축의 의미를 더할 수 있게 되어 먼저 기쁨과 감사와 영광을 하나님께 돌린다.

　　종교개혁은 교회의 개혁이었다. 그 개혁은 신학을 바로 세우는 작업을 통해 이루어진 개혁이었고, 신학의 많은 주제 중에서도 구원론을 중심으로 한 개혁이었고, 특히 칭의론 논쟁이 중심이 되었던 개혁이었다. 즉, 16세기 교회 개혁의 중심에 칭의론 논쟁이 있었다. 그렇다면 종교개혁이 일어난지 500년이 지나는 이 시점에서 볼 때, 칭의의 문제는 잘 해결이 되어서 더 이상 문제가 되지 않는 것인가? 교회의 현실은 그렇지 않다. 1999년 10월 31일 종교개혁 기념일을 기해 로마 가톨릭과 루터란이 "이신칭의 교리에 대한 공동 선언"(Joint Declaration on the Doctrine of Justification)을 발표하였다. 한마디로 이신칭의 교리에 양 교단 사이에 이견이 없다며 서로에게 내렸던 저주(anathema)를 거두었다. 믿음과 행위의 관계에 대해 서로 간에 오해가 있었고 견해 차이는 해소가 가능하다며 마치 종교개혁은 과민하게 대처한 사람들에 의해 빚어진 해프닝이 되어 버렸다. 그 파장은 2006년에 나타났다. 세계 감리교 대회가 서울에서 열리면서 감리교단도 1999년 공동 선언에 동참한다는 서명을 하였다. 공식적인 참여는 아니었더라도 웨슬리 신학을 기반으로 하는 교단들까지 포함하면 전 세계 기독교 인구의 절반이 넘는 수가 이 선언에 참여 내지는 공유하는 현실이 되어 버렸다. 그렇다면 개혁주의는 괜찮은가? 20세기 후반부터 바울 신학 연구에 있어서 소위 새관점(New Perspective) 학파로 불리는 학자들에 의해 법정적 칭의 교리를 도전하는 시도는 계속되고 있다. 종교개혁이 있은지 500년이 지나가지만 칭의 교리의 문제는 결코 잦아들지 않았다. 한국 교회도 예외는 아니다. 칭의 교리를 흐리는 것은 종교개혁을 부인하는 것이다. 이런 차제에 종교개혁 교리를 수호한 조나단 에드워즈의 칭의론에 우리의 주의를 기우리는 일은 충분한 가치가 된다는 생각이다.

　본서는 조나단 에드워즈의 칭의론을 방법론적 관점에서 분석하였다. 그리스도와의 연합(Union with Christ)이 에드워즈가 칭의 및 구원 전체를 이해하는 신학적 기틀, 원리, 방법론이 된다는 논지를 입증하였다. 에드워즈에게 있어서 그리스도와의 연합은 역사와 영원을 연결 짓는다. 그래서 본서의 논의는 영원에서 시작하여 역사를 거쳐 다시 영원으로 나아간다. 삼위일체를 근거로 어떻게 구속이 시작되었고, 역사 속에서 구원이 어떻게 완성되어 우리에게 적용되었으며, 다시 영원 가운데 우리가 누리는 구원과 칭의가 어떤 관계에 있는지 생각하는 방향으로 진행한다. 1장에서는 에드워즈가 사용하는 방법론, 즉 그리스도와의 연합에 대한 삼위일체적, 언약 신학적 근거를 추적하고, 2장에서는 그리스도가 완성한 의가 어떻게 전가되는지를 구속사적 관점에서 조명하고, 3장에서는 믿음이 완성된 칭의를 성도에게 적용한다는 의미가 무엇인지 설명하면서 믿음에서 행위(works)를 전적으로 배격하고, 4장에서는 칭의 이후의 삶, 즉 성화, 선행, 순종, 견인, 상급 등에 대해 칭의가 어떤 관계에 있는지 밝히고, 5장에서는 종합 및 평가의 의미로 에드워즈의 방법론이 개혁주의 전통 가운데 어디에 위치하는지 논하고, 또한 근자에 들어 에드워즈 신학을 왜곡하는 소위 "성향적 존재론적 구원론"을 반박하는 것으로 논의를 마친다.

본서는 필자가 미국 웨스트민스터 신학교에 2003년 제출했던 박사 학위 논문을 보완한 것이다. 한국에는 에드워즈의 글이 많이 소개되어 있지 않은 편이기 때문에, 독자의 이해를 위해 일차 자료를 많이 소개하였다. 특히 독자들이 가능한 한 에드워즈의 글맛을 직접 느낄 수 있도록 의역보다는 직역에 가깝게 옮겼다. 원래 에드워즈의 글이 영어가 모국어인 사람들에게도 어려운 것이 사실이지만 에드워즈의 생각을 가능한 한 직접 느낄 수 있도록 하였다. 난해하게 느껴지는 부분은 직접 예일 대학교의 조나단 에드워즈 센터에 접속하여 확인해 볼 것을 적극 권장하는 바이다. 인용의 출처는 대부분 예일에서 출간한 전집(총 73권)을 기준으로 했고, Banner of Truth 판을 사용한 경우에는 (Banner)라고 표기 하였다. 그리고 필자가 직접 예일대 Beinecke Rare Book Library(희귀본 및 고문서 도서관)에서 찾은 자료이나 인터넷 상에 공개되지 않은 문헌은 달리 확인해 볼 길이 없다는 점도 아울러 밝히며 양해를 구한다.

개인적으로 에드워즈의 칭의론을 연구하면서 방법론적인 면에서 칼빈의 칭의론과 흡사하다는 생각을 많이 했었다. 두 사람이 200년 차이가 나지만 그리스도와의 연합의 관점을 통해 칭의론을 더 나아가 구원론을 논했다는 점은 그들이 어떻게 교회와 복음을 지켰는지 생각할 때 결코 우연한 일치는 아니라는 생각이 든다. 칭의론은 루터의 말처럼 교회가 서기도 하고 쓰러지기도 하는 교리이고, 칼빈의 말처럼 기독교의 모든 신앙이 달려 있는 교리이다. 비록 종교개혁이 있은지 500년이 되었지만 아직도 뜨거운 감자와 같은 칭의 교리가 한국 땅 안에서 더 이상 뜨겁기만한 논쟁거리가 아니라 교회를 든든히 세워나가는 복음이 되기를 간절히 기도한다.

2017년 9월 초
강웅산 교수

| 목차 |

서문 • 5

서론
(Introduction)

A. 배경(Background) • 15
B. 논지(Thesis) • 26
C. 방법(Method) • 30

그리스도와의 연합
(Union with Christ)

A. 삼위일체적 배경(Trinitarian Background) • 39
B. 구속언약과 은혜언약 • 62
  (Covenant of Redemption and Covenant of Grace)
C. 행위언약과 은혜언약 • 85
  (Covenant of Works and Covenant of Grace)
D. 칭의의 완성과 적용 • 120
  (Justification Accomplished and Applied)
E. 맺음말(Closing Remarks) • 149

그리스도의 의의 전가
(Imputation of Christ's Righteousness)

A. 전가의 필요성(Need for Imputation) • 156
B. 그리스도의 의(Christ's Righteousness) • 182
C. 전가의 본질(Nature of Imputation) • 214
D. 맺음말(Closing Remarks) • 247

오직 믿음으로
(By Faith Alone)

A. 믿음으로(By Faith) • 254
B. 칭의의 믿음(Justifying Faith) • 285
C. 맺음말(Closing Remarks) • 340

제4장 칭의와 신자의 삶
(Justification and the Christian Life)

A. 성화(Sanctification) • 346
B. 선행과 순종(Good Works and Obedience) • 358
C. 견인(Perseverance) • 382
D. 상급(Reward) • 399
E. 맺음말(Closing Remarks) • 419

 제5장 평가 및 결론
(Evaluation and Conclusion)

A. 평가(Evaluation) • 426
B. 성향적-존재론적 구원론 • 449
  (Dispositional-Ontological Soteriology)
C. 맺음말(Closing Remarks) • 483

BIBLIOGRAPHY • 486

서론

Introduction

A. 배경(Background)

조나단 에드워즈(Jonathan Edwards, 1703-1758)가 태어나 활동하던 시기는 이미 개혁파 정통주의(Reformed Orthodoxy, 이하 정통주의)가 견고히 자리매김을 한 이후였다.[1] 그가 목회자-신학자(pastor-theologian)로 등장했을 무렵 개혁파 스콜라주의는 학문적 정립을 완성하였고 방대한 저서를 쏟아낸 때였다.[2] 그 말은 조나단 에드워즈가 어떻게 신학을 해야 하는지 이미 내용과 함께 방법론도 완성되어 있었다는 의미

---

1 에드워즈의 생애와 신학을 소개하는 전기로 단 몇 권만 추천한다면, George M. Marsden, *Jonathan Edwards: A Life* (New Haven: Yale University Press, 2003), 한동수 역, 『조나단 에드워즈 평전』(서울: 부흥과개혁사, 2006); Iain H. Murray, *Jonathan Edwards: A New Biography* (Edinburgh: The Banner of Truth Trust, 1987), 윤상문 역, 『조나단 데드워즈: 삶과 신앙』(서울: 이레서원, 2006); 목회자의 관점에서 쓴, Patricia J. Tracy, *Jonathan Edwards, Pastor: Religion and Society in Eighteenth-Century Northampton* (New York: Hill and Wang, 1980); 신학적 관점으로 쓴, Conrad Cherry, *The Theology of Jonathan Edwards: A Reappraisal* (Bloomington, IN: Indiana University Press, 1990), 주도홍 역, 『조나단 에드워즈의 신학』(서울: 이레서원, 2001).

2 Richard Muller, *Post-Reformation Reformed Dogmatics: Volume 1, Prolegomena to Theology* (Grand Rapids: Eerdmans, 1987).

이다. 예를 들어, 그는 한편으론 프란시스 투레틴(Francis Turretin, 1623-1687)으로부터 신학의 정교함을 배웠고, 다른 한편으론 윌리엄 에임스(William Ames, 1576-1633)로부터 교리의 실천성을 배웠다.[3] 다시 말해, 에드워즈의 신학이 왜 그리 치밀한지 그리고 그의 신학에는 누구나 높이 평가하는 실천적 영성이 있는지 우연한 결과가 아니다. 에드워즈는 또한 17세기 정통주의 신학과 함께 칼빈(John Calvin, 1509-1564)의 신학도 물려받았다.[4] 단적으로 평가해, 에드워즈의 신학은 칼빈을 많이 닮았다고 할 수 있다.[5] 특히 구원론에서 그렇다. 목회자-신학자 에드워즈는 복음을 방어하고 전파하는 사명에 있어서 칼빈과 정통주의 모두로부터 내용과 함께 방법론도 물려받았다. 이 점이 에드워즈의 신학을 이해함에 앞서 알아야 필요가 있는 중요한 배경이다. 칼빈에서 비롯하여 정통주의를 통해 발전한 그가 물려받은 칼빈주의의 풍성한 신학은 그의 예리한 사고력과 함께 구속사에 대한 깊은 인식

---

3 뉴잉글랜드 청교도 시대에 Turretin의 Institutes of Elenctic Theology와 Ames의 Marrow of Theology는 하버드나 예일에서 필독서였다.
4 이렇게 말하는 것이 칼빈의 신학과 개혁파 정통주의 신학을 불연속적인 것으로 떼어 놓는 것은 아니다. 단 칼빈 이후 정통주의 신학이 칼빈의 신학을 계승하지만 논의하는 방법론 면에서 구분되는 칼빈 신학의 특징을 강조하려는 의도일 뿐이다.
5 에드워즈의 칭의론은 구조적/방법로적 측면에서 볼 때 그리스도와의 연합의 관점에서 개진해 나간다는 면에서 칼빈의 칭의론과 연속성이 있음을 지적할 수 있다. 필자가 칼빈의 칭의론을 분석하여 개재한 4편의 논문이 있다. "Union with Christ: A Theological Framework in John Calvin's Doctrine of Justification," *Chongshin Theological Journal* 13.1 (2008), 22-43; "John Calvin's Doctrine of the Imputation of Christ's Righteousness," *Chongshin Theological Journal* 15.1 (2010), 167-204; "The Role of Faith in John Calvin's Doctrine of Justification," *Chongshin Theological Journal* 18.1 (2013), 114-52; "John Calvin's Doctrine of the Life of the Justified," *Chongshin Theological Journal* 20.1 (2015), 50-79.

으로 성숙되었다.[6] 대표적인 예로 1734년 설교하였고 1739년에 출간한 그의 칭의론을 들 수 있는데, 우리가 집중적으로 조명하게 될 내용이다. 이 설교는 당시 노쓰햄튼(Northampton) 지역과 몇 년 후에 뉴잉글랜드 전역으로 확산된 영적 각성의 불을 당긴 촉매 역할을 하기도 했다.[7]

에드워즈의 칭의론 설교는 여러 면에서 높은 평가를 받는다. 윌슨 킴낙(Wilson H. Kimnach)은 그 설교의 명쾌함이 "에드워즈의 비범한 분석력"에서 가능했다고 칭찬한다. "이신칭의 설교에서 그의 설득력은 단순한 수사적 기교에 의존한 것이 아니라 그의 정교한 논리 진행과 서술에 기인한다." 킴낙은 에드워즈의 설교를 "구세대의 형식논리에 따른 사고에 호소하는 방식과 차별되는 새로운 합리적(rational) 설교"의 범주에 포함시켰다.[8] 에드워즈의 설교가 "합리적"이고 "논리적"이라는 점에 대해 부인하지는 않겠지만, 필자의 관점에는, 그의 설교의 명쾌함과 힘의 진정한 원천은 그의 신학, 즉 하나님의 구속 사역

---

[6] 구속사에 대한 깊은 이해가 에드워즈의 글 중 1730년대에 특징적으로 강하게 드러난다. 1729년 외조부 스토다드(Solomon Stoddard) 목사에 이어 노쓰햄튼 교회에 담임목사가 된 후 그의 관심이 구속사에 많이 집중되어 있었음을 그의 설교와 논문들을 통해 알 수 있다. 참고, Ava Chamberlain, "Editor's Introduction," in Jonathan Edwards, *The "Miscellanies," (Entry Nos. 501-832)*, vol. 18, *The Works of Jonathan Edwards* (New Haven: Yale University Press, 2000).

[7] 1734-35년 노쓰햄튼 지역에 일어났던 부흥에 대해 자세한 기록을 하고 있는 에드워즈의 *A Faithful Narrative*는 그 부흥이 에드워즈의 이신칭의 설교에 의해 시작되었다고 적고 있다. Jonathan Edwards, *A Faithful Narrative*, in *The Great Awakening*, ed. C. C. Goen, vol. 4, *The Works of Jonathan Edwards* (New Haven: Yale University Press, 1972), 양낙흥 역, 『부흥론』(서울: 부흥과개혁사, 2005).

[8] Wilson H. Kimnach, "Jonathan Edwards's Pursuit of Reality" in *Jonathan Edwards and the American Experience*, ed. Nathan O. Hatch and Harry S. Stout (New York: Oxford University Press, 1988), 111-112.

에서 드러나는 미와 조화에 대한 그의 특별한 감각과 이해에 있다고 강조하고 싶다.

에드워즈에게 있어서 하나님의 구속 사역이 아름다운 것은 "무엇보다도 역사적"이기 때문이다. 리차드 린츠(Richard Lints)는 "하나님의 마음이 성경을 통해 드러났을 때, 그의 계시의 아름다움이 보였고, 미적이고 구조적인 신학이 가능해졌다"고 말한다. 에드워즈가 볼 때, 미(Beauty)란 "구조적 개념"(structural concept)이다. 하나님의 구속 사역에 대한 에드워즈의 미학적 이해는, 린츠의 말대로, 그의 "신학적 구조를 형성하는 틀"이다. 에드워즈의 미학적 감각이 "교리의 조직화"를 구성하고 있다.[9] 린츠의 평가가 에드워즈를 이해하는 데 매우 유효한 기여를 하는 것이 사실이지만, 우리는 에드워즈가 단순히 미적 관심에서 하나님의 구속 사역을 바라보고 있는 것은 아니라는 사실을 잊어서는 안 된다. 그에게 있어서 구속 사역이 "미적"(aesthetic)인 것은 우선적으로 "역사적"(historical)이기 때문이다. 그렇기에 성경에 기록되어 있는 구속 역사는, 에드워즈가 볼 때, 신학을 하는(doing) 하나의 방식이 될 수 있다. 다시 말해, 구속 계시 그 자체가 신학 방법론(methodology)을 함의하고 있다. 에드워즈는 그것을 "새로운 방법"(new method)이라고 불렀다.

에드워즈는 프린스턴 대학교의 전신이었던 뉴저지 대학(College of New Jersey) 이사회가 제안하는 총장직을 사양하는 편지를 쓴 적이 있다. 그 편지에서 그는 오랫동안 숙고해 온 신학 방법론에 대한 자신의 생각을 피력한다. "제가 마음 깊이 갖고 있는 큰 계획이 하나 있

---

9 Richard Lints, *The Fabric of Theology: A Prolegomenon to Evangelical Theology* (Grand Rapids: Eerdmans, 1993), 175–176.

습니다. 그것은 출간을 목적한 것은 아니지만 오래 전에 이미 시작한 일로 저는 '구속 사역의 역사'(A History of the Work of Redemption)라고 부르는데 전혀 새로운 방법(new method)으로 신학 전체를 기술하는 일입니다. 기독교 신학을 역사적 관점으로 기술하되 전체가 각각의 논의에 있어서 예수 그리스도의 위대하신 구속 사역에 준거(reference)를 둔 방법론입니다. 특별히 그 모든 것들이 역사적 질서에서 드러나는 놀라운 구조를 볼 때, 그것이 하나님이 모든 것을 창조하신 놀라운 의도(design)이며, 신적 사역과 작정의 총합(summum)이요 궁극(ultimum)이라고 저는 생각합니다." 이 편지에서 우리는 에드워즈의 생각을 엿볼 수 있다. "구속 사역의 역사"(A History of the Work of Redemption)는 1739년 30회에 걸쳐 했던 설교 시리즈이다. 언젠가 기회가 되면 하나의 신학 체계(system)로서 완성하겠다는 마음을 늘 품고 있었기 때문에 에드워즈는 총장으로 와 달라는 요청을 정중히 사양했던 것이다. 그의 말대로 이 책이 완성됐었다면, 오늘날 우리가 부르는 조직신학을 "새로운 방법", 즉 역사적 방법으로 기술하는 것이었을 것이다. 이 편지에서 우리는 그가 이 프로젝트에 얼마나 지대한 열정을 갖고 있었는지 알 수 있을 뿐만 아니라, 그가 "새로운 방법"이라고 말하는 신학방법론이 무엇인지 관심을 갖게 된다. 그런 점에서 그가 새롭게 저술하려 했던 책에 대한 동기는 단순히 하나의 신학 서적을 저술하려는 마음이 아니라 방법론에 대한 관심이었다는 점을 읽을 수 있다. 정리한다면, 그가 말하는 "새로운 방법"은 구속계시를 역사적 관점에서 보는 조직신학이었다. 왜냐하면 역사적 방법이야말로, 에드워즈가 봤을 때, "아름답고 흥미로운"(beautiful and entertaining) 것이었기 때문이다.

> 역사는 하늘과 땅과 지옥 세 종류의 세계와 연관되어 진행하는데, 각 단계에

대하여 성경이 빛을 비추는 범위에서 서로 어떻게 사건들과 변화들이 연결되어 연속되는지 알 수 있다. 신학의 모든 영역들을 그 [역사적] 순서대로 다루는 것이 가장 성경적이고 자연스러운데, 그 방법이야말로 내게는 가장 아름답고 흥미로운(beautiful and entertaining) 것이며, 그렇게 할 때 모든 신학 교리가 가장 밝은 빛과 가장 놀라운 방법으로 드러나 전체가 어떻게 놀라운 구성과 조화를 이루는지 보이게 되는 가장 큰 유익이 될 것이다.[10]

에드워즈가 프린스턴 대학 이사회에 보낸 편지에서 우리는 에드워즈가 조직신학을 역사적 방법으로 저술하고자 하는 열망이 얼마나 컸었는지 느낄 수 있다. "구속 사역의 역사"(*A History of the Work of Redemption*)에 대한 열망 외에 그가 총장직을 사양하고자 했던 또 다른 이유를 같은 편지에서 에드워즈는 다음과 같이 피력한다.

> 제가 저 개인의 유익과 연구를 위해 많은 작업을 해 온 다른 일이 하나 더 있는데 "구약과 신약의 조화"(The Harmony of the Old and New Testament)라고 제가 이름 붙인 일인데 세 부분으로 되어 있습니다 …. 이 작업을 하면서 저는 확신하기를 이 작업이 성경의 놀라운 사건들을 잘 설명해낼 수 있는 기회가 될 것입니다. 그 방법이야말로 가장 흥미롭고 유익한 방법이라고 여겨지며 가장 잘 사람들의 마음을 성경의 진정한 정신과 구조와 생명과 영혼으로 인도할 것이며, 또한 바른 활용과 유익의 결과가 있으리라 믿습니다.[11]

---

10 Jonathan Edwards, "To the Trustees of the College of New Jersey," in *Letters and Personal Writings*, ed. George S. Claghorn, vol. 16, *The Works of Jonathan Edwards* (New Haven: Yale University Press, 1998), 727–728. [설명 삽입].

11 Edwards, "To the Trustees of the College of New Jersey," 729. 에드워즈가 무엇을 하려고 했었는지 그의 아들(Edwards, Jr.)이 대신 "구속 사역의 역사"(A History

에드워즈의 칭의론 설교는 바로 이 "새로운 방법"에 의해 저술되었다. 이렇게 평가하는 것이 칭의론 설교가 "새로운 방법"으로 한 구속사 설교보다 5년 먼저였다는 이유로 시간을 거슬리는(anachronistic) 평가가 되는 것은 아니라고 생각한다.[12] 그 이유는 구속사에 대한 에드워즈의 깊은 이해는 이미 10년여 전부터 발견되기 때문이다. 에드워즈가 1722년 뉴욕 맨해튼의 한 교회에서 임시로 설교사역을 맡았

---

of the Work of Redemption)에 부치는 서문에서 밝히고 있다. "에드워즈 목사님은 신학을 새로운 방법으로 역사적 방법으로 집필하려는 계획이 있었습니다." Jonathan Edwards, Jr., preface to *A History of Work of Redemption*, by Jonathan Edwards, ed. Edward Hickman, vol. 1, *The Works of Jonathan Edwards* (Edinburgh: The Banner of Truth Trust, 1834; reprint, 1992), 532. Richard Gaffin도 에드워즈의 역사적 방법을 지적한 바 있다. "서로 닮아 보이지 않는 코케이우스와 조나단 에드워즈가 계시의 역사적 점진성에 대한 주목하는 바가 언약 개념을 통해 개혁주 특징을 드러내고 있다." Richard B. Gaffin, Jr. ed., "Introduction" to *Redemptive History and Biblical Interpretation: The Shorter Writings of Geerhardus Vos* (Phillipsburg, NJ: P & R Publishing Co., 1980), xv. 개편은 다른 글에서 에드워즈의 역사적 방법이 Gordon Spykman이 그의 *Reformational Theology: A New Paradigm for Doing Dogmatics*에서 말한 방법론의 전조였다고 평한 바 있다. "The Vitality of Reformed Dogmatics," in *The Vitality of Reformed Theology: Proceedings of the International Theological Congress June 20-24 th 1994 Noordwijkerhout The Netherlands*, ed. J. M. Batteau, J. W. Maris and K. Veling (Kampen: Uitgeverij Kok, 1994), 27. David Wells도 같은 의미에서 Spykman의 "새로운 패러다임"은 이미 조나단 에드워즈에 의해 시도되었던 방법이라고 지적했다. David F. Wells, review of *Reformational Theology: A New Paradigm for Doing Dogmatics*, by Gordon J. Spykman, *Theology Today* 50 (1993): 138.

12 Perry Miller의 평가를 볼 때, 우리의 판단이 무리는 아니라는 생각이다. "Edwards was not a sort who undergoes a long development or whose work can be divided into 'periods.' His whole insight was given him at once, preternaturally early, and he did not change: he only deepened…. he altered little from his adolescence at Yale to his death in Princeton." *Jonathan Edwards* (New York: W. Sloane Associates, 1949; reprint, Amherst: The University of Massachusetts Press, 1981), 44.

을 때에 벌써 성경에 대한 깊은 인식이 그를 사로잡았음을 에드워즈 전기를 저술한 이안 머레이(Iain Murray)가 지적하고 있다.[13] 에드워즈는 평상시에 생각이 떠오를 때마다 곧바로 메모하여 일련번호를 붙여 남겨 놓는 습관이 있었는데 이것을 "문집"(Miscellanies)이라고 불렀다. 이 자료를 통해 우리는 에드워즈의 생각이 어떻게 진행되어 가는지 볼 수 있는데 그가 문집을 기록하기 시작한 해인 1723년에 벌써 구속사에 대한 관심이 관찰된다.[14] 또한 에드워즈는 1723년 예일 대학(Yale University)에서 석사학위 논문을 썼는데, 이 논문이 갖는 의의는 주제가 칭의론으로 1739년에 출간될 칭의론에서 완성될 방법론에 대한 통찰이 보인다는 점이다. 1730년대는 에드워즈가 신학자로서 특별한 의미를 갖는 기간이라고 할 수 있다. 이 기간에 에드워즈는 신학적으로 한층 완숙해지고 대중에게도 "정통 칼빈주의의 대변인"으로 각인되게 된다.[15] 아바 쳄버린(Ava Chamberlain)은 에드워즈에게 있어 1730년

13　Murray, *Jonathan Edwards*, 41-42.
14　구속역사에 대한 에드워즈의 관심을 읽을 수 있는 문집들은 다음과 같다: Nos. 38, 60, 156, 359, 508, 510, 521, 524, 526, 554, 569, 604, 614, 616, 633, 653, 664, 681, 702, 710, 802, 803, 806, 807, 810, 814, 833, 834, 835, 907, 932, 935, 946, 949, 952, and 991. Wilson은 이 문집들이 "demonstrate how prolonged and deep was his commitment to develop a theology based upon the theme of the redemption of the world as a consequence of the internal dynamics of the Trinity — that is, the interrelationships of Father, Son, and Spirit"라고 적고 있다. John F. Wilson, "Introduction" to *A History of the Work of Redemption*, by Jonathan Edwards, ed. John F. Wilson, vol. 9, *The Works of Jonathan Edwards* (New Haven: Yale University Press, 1989), 13-17.
15　에드워즈의 초기에 해당하는 1722-31년에 대한 평가로 아래 논문을 참고 할 것. Thomas A. Schafer, "Introduction" to *The "Mescellanies," a-500*, by Jonathan Edwards, ed. Thomas A. Schafer, vol. 13, *The Works of Jonathan Edwards* (New Haven: Yale University Press, 1994), 1-2. 신학자로 완숙해지는 1731-40년의 기

대는 "역사적 논증이 합리적 논증보다 훨씬 더 설득력이 있다는 엄청난 확신을 갖게 된" 기간이었다고 지적한다.[16] 노쓰햄튼 교회 담임이 된지 얼마 안 된 1731년 에드워즈는 보스턴에서 정기적으로 열리는 공개강의에 초청되어 "구속 사역을 통해 영광 받으시는 하나님"(God Glorified in the Work of Redemption)에 대해 강의한 적이 있다. 이 강의를 통해 그는 소위 "스타"로 부상하게 되는데, 이 강의의 중심 주제인 구속사에 대한 그의 깊은 인식은 청중들에게 신선한 충격을 일으켰다. 구속사에 대한 그의 깊은 관심은 계속해서 설교로 이어졌는데, 대표적으로 앞서 말한 1734년의 "이신칭의"(Justification by Faith Alone),[17] 1738년의 "사랑과 그 열매"(Charity and Its Fruits) 그리고 1739년 3월에서 8월까지 30편에 걸쳐 설교한 "구속사"(A History of the Work of Redemption)를 들 수 있다.[18] 에드워즈는 구속사 설교를, 앞서 설명한 대로, 다듬어 조직신

간에 대해서는 Ava Chamberlain, "Introduction" to *The "Miscellanies," 501-832*, by Jonathan Edwards, ed. Ava Chamberlain, vol. 18, *The Works of Jonathan Edwards* (New Haven: Yale University Press, 1994), 1-2.

16 Chamberlain, "Introduction" to *The "Miscellanies," 501-832*, 18:30-31.

17 에드워즈의 이신칭의 설교와 그 출간에 대한 역사적 배경을 위해 참고로, Samuel T. Logan, Jr., "The Doctrine of Justification in the Theology of Jonathan Edwards," *Westminster Theological Journal* 46 (1984), 26-30; M. X. Lesser, "Preface to the Period," in *Sermons and Discourses 1734-1738*, by Jonathan Edwards, ed. M. X. Lesser, vol. 19, *The Works of Jonathan Edwards* (New Haven: Yale University Press, 2001), 3-36, 143-145; Ola E. Winslow, *Jonathan Edwards* 1703-1758 (New York: The Macmillan Company, 1941), 152-174; Joseph Haroutunian, *Piety Versus Moralism: The Passing of the New England Theology* (New York: Harper & Row, 1970), 9-11; Schafer, "Jonathan Edwards and Justification by Faith," *Church History* 20 (1951): 55-57; Chamberlain, "Introduction" to *The "Miscellanies," 501-832*, 18:12-13; Murray, *Jonathan Edwards*, 108-109.

18 참고, John F. Wilson, "Introduction" to *A History of the Work of Redemption*, 9:1-

학으로 체계화 하려는 계획이 있었으나 대각성 운동(Great Awakening)과 그 후 목회 상황은 그에게 시간을 허락하지 않았다. 교회에서 해임되기까지 격동의 시간을 겪고 난 후 인디안 선교를 가서 마침내 에드워즈는 오늘날 우리가 손에 꼽는 "의지의 자유"(Freedom of the Will), "참다운 선"(True Virtue), "천지창조의 목적"(The End for Which God Created the Word), "원죄"(Original Sin) 등의 대작들을 쏟아낸다. 그리고 구속사 프로젝트를 진행할 만한 시간을 찾았다 싶었을 때 프린스턴에서 총장으로 와 달라는 요청으로 에드워즈는 또다시 숙원의 프로젝트를 보류하게 된다. 그러나 아쉽게도 그때 그는 자신이 갑작스런 죽음으로 다시는 그 시간을 갖지 못한다는 것을 알 수 없었으니 영원히 미제(unfinished)로 남은 구속사 프로젝트는 후대에게는 아쉬운 일이 아닐 수 없다.

이처럼 에드워즈는 평생 동안 구속사에 대한 깊은 관심이 있었고, 구속사는 그의 신학의 중심을 형성하였다. 에드워즈의 이신칭의 설교가 영혼을 사로잡는 힘은, 킴낙이 말한 대로, 그의 논리와 수사에서 왔다고 하기보다는 (물론 에드워즈의 치밀한 논리력을 부인할 수 없겠지만) 합리성의 새로운 뭔가가 있었기 때문이라고 말할 수 있겠지만, 필자가 킴낙과 다른 주장은, 그의 구속사에 대한 탁월한 인식에 기인했다고 평하는 것이 옳다는 것이다. 에드워즈는 17세기 정통주의 신학에 대해 잘 주지하고 있으면서도, 구속사에 대한 그의 깊은 이해는 17세기 선배들이 자랑했던 고도의 이성적이고 논리적인 사변적 신학에 고개 숙이지 않았다. 에드워즈의 칭의론은 단적으로 구속사적(historia salutis) 관점에서 구원서정(ordo salutis)을 논의 하는 새로운 방법론을 보여 준 사례인 것이다.

109; see also Winslow, *Jonathan Edwards*, 152–174.

칭의교리에 대한 에드워즈의 관심은 일찍부터 발견된다. 처음 공적으로 확인된 것이 1723년 예일 대학에서 석사학위 논문으로 쓴 "논제: 죄인은 믿음으로 얻어진 그리스도의 의가 아니고는 하나님 앞에서 칭의될 수 없다"(*Quaestio: Peccator Non Iustificatur Coram Deo Nisi Per Iustitiam Christi Fide Apprehensam*)이다.[19] 그 외에 에드워즈의 "문집"(Miscellanies)에서 칭의 주제의 입력(entry) 번호가 비교적 일찍부터 시작됨을 볼 수 있다.[20] 대부분의 입력은 노쓰햄튼 교회 목회 초창기인 1730년대가 주를 이루지만 40년대와 그의 생의 마지막 부분인 50년대에도 "문집"과 함께 "논쟁집"("Controversies" Notebook)에서도 칭의에 대한 논의가 계속되었음이 확인된다. 여기에서 에드워즈가 칭의론에 대해 지대한 관심을 가졌던 1730년대는 그가 구속사에 대한 이해가 깊어지는 시기와 일

---

19 Jonathan Edwards, "*Quaestio: Peccator Non Iustificatur Coram Deo Nisi Per Iustitiam Christi Fide Apprehensam*," in *Sermons and Discourses 1723-1729*, ed. Kenneth P. Minkema, vol. 14, *The Works of Jonathan Edwards* (New Haven: Yale University Press, 1997), 55-59.

20 참고, Nos. b, s, oo, ss, 2, 36, 118, 161, 218, 219, 244, 261, 315, 322, 381, 385, 398, 399, 403, 412, 415, 416, 447, 454, 455, 474, 483, 494, 496, 497, 502, 504, 506, 507, 518a, 532, 568, 620, 627, 632, 637, 643, 647, 648, 659, 663, 667, 668, 669, 670, 671, 672, 682, 685, 687, 688, 705, 711, 712, 713, 714, 729, 757, 758, 779, 780, 783, 792, 793, 794, 795, 797, 799, 808, 812, 819, 820, 829, 831, 840a, 844, 845, 855, 856, 857, 859, 861, 876, 877, 885, 890, 892, 893, 913, 943, 996, 1030, 1031, 1042, 1052, 1070, 1085, 1092, 1093, 1096, 1101, 1106, 1130a, 1130b, 1161, 1186, 1188, 1206, 1226, 1250, 1260, 1271, 1280, 1354, 1360. "문집"(Miscellanies)과 칭의론 설교 사이의 연관성에 대하여는 Chamberlain, "Introduction" to *The "Miscellanies" 501- 832*, 18:12-18 를 참고할 것. 문집 외에도 에드워즈의 "논쟁집"("Controversies" Notebook)에서도 칭의 관련된 논의를 찾아 볼 수 있다. Jonathan Edwards, "'Controversies' Notebook" in *Writings on the Trinity, Grace, and Faith*, ed. Sang Hyun Lee, vol. 21, *The Works of Jonathan Edwards* (New Haven, Yale University Press, 2003), 332-413.

치한다 점이 흥미롭다. 에드워즈의 생애에 있어서 종교개혁에 대한 에드워즈의 결의는 절대 한시적이거나 지나가는 유행이 아니었다. 토마스 쉐이퍼(Thomas Schafer)는 에드워즈가, 칭의와 관련한, 한번도 1738년에 출간한 칭의론에서 벗어난 적이 없었다고 평하고 있다.[21] 시간이 가면서 비록 칭의 논의가 1730년대처럼 활발하지 않은 것이 사실이다. 그러나 이것은 더 이상 칭의 주제가 에드워즈에게 중요하지 않아서가 아니라 계속되는 부흥 사건과 성찬 자격 논쟁 속에서도 그의 입장이 한번 정립된 데에서 벗어나지 않았기 때문이라고 보는 것이 맞을 것이다.

B. 논지(Thesis)

우리가 에드워즈의 칭의론에 관심을 갖는 이유는 단지 그가 그 생애를 통해 종교개혁 교리를 잘 세워나갔기 때문만은 아니다. 물론 그것도 중요하겠지만 우리가 관심을 갖는 이유는 방법론적인 데에 있다. 한마디로 에드워즈는 칭의론을 그리스도와의 연합(Union with Christ)의 관점에서 논했다는 점이 우리가 주목할 만한 특징이다. 그러므로 이 글의 논지는 그리스도와의 연합에 대한 에드워즈의 이해가 어떻게 작용하여 구원서정(*ordo salutis*) 논의를 구속사(*historia salutis*)의 관점에서 개진하였는지 밝히는 것이다. 구체적으로 그리스도와의 연합의 관점은 그의 칭의 논의에 있어서, 특별히 (1) 그리스도의 의의 전가의 문제, (2) 오직 믿음의 문제, (3) 칭의 이후 성도의 삶의 문제와 관

---

21 Schafer, "Justification," 57.

련하여, 삼위일체 신학과 언약신학적 근거를 제공하는 원리 또는 틀(framework)이었다.[22]

에드워즈의 칭의 논의에 있어서 그리스도와의 연합은 구속사와 구원론을 하나의 관점으로 묶는 원리 또는 방법론(methodology)이 된다. 일반적인 칭의 논의에 있어서, 논리적 또는 시간적 순서를 정교히 하는 방식이 흔히 구속계시의 역사적 역동성을 상실케 하는 문제가 된다. 이에 반해 에드워즈의 그리스도와의 연합 관점은 성도의 칭의를 그리스도의 구속 사역의 역사적 객관성에 견고히 하는 방법론을 가능케 했다. 이 말은 그리스도와의 연합을 통해서 언약 신학이 칭의를 이해하는 구조적 틀이 된다는 말과 같다. 결과적으로 에드워즈는 언약신학적 시각을 통해 칭의 논의에 기독론적, 종말론적 역동성을 더하는 효과를 이루었다. 구속사의 "이미–아직"의 긴장감이 흔히 직선적 논리구조가 되기 쉬운 구원론 논의에 입체감과 생명감을 불어넣은 효과를 달성한 것이다. 에드워즈가 평상시 지닌 구속사에 대한 깊은 이해가 그리스도와의 연합 관점을 통해 칭의 논의를 잘 반영되어 있다는 점이 우리가 관심을 갖는 부분이다.

---

22 우리는 "언약적"이란 말과 구속사의 의미에서 "역사적"이란 말을 호환적으로 사용할 것이며 그것을 입증하는 것이 논지의 일부가 된다. 구속사를 언약적 관점에서 다루는 대표적 학자들을 소개한다면, W. J. Dumbrell, *Covenant and Creation: A Theology of Old Testament Covenants* (Nashville: Thomas Nelson Publishers, 1984); O. Palmer Robertson, *The Christ of the Covenants* (Phillipsburg, N.J.: Presbyterian and Reformed Publishing Co., 1980); Walther Eichrodt, *Theology of Old Testament*, vol. 1, trans. J. A. Baker (Philadelphia: The Westminster Press, 1961); Willem Van Gemeren, *The Progress of Redemption: The Story of Salvation from Creation to the New Jerusalem* (Grand Rapids: Zondervan, 1988); Geerhardus Vos, *Biblical Theology: Old and New Testaments* (Grand Rapids: Eerdmans, 1948); Chester K. Lehman, *Biblical Theology*, 2 vols (Scottdale, PA: Herald Press, 1971).

에드워즈가 칭의 논의에 있어서 그리스도의 의의 전가를 언약적 관점에서 읽는 것은 칭의를 "법정적-구성적 선언"(forensically constitutive declaration)으로 정의하는 것을 가능케 한다.[23] (이 말이 무엇을 의미하는지는 2장에서 설명할 것이다.) 즉, 에드워즈에게는 칭의를 언약신학적 관점에서 볼 때 법적(forensic) 선언이 "법적 허구"(legal fiction)가 아닌 실제(reality)에 근거하기에 모순이 아니다. 이것은 그리스도의 의의 이중적(부정적, 긍정적) 전가가 구체적으로 칭의의 이중적 효과(죄 사함, 의인 됨)의 근거가 됨을 입증한다. 이것은 언약적 관점에서 그리스도의 중보 사역 전체를 하나의 순종으로 볼 때, 그리스도와의 연합의 역할이 바로 이 그리스도의 순종이, 존재론적으로 신성과 인성을 혼동하지 않으면서, 진정한 의미에서 우리의 것이 되게 하는 언약적 실제(reality)를 구성하기 때문이다.[24]

에드워즈에게 있어서 "오직 믿음"이란 결국 칭의는 우리의 의가 아닌 오직 그리스도의 의에만 근거하는 것임을 강조하는 특징이 있다. 종교개혁 교리가 바로 이 "오직 믿음"의 공식으로 유지된다. 에드워즈는 칭의를 위한 믿음의 역할을 "자연적 적합성"(natural fitness)으로 설명하는데, 언약구도를 잘 전달하는 효과가 있다. 에드워즈는 믿음을 칭의의 "조건" 또는 "도구"로 보는 것이 믿음의 독특한 역할을 충분히 잘 대변한다고 보지 않는다. 오히려 믿음을 그리스도와의 연합의 동작으로 볼 때, 이것은 칼빈, 웨스트민스터 신앙고백, 에드워즈

---

23 이 용어는 에드워즈가 한 말이 아니라 Gaffin이 한 말을 차용한 것이다. 참고, Richard B. Gaffin, Jr. *Resurrection and Redemption: A Study in Paul's Soteriology* (Grand Rapids: Baker Books, 1978; reprint, Phillipsburg, NJ: Presbyterian and Reformed Publishing Co., 1987), 132.

24 Calvin, *Institutes*, 4:17:2. 참고, "whatever is his may be called ours."

에게 있어서 일치되는 부분이기도 한데, 언약신학 구도를 잘 설명할 수 있다는 것이다. 오직 그리스도의 의만이 칭의의 근거가 되도록 설명하는 것이 언약신학의 특징이고, 연합 동작으로서의 믿음은 언약신학 구조를 이상적으로 유지하는 기조 하에 그리스도의 구속사적 지평이 칭의 논의에 녹아 내리게 하는 효과를 달성한다. 이 점은 우리가 개혁주의 전통 가운데서 많이 보았던 인과론적, 시간적 순서를 따지기 위한 사변적 논의 방식과는 크게 다르다.

에드워즈는 칭의와 그리스도인의 삶을 통일된 관점으로 이해한다. 즉, 그리스도와의 연합의 현실(reality)에서 생각할 때, 칭의가 그리스도인의 삶과 떨어져서는 안 된다. 에드워즈는 칭의하는 믿음에 행위(works)의 개념을 포함시키는 것에 강하게 반발한다. 그러나 그 믿음이 참되고 살아 있는 믿음이라면 행함의 열매를 맺는 믿음임을 강조한다. 에드워즈는 칭의가 절대 행위로 이루어지는 것이 아니지만 칭의된 자의 삶에 행위(선행)가 없지 않다고 말한다. 에드워즈는 그리스도와의 연합의 논의 방식을 통해 칭의의 문제를 논리적 충돌이 아닌 구원의 역동성(dynamic)으로 설명한다. 이 땅에서 성도가 누리는 법정적 칭의 이론은, 그리스도와의 연합의 관점을 통해, 하늘의 상급을 공로가 아닌 하나님의 은혜로 설명하는 것을 가능케 한다.

우리의 논의는 에드워즈가 이신칭의라는 종교개혁 교리를 그리스도와의 연합의 관점과 방법론을 통해 칭의 개념을 삼위일체적이고, 구속사적이며, 언약신학적 틀에서 설명하였음을 확인하게 해 준다.

C. 방법(Method)

앞서 말한 논지를 증명하기 위하여 우리는 에드워즈의 칭의론을 그의 신학 저서와 설교를 배경으로 비평적으로 읽고 분석할 것이다. 결과적으로 본서는 5개 장(chapter)으로 구성된다. 제1장은 에드워즈의 신학방법론으로 그리고 이하 개진될 칭의 논의의 틀(framework)로서 그리스도와의 연합의 의미와 범위를 설정할 것이다. 제2장은 그리스도의 의의 전가에 대하여, 제3장은 "오직 믿음"에 대하여, 제4장은 칭의와 그리스도인의 삶에 대하여, 마지막으로 제5장에서는 전체를 종합하는 결론과 함께 에드워즈의 칭의론의 기여에 대하여 평가할 것이다. 본 서의 논의는 구원론(*ordo salutis*)이 구속사(*historia salutis*)에 대한 깊은 이해를 바탕으로 다루어져야 한다는 대전제를 갖고 있다.

제1장 "그리스도와의 연합"은 에드워즈가 말하는 그리스도와의 연합 개념을 추적하며 그 의미를 드러낼 것이다. 그 목적을 위해 우리는 우선적으로 에드워즈의 칭의론 설교와 "논집"(Miscellanies)의 칭의 글들(entries)에서 그리스도와의 연합 개념을 추적하는 것이 가능하겠지만, 거기에 국한하지 않고 과연 그리스도와의 연합이 에드워즈의 신학 전체와 어떻게 조화를 이루는지 또한 추적할 것이다. 결과적으로 이 장에서 우리는 그리스도와의 연합이 에드워즈의 칭의론을 이해하기 위한 신학적 틀과 방법론으로 기능할 뿐만 아니라 2장 이하에서 계속되는 논의에 대한 결정적 근거가 됨을 확인하게 될 것이다. 신학적 틀과 방법론으로써 그리스도와의 연합은 칭의에 대한 삼위일체적 관여, 언약 구조, 기독론적 완성과 구원론적 적용을 유기적 관계에서 다루는 것을 가능케 할 것이다.

제2장 "그리스도의 의의 전가"는 에드워즈가 말하는 그리스도

의 의의 전가 개념을 파헤치되, 1장에서 다룬 그리스도의 연합이 제공하는 신학적 의미를 배경으로 한 논의가 될 것이다. 에드워즈의 칭의론 논의에서 아담과 그리스도가 어떻게 언약적 대표가 되는지가 중요한데 그의 언약신학이 이를 규명할 것이다. 그리고 전가의 필요성, 그리스도의 의의 신학적 의미, 그리고 전가의 이론 등이 다뤄질 것이다. 본 장은 칭의의 주관적(구원론적) 적용을 위한 객관적(기독론적) 근거를 확보하는 작업에 해당한다. 전가의 필요성은 우리의 죄악된 상태와 상대적으로 그리스도의 의의 필요성을 부각시킬 것이다. 그리스도와의 연합의 언약적 실제(reality)는 법정적 선언을 위해 사실적 근거가 되는 전가를 성립시키는 결정적인 기제(mechanism)가 될 것이다.

제3장 "오직 믿음"은 에드워즈의 칭의 구조에 있어서 믿음의 역할을 설명할 것이다. 먼저, 칭의는 오직 믿음에 의한 것이라는 점, 다시 말해, 구원의 일에 대한 신적 작정에 있어서 칭의가 어느 다른 것에 의한 것이 아니라 믿음에 의한 것이 "자연적 적합성"(natural fitness)이라는 의미가 무엇인지 살필 것이다. 다음으로, 우리는 칭의하는 믿음에 함의되어 있는 신학적 의미에 대해서 다룰 것이다. "오직 믿음"을 통해서 에드워즈는 철저하게 믿음으로부터 행위를 걸러내며 칭의의 근거로 "오직 그리스도"를, 더 나아가 "오직 은혜"를 강조하는 구조를 갖고 있다. 그리고 에드워즈가 말하는 "마음의 새로운 감각"(new sense of the heart)의 체험적 차원이 어떻게 믿음으로 표현되는지 다루게 된다.

제4장 "칭의와 그리스도인의 삶"은 칭의의 결과로 있게 될 구원의 삶을 그리스도와의 연합의 관점에서, 좀 더 구체적으로 언약적 현실(reality)로서 다루게 될 것이다. 그리스도인의 삶은 곧 성화의 삶으로서, 우리의 논의는 칭의와 성화의 관계, 선행, 순종, 견인, 상급 등과

의 관계에 대해 논할 것이다. 에드워즈의 강조는 칭의는 절대 행함에 의한 것이 아니지만, 칭의된 자에게는 행함이 없을 수 없다는 것이다. 그리스도인의 삶을 그리스도와의 연합의 관점에서 이해할 때, 칭의와 유기적인 관계를 갖는 것이 맞는 것이다. 연합 안으로 들어오는 구원(칭의)과 연합 안에 머무는 구원(성화)은 서로 떨어질 수 없는 관계라는 것이 에드워즈의 결론이다.

이제까지의 논의는 에드워즈의 칭의론을 분석하고 설명하는데 있었다면, 제5장 "평가"는 결론의 의미로 방법론적 관점에서 에드워즈의 칭의 논의를 평가하되, 특히 근자에 대두되고 있는 "경향적 존재론"(dispositional ontology)을 비판함으로써 이 시대에 새삼 에드워즈를 바르게 이해하는 것이 어떻게 시의성(時宜性)이 되는지 경계를 삼으려 한다.[25] 에드워즈의 칭의론은 방법론적으로 그리스도와의 연합에 근거하고 있어서 구속사(historia salutis)가 유기적 관계에서 구원서정(ordo salutis) 설명이 가능한 특징을 갖는다는 것이 이제까지의 논지이고 주장이었다. 그것은 에드워즈에게서만 관찰되는 특징이 아니라 칼빈을 비롯한 언약신학을 따르는 칼빈주의 전통에서 공통적으로 발견되는 특징이기도 하다.[26] 그러나 모리모토(Anri Morimoto) 등은 존재론 개념에 근거를 두고 있는 경향적 구원론을 전통적 구원서정의 논의로 갖

---

25 Sang-Hyun Lee, *The Philosophical Theology of Jonathan Edwards* (Princeton, Princeton University Press, 1988); Anri Morimoto, *Jonathan Edwards and the Catholic Vision of Salvation* (University Park: Penn State Press, 1995); George Hunsinger, "Dispositional Soteriology," *Westminster Journal of Theology* 등이 이 학파에 포함된다.
26 칼빈에게 그런 특징이 나타나는 것에 대한 연구를 위해 앞서 언급한 각주 5번 참고.

고 들어와 에드워즈의 구원론을 설명하는 작업을 하고 있다. 예를 들어, 존재론 개념의 하나인 "가상 존재"(virtual existence)는 중생의 순간부터 존재하는 것으로 전 구원서정을 결정짓는 것이 된다. 그렇다면 칭의 또한 단순히 존재론적 변화에 대한 외적 인식일 뿐이다. 에드워즈에게 있어서 그리스도와의 연합은 그의 칭의론을 설명하는 방법론이었을 뿐만 아니라 구속사와 구원서정을 유기적으로 다루는 조직신학을 하는 원리로서 종교다원주의 구원론과 조화를 이루지 않는다. 에드워즈를 경향적 구원론으로부터 방어하는 것이 개혁주의 구원론, 더 나아가 종교개혁 자체를 지키는 일인 것임을 확인하게 될 것이다.

　이제 우리는 본격적으로 어떻게 에드워즈의 그리스도와의 연합 개념이 그가 칭의론을 다루는 데 있어서 신학적 배경과 원리로 작용하는지 살피려 한다.

제1장

그리스도와의 연합

Union with Christ

　조나단 에드워즈 칭의론에서 가장 눈에 띠는 특징은 그리스도와의 연합을 기틀(framework)로 하여 칭의론을 설명하는 것이다. 다시 말해, 그리스도와의 연합 개념이 그가 칭의 개념을 형성하는 주된 관점으로 작용하고 있다는 말이다. 따라서 이 장의 목표는 에드워즈에게 있어서 그리스도와의 연합이 갖는 신학적 의미(implications)가 어디까지이고 특히 칭의론 논의에 있어서 그 연합 개념이 어떻게 기틀로 작용하는지를 밝히는 것이다. 이는 본서에서 우리가 에드워즈의 칭의론을 이해하기 위한 토대가 된다.

　에드워즈의 신학에서 그리스도와의 연합은 삼위일체적, 언약적, 구속사적 시각을 수반한다. 이 관점은 인간의 구속을 위해 하나님께서 시간 및 선(先)시간 속에서 관여하신 모든 활동을 포괄한다. 인간을 의롭다 칭하는 사건에서 삼위께서는 각각의 역할을 담당하셨다. 성부는 택한 자를 의롭다 하기 위해 성자와 함께 언약을 맺으셨다. 신인(God-man)이신 그리스도께서 부활 시에 의롭다 함을 얻으신 사건은 우리의 칭의의 객관적인 근거가 된다. 성령께서는 그리스도께서 완성하신 칭의를 우리에게 적용하신다. 에드워즈가 볼 때, 구속사(또는 언약사) 전체가 그리스도의 연합 안으로 들어오는 이해가 가능

하다.[1]

따라서 이 장에서는 우선 그리스도와의 연합을 통한 그의 관점과 조망의 범위를 자세히 다룬 후, 이어지는 장들에서는 그 바탕 위에서 에드워즈의 칭의 교리가 갖는 신학적 의미를 밝혀 나갈 것이다. 이를 위해 우리는 먼저 에드워즈가 하나님(Godhead) 안에서 체결되는 구속언약(covenant of redemption)의 기반이 되는 삼위일체적 특징에 대해 설명하는 내용을 주목할 것이다. 다음으로 언약이라는 관점을 통해 어떻게 영원 전 결정이 연속성을 가지고 역사 속에서 전개되는지 다룰 것이다. 마지막으로 그리스도와 성령의 사역 사이의 구속사적인 연속성, 즉 어떻게 그리스도께서 성취하신 칭의가 성령의 사역을 통해 신자 각자에게 적용되는지 살펴보기로 한다.

---

[1] 에드워즈는 칼빈주의적 칭의관을 지녔는데, 이것은 언약 신약에서 단절된 것이라 아니라, 오히려 그것에 바탕을 두고 있다고 보아야 한다. 따라서 다음과 같은 Perry Miller의 주장은 잘못된 판단이다. "그의 저서가 출판되기 전에 이미 논쟁을 불러일으킨 에드워즈의 칭의론의 문제는 바로 바로 언약신약을 거부한 점에 있다." *Jonathan Edwards* (New York: W. Sloane Associates, 1949; reprint, Amherst: The University of Massachusetts Press, 1981), 115-116. 반면 John H. Gerstner은 에드워즈를 변호하면서 그를 "언약신학자인 동시에 칼빈주의 신학자"라고 평가한다. *Steps to Salvation: the Evangelistic Message of Jonathan Edwards* (Philadelphia: Westminster Press, 1960; reprint, Soli Deo Gloria Publications, 1995), 14. 또한 Carl W. Bogue 역시 에드워즈의 칭의론을 언약 신학의 관점에서 조명한다. 그의 *Jonathan Edwards and the Covenant of Grace* (Cherry Hill, NJ: Mack Publishing Company, 1975), 227-251을 보라.

A. 삼위일체적 배경(Trinitarian Background)

1. 삼위 하나님의 관여(Trinitarian Involvement)

에드워즈 신학에서 그리스도의 연합이 갖는 의미를 조명하기 위해 우리의 논의를 먼저 삼위일체에서 시작하기로 한다.[2] 하나님의 주권을 강조하는 칼빈주의적 확신은[3] 하나님 중심(theocentric) 관점에서 인간 구속의 모든 과정을 조망하고자 하는 에드워즈의 의도에 잘 드러난다. "구원의 길에서 드러난 하나님의 지혜"(*Wisdom of God Displayed in the Way of Salvation*)라는 제목의 에베소서 3:10 설교에서 에드워즈가 삼

---

[2] 에드워즈의 신학에서 삼위일체가 갖는 중요성을 알기 위해서는 Amy Plantiga Pauw, *The Supreme Harmony of All: the Trinitarian Theology of Jonathan Edwards* (Grand Rapids: Eerdmans, 2002)을 보라. Pauw는 관계에 바탕을 둔 존재론이 에드워즈 신학의 토대라고 주장하면서, "삼위의 내적 관계는 계시된 구속 사역과 완벽한 조화"를 이룬다고 주장한다. 하지만 여기에서 그녀는 에드워즈 신학에서 나타나는 "삼위일체"라는 전통적 용어는 물론 삼위 하나님께서 동등한 완전성 속에서 셋이면서 동시에 하나를 이루신다는 점에 대해 불편해 한다. 그러나 삼위이며 동시에 한 분이신 하나님은 에드워즈의 신학에서도, 성경에서도 결코 서로 모순되지 않는다.

[3] 에드워즈는 자신의 "자전적 이야기"("Personal Narrative")에서 어린 시절부터 하나님의 주권을 신뢰했음을 밝힌다. "어린 시절부터 나는 하나님의 주권에 관한 교리를 거부하는 마음으로 가득했다. 나는 하나님께서 어떤 자는 영생을 주시기로, 또 어떤 자는 기꺼이 거부하시어 영벌, 즉 지옥의 영원한 형벌에 처하시기로 결정하셨다는 교리를 받아들이기 힘들었다. 그 교리는 당시 나에게 끔찍한 교리처럼 느껴졌다. 하지만 어느 순간 나는 이것이 바로 하나님의 주권임을, 인간의 영원한 처우를 결정하는 것은 바로 하나님의 정의이며, 그분의 주권임을 인정하며 완전히 그것을 납득할 수 있었다." Jonathan Edwards, *Letters and Personal Writings*, ed. George S. Claghorn, vol. 16, *The Works of Jonathan Edwards* (New Haven: Yale University Press, 1998), 791–792.

위 하나님께서 관여하신 방식을 어떻게 이해했는지 힌트를 얻을 수 있다.

> 삼위일체의 각 위께서 [구원] 사역에서 이루신 일은 찬양받기에 합당합니다. … 이 구속 사역에서 각 위는 특별한 역할과 직무를 담당하셨습니다. 각 위는 각각의 위격적 속성, 관계, 경륜적 직무에 부합하는 방식으로 각각 특별한 일을 담당하셨습니다. … 성부께서는 구속자를 세우시고 예비하셨으며, 또한 구속의 값을 받으셨습니다. 성자께서는 구속자로서 값을 치르셨습니다. 바로 자신을 드림으로 구속을 이루신 것입니다. 성령께서는 이 값으로 산 것을 우리에게 전해주십니다. 바로 성령 자신이 이 값으로 산 선물이신 것입니다.[4]

같은 맥락의 사고가 그의 고린도전서 1:29-31 설교, "인간의 전적 의지를 통해 영광 받으시는 하나님"(God Glorified in Man's Dependence)에서도 잘 드러난다.

> 우리는 성자 하나님 그리스도를 의지합니다. 그는 우리의 지혜, 의, 거룩, 구속이시기 때문입니다. 우리는 성부 하나님을 의지합니다. 성부께서는 그리스도를 우리에게 주셨고, 그리스도가 우리에게 이러한 것들이 되도록 하셨

---

[4] Jonathan Edwards, *Sermon on Eph. 3:10*, in *The Works of Jonathan Edwards* (Edinburgh: The Banner of Truth Trust, 1834; reprint, 1992), 2:145a. 앞으로 논의 속에서 자주 보게 될 "경륜적"(economical)은 "사역적"(ministerial) 또는 "기능적"(functional)과 호환적으로 쓰일 수 있다. 이하 The Banner of Truth Trust 전집은 (Banner)로 약식 표기함.

습니다. 우리는 성령을 의지합니다. 왜냐하면 성령으로 말미암아 우리는 그리스도 안에 있을 수 있기 때문입니다. 우리에게 그리스도를 믿는 믿음을 주시어, 그를 영접하고 그와 하나 되게 하시는 이는 성령이십니다.[5]

에드워즈에게 있어서 각 위의 사역은 – 예를 들어, 성자의 낮아지심 – 삼위일체 하나님 전체와 연관될 뿐 아니라, 동시에 삼위는 각 위의 경륜적 특성에 근거하여 다른 위의 사역에 관여하신다. 이 삼위 하나님의 관여가 구속 사역이 값없이 주어지는 은혜라는 점을 특징 짓는다.

> 삼위일체 하나님의 각 위는 동등하시므로, 구속 사역에서 맡으신 각각의 역할도 동등한 중요성을 지니며, … 동일한 영광이 각 위에게 돌아갑니다. 구속에서 얻는 유익과 복도 온전히 삼위 하나님의 각 위로부터 비롯됩니다. 이 모든 것의 근원은 성부이십니다. 성자께서는 이 모든 것들을 중보하십니다. 성령께서는 즉시 이 모든 것, 다시 말해 이 모든 것을 다 합친 것이 우리 소유가 되도록 하십니다. 성령께서 우리에게 오셔서 우리 안에 거하심으로 이 것들을 우리가 소유하도록 하시는 것입니다. 그러므로 로마서 1:36에서 "만물이 주에게서 나오고 주로 말미암고 주에게로 돌아간다" (또는 주의 안에 있다)라고 선포합니다.[6]

---

5 Jonathan Edwards, *Sermon on I Cor. 1:29-31*, in *Sermons and Discourse, 1730-1733*, ed. Mark Valeri, vol. 17, *The Works of Jonathan Edwards* (New Haven: Yale University Press, 1999), 201.

6 Jonathan Edwards, *The "Miscellanies," a-500*, ed. Thomas A. Schafer, vol. 13, *The Works of Jonathan Edwards* (New Haven: Yale University Press, 1994), No. 402, 467. (앞으로 "Miscellanies"는 일련 번호 뒤에 권번과 페이지를 표기함, 예:

에드워즈가 보기에 우리의 구원은 명백히 하나님의 전능하심에 달려 있다. 즉, 그 은혜의 효력(efficaciousness)은[7] 삼위 하나님께서 관여하여 이루신 일에 깊이 그 뿌리를 둔다. 구원에 관해 우리는 삼위 하나님의 각 위 모두에게 의존하는데, 이는 바로 존재론적-경륜적 삼위일체의 특성 때문이다. 한 위의 사역은 동시에 다른 위의 사역을 불러오고 또 전제한다. 이런 맥락에서 볼 때 "삼위 하나님의 각 위 사이에 논의와 합의"가 없었다면 어떤 일도 이루어지지 않았다고 할 수 있다.

> 인간의 구속을 위해 행해진 모든 일은, 삼위 하나님의 각 위 사이의 논의와 합의에 의해 이루어진 것입니다. 구원에 관한 영원한 논의와 합의가 있었습니다. 각 위께서 행하신 일은 모두 다 삼위 하나님의 합의와 동의 아래 이루어진 일입니다.[8]

"Miscellanies," No. 402, 13:467.)

[7] 에드워즈는 은혜의 효력과 성령의 주도적이고 즉각적인 역사와 관련하여 다음의 두 가지 내용을 지적한다. "은혜의 효력 교리에 관해 다음 두 가지 사항을 언급하고자 한다. 바로 이 부분에서 칼빈주의와 알미니안주의의 차이가 나타난다. 첫째, 죄인의 회심에 대하여, 즉 죄인이 선한 사람으로 바뀌는 것이나 덕스러운 성품들이 생겨 그리스도와 구원에 대해 관심을 갖게 되는 것에 대해 하나님의 은혜는 전적으로 결정적이고 확실하다. 둘째, 죄인의 회심에 대해 성령의 능력, 은혜, 역사는 즉각적이어서 참된 덕목과 거룩의 습관이 즉각적으로 심어진다. 그래서 이 역사는 사람이 즉각적으로 거룩의 습관을 갖게 하는데, 이는 전적으로 성령 하나님의 역사하심에 의해 이루어지는 것이지 우리의 노력으로 단계적으로 이루어지거나, 덕목이 점차적으로 우세한 습관이 되게 하는 것이 아니다." *Concerning Efficacious Grace*, (Banner), 2:552. "은혜의 효력"(*Efficacious Grace*)논문은 알미니안주의에 대항하여 은혜의 효력에 대한 자세한 논의를 하고 있다.

[8] Jonathan Edwards, *Sermon on John 16:8*, in *Sermons and Discourse, 1723-1729*, ed. Kenneth P. Minkema, vol. 14, *The Works of Jonathan Edwards* (New Haven: Yale

삼위 하나님의 관여는 구속 사역을 통해 드러날 뿐만 아니라 삼위일체의 구조(structure)에 근거를 둔다. 즉, 시간 속에서 이루어진 구속 사역은 시간 이전에 삼위 사이에 이루어진 합의를 반영한다. 그러므로, 에드워즈가 볼 때, 우리와 그리스도와의 연합에 대한 논의는 반드시 삼위일체에서부터 시작돼야 한다. 우리에게는 어떻게 삼위 하나님 한 분 한 분이 구속 사역에 관여하시는지를 아는 것이 에드워즈 신학의 틀을 이루는 그리스도와의 연합을 이해하기 위한 기초이며 결정적인 지식이 된다. 에드워즈는 같은 맥락에서 그의 "문

University Press, 1997), 380. William Ames 역시 삼위 사이의 경륜적 차이를 인정하며, 구원의 실제 적용이 시작되기 전 삼위 사이의 상호 합의가 있었다고 주장한다. "2. 이 구원의 적용은, 엄밀히 말하면, 성령의 일이다. … 하지만 이 적용은 먼저 그리스도를 보내어 어떤 사람들의 구원을 이루기로 하신 성부의 작정에 근거한다. … 둘째, 이 구원의 적용은 성부께서 자신에게로 택하신 자들의 유익을 위해 대속을 이루시기로 하신 그리스도의 의지에 근거한다. … 셋째, 이 구원의 적용은 성부의 수락하심, 다시 말해 택함받은 자들의 화목과 구원을 위해 드려진 대속을 인준하신 것에 근거를 둔다. … 3. 성부와 그리스도 사이의 합의는 우리의 구속과 우리가 우리의 보증에게 그리고 우리의 보증이 우리에게 주어지게 되는 구체적인 적용이다. 구속에 근거하여 구원이 우리 안에서 완성되기 위해서 구속은 유효한 표본의 효력을 지닌다. 먼저의 합의는 후자의 구속을 말하고, 후자의 구속은 전자의 합의에 근거하여 이루어진다. 4. 그러므로 죄와 죽음에서 우리를 구원하신 것은 성부 하나님의 작정에 의해 결정되어진 것만이 아니라, 우리가 알기 이전에 이미 그리스도와 그 안에 있는 우리에게 주어지고 교통된 것이다." *The Marrow of Theology*, trans. John Dykstra Eusden (Durham: The Labyrinth Press, 1983), 1:24:2-4. 같은 맥락에서 Herman Bavinck 역시 구속 사역에 대한 삼위 하나님의 경륜적 구분을 말한다. "가장 먼저 있은 것은 택함이다. 이는 하나님이 사랑 안에서 미리 아신 자들을 그 아들의 형상을 덧입게 하기 위해 결정하신(롬 8:29) 하나님의 은혜로우신 계획이다." 둘째는 "택한 자들을 위해 보증하신 구원 전체가 성취된 일이다." 셋째는 "그리스도께서 이루신 구원을 발휘하며 적용하는 일이다." *Our Reasonable Faith: A Survey of Christian Doctrine*, trans. Henry Zylstra (Grand Rapids: Eerdmans, 1956; reprint, Grand Rapids: Baker, 1984), 266-268.

집"("Miscellanies") 1062번 "성경적 삼위 하나님의 경륜과 구속언약에 관한 고찰"(*Observations Concerning the Scripture Economy of the Trinity and Covenant of Redemption*)⁹에서 어떻게 삼위가 구원 사역에 관여하시는지 다룬다.

2. 경륜적 질서(Economical Establishment)

앞서 언급한 에드워즈의 글(문집 1062번)은 우리 구원에 대한 삼위의 관여가 삼위일체의 경륜적(economical) 특성과 어떻게 조화를 이루는지 설명하고 있다. 예를 들면, 그리스도께서 중보의 직무를 맡으신 것은, 그것이 그분의 경륜적 특성에 부합하기 때문이다. 글 서두에서부터 에드워즈는 성자께서 인간 구원을 위해 경륜적 의미에서 복종하신 것은 결코 성자의 존재론적 종속을 의미하는 것이 아님을 강조한다. 성자께서 중보의 직무를 맡으신 것은 결코 "한 위께서 다른 위에게 종속된다는 본질적인 특성"에서 비롯된 것이 아니다. 성자께서 값을 치르고 성령을 얻으신 것 역시 결코 성령께서 성자보다 존재론적으로 하위에 있기 때문이 아니다. 성자께서 성부로부터 나셨고, 성령께서 성부와 성자로부터 나오셨다는 존재론적 특징은 결코 한 위가 다른 위에게 종속되거나, 아래에 있다는 의미가 아니다. 에드워즈는 여기에서 경륜적 종속(economical subordination)은 오히려 "삼위의 존재 질

---

9 Jonathan Edwards, *Observations Concerning the Scripture Oeconomy of the Trinity, and Covenant of Redemption*, in *Treatise on Grace and Other Posthumously Published Writings*, ed. Paul Helm (Cambridge: James Clarke and Co. LTD, 1971), 77-98. Jonathan Edwards, *Writings on the Trinity, Grace, and Faith* , ed. by Sang Hyun Lee, vol. 21, *Works of Jonathan Edwards* (New Haven: Yale University Press, 2003)에서도 찾아볼 수 있다.

서(subsisting order)에 부합함"을 지적한다. 즉, 삼위 하나님의 경륜적 관계는 삼위의 존재 질서를 전제한다. 각위께서 어떤 특정한 역할을 담당하시는 것은 삼위의 경륜적 특성에 기인하며 이것은 바로 삼위의 존재 질서에서 비롯된다. 그러므로 경륜적 차이는 삼위 하나님의 동등한 영광과 권위를 손상시키는 것이 아니라, 오히려 삼위의 존재 질서와 조화를 이룬다. 이런 맥락에서 에드워즈는 다음과 같이 말한다.

> 이렇게 성립된 질서와 경륜에는 자연스러운 품위와 적합성이 있다. 삼위 하나님의 각 위가 담당하시는 역할은 반드시 삼위의 존재 질서에 바탕을 두어야 한다. 성부께서 삼위의 존재 질서 가운데 처음이시기 때문에, 그분께서 모든 동작의 처음을 맡으셔야 한다. 다른 두 위는 존재 질서 상 성부 다음이며, 그들의 존재 질서가 성부로부터이며 성부에게 의존하시듯, 그들이 하는 모든 활동은 성부로부터 비롯되며, 성부로부터 성부에 의존하여 활동한다.[10]

성부께서 존재 질서에서 첫째시니, 경륜적 사역에서도 첫 번째 역할을 맡으신다. 에드워즈는 하나님의 구속 사역의 순서를 다음과 같이 본다. 첫째, 구속 사역은 무엇보다 하나님의 무한하고 충만하고 선하신 본성에서 비롯되었다. 둘째, 이를 바탕으로 인간을 구원하기

---

[10] *Trinity and Covenant of Redemption*, 78–79. 미발행된 요한복음 15:10 (*Jesus Christ Kept All His Father's Commandments*) 설교에서도 이와 유사한 논지가 나타난다. "… 삼위 안에는 영광과 존귀에 아무 차이가 없습니다. 그러나 순서가 있습니다. 삼위일체 안에 세 분은은 마치 가족에서 볼 수 있는 것처럼 경륜적 순서가 있는 것입니다. 성부는 성자나 성령보다 더 크시지 않지만, 그는 이 순서 중 첫째가 되시고, 성자가 다음, 성령이 마지막이 되십니다." Edwards, *Sermon on John 15:10*, (*WJE Online*, Vol. 46).

로 결정하셨다. 셋째, 그 후에 인간을 구원할 방법을 결정하셨다. "하나님이 지혜로 당신의 본성적 성향을 가장 탁월하게 영화롭게 할 방법을 찾기에 앞서 작동하고 있는 그분의 본성적 성향을 우리는 보아야 합니다."[11] 따라서 성부의 경륜적 특권은 먼저 신적 본성에 의해 유발되어 인간 구원을 향한 결정으로 진행한다. 우리는 에드워즈에게서 하나님의 주권을 강조하는 칼빈주의적 특징을 볼 수 있다.

> 하나님께서 인류 중 몇몇이 구원받아야 할 것을 결정하셨다면 그래서 한 영혼도 그리스도를 믿을지 말지 결정되지 않은 채로 두시지 않으셨다면, 틀림없이 하나님은 어떤 사람들이 그리스도를 믿을지 결정하셨다는 뜻이다. 왜냐하면 하나님이 이 사람 또는 저 사람에 대해 그리고 이 세상의 모든 사람에 대해 그가 믿을지 말지 정하지 않은 채로 두셨다면, 이 세상의 이 사람, 저 사람, 어느 누구도 하나님의 결정에 의해 그리스도에 의해 구원을 받을 필연성이 전혀 없는 것이 되기 때문이다. 이는 결국 누가 그리스도를 통해 구원받을지 결정하지 않으신 채 하나님께서 세상에 아들을 보내셨다는 뜻이다. 만일 누가 구원을 얻을지, 누가 그 나라를 상속할지 전혀 결정된 바가 없다면, 그리스도의 탄생, 죽음, 부활, 승천, 하나님 우편에 앉으심 역시 헛수고인 셈이다.[12]

---

11 Edwards, *Trinity and Covenant of Redemption*, 79.
12 Edwards, "Miscellanies," No.63, 13:233. 사실 에드워즈는 하나님의 작정에 조건적, 무조건적 성격 모두가 있음을 인정한다. "사실 하나님의 작정에서 선(prior)-후(posterior) 관계는 시간적 선후가 아니라, 모두 영원부터 있는 일이다. 하지만 우리는 작정 간의 선후 관계를 명백히 알 필요가 있다. 하나님의 한 작정이 이미 정하신 다른 작정으로부터 나오는 것처럼, 한 작정은 다른 작정의 근거가 됨을, 또는 하나님이 다른 작정이 있기 때문에 이런 작정을 하셨음을, 또는 다른 작정을 하셨다면 이런 작정을 하지 않으셨다는 것임을 알아야 한

이 맥락에서 에드워즈는 그리스도와의 연합이 가지는 효력과 관련된 중요한 핵심을 끌어낸다. 비록 구원의 결정 그 자체는 경륜적으로 볼 때 성부 하나님의 고유한 결정이지만, 성부께서 그리스도의 중보를 통해 특정한 사람들을 구원하기로 결정하셨다. 성부께서 그 주권적인 결정으로 먼저 구원을 결정하신 후, 다음으로 누구를 구원 하실지 결정하셨다. 이때 성부의 택하심은 그리스도의 중보를 통해 이루어졌음을 에드워즈는 강조한다. 결국 역사 속에서 이루어지는 신자와 그리스도와의 연합은 하나님의 경륜 속에서 이루어진 택하심에 기초를 두는 것이다.[13] 이런 맥락에서 에드워즈는 다음과 같이 말한다.

다." 에드워즈는 계속 이어서 말한다. "하지만 이것은 조건적 작정이 있다거나, 작정이 조건에 의존한다는, 즉 이 작정이 다른 작정에 조건으로 의존하여 아직 작정되지 않은 것으로 생각되어야 한다는 뜻은 아니다. 그러나 어떤 작정은 다른 작정의 조건이 되기도 한다. 그러므로 하나님께서 다른 것들을 작정하지 않으셨다면, 이런 일을 작정하지 않으셨을 것이라고 말할 수 있다." Edwards, *Concerning the Divine Decrees*, (Banner), 2:540a-b, 542b. 조건적 작정이란 다른 말로 "하나님께서 모든 것을 조화롭고 가장 알맞게 작정하신다"는 의미이기도 하다. 예를 들어보자. "하나님께서 응답으로 비를 내리기로 작정하셨다면, 당신의 자녀들의 기도도 작정하셨다는 의미이다. 또 하나님께서 자녀들의 기도를 작정하셨다면, 마땅히 비를 내리시기로 작정하실 것이다. 그러므로 비를 내리심과 자녀의 기도, 이 두 작정은 조화로운 관계이다." Edwards, "Miscellanies," No. 29, 13:216. 하나님의 작정에 관한 자세한 논의는 이 연구의 범위를 넘어가는 것이기 때문에 생략하기로 한다.

13 이 부분에서 John Murray의 관점은 에드워즈와 일치한다. Murray는 이렇게 말한다. "성부께서 그 궁극적 경륜 속에서 구원받을 자들을 예정하심은 그리스도와의 연합을 떠나서는 생각도 할 수 없다. 즉, 그들은 그리스도 안에서 택함을 받은 것이다. 구원의 근원을 찾아 거꾸로 올라가다 보면 바로 '그리스도와의 연합'에 다다르게 된다. 이것은 후에 덧붙여진 것이 아니라, 바로 처음부터 있었던 것이다." John Murray, *Redemption Accomplished and Applied* (Grand Rapids: Eerdmans, 1955; reprint, 1988), 162.

택함을 받을 때 신자들은 영원 전부터 그리스도의 소유였습니다. 영원 전 신자들이 택함을 받을 때, 영원 전에 그리스도 역시 그들의 구속자로 결정되고 임명되시어 그들을 위한 구속 사역을 이루셨습니다. 그 일에 대해 성부와 성자 사이에 언약이 있었습니다. 이미 앞에서 살펴보았듯이, 그리스도께서 창세전에 이미 그들을 사랑하셨으며, 그들의 이름을 어린양의 책이라 불리는 생명책에 기록하셨던 것입니다. … 옛날 대제사장이 이스라엘 자손들의 이름을 흉패에 기록했듯이, 그리스도께서 그들의 이름을 가슴에 새기셨습니다. 그리스도께서는 택자들을 흔히 하나님께서 자신의 소유로 주신 자들로 여기셨습니다.[14]

---

[14] Edwards, *Sermon on 1 Peter 2:9*, (Banner), 2:938b. 다른 문맥에서 에드워즈는 이렇게 말한다. "이 언약에서 하나님은 그리스도께 택하신 모든 자들을 주셨습니다. 즉, 그리스도를 믿도록 유효하게 부르신 자들을 그리스도께 주신 것입니다. 그리고 이들이 반드시 구속을 얻을 것이고, 그리스도의 공로로 하나님께 용납되어 하나님의 은총을 받을 것이며, 그리스도와 함께 그들을 영화롭게 할 것이라고 약속하셨습니다. … 그러므로 믿는 자들을 구원하시는 하나님의 은혜가 창세전에 그리스도 안에서 그들에게 주어진 것입니다." *Sermon on 2 Samuel 23:5*, (*WJE Online*, Vol. 44). 에드워즈는 또 이렇게 말한다. "i. 성부 하나님께서 그들을 택하셨습니다. ii. 구속언약에서 성부께서 성자께 그들을 소유로 주셨듯이 그들을 아들에게 소유로 주셨습니다. 그리스도는 그들을 성부께서 자신에게 주신 자들이라고 말씀하십니다. 요한복음 6:37. iii. 이는 성자께서 영원 전부터 그들을 받으셨으며 자신의 소유로 여기셨음을 의미합니다." Edwards, *Sermon on Rom. 8:29-30*, Gerstner, *Steps to Salvation*, 176에서 인용. Conrad Cherry는 "인간의 미래의 상태, 즉 그가 선할지 악할지 고려하지 않은 채, 택하시기로 결정하셨다"는 에드워즈의 논지를 근거로 에드워즈의 택함 교리를 타락전 선택설(supralapsarian)이라 본다. 결국 에드워즈에게 있어서 칭의의 근거는 오직 하나님의 주권으로 돌려져야 한다는 것이다. Conrad Cherry, *The Theology of Jonathan Edwards: A Reappraisal* (Bloomington, IN: Indiana University Press, 1966; reprint, 1990), 104.

에드워즈의 논지에서 우리가 알 수 있는 것은 앞으로 이루어질 사역에 관하여 성부와 성자께서 합의하신 내용을 바탕으로 그리스도 안에서 택함이 이루어졌다는 것이다. 에드워즈의 논지는 매우 흥미롭다. 그리스도 안에서 택함이 자동적으로 구속언약으로 이어지는 것이 아니다. 마치 성부께서 구속을 결정하시면 자동적으로 성자께서 그것을 즉각 시행하시는 것이 아니라는 뜻이다. 에드워즈는 경륜적 질서가 고려되야 한다고 지적한다. 즉, 구속 사역에 관한 어떤 특정 계획을 언급하기 전, 고려해야 할 경륜적 우선순위가 있다는 것이다.

> 타락한 인간을 구속하기 위한 구체적인 방법과 수단에 관하여 삼위 하나님 사이에 언약과 합의를 통해 구속이 결정이 되었다는 사실을 우리는 분명히 알아야 한다. 결과적으로, 구원 여부를 결정하실 성부는 삼위의 머리로서 최고의 주재시며 구속언약을 맺음에 앞서 하나님으로서의 위엄과 권위를 지키셔야 하는 분의 자격으로 행동하신다. 따라서 이러한 위치에 있으신 성부의 경륜적 역할은 그 (구속)언약에 앞선다.[15]

에드워즈에 따르면 구속언약이 있기 전 성부께서 먼저 인간을 구원하시기로 작정하셨다. 이는 삼위 하나님 가운데 성부께서 가지시는 경륜적 독특성이다. 이러한 경륜적 독특성은 성자께도 마찬가지이다. 에드워즈가 보기에, 성부의 작정이 자동적으로 성자의 실행으로 이어지는 것은 아니다. 어떻게 구원 계획을 성취할 것인가 하는 부분은 성자의 경륜적 독특성과 조화를 이루어야 한다. 인간의 구원을 작정하는 것은 성부의 권한이지만, 구속의 방법은 성부께만 달린

15　Edwards, *Trinity and Covenant of Redemption*, 81.

문제는 아니다. 이 맥락에서 에드워즈가 집중하는 것은 성자의 경륜적 실재(economical reality)이다. 구속 방법에 대한 언약이 있기 전 경륜적 특성이 충족 되어야만 한다. 에드워즈는 다음의 내용을 경고한다.

> 우리는 구속언약과 경륜적 질서를 구분해야 한다. 구속언약은 하나님의 지혜로 위대한 목적을 이루기 위해 가장 적합한 방법을 탁월하게 고안하신 것이다. 반면 경륜적 질서는 삼위일체 하나님 각 위의 영원하시며 필연적인 질서의 적합성과 품격과 자연스러운 조화에 바탕을 두는 것이다.[16]

에드워즈는 여기에서 구속언약과 존재 질서(subsisting order)에 따른 그리스도의 경륜적 속성을 조심스레 구분해야 한다고 강조한다. 왜냐하면 구속언약에 그리스도가 하실 일이 담겨 있기 때문이다. "구속언약"은 그 명칭대로 이 언약은 구속의 방법에 관한 것으로, 에드워즈가 보기에, "삼위 각 위의 경륜(economy)은 그들의 존재 질서(subsisting order)와 부합하는 활동을 결정짓는 데 구속언약과는 전혀 다른 것으로 구속언약보다 우선된다."[17] 물론 경륜적 구분에 바탕을 둔 삼위의 합의가 구속언약의 필수요소이긴 하지만, 이 경륜적 차이가 자동적으로 구속언약 – 즉, 그리스도께서 낮아지시기로 합의하신 것 – 으로 이어진 것은 아니다. 에드워즈는 다음과 같이 주장한다. "성부가 삼위 중 머리로서의 특성을 지니신다는 결정은 성자가 중보자의 역할을 맡으신다는 결정에 우선되며, 그러므로 성자에게 중보자의 역할을 부과하는 구속언약에 우선된다." 만일 삼위 하나님의 경륜적 체제가

16　Edwards, *Trinity and Covenant of Redemption*, 80.
17　Edwards, *Trinity and Covenant of Redemption*, 80.

없었다면, "성부께서 성자를 택하시고 중보자의 직무를 맡기시며 그러한 권한을 주실 수 없었을 것이다. 이것은 성자가 성부를 택하시고 삼위의 머리 역할을 맡기실 수 없는 것과 마찬가지이고, 성령이 성자와 성부를 택하시고 그들에게 경륜적 직분을 맡기시어 성자가 성령 이상으로 성부로부터 중보자로서의 권한을 받을 수 없게 되는 것과 마찬가지이다."[18] 삼위 간의 경륜적 구분이 자동적으로 구속언약에서 맡을 역할을 결정하는 것이 아니라는 점을 우리는 유념할 필요가 있다. 오히려 경륜적 특성은 구속언약 이전에 삼위의 기능적 질서(역할)를 결정한다. 경륜적 질서에 근거하여 성부와 성자 간의 후속되는 합의가 가능한 것이며 결국 구속언약이 이루어질 수 있는 것이다. 성부의 작정이 자동적으로 성자가 낮아지심(humiliation)을 감당하도록 강요하는 것이 아니라는 점이 에드워즈의 논리이다. 물론 성자께서 성부께 복종하시는 것이 그의 경륜적 특성이겠지만, 에드워즈는 여기에서 성자의 입장에서 한 단계가 더 요구된다고 말한다. 즉, 성자께서 이 중보의 직임을 기꺼이 맡으신다는 결단이 있어야 함을 강조한다. 여기에서 에드워즈는 구속언약에 선행하는 체제가 있음을 직시하는데, 즉 성자의 존재론적(ontological) 영광을 훼손하지 않는 존재 질서(subsisting order)에 부합하는 경륜적 체제가 먼저 있다는 말이다.

  성자께서 구속언약의 구체적 조항들을 이루신다는 것은 그리스도께서 원래 경륜적 특성 하에서는 부여되지 않는 역할을 잠시 동안 맡으셨다는 것을 의미한다. 이때 일어난 일은 "구속언약에 의해 성자 하나님께서 일정 기간 동안 다른 위의 경륜적 위치, 즉 성부의 경륜적 위치를 맡으신 것이다. 또 구속언약이 세워짐으로 성자께서 성부

---

18 Edwards, *Trinity and Covenant of Redemption*, 81-82.

를 대신해 세상의 주와 심판자가 되시며, 성부 대신에 성부의 대리자로서 성부의 경륜적 위치에 따라 성부께 속하는 보좌에서 다스리신다는 것을 의미한다."[19] 에드워즈에 따르면, 그리스도의 왕직은 원래 성자의 경륜적 특성에 속한 것이 아니라, 구속언약에 의해 받으신 것이다. 그는 구속언약과 경륜적 체제를 세밀히 구분하여, 더 나아가 역사 속에서 구속언약이 성취된 이후에도 삼위의 경륜적 차이는 계속해서 유지됨을 강조한다.

> … 이러한 경륜은 구속 사역이 성취된 이후에도 계속된다. 구속을 위한 모든 일들이 궁극적 완성을 이루고, 구세주가 구원받을 자들을 완전한 영광 가운데 성부께 드리시고 그의 사역이 완전히 마쳐졌을 때, 그는 구속언약에 명시되어 있는 그 일들을 위해 성부로부터 받으셨던 통치권을 이제 그만두실 것이다.[20]

여기 에드워즈의 논지에서 눈에 띄는 점이 있다. 바로 구원에 대한 성부의 작정과 성자께서 구속 사역을 감당하시는 일 사이에는

---

19 Edwards, *Trinity and Covenant of Redemption*, 83. 그리스도의 낮아지심과 높아지심 모두 삼위의 경륜적 특성에서 비롯된 것이 아니라, 언약적 합의에 의해 이루어진 것이다. "성자께서 성자의 경륜적 특성에 의한 것이 아니라 구속언약에 따라 실행하신 낮아지심이 있는데 성부께 복종하실 것을 약속하신 일이다. 마찬가지로, 성자의 다스리심과 권세는 원래 성자의 경륜적 특성에 속한 것이 아니라, 구속언약을 따라 성부께서 주기로 약속하신 것이다. 이리하여 성자께서 모든 권세의 머리이자 우주의 주관자시며 만물의 주시요 심판자가 되셨다. 이는 본래 삼위일체의 경륜상 성자께 속한 것이 아니라 성부께 속한 것이다." Edwards, *Trinity and Covenant of Redemption*, 88.

20 Edwards, *Trinity and Covenant of Redemption*, 82.

반드시 모종의 합의가 있어야 한다는 것이다. 이 새로운 합의를 구속언약이라 부른다.

3. 새로운 체제 구속언약(Covenant of Redemption as a New Establishment)

앞서 에드워즈는 세심하게 논지를 전개하면서 구속언약과 경륜적 체제의 차이를 강조하였는데, 이를 바탕으로 에드워즈는 다음과 같이 논지를 발전시킨다.[21] "경륜적 체제는 앞으로 되어질 일에 대하여 각 위께서 종속 관계에서 일할 것을 결정하신다. 그러나 이 경륜적 질서에는 정확히 어떤 일을 할 것인지는 포함되어 있지는 않다."[22] 에드워즈가 확신하는 것은 구체적으로 어떤 일이 진행되기 위해서는 경륜적 질서에서 기대되는 그 이상의 조치가 마련되어야 한다는 것이다. 그리스도께서 맡으실 역할(낮아지심)은 성자의 경륜적 특성에 적합하지 않는 것이므로, 그리스도의 입장에서는 새로운 결단이 있어야 한다. 쉽게 말해 성부는 성자께 경륜 이상의 것을 감당하라고 강요하실 수 없다는 뜻이다.

> 성부는 단지 당신의 경륜적 권한에 따라 다른 위들에게 그들의 경륜적 특성에 부합하지 못하는 것이 아니라면 명하고 지시할 수 있다. 그러나 각 위의 무한한 위엄과 영광에 못 미치는 일들은 그들이 자신들의 신적 영광을 내려놓거나 무한하게 그 영광보다 낮아지지 않으시면 하실 수 없는 일들인데, 이

---

[21] 에드워즈의 글에서 자주 언급되는 "a new establishment"를 우리는 "체제" 또는 "질서"로 이해하는 것이 좋겠다. 때로는 "합의"라는 의미도 가능하다.

[22] Edwards, *Trinity and Covenant of Redemption*, 87.

런 일들은 그들의 경륜적 특성에 맞지 않기 때문이다. 그러므로 성부는 다른 위들에게 이러한 일을 하라고 요구하실 수 없다. 그렇게 하시기 위해서는 반드시 자유로운 언약에 의거한 새로운 질서가 필요하다.[23]

그리스도께서 담당하실 구속 사역의 성격을 볼 때, 성부와 성자 사이의 "새로운 체제"(a new establishment)가 반드시 필요한데, 이 "새로운 체제"를 가리켜 구속언약(the covenant of redemption)이라 부른다. 에드워즈는 이 언약의 사실(reality)을 염두에 두고 칭의 설교를 풀어나간다.

> 본래 속성상 그리스도는 성부께 종속되지 않으시며, 모든 면에서 성부와 동등하십니다. 그리스도가 반드시 인간을 대신하여 율법 아래 있거나 또는 어떤 방식이든 하나님께 복종하는 낮은 자리에 서야 했던 의무가 있었던 것은 아닙니다. 성부와 성자 사이에 합의가 있었고, 그 합의는 그리스도께서 인간이 되시고, 율법 아래 있으시는 일보다 선행합니다. 그 합의에 따라 자신을 율법 아래 두시어, 순종하시고 고난 받으신 것입니다. [이러한] 합의 속에서 이 모든 일은 하나님께서 보시기에 이미 이루어진 것입니다. 이는 다음과 같은 사실에서 명백하게 드러납니다. 이 합의에 근거하여 하나님께서 죄인을 의롭다 칭하시고, 구원하였습니다. 일이 이루어지기 오래 전에 이미 그것이 실제로 성취된 것처럼 여기신 것입니다. 그러므로 그리스도의 사역과 고난이 지니는 가치를 제대로 알기 위해서 반드시 우리는 이 합의를 돌아보아

---

23 Edwards, *Trinity and Covenant of Redemption*, 85. 19세기에 "자신을 비우셨다"는 빌립보서 2:7에 근거해 그리스도의 성육신을 설명하는, 이른바 "케노시스(kenosis) 이론"이 있었다. 그러나 에드워즈 신학은 전체적으로 볼 때 이 "케노시스 이론"과 상관이 없다. 여기에서 "신적 영광을 내려두고"라는 표현은 케노시스 이론을 암시하는 내용이 아니다.

야 합니다. 이 합의에서 이미 하나님은 이 일들이 실제적으로 일어났고 성취된 것으로 여기시고, 그 일을 하기위해 그리스도께서 어떤 범위와 상황에서 일 하셨는지 우리는 알아야 합니다. 그러면 우리는 사실 그리스도께 반드시 율법에 순종하고, 고난으로 형벌을 지셔야 할 의무가 있었던 것은 아님을 알 것입니다. 합의 후에는 그리스도는 순종과 고난의 의무 모두를 지시게 되었고, 그러므로 우리를 위한 보증과 대리가 되셨습니다. … 성부와 성자의 원래의 합의를 통해 하나님 보시기에 이 순종과 고난의 의무가 이미 이루어지고 받으신 것임을 우리가 안다면, 그리스도께서 이 순종과 고난에 대해 어떤 방식으로도 의무 하에 있었던 것이 아니라 온전히 자신의 권리로 이행하셨다는 것 또한 알게 될 것입니다.[24]

에드워즈가 말하는 핵심은 새로운 상황이 그리스도에게 요구하는 것이 있는데, 그것은 성자의 경륜적 특성에 속하는 것 이상의 것으로 낮아지심(구속)의 일을 하기 위해서는 그리스도께서 "전적으로 자신의 권한으로" 합의해야 하는 부분이 있다는 것이다.

에드워즈는 구속언약에 그리스도께서 합의하신 것을 "새로운 종류의 순종"(subordination) 및 "새로운 질서"(establishment)라 부른다. 왜

---

[24] Jonathan Edwards, *Justification* in *Sermons and Discourses, 1734-1738*, ed. M. X. Lesser, vol. 19, *The Works of Jonathan Edwards* (New Haven: Yale University Press, 2001), 193. 여기에서 에드워즈가 역사 이전 삼위 안에서 이루어진 언약을 통해 "그리스도 안에서"라는 개념을 강조하는 것이 마치 성도의 칭의가 이미 영원 전에 그리스도 안에서 이루어진 것처럼 보일 수 있다. 에드워즈 신학의 정교하면서도 가장 중요한 차이점은 하나님께서 구체적으로 작정하신 일이 역사 속에서 전개된다고 보는 점이다. 에드워즈에 있어서 칭의의 근거가 삼위 하나님의 영원하신 경륜에 있다는 점과 칭의의 역사적 성격은 전혀 서로 상충되지 않는다.

냐하면 "이 합의는 삼위 하나님의 존재(subsisting) 질서에서 비롯된 삼위의 경륜적 순종(subordination)과는 다른 종류의 내용을 포함"하고 있기 때문이다. 이것은 사실 "성자의 경륜적 지위에서 한참 아래로 내려가야 하는 일"이다. 성자께서 이 땅에 오신다는 것은 완전히 "새로운 상황의" 일이다. 성부께 대하여 이 일은 한편으론 "성자께 대한 새로운 지위와 권한을 얻으시는 것"이며, 다른 한편 "반드시 성자께 성공, 보상 등을 주어야 할 새로운 의무를 지시는 것"이기도 하다. 에드워즈가 말하는 "새로운"이란 바로 그리스도의 낮아지심을 두고 하는 말이다. 즉, 그리스도께서 낮아지시는 것은 그분의 신적 영광과 경륜적 속성에 전혀 맞지 않는 일이기 때문이다.[25]

> 복종이나 순종이 아니라, 바로 낮아지심이 새로운 요소이다. 만일 삼위 중 한 위께서 낮아지시는 것 외에 다른 구속의 방법이 있었다면, 이렇게 새롭게 합의를 하시어 구속언약을 맺으시지 않으시고, 택한 천사들을 위해서 하셨던 것처럼 하나님은 삼위의 원래 관계에 합당한 방법으로 구속을 이루셨을 것이다.[26]

에드워즈가 보기에 인간 구원에 관한한 구속언약은 반드시 필요한 부분이었다. 결과적으로 구속언약은 성부와 성자에게 새로운 상황을 의미했고, 그래서 그들은 원래 삼위의 경륜적 질서 안에 있지 않은 다른 성격의 일을 맡게 되신 것이다. 구속언약에 의거하여 성부는 성자께 중보자의 직무를 맡기셨고 또 성자께서 이 땅에서 구속 사

---

25 Edwards, *Trinity and Covenant of Redemption*, 85-6.
26 Edwards, *Trinity and Covenant of Redemption*, 86-7.

역을 이루기 위해 필요한 자신의 모든 권위를 위탁하신 것이다.

> 거룩한 삼위일체께서 보시기에 이의이신 성자께서 인류의 [구원을] 완수하기 위해 구속자가 되는 것이 가장 적합하다고 여기셨습니다. 그래서 그리스도께서 인류의 구원에 필요한 모든 능력을 가지시는 것입니다. 결과적으로, 사람들이 시선을 그에게 고정하고, 그를 바라보며, 또 그분을 신뢰하게 되는 것이며, 또 하나님의 백성들의 믿음이 돈독해지고, 굳건해지며, … 그래서 그리스도께서 모든 영광을 받으시기 것입니다.
>
> 이러한 목적을 이루기 위해, 성부 하나님께서 그리스도를 세상의 통치자와 모든 교회의 머리로 세우셨고, 또 그리스도의 손에 예비된 나라를 위탁하셨습니다. 요한복음 17:2에는 아버지께서 "그리스도께 주신 모든 이들에게 영생을 주게 하시려고 만민을 다스리는 권세를 그리스도께 주셨다"고 기록되어 있습니다.[27]

새로운 조건 하에서 그리스도의 중보 사역은 공로가 된다. 왜냐하면 그것은 삼위 중 아무도 성자에게 강요한 것이 아니라, 성부와의 약속에 대한 성자의 능동적이고 자발적인 순종이기 때문이다. 이 맥락에서 에드워즈는 성자께서 언약을 이루시기로 헌신하신 것은 성부께 반드시 순종해야 하는 의무에서 비롯된 것이 아니라, 성자의 자발적인 순종이었음을 강조한다. 삼위일체 하나님의 존재론적 동등함에 비추어 볼 때, 성부께서 성자께 명령하실 수는 없기 때문이다. 그러므로 그리스도께서 경륜적 지위를 떠나 스스로 낮아지신 순종에는 반드시 성부께로부터 오는 보상이 있어야 한다. 사실 성자의 자발적인

---

27 Edwards, *Sermon on John 16:8*, 14:380.

순종은 성부께 매우 아름다운 것이며 정말로 큰 기쁨이 되는 일이다.

> 복음 전체가 강조하는 것은 성자께서 자유롭게 자신의 권리로써 이 위대하고 어렵고 자기 모욕적인 구원의 사역을 감당하셨다는 점이다. 성자는 언약에 대해 자발적으로 개입하심으로써 성부께 의무를 지신 것이지, 결코 이전에 있었던 어떤 질서 때문이 아니다. 그래서 성자는 이렇게 스스로 언약 안에 들어가시고 성취하심으로써 성부로부터 무한한 공로를 얻으셨다.[28]

새로운 상황(언약) 하에서 성자께서 자발적으로 스스로를 희생하여 복종하신 것은 성부께서 보시기에 특별한 공로가 된다. 왜냐하면 성자께서 스스로를 헌신하셨기 때문이다. 에드워즈 자신의 말을 빌리자면, "온전히 그의 권리로" 하신 일이기 때문이다. 요약하자면, 구속언약은 새로운 상황 하의 조건을 결정지었다. 왜냐하면 새 상황에서 요구되는 것은 성자의 권리로만 가능한 자발적인 것이기 때문이다. 에베소서 3:10 본문의 설교(*The Wisdom of God, as Displayed in Salvation by Jesus Christ, Far Superior to the Wisdom of the Angels*)에서 에드워즈는 자신의 권리로 자발적으로 복종함이 무엇인지 설명한다.

> 반드시 요구되는 것은 그 사람은 자신의 절대적인 권리로 일을 할 수 있는 사람이어야 한다는 겁니다. 종이나 예속된 사람은 안 됩니다. 그가 자신만의 권리로 할 수 없는 사람이라면, 그런 사람은 아무것도 받을 만한 가치가 되지 못합니다. 결국 절대적으로 자신만의 권리가 없는 사람은 다른 사람을

---

[28] Edwards, *Trinity and Covenant of Redemption*, 85.

대신해서 값을 지불할 수 없습니다.²⁹

이 설교는 그리스도께서 언약 조건에 순종하신 일이 성부께 얼마나 크고 놀라운 일인지 잘 보여 준다. 여기에서 에드워즈는 순종에 대해 말하면서 아주 섬세한 구분을 한다. 아무 순종을 말하는 것이 아니다. "그리스도께서 중보자로서 우리의 구속을 위해 그러나 낮아지심 이전에 성부께 하신 순종, 그리고 지금 하늘에서 높여지신 상태에서 하신 순종은 죄인을 위해 공로가 되는 순종이 아니다." 이것은 "오직 율법 하에서 하신 순종 그리고 종의 형체를 입고 하신 순종만이 우리를 위한 공로가 될 수 있다."³⁰ 에드워즈에게 있어서 우리에게 공로가 될 수 있는 순종은 경륜적 속성으로 인한 순종이 아니라 새로운 체제, 즉 구속언약 하에서 자발적으로 하신 그 순종만이 우리를 위한 공로가 될 수 있다는 말이다. (이점은 나중에 그리스도의 의의 전가를 다룰 때 기억할 필요가 있다. 거기에서 우리는 그리스도의 순종이 어떻게 공로의 효과가 있는 의가 되는지 살펴볼 것이다.)

이 맥락에서 우리가 주목해야 할 것이 있다. 바로 그리스도께서 자발적인 순종으로 얻으신 공로가 구속사적 중요성을 지닌다는 사실이다. 즉, 그리스도께서 구속언약을 완수하심에 대한 상급으로 자신이 영광 가운데 높아지셨을 뿐 아니라, 성령을 당신의 권한에 두시게 되었다.

하나님께서 신인(God-man)이신 예수 그리스도를 높이시고, 그를 하늘 보좌

---

29 Edwards, *Sermon on Ephesians 3:10*, (Banner), 2:142.
30 Edwards, *Trinity and Covenant of Redemption*, 88.

우편에 앉게 하시며, 천사와 전 우주를 다스리는 권세를 주셨다. 동시에 하나님은 그리스도에게 그가 값을 지불하고 사신(purchased) 가장 중요한 것, 즉 성령을 주셨다. 이제 그리스도는 그에게 주어진 우주에 대한 통치권을 갖는 것처럼 성령을 나누어 주실 수 있는 권세도 가지신다. 즉, 이것이 구속이라는 위대한 계획을 높이기 위함이다.[31]

에드워즈의 견해에 따르면 성령께서 성자께 복종하시는 것은 두 가지 의미를 지닌다. 첫째, 삼위일체의 경륜에 따라 성부의 대리자(vicegerent)이신 성자께 복종하심이며, 둘째, 신인(God-man)이시자 교회의 남편이며 머리이신 성자께 복종하심이다. 전자에 해당하는 복종은 종말의 때, 즉 그리스도께서 "대리적 통치와 권세에서 물러나실 때" 끝난다. 하지만 후자의 복종은 결코 끝나지 않고 영원히 계속된다. 왜냐하면 그리스도는 영원히 교회의 머리이시기 때문이다. 이는 그리스도께서 구속언약에 순종하신 상급으로 얻으신 것이다. "신인(God-man)이신 그리스도는 영원히 교회의 중심부인 머리이시며 남편이시다. 이 머리이신 그리스도께서 그 교회에 영원히 공급하실 중요한 것이 있는데 바로 성령이다."[32] 그리스도께서 받으신 가장 큰 상급은 바로 성령을 소유하시게 된 것이다. 성령을 사신 것은 경륜적 순서에 의한 것이 아니라, 구속언약에 대해 성자께서 스스로 자발적인 순종의 방법으로 복종하셨기 때문이다. 상급으로 주어진 성령은 그리스도 자신만이 아니라 그리스도 안에 있는 우리를 위한 것이기도 하다. 왜냐하면 성부께서는 구속언약 안에서 우리가 이미 그리스도

---

[31] Edwards, *Trinity and Covenant of Redemption*, 89.
[32] Edwards, *Trinity and Covenant of Redemption*, 90.

와 하나인 것으로 여기셨기 때문이다. 성령은 그리스도 안에 있는 자들이 누릴 유익이다. "성령은 신인(God-man)이신 그리스도께서 자신과 당신의 교회를 위해, 즉 그리스도의 신비스런 몸을 위해 사신 유업이다."[33] 이렇듯 에드워즈에게 있어서 그리스도와의 연합 개념은 구원의 초기 단계부터 관련되어 있음을 알 수 있다.

지금까지 살펴보았듯이, 에드워즈의 신학에 있어서 그리스도와의 연합 개념은 인간 구속을 이루시는 삼위 하나님의 참여까지 거슬러 올라간다. 매우 흥미롭게도 에드워즈는 이 통합적 관점으로 구원 전체를, 즉 시간 전 삼위의 경륜(counsel)에서부터 시간 속에서 이루어지는 그리스도와 성령의 구속사적 사역까지를 조망한다. 앞에서 이미 밝힌 것처럼, 이런 맥락에서 볼 때 에드워즈의 연합 모델은 철저히 예정론적(predestinarian)이고 구속사적(redemptive-historical)이다. 이를 바탕으로 이제 우리는 에드워즈에게 있어서 구원을 펼쳐나가시기 위한 하나님의 방편인 언약이 구체적으로 어떻게 그리스도와의 연합 개념을 뒷받침하는지 살펴보려 한다.

---

[33] Edwards, *Trinity and Covenant of Redemption*, 89-90. 성령께서 그리스도께 복종하심은 공로로 인정되지 않는다. 왜냐하면 그 복종은 삼위일체의 경륜(economy)에 따른 복종이지 성령께서 특별히 더 낮아지거나 고난을 받으실 필요가 없는 복종이기 때문이다. 이 복종은 "성령께서 전에 삼위의 경륜적 질서에 따라 하셨던 같은 복종으로 성자에 대해 전에 차지하셨던 위치에서 전혀 밑으로 내려가심 없이 하신 복종이시다. … 그러므로 성령께서 성자에 대해 어떤 낮추심이나 특별한 언약으로 복종하신 것이 아니라 오직 성부께서 당신의 경륜적 속성에 따라 삼위의 머리로서 선물로 주신 것이다." Edwards, *Trinity and Covenant of Redemption*, 91.

B. 구속언약과 은혜언약(Covenant of Redemption and Covenant of Grace)

에드워즈의 핵심 개념인 그리스도와의 연합을 이해하기 위해서는 그의 언약관을 제대로 알아야 한다. 특히 에드워즈의 칭의 교리는 정확하게 그의 언약신학에서 비롯됐다. 17세기 개혁 정통파(Reformed Orthodoxy)의 전통에 따라 에드워즈는 언약을 구속언약(시간 전에 있었던 언약), 행위언약(타락 전의 언약), 은혜언약(타락 후의 언약), 이렇게 세 가지 형태로 구분한다.[34] 이 언약 개념은 분명히 에드워즈가 칭의론을 포함한 그의 구원론 전체를 형성함에 있어서 결정적으로 작용하는 신학적 틀(framework)이다. 그가 언약 개념을 구원론에 적용하는 데 있어서 두드러지게 드러나는 한 특징이 그의 통합적 관점이다. 이른바 에드워즈의 "통합적 관점" 또는 "통합 관점"이 그리스도와의 연합 모델에 의한 직접적인 지배를 받는 것이 아니라 하더라도 매우 밀접한 연관이 있다는 것이 필자의 논지이다. 에드워즈의 칭의론을 제대로 파악하기 위해서는 언약과 연합 사이의 관계와 그 의미를 밝히는 것이 필요하다.

---

[34] "16세기 언약 신학자들이 집중적으로 관심을 쏟았던 주제가 은혜언약이다. … 은혜언약은 종교개혁 초기부터 인간을 향한 은혜의 집행이며 그러므로 계시의 역사에 속하는 것으로 여겨졌다." John Murray, "Covenant Theology" in *The Encyclopedia of Christianity*, ed. Philip E. Hughes, vol. 3 (Marshalltown, Del.: National Foundation for Christian Education, 1972), 204. 특별히 에드워즈의 언약신학을 조망하고자 한다면 Bogue, *Jonathan Edwards and the Covenant of Grace*, 95-174을 보라.

1. 통합적 관점(Unified Perspective)

에드워즈는 별다른 문제제기 없이 17세기의 언약 용어들을 그대로 사용했다. 그러나, 우리가 유념해야 할 한 특징은, 사실 그는 구속언약과 은혜언약을 통합적 시각에서 이해하는 경우가 많았다는 것이다. 이때 그의 통합적 관점 형성에는 특히 그의 그리스도와의 연합 개념이 크게 영향을 끼쳤다.

사실 에드워즈는 어떤 경우에도 구속언약이나 은혜언약을 서로 떨어져 있는 별개의 것으로 이해하지 않았다. 동시에 그는 이 둘은 "서로 섞여서는 안 되는 두개의 언약"임을 또한 강조한다.[35] 이런 맥락에서 에드워즈의 언약 개념에는 통일성(unity)과 다양성(diversity)이 함께 유지된다고 말할 수 있다. 그러나 에드워즈가 살았던 시대에도 구속언약과 은혜언약에 대한 의견의 일치는 쉽지 않았다. 그래서 에드워즈는 세밀한 분석을 할 필요가 있음을 강조한다.

> 이것들에 대해 깊은 고려를 한다면, [구속언약]과 은혜언약이 같다고 생각하는 신학자들과 다르다고 생각하는 학자들 사이의 차이에 조화를 이룰 수 있을 것이다.[36]

그래서 제안하는 것이 통합적 관점이다.

성부 하나님께서 신자들과 맺으시는 언약[은혜언약]은 창세전에 성부께서 성

---

35 Edwards, "Miscellanies," No.825, 18:536.
36 Edwards, "Miscellanies," No.1091, 20:477. 원본에 [설명].

자와 맺으신 구속언약과 사실 같은 것이거나, 적어도 그 안에 완전히 포함되어 있다.[37]

에드워즈의 언약 이해에 따르면 은혜언약은 구속언약과 다른 언약이 아니라 구속언약의 연장선상에 있는 것으로, 또는 구속언약 안에 포함되어 있는 것으로 봐야 하는 것이다. 반대로 영원 속에서 맺어진 구속언약이 시간 속에서 드러난 것이 바로 은혜언약이다.

> 은혜언약은 본질적으로 구속언약과 다르지 않습니다. 구속언약이 표현되어 나타난 것이 은혜언약입니다. 즉, 인간에게 용기, 믿음, 평안을 주기 위해 일부 드러난 구속언약이 은혜언약인 것입니다.[38]

은혜언약이 구속언약, 즉 삼위 하나님의 경륜(counsel)에 뿌리를 두고 있다고 보는 에드워즈의 통합적 관점은 은혜언약을 더욱 확실하게 한다. 같은 내용이 사무엘하 23:5 설교("은혜언약은 견고하고 확실하게 하기 위해 필요한 만큼 모든 면에서 그렇게 만들어졌습니다")에서도 확인된다. "이 언약의 약속을 성취하는 것은 영원전 성부께서 그리스도와 맺으신 구속언약에 근거하기 때문입니다."[39] 인간을 구속하시기 위해 하신 삼위 하나님의 결단이 역사적으로 펼쳐지는 것이 바로 은혜언약이다. 즉, 은혜언약은 삼위 하나님의 영원한 경륜(counsel)에 깊이 뿌리를 내리고 있는 것이다.

---

37 Edwards, "Miscellanies," No.1091, 20:477-78. [설명 삽입].
38 Edwards, *Sermon on Hebrews 13:8*, (Banner), 2:950b.
39 Edwards, *Sermon on 2 Samuel 23:5*, (WJE Online, Vol. 44).

그렇다면 에드워즈는 이 두 언약을 어떻게 하나의 관점으로 통합하는가? 이 두 언약을 하나로 묶어 주는 중심은 바로 그리스도시다. 우리의 관점에서 다시 말하자면, 이 두 언약을 하나로 묶어 주는 것은 바로 그리스도와의 연합이라는 개념이다. 히브리서 13:8 설교 ("*Jesus Christ, the same yesterday, to-day, and for ever*")에서 에드워즈는 구속언약이 그리스도께 어떤 의미인지 설명한다.

> 구속언약은 성부와 성자께서 맺으신 영원한 언약입니다. 이때 그리스도는 타락한 인간을 구원할 중보자가 되시기로 하셨고 그렇게 성부에 의해 지명되셨습니다. 이 언약에서 그리스도께서 맡으실 중보직에 관한 모든 것이 성부와 성자 사이에 합의되었고 세워졌습니다. 이 언약, 즉 이 영원한 합의는 그리스도가 그 직임을 수행하실 때 따라야 할 최고의 기준입니다. 그리고 그는 결코 이 기준에서 벗어나지 않으셨습니다. 그리스도는 영원한 언약에 담긴 것 외에 어떤 것도 더 하시거나 덜 하신 것이 없으십니다. 그리스도는 하나님께서 그 언약에서 명하신 것만을 행하실 뿐, 다른 것은 전혀 하지 않으십니다. 그는 성부께서 그 언약에서 구원하시고자 주신 그 사람들만을 구원하시고, 그 언약에서 합의된 만큼의 행복을 그들에게 주십니다. 이 기준에 관하여 그리스도는 변함이 없습니다. 이 언약의 모든 조항이 어제나, 오늘이나, 영원토록 그리스도에 대해 유효합니다.[40]

여기에서 "영원한 합의"는 그리스도께서 맡으실 중보직의 의무를 규정하는 규율이자, "그리스도께서 중보직을 수행하시는 데 필요한 모든 것"을 주시겠다는 성부의 서약이기도 하다. 이 언약에 근거

---

[40] Edwards, *Sermon on Hebrews 13:8*, (Banner), 2:950b.

해 그리스도께서 택한 자에게 자신을 주시며, 성부께서는 그리스도와 연합한 이들에게 영원한 행복을 약속하신다. 그리스도의 입장에서 볼 때, 삼위 하나님의 경륜적(economical) 질서를 전제로, 성자께서 우리를 구원하시기 위한 구체적인 방법을 감당하시기로 하신 것이 구속언약이다.[41] 이 사실은 우리에게는 실천적 의미를 지닌다.

> 성자와 맺은 언약에서 성부께서 약속하신 내용에는 영생, 견인, 칭의 만이 아니라 중생과 회심도 포함되어 있다. 즉, 믿음과 믿기 위해 필요한 모든 것, 예를 들어 은혜의 방편, 즉 말씀과 성례를 주시는 것을 말한다. 이 모든 것이 [그리스도께서] 고난으로 이루신 성취에 포함되어 있으며 그가 받으신 상급들이다. … 이 전자의 언약이 말한 약속들이 드러났을 때, 그것들이 성부께서 신자들에게 하신 약속인 것이다. 바로 그리스도 안에서 우리에게 주신 그 약속이다. 즉, 우리는 그리스도 안에 있고 그의 지체이어서 우리의 머리이신 그리스도께 약속된 같은 복에 대한 권리를 갖게 되는 우리에게 성부께서 하신 약속들이다.[42]

구속언약에서 그리스도께 약속된 내용들은 본질적으로 우리에게는 구원이다. 여기에서 17세기 언약신학 전통이 명확히 드러나는

---

[41] John H. Gerstner는 자신의 저서 *Steps to Salvation*에서 구속언약과 은혜언약이 밀접한 관계에 있음을 여러 번 언급한다. "은혜언약은 구속언약이 실제로 이루어지는 방편(means)이다. 후자에는 구원이 약속되어 있고, 전자에는 구원의 길(way)이 정해져 있다." 176-7. "은혜언약은 다름 아닌 하나님께서 결단하신 것을 실행하시고자 작정하신 길(way)이다." 185. "구속언약은 성자께서 택하신 자들의 중보자가 되기로 합의하신 언약이고, 은혜언약은 택한 자들을 위한 중보를 이행하는 길(way)이다." 186. (강조는 덧붙임).

[42] Edwards, "Miscellanies," No.617, 18:149.

데, 구속언약은 우리의 구원에 관한 성부와 성자의 합의라는 이해이다. 그리고 은혜언약은 그리스도와 연합한 우리의 구원에 대한 하나님의 약속이다. 이미 세워져 있는 기존의 언약신학 전통에 덧붙여 에드워즈가 새롭게 강조한 부분은 바로 우리의 관점에서 그리스도를 통해서, 그리스도 안에서, 그리고 그리스도와 함께 있는 "우리"를 본 것이다. 여기서 기억해야 할 것은, 앞서 살펴보았듯이, 이 언약은 처음부터 구원에 대한 작정을 실행할 길/방법/수단으로서의 구속을 목적으로 세워졌다는 것이다.[43] 우리가 바로 이 언약의 수혜자이다. 그러나, 에드워즈에 따르면, 우리가 이 언약의 수혜자가 되는 길은 반드시 그리스도를 통하는 것이다. 하나님께서 그리스도와 약속을 맺으셨을 때(구속언약), 하나님의 마음에 그리스도는 우리가 없는 혼자가 아니셨다. 마찬가지로 하나님께서 우리와 약속을 맺으실 때(은혜언약), 우리 또한 그리스도 없는 혼자가 아니다. 결국 에드워즈에게 있어서 그리스도는 이 두 언약을 하나의 관점으로 묶는다. 다시 말해 성부께서 그리스도 없이 우리와 직접 언약을 세우신 것이 아니라는 사실이 그리스도가 두 언약 모두의 중심임을 명백히 한다. 전자의 언약은 영원 전에 맺어졌고, 후자의 언약은 전자의 언약이 시간 속에 드러난 것이다. 그리스도는 바로 영원 속의 약속과 시간 속의 성취를 연결하는 연결고리이신 것이다.

---

43 Timothy Youngjae Song가 지적한 내용에 의하면, William Perkins는 언약을 "작정의 외적 수단"으로 본다. 더 나아가 그는 Perkins의 신학 방법론(*loci* method)이 "작정의 초월성과 경건의 내면성 사이의 유기적 통일"을 가능케 한다고 평가한다. 자세한 논의를 위해서는 그의 "System and Piety in the Federal Theology of William Perkins and John Preston" (Ph.D. diss., Westminster Theological Seminary, 1998), 51-63을 참조하라.

그러므로 그리스도께서 절대 구속언약을 깨뜨리지 않으셨다는 사실은 은혜언약 역시 깨뜨리지 않으실 것을 의미합니다. 은혜언약에서 인간에게 약속된 모든 것은 구속언약에서 성부와 성자 사이에 합의되셨기 때문입니다.[44]

구속언약에 대한 그리스도의 결단은 동시에 은혜언약에 대한 결단을 의미한다. 그리스도 때문에 이 두 언약은 서로 다른 언약이 아니다. 에드워즈가 두 언약을 통합적 관점에서 볼 수 있는 것은 우리가 그리스도와 하나인 것으로 볼 수 있기 때문이다. 비록 이 두 언약이 영원과 시간이라는 서로 다른 시간적 배경을 지니지만, 둘 사이에는 이러한 범주를 넘어서는 연속성이 있다. 에드워즈가 보기에 두 언약 모두에서 공통되는 것은 바로 영원 전과 시간 속 모두 그리스도와 우리가 연합되어 있다는 점이다.

2. 결혼언약(Marriage Covenant)

에드워즈는 그리스도와의 연합이라는 관점을 바탕으로 은혜언약을 좀 더 예리하게 파고든다. 전통적으로 은혜언약이란 성부와 신자 사이의 언약을 일컫는다. 에드워즈 역시 이 부분에는 전적으로 동의한다. 에드워즈만의 독특한 점은 은혜언약에 성부와 신자 사이의 언약이라는 전통적 관점 외에 그리스도와 신자 사이의 언약 이라는 새로운 관점을 추가했다는 것이다. 에드워즈는 이를 "결혼언약" 또는 "연합의 언약"이라고 부른다. 에드워즈의 말을 들어보자.

---

[44] Edwards, *Sermon on Hebrews 13:8*, (Banner), 2:950b.

또 다른 언약이 있다. 이 언약은 그리스도와 한 영혼 사이의 결혼언약으로 그 영혼이 그리스도와 연합하게 되는 연합의 언약이기도 하다. 이 언약은 결혼 전까지는 단지 청혼 또는 제안에 불과하다. "볼지어다, 내가 문 밖에 서서 두드리노니, 누구든지 내 음성 듣고 문을 열면 내가 들어가 그로 더불어 먹고 그는 나로 더불어 먹으리라" [계 3:20]. 결혼을 통해서, 다시 말해 한 영혼이 회심할 때, 이 언약이 진정한 언약이 된다. 이 언약을 가리켜 은혜언약이라고도 부르나 구속언약과는 구별된다.[45]

문맥에서 알 수 있듯이 여기에서 "이 언약"이란 결혼언약을 말한다. 그러나 에드워즈가 볼 때, 실제 결혼 전까지 이 언약은 – 물론 이것도 은혜언약인 것은 맞지만 – 단지 "청혼 또는 제안"에 지나지 않는다. 결혼을 통해서 결혼언약은 마침내 은혜언약을 성취시키고 완성시킨다. 에드워즈가 보는 성부와 우리 사이에 맺어진 은혜언약은 궁극적으로 우리가 그리스도와 하나가 됨(결혼)으로써 구현된다. (구원서정 논의에서는 이것을 유효한 부르심(effectual calling)이라고 부른다.) 이론적으로 볼 때, 에드워즈에게 있어서, 실제 결혼까지는 은혜언약은 복음의 일반적 제시나 초청(the general offer of the gospel)에 지나지 않는다. 언약 신학의 구조를 따라 일반적으로 말할 때, 구원은 성부께서 은혜언약 속에서 우리에게 주시는 것이다. 하지만 에드워즈는 이를 더욱 세밀히 보기를 원한다. 결혼언약의 순간까지는, 즉 실질적으로 그리스도와 연합하기 전까지는 아직 은혜언약이 구현되지 않은 것이다.

---

45 Edwards, "Miscellanies," No.825, 18:537. 또 다른 문집에서 그는 이렇게 말한다. "그것은 그리스도와 신자와 맺는 언약을 가리키므로 결혼언약이라 부른다." Edwards, "Miscellanies," No.919, 20:167.

"성부-우리"의 관계가 "그리스도-우리"의 관계로 구체화 되어야 한다. 에드워즈에게 있어서 중요한 논지는 그리스도와의 연합이 없다면 은혜언약은 실질적으로 우리에게 유효하지 않다는 것이다. 이런 맥락에서 우리는 때때로 에드워즈가 은혜언약을 성부와 신자 사이의 언약에서 더 세분화 하여 그리스도와 신자 사이의 언약(결혼언약)으로 구분한다는 점을 주목할 필요가 있다. 그렇다고 해서 결혼언약이 은혜언약과 다른 것이 아니라 단지 은혜언약의 의미를 더욱 강화할 뿐이다. 이 구분은 에드워즈가 그리스도와의 연합 관점을 일관되게 적용한 결과이기 때문에 우리가 주목할 만한 것이다. 에드워즈는 그리스도와의 연합이라는 관점 아래서 통합적 시각을 갖게 되었고 언약을 이해하였던 것이다.

에드워즈에게 있어서 그리스도와의 연합이라는 틀은 그리스도와 그 백성 사이에 맺어진 결혼언약의 강점을 더욱 부각시킨다. 결혼은 연합 개념을 설명하기 위해 에드워즈가 가장 많이 사용한 비유 중의 하나이다. 예를 들어 이사야 62:4-5 설교(*Church's Marriage to Her Sons, and to Her God*)에서 이러한 점이 잘 드러난다. 여기에서 에드워즈는 "신실한 목회자와 성도 사이의 연합은" 그리스도와 신자와의 연합을 보여 주는 "그림자"라고 말하면서, 결혼의 유비를 통해 그리스도와의 연합을 설명한다.

> 그리스도는 신자들의 영혼이 실제로 결혼한 교회의 참 남편이십니다. 신자들은 그리스도와 연합한 그의 살과 뼈이며, 그리스도와 한 마음을 가집니다. 이 영원한 언약 속에서 신자들은 그리스도께 자기 자신을 내어드립니다. 이제 오직 영적 남편이신 그리스도에게만 신자들이 기대고, 사랑하고, 존경하

고, 순종하고, 신뢰할 뿐입니다.[46]

서로에게 자신을 내어준다는 것은 연합을 기대하는 표현의 절정이다. 여기에는 함께 나눔이 있기 때문이다. 연합(union) 속에서 이루어지는 것이 바로 교제(communion)이다.

> 진정으로 그리스도께서 자기 백성과의 언약에서 하신 약속의 총합을 한마디로 표현하자면 자기 자신을 내어주심이다. 결혼을 할 때 사람들은 서로에게 자신을 주기로 서약하고 자신의 것을 다 서로에게 준다. 그들이 서로에 대해 합의한 연합은 나눔(communion)을 가져온다. 그리스도께서 그 백성과 맺으신 언약은 영혼과 몸의 영원한 생명을 약속한다. 이 영생의 복은 그리스도를 즐김을 말한다. 즉, 그와 교제(communion)하며, 그리스도께서 상으로 받으신 행복과 영광에 그와 함께 참여하는 것인데, 그는 영혼과 몸의 영원한 생명과 영광을 상급으로 받으셨다. 여기에는 성화와 견인이 포함된다. 이것들 역시 그리스도를 즐거워함과 그와 나누는 교통(communion)에 포함된다. 또한 칭의도 포함된다. 칭의 역시 신자가 그리스도와 나누는 교통의 일부이다. 신자의 칭의는 바로 그리스도께서 얻으신 칭의에 참여하는 것이기 때문이다. 중보자이신 그리스도께서 얻으신 용서와 칭의 속에서 신자들이 용서

---

[46] Edwards, *Sermon on Is. 62:4-5*, (Banner), 2:20b–21a. 존 칼빈 역시 그리스도의 연합을 설명할 때 자주 결혼 비유를 사용하였다. "동일한 목적이 저 거룩한 결혼을 통해 나눠지는 것은 이 결혼을 통해 우리는 그의 살 중의 살이요, 뼈 중의 뼈가 되며 [엡 5:30], 그와 하나이기 때문이다." John Calvin, *Institutes of the Christian Religion*, ed. John T. McNeil., trans. Ford Lewis Battles (Philadelphia: The Westminster Press, 1967), 3:1:3. 칼빈은 그리스도와의 연합을 설명하면서 결혼 유비 외에도 머리, 형제, 치장, 직물과 같은 예를 사용하기도 한다. Calvin, *Institutes*, 3:1:1.

받고 칭의를 얻는다. 그리스도의 성육신, 순종, 희생의 약속은 그것들이 실제로 성취되기 전에 이미 그리스도와 신자 간의 언약에 포함되어 있었다. 이것들은 그리스도께서 신자들에게 자신을 내어주시겠다는 약속에 포함되어 있다. 이 결혼언약이 약속대로 그리스도께서 신자들에게 자신을 내어주는 거라면, 그는 이 모든 것들도 그들에게 주시는 것이 마땅하다.[47]

은혜언약에는 영생이 약속되어 있다. 그리스도의 칭의와 성화에 참여하는 것이 은혜언약에서 기대된다. 그러나 에드워즈가 말하는 결혼언약의 중요성은 그리스도께서 구속언약을 성취하심으로 얻은 모든 것이 우리가 그리스도와 혼인하는 순간 우리의 소유가 된다는 것이다. 이런 의미에서 그리스도와의 연합은 죄인들을 대신하신 대속 개념과 그것을 통해 충족되는 하나님의 공의까지도 포함한다.

그리스도께서 죄인들을 위해 자신을 내어주신다면, 죄인들을 향한 공의는 그에게 내려지고 죄인들의 모든 죄 값이 그리스도께 놓여지게 된다. 이러한 일이 필연적으로 있는 것은 바로 그리스도께서 결혼언약을 맺으심으로 자신이 죄인들과 하나가 되셨기 때문이다.[48]

은혜언약은 결정적으로 결혼언약을 통해 실현된다. 사실 결혼언약을 통해 최종적으로 성취되는 것은 구속언약이다. 그리스도와의 연합을 중심으로 한 에드워즈의 통합적 관점은 구속언약과 은혜언약을 하나로 묶을 수 있었다.

---

47 Edwards, "Miscellanies," No.617, 18:148-49.
48 Edwards, "Miscellanies," No.617, 18:149.

3. 연합과 언약(Union and Covenant)

연합 개념을 중심으로 한 에드워즈의 통합적 관점은 구속언약과 은혜언약을 하나의 유기적 관계로 묶는다. 구속언약의 조건들이 은혜언약의 축복들을 가져온다. 은혜언약의 축복들은 실제로 결혼언약을 통해 구현된다. 간단한 삼단논법에 따르면, 고로 결혼언약은 구속언약에서 비롯됨을 알 수 있다. 그러나 에드워즈가 이 셋을 하나로 묶는 것은 논리적 추론이 아니라, 바로 세 언약 모두를 관통하는 연합 개념을 통해서이다. 에드워즈가 중요하게 여긴 것은 논리적 흐름이 아니라, 구속사가 실제로 펼쳐지는 모습이다. 이 구속사 전체의 흐름에는 통일성이 있는데, 그 통일성은 바로 그리스도와의 연합이다. 에드워즈는 그리스도와의 연합 개념을 중심으로 언약들 사이의 총체적 관계를 파악한다. 에드워즈는 이런 맥락에서 누가복음 22:29을 해석한다.

> 누가복음 22:29, "내 아버지께서 나라를 내게 맡기신 것 같이 나도 너희에게 맡겨." 이 구절을 문자적으로 번역하자면, "내 아버지께서 언약에 의거해 내게 나라를 맡기신 것 같이, 나도 언약에 의거해 너희에게 나라를 맡긴다."[49]

에드워즈는 여기에서 결혼언약의 확실성이 구속언약의 확실성에 근거한다는 점을 강조한다. 이러한 일련의 사상의 흐름에서 핵심은 그리스도께서 이 언약들을 유기적으로 하나가 되게 묶는 중심이 되신다는 것이다. 이 언약들에 통일성(unity)을 부여하는 것이 바로 그

---

[49] Edwards, "Miscellanies," No. 1091, 20:477.

리스도와 연합이다. "문집" 1091번에서 에드워즈는 긴 논증을 통해 그리스도와의 연합 관점이 구속언약과 은혜언약 모두를 관통하면서 둘을 유기적으로 하나로 묶고 있음을 보여 준다.

> 창세전에 성부 하나님께서 신자들을 위해 그리스도와 맺은 약속 말고도 신자들과 맺은 약속이 있었다. 그러나 성부 하나님께서 신자들과 맺은 은혜언약이 성자와 맺은 영원한 구속언약과 별개의 것이라고 생각해서는 안 된다. 하나님께서 구속언약을 맺으시면서 성자와 그와 연합한 그의 백성에게 주시기로 하신 모든 유익, 즉 칭의, 자녀됨의 권세와 혜택, 영원한 기업과 나라는 그리스도의 신비스런 몸에 주신 것이다. 이 약속들은 미래의 모든 교회를 말 그대로 자신의 것으로 취하신 대표이신 그리스도에게 주어지신 것이다. 그렇기에 그리스도께서 그들의 이름을 가슴에 새기시고, 그들 모두를 대리하여 서시는 일을 감당하신다. 그러므로 이 모든 약속은 사실상 그리스도하고만 만들어진 것이 아니라, 신비적 연합을 통해 그리스도께 속한 모든 지체들과도 만들어 진 것이다. 물론 당시 그리스도의 신비적 [몸은] 아직 존재하지 않고, 오로지 몸의 머리이신 분만 있었으며, 나머지 지체들은 하나님의 작정 속에 있었다. 시간이 흐르면서 그 지체들이 하나하나 나타났고, 이들에게 구체적으로 주어지기 전 이미 사실상 주어졌던 이 약속들이 이제 그들에게도 주어졌다. 이제 지체들에게 직접적으로 주어진 이 약속들은 전에 그들의 자리에 대신하여 서신 머리와 맺은 것과 다른 언약이 아니다. 만약 지체들이 모두 그들의 머리와 함께 연합되어 있었다면, 성부 하나님께서 교회의 머리와 언약을 맺으실 때, 이 모든 약속들은 머리와 지체 모두를 포함하는 신비적인 몸 전체에 해당하는 약속이므로, 의심의 여지없이, 모든 약속들은 연합되어 있는 머리와 지체 모두에게 주어졌음이 마땅하다. 왜냐하면, 약속은 머리와 지체 모두에게 같은 약속이고 그들 모두가 관련되기 때문이다. 그

렇다면 분명히 머리와 맺은 언약이 있고 지체들과 맺은 언약이 따로 있는 것이 되어서는 안 된다. 오로지 몸 전체와 지체에게 맺은 약속은 오직 한 언약이어야 한다. 이 모든 약속들은 다르지 않기에, 모든 언약도 다르지 않다. 이제 여러 지체들이 세상에 오는 순서에 따라 이 약속들이 정확하게 그들에게 주어진다…. 만약 창세전에 성부 하나님께서 성자와 그의 미래 신부를 위하여 성자와 언약을 맺으실 때, 이 둘을 하나로 여기시면서 약속을 주셨고, 그 후 성자께서 신부를 얻으실 때, 즉 신부와 연합하실 때, 성자께서 그의 손에 가지고 오시어 그 신부에게 주시는 이 언약과 약속들이 연합된 신랑 신부 모두와 맺은 언약이라면, 이제 이 언약은 처음 언약이 맺어지고 성부 앞에서 둘 다 실제 연합된 것으로 나타났을 때, 그리스도의 신부가 실제로 그리스도와 함께 있었다는 것 그 이상으로 다른 언약이 되지 않는다.[50]

이 긴 글의 핵심 논지는 한마디로 다음과 같다. 하나님이 보시기에 이미 그리스도(머리)와 신부(지체)는 하나로 연합되었기 때문에, 하나님께서 그리스도와 맺으신 언약(구속언약)과 하나님께서 그리스도의 신부와 맺으신 언약(은혜언약)은 본질적으로 다르지 않다는 것이다. 연합 개념은 두 언약을 하나의 관점으로 묶어 준다. 사실 "그 지체들은 머리와 연합된 상태에서 존재하고 있었다"와 같은 에드워즈의 언어는 놀라우리만큼 사실적이다. 하지만 이것은 에드워즈에게 있어서 구원이 연합 개념을 벗어나서는 생각할 수 없다는 점을 강조할 뿐이다.

물론 유기적 통일성을 강조한다고 해서 에드워즈가 두 언약 사이의 차이점을 무시하는 것은 아니다. 그의 통합적 관점은 동시에 두

---

50 Edwards, "Miscellanies," No. 1091, 20:475-76.

언약은 "전적으로 다르나 서로 혼동되어서는 안 된다"는 점을 강조한다.[51] 하지만 여기에서 차이는 본질상 두 언약의 성격이 다르기 때문에 발생하는 것이 아니라 각 언약에 있어서 그리스도의 역할이 다르기 때문에 발생한다. 에드워즈의 "문집" 617번은 각 언약에서 각기 다른 조건들은 그리스도의 역할이 각기 다름을 반영한다고 설명한다.

> 이 언약들은 각각의 조건에서 차이가 난다. 하나님께서 대표인 예수 그리스도와 맺으신 언약에서 조건은 그리스도께서 구속을 이루기 위해 감당하셔야 하고 고난 받으셔야 하는 전부를 담고 있다. 반면 그리스도와 그의 성도 간의 언약, 즉 그리스도와 사람들 사이의 결혼언약의 조건은 그들이 그리스도와 연합하여 하나가 되어야 한다는 것이다.[52]

확실히 그리스도께서 담당하시는 역할에 따라 언약의 성격(조건)이 달라진다. 언약에 포함된 약속들도 이와 마찬가지다. 구체적으로, 한 언약(구속언약)에서 약속이 그리스도의 상급(reward)인 반면, 다른 언약(은혜언약)의 약속은 그리스도와의 교통(communion)이다. 즉, 그 차이는 그리스도께서 각 언약에 대해 어떤 위치에 있느냐에 따라 결정된다.

---

51 Edwards, "Miscellanies," No.617, 18:149. "하나님께서 그리스도와 그리고 그와 하나로 간주되는 그의 성도들과 맺은 언약과 그리스도가 그의 성도와 맺은 언약 사이에는 분명히 차이가 있다. 아버지가 아들, 아들은 그의 신부와 하나로 간주되는데, 사이에 맺은 언약은 결혼언약, 즉 아들과 그의 신부 사이에 맺은 언약과는 분명히 다른 것이다." Edwards, "Miscellanies," No.617, 18:148.

52 Edwards, "Miscellanies," No.617, 18:148.

두 언약은 포함된 약속에 있어서도 차이가 있다. 앞의 언약(구속언약)에서 성부께서 하신 약속의 총합은 그리스도께서 구속 사역을 완수하신데 대한 상급과 구속 사역의 성공이다. 반면 그리스도와 그의 성도 간의 결혼언약에서 주어지는 약속의 총합은 바로 그리스도를 즐거워하는 것이고 그리스도께서 고난 받으시며 완수하신 것에 대해 성부께로부터 받은 모든 유익들을 함께 나누는 것이다. 이는 마치 결혼한 두 사람이 서로에게 서로를 내어주며, 서로의 소유를 함께 누리는 것과 같다.[53]

정리하면, 에드워즈의 논리는 이것이다. 각 언약의 차이점이 오히려 언약의 통일성을 강화시키는데, 이것은 바로 그리스도가 각 언약의 조건 및 약속을 결정하는 열쇠가 되기 때문이다. 한 언약에서 그리스도께 주어진 약속이 다른 언약에서는 조건이 된다. 그것은 그 반대의 경우에도 마찬가지다. 한마디로 에드워즈에게 있어서 그리스도와의 연합은 두 언약을 하나로 묶어 주는 역할을 한다.

그러므로 한 언약에서 약속은 다른 언약의 조건이 된다. 구체적으로 볼 때, 중생과 그리스도와의 연합은 성부와 그리스도의 언약에서 약속이지만 그리스도와 그의 성도와의 언약에서는 조건이기도 하다. 그래서 다른 한편으로 그리스도의 성육신, 죽음, 고난은 그리스도와 성도 사이의 언약에서 약속인 반면, 동시에 성부와 성자의 언약에서는 조건이기도 하다.[54]

이렇듯 에드워즈의 통합적 관점은 그리스도를 중심에 두고 있음

---

[53] Edwards, "Miscellanies," No.617, 18:148.
[54] Edwards, "Miscellanies," No.617, 18:149.

을 알 수 있다. 달리 말하자면 에드워즈에게 있어서 그리스도와의 연합과 떨어져서는 언약은 생각할 수 없다. "그리스도 안에 있지 않은 인간과 언약을 맺을 수 있다는 생각은 매우 적절치 않다."[55]

> 성부 하나님은 타락한 인간과 직접적으로 언약을 맺으시거나 협상을 하시지 않는다. 성부께서 인간과 우호적인 관계를 하실 수 있는 것은 오직 그리스도 예수를 통해서, 그리스도 예수 안에서, 그들을 그리스도와 연합된 지체로 보실 때에만 가능하다. 이러한 우호와 호의는 사실 인간 자신들이 아니라, 그리스도께 주어진 것이다. 모든 친근함과 호의는 오직 그리스도께만 해당되며, 모든 약속과 약속의 성취 역시 오직 그리스도께만 주어진 것이다. 신자들은 오직 그리스도안에 있음으로, 그 이름 아래 있음으로, 그리스도의 지체로 보이고 인정받음으로 누릴 수 있는 것이다.[56]

이렇듯 에드워즈는 언약을 논함에 있어 그리스도와의 연합을 너무도 강조한 나머지 언약을 거의 연합의 방편으로 간주한다.

> 우리가 소유해야 하고 고백해야 하는 언약은 하나님의 언약이다. 하나님은 당신과의 영적 연합의 방법으로 언약을 주셨고, 당신의 영원한 은총의 대상으로서 우리를 용납하셨다. 이것이 다름 아닌 은혜언약인데, 그것은 논란의 여지없이 이 복음의 시대에도 그러하다.[57]

---

[55] Edwards, "Miscellanies," No. 2, 13:198.
[56] Edwards, "Miscellanies," No. 1091, 20:477.
[57] Jonathan Edwards, *Ecclesiastical Writings*, ed. David D. Hall, vol. 12, *The Works of Jonathan Edwards* (New Haven: Yale University Press, 1994), 205.

에드워즈에게 있어서 어떤 때는 그리스도와의 연합이 거의 구원 그 자체로 동일시되며, 언약은 단지 그것을 실현하기 위한 방법/방편이 된다.

4. 조건성(Conditionality)

에드워즈에게 있어서 언약과 그리스도와의 연합이 서로 밀접하게 연관됨을 나타내는 또 다른 특징은 바로 언약의 조건성이다. 물론 구원의 조건성 여부는 수많은 신학자들이 논쟁해 온 주제이기도 하다. 하나님의 주권을 강조하기 위해 구원의 일방성(또는 절대성)을 강조하기도 하고, 인간의 책임을 무시하지 않기 위해 구원의 쌍방성(또는 조건성)을 주장하기도 한다. 에드워즈 역시 예외는 아닌데, 이 문제를 풀어나가는 그의 방법이 우리의 눈길을 끈다.

> 은혜언약은 우리에게 결코 조건적인 것이 아니며, 언약의 약속들이 우리가 행해야 하는 어떤 조건도 아니라고 생각하는 신학자들과 믿음을 은혜언약의 합당한 조건이라고 생각하는 이들 사이의 차이를 조율할 수 있는 길이 있다.[58]

---

[58] Edwards, "Miscellanies," No.1091, 20:478. 같은 생각이 Turretin에게서도 발견된다. Turretin은 언약의 조건을 *a priori*(당연한/거져 되는)와 *a posteriori*(도구적/수용적)로 구분한다. "만일 조건이 당연한 동인적 원인이나 자연적 조건으로써 선행하는 것으로 간주된다면, 은혜언약은 조건적이 아니라고 말하는 것이 옳다. 그것은 전적으로 값없이 주어지는 것으로 인간의 공로가 아니라 하나님의 선한 뜻(유도키아)에 근거한다. 생명에 대한 권리가 우리의 행위가 아니라 오직 그리스도의 의에만 근거한다. 그러나 만약 조건이 도구적 원인으로써 언약의 약속들을 누리고, 신자의 마음이 되고, (은혜에서 흘러나오는) 언약의 교제에

에드워즈는 이 문제에 대한 답은 은혜언약을 어떻게 생각하느냐 따라 달라질 수 있다고 말한다. 만약 은혜언약을 구속언약으로 이해한다면, 이미 그리스도께서 모든 조건들을 이루신 것이고 우리가 완수해야 할 조건은 아무것도 남아 있지 않다. 이때의 조건은 믿음이 아니라, 오직 그리스도의 의이다.

> 은혜언약을 만약 성부 하나님과 그리스도 안에 있는 신자 사이에 맺어진 언약으로 본다면, 성부께서 중보자의 손에 맡기신 언약과 중보자 안에서 우리에게 주신 약속에 대해 실제로 우리가 감당해야 할 아무런 조건이 없다. 정확히 말해서 믿음이 이 언약의 조건이 아니라, 그리스도의 의가 조건이다. 단지 아담의 후손으로 태어나는 것이 하나님이 아담과 맺은 언약과 아담 안에 있는 그의 후손이 누릴 약속의 조건이 되는 것처럼 엄밀히 말해 믿음이 두 번째 아담께서 자신과 그 안에 있는 신자들을 위해 맺으신 이 언약의 조건이 되지 않는다. 아담의 의는 그 언약의 특성에 따라 아담뿐만 아니라 그의 후손들의 영생에 대한 유일한 조건이었다. 마찬가지로 그리스도의 의는 그와 더불어 만들어진 새 언약의 특성에 따라 둘째 아담과 그의 영적 후손들의 영생을 위한 유일한 조건이다.[59]

은혜언약을 구속언약과 동일하게 볼 경우, 이때 언약의 조건은 우리의 믿음이 아니다. 왜냐하면 이때 성부 하나님과 언약을 맺은 당

들어갈 수 있는, 결과적이고 후행적인 것으로 간주된다면, 그 언약은 조건적임을 부인할 수 없다." Francis Turretin, *Institutes of Elenctic Theology*, trans. George Musgrave Giger (Phillipsburg: P & R Publishing Co., 1992-1997), 12:3:3.

59 Edwards, "Miscellanies," No.1091, 20:478.

사자는 우리가 아니라 그리스도시기 때문이다. 언약 체결의 당사자는 그리스도시며, 우리는 그리스도 안에서 함께 있는 것으로 간주된다. 우리는 신비한 그리스도의 몸을 이루므로 그리스도께서 언약의 조건을 이루신 것은 바로 우리를 대신한 것으로 간주된다. 이런 맥락에서 볼 때 오로지 그리스도의 의만이 언약의 조건이 된다.

> 지존의 주시며 통치자이며 모든 것을 주관하시는 성부 하나님께서 타락한 인간을 위해서 언약을 맺으신 대상은 오직 그리스도시며 머리와 지체를 포함한 신비의 몸이다. 이 친절한 행위에 있어서 타락한 인간이 그리스도 안에서 그리고 밑에서 그와 더불어 하나가 된 것으로 간주되는 것 외에는 전혀 연관성이 없다. 그러나 이 언약의 특성에 따라 머리와 지체가 영생을 누리는 유일한 근거는 그리스도의 의이다.[60]

반면 이 언약을 결혼언약으로 볼 경우, 그 조건은 우리가 이루어야 하는 것이 된다. 이때 조건은 다름 아닌 그리스도와 연합하는 것이라고 에드워즈는 설명한다.

> 그러나 은혜언약이 만약 그리스도와 그의 교회 또는 그의 지체 사이의 언약으로 이해된다면 그 조건은 우리의 몫이다. 그리스도의 청혼을 받아들이고 구세주이며 영적 남편인 그와 연합하게 되는 이 언약의 조건은 우리가 실행해야만 한다. 이 언약의 합당한 조건은 이 언약을 맺는 당사자가 갖춰야 할 자격과 해야 할 행동인데 그 조건에 의해서 이 당사자는 이 언약의 특징을

---

[60] Edwards, "Miscellanies," No.1091, 20:478.

따라 그 언약 안에 약속된 혜택들을 누리게 된다.[61]

결혼언약의 경우 우리가 직접 언약의 당사자로 언약 체결에 관여하고, 그리스도도 상대 당사자로서 이 언약에 임하게 된다. 이 언약의 유일한 조건은 우리가 그리스도와 연합하는 것이다. 에드워즈는 우리가 연합하는 행위를 믿음이라고 정의한다.

> 그러나 그리스도와 그 지체 또는 그 신부와의 언약에서 신부는 홀로 이 언약의 당사자가 된다. 언약의 특성 상 이 당사자에 의해서만 이 연합의 혜택과 그리스도 안에 있는 타당한 결과(이것은 바로 이 언약이 주는 직접적인 유익인데)를 누리게 되는데 그녀가 당사자로서 할 것은 그리스도를 믿는 것이며 또는 그녀의 영혼이 그리스도와 적극적으로 연합하는 것이다.[62]

에드워즈가 보기에 조건의 유무는 중보자의 유무와 직결된다. 은혜언약을 성부와 그리스도께서 맺은 언약이라 볼 때, 은혜언약에는 중보자가 있다. "새 언약은 그 자체로 볼 때 그리스도와 맺은 언약이지, 그리스도를 제외한 신자들과 따로 맺은 언약이 아니다."[63] 그리스도께서 언약의 당사자이시므로 이 언약의 조건은 중보자이신 그리스도를 통해 성취된다.[64] 다른 한편, 은혜언약을 그리스도와 신자 사

---

[61] Edwards, "Miscellanies," No.1091, 20:478.
[62] Edwards, "Miscellanies," No.1091, 20:479.
[63] Edwards, "Miscellanies," No.163, 13:320.
[64] "언약의 중보자가 된다는 것은 바로 그들을 대표하여 그들의 자리에 서서 언약을 채결하고 그것을 성취하는 것을 뜻이다. 만약 누가 양쪽에 대해 중보자가 되기 위해서는 그는 언약을 맺는 상대 쪽의 모두를 대표할 뿐만 아니라 그들

이에 맺어진 결혼언약으로 이해할 때, 이때에는 중보자가 없다. 신자 자신들이 이 언약의 당사자이므로, 그들 스스로가 이 언약의 조건을 충족시켜야 한다. 에드워즈는 이렇게 말한다.

> 성부 하나님께서 신자들과 맺으신 언약은 사실 창세전에 성부께서 그리스도와 맺으신 구속언약과 같거나, 적어도 그 안에 다 포함된다. 이 언약에는 중보자가 있다. 즉, "중보자를 통하여 세워졌다" [갈 3:19]. 그러나 그리스도와 신자가 서로 연합하는 언약은 앞서 말한 언약과 다른 종류의 것으로, 중보자가 없는 언약이다. 성부 하나님과 죄인 사이에 언약이 성립되기 위해서는 중보자가 존재한다. 그러나 그리스도와 죄인 사이의 결혼 연합에는 중보자가 따로 없다.[65]

언약의 조건성 관점에서 볼 때, 성부와 성자께서 맺으신 구속언약에서는 그리스도와의 연합이 이미 전제된 반면, 결혼언약에서는 그리스도와의 연합은 이루어야 할 조건으로 남아 있다. 앞선 언약

모두가 그에게 속해야 한다. 이런 의미에서 볼 때 그리스도는 새 언약의 중보자시다. 첫 언약이 우리의 첫 대리자인 아담과 맺어졌듯이, 새 언약은 창세전에 그리스도와 맺어졌다." Edwards, "Miscellanies," No. 222, 13:346.

[65] Edwards, "Miscellanies," No.1091, 20:477-78. "성부와 성자께서 맺으신 언약에 우리가 관련이 있는 것은 하나님은 그리스도를 우리의 대표, 또는 우리의 머리로 여기셨기 때문이다. 이때 신자들은 그리스도 안에 있는 존재, 그리스도의 지체로 여겨졌다. 우리가 그리스도와 우리 사이의 언약과 관련이 있는 것은 이 채결에서 우리가 언약의 한쪽 당사자가 되기 때문이다. 앞의 언약에서 우리는 언약의 한쪽 당사자에 속한 존재로서 관련이 있는 반면, 뒤의 언약에서 우리는 구체적으로 언약의 한쪽 당사자가 된다. 앞선 언약에서 전체[그리스도]에 속한 하나이었던 것이 뒤의 언약에서는 각기 언약을 맺는 두 당사자로 구분된다." Edwards, "Miscellanies," No.617, 18:150. [설명 삽입].

에서 그리스도는 우리가 연합되어 있는 중보자시다. 반면 뒤의 언약에서 그리스도와의 연합은 우리가 해야 할 행동이다. 그러므로 에드워즈에게 있어서 은혜언약은 이중적 의미를 지닌다. 하나님의 주권이 강조될 때는, 은혜언약은 구속언약과 동일시되며, 언약의 일방적, 절대적 성격이 강조된다. 반면 인간의 반응이 강조될 때, 은혜언약은 결혼언약을 의미하며, 이때는 언약의 쌍방적, 조건적 성격이 강조된다. 이렇듯 에드워즈의 언약 개념에서 우리가 발견하는 중요한 특징은 바로 언약의 절대적/일방적 성격과 조건적/쌍방적 성격이 서로 밀접하게 결부된다는 점이다. 왜 그럴까? 다시 말하지만 바로 그리스도 때문이다. 에드워즈의 언약 개념에서 그리스도가 중심이 되시기 때문이다.

> 새 언약이 그리스도와 맺어진 언약이라고 볼 때, 새 언약은 상호적 동의 또는 조건적 약속의 성격을 지닌다. 하지만 새 언약이 신자들과, 즉 인류 중 어느 누구도 아닌 실제적으로 믿는 이들과 맺어진 언약이라고 볼 때, 그것은 다른 한편 절대적인 약속의 성격을 지닌 "언약"이 된다.[66]

두 경우 어느 쪽이든지 변하지 않는 것은 그리스도가 중심이라는 것이다. 전자의 맥락에서 은혜언약은 그리스도와의 연합을 전제하는 반면, 후자의 의미에서 은혜언약은 그리스도와의 연합이라는 결과를 낳는다. 구속언약에서는 전제된 연합(presupposed union)이 강조되는 반면, 결혼언약은 성취된 연합(realized union)을 강조한다.

요약하자면 에드워즈의 언약관은 그리스도의 연합 개념과 밀접

---

[66] Edwards, "Miscellanies," No. 165, 13:321.

하게 결부되어 있을 뿐만 아니라, 그리스도와의 연합은 구속언약과 은혜언약을 하나로 묶는 통합적 관점이 된다. 이제 우리는 이제까지의 논의에서 한 걸음 더 나아가 그리스도와의 연합 관점을 통해 에드워즈가 말하는 행위언약과 은혜언약의 관계에 대해 살펴보고자 한다.

C. 행위언약과 은혜언약(Covenant of Works and Covenant of Grace)

행위언약은 에드워즈에게 있어서 구속사에서 매주 중요한 기간을 차지한다는 사실 말고도, 특히 그의 통합적 관점에서 볼 때, 그 중요성이 두드러진다. 에드워즈는 행위언약을 구속언약과 은혜언약에 이어 "또 다른 언약" 또는 "세 번째 언약"이라 부른다. 또는 시간 속에 등장한 순서에 따라 행위언약을 "첫 번째 언약" 은혜언약을 "두 번째 언약" 또는 "새 언약"으로 부르기도 한다. 이렇듯 순서는 보는 관점에 따라 달라질 수 있다. 에드워즈에게 있어서 중요한 것은 행위언약과 은혜언약 사이에 연속성과 불연속성 모두가 존재한다는 점이다. 은혜-행위의 관점에서 볼 때 두 언약에는 연속성이 있다. 반면 영생으로의 길로서 첫 번째 언약은 폐지되었다는 점에서 분명한 불연속성이 있다. 에드워즈가 볼 때, 아담과 그리스도가 어떻게 언약의 머리로서 대비되느냐가 두 언약의 연속성과 불연속성을 결정짓는다. 궁극적으로 그리스도와의 연합 개념이 연속성과 불연속성의 성질을 결정짓는 것으로 보고자 하는 것이 에드워즈의 의도이다. 우리는 어떻게 에드워즈가 행위언약과 은혜언약을 그리스도와의 연합의 관점을 통해 이해하는지 밝히려 한다.

1. 은혜의 연속성(Continuity of Gratuitous Character)

에드워즈는 행위언약과 은혜언약 모두 은혜적 속성이 있음을 분명히 인식한다. 하나님께서 아담과 언약을 맺으셨는데, 이것이 바로 역사 속의 "첫 번째 언약"이다. 이 언약에서 아담은 모든 인류를 대표하는 머리이며, 언약에 담겨 있는 모는 것이 아담 안에 있는 그의 후손 모두에게 똑같이 적용된다는 것이 이 언약의 핵심이다.

> 아담은 자신 뿐 아니라 그 후손을 대표하는 공적 대표로서 언약을 맺었기에, 만약 우리의 첫 번째 보증인 아담이 언약을 충족시켰다면, 후에 차례로 태어날 모든 후손들 역시 영생을 얻었을 것이다. 즉, 인류의 보증인 아담에게 맺어진 약속에 의해서 모두는 이 한 언약이 담보하는 영생을 누렸을 것이다. 하나님은 기꺼이 앞으로 태어날 한 사람 한 사람에게 이전에 아담과 맺었던 약속의 계시를 갱신하시고, 그들에게 이 약속들을 집행하시고 적용하시며, 모두가 아담의 완전한 순종에 포함되었기에 모두가 영생을 누릴 것을 약속하셨다면, 이는 하나님께서 각 사람과 또 다른 언약을 맺으신다는 뜻이 아니다. 이것은 하나님께서 전에 그들의 보증과 맺었던 동일한 언약을 새롭게 선포하는 것일 뿐이고, 이미 전에 맺었던 동일한 약속들을 그들에게도 명백하게 적용하신다는 뜻이다.[67]

---

[67] Edwards, "Miscellanies," No.1091, 20:475-76. 에드워즈의 연합 개념은 그의 창세기 1:27-30에 관한 소고에서도 나타난다. "하나님께서 선언하신 복들은 사실 아담이 모든 인류의 이름으로 받은 것이므로, 그들에게 복을 주실 때 빛날 은총이 인류의 머리인 아담에게 이미 주어진 것이다. … 아담이 불순종할 경우 모든 것을 잃게 될 것을 경고 받았을 때, 아담은 틀림없이 모든 인류에게 재앙이 임할 수 있는 것과 동일한 방식으로 그에게 주어진 영생의 약속이 결과적으로 모든 인류에게 복에 대한 확증이고 증대인 것으로 알았다. 그렇기에 아담과

아담의 후손들은 단지 세상에 태어남으로써 이 언약에 참여하게 된다. 즉, 그들은 아담이 견고하게 한 것을 취하게 된다. 여기에서 연합과 하나 됨의 개념이 에드워즈가 아담의 머리됨을 설명하는 데에 기초가 됨을 볼 수 있다.

아담을 통해 우리에게 주어진 언약에는 조건이 있었다. 바로 아담의 완전한 순종이다. 신학적 용어로, 행위(works)가 이 언약의 조건이다. 다시 말해 아담은 자신의 행위, 즉 완전한 순종으로 의롭다 함을 얻게 되어 있었다. 하지만 에드워즈가 볼 때, 첫 번째 언약에서 행위로 칭의 된다는 조건은 아담이 그의 행위로 의를 "획득"(merit)한다는 의미가 아니었다. 실제 아담이 칭의 됐었다 하더라도, 이때의 칭의는 아담의 순종이 공로로 획득한 것이라고 볼 수 없다는 것이다.[68]

> 그 언약에서 우리 첫 조상들은 그들의 순종이 어떤 합당한 근거가 되어 영생을 받는 것이 아니었습니다. 왜냐하면 그들의 완전한 순종은 그들이 하나님께 마땅히 갚아야 할 것이기 때문입니다. 또한 영생이 그들의 순종과 상급 사이에 어떤 가치 때문에 주어진 것도 아닙니다.[69]

맺은 언약은 아담 자신을 위한 것일 뿐 아니라 그의 모든 후손을 위한 것이다." Jonathan Edwards, *Notes on Scripture*, ed. Stephen J. Stein, vol. 15, *The Works of Jonathan Edwards* (New Haven: Yale University Press, 1998), No.398 (Gen. 1:27-30), 395-96.

68 반면 O. Palmer Robertson는 한편으로 "하나님께서 인간과 관계를 맺으신 자체가 전적으로 은혜"라고 보지만 다른 한편 아담의 "완전한 순종은 이러한 복들을 얻는 공로적인 근거"라고 여긴다. O. Palmer Robertson, *Christ of Covenants* (Phillipsburg, NJ: Presbyterian and Reformed Publishing Co., 1980), 54-57.

69 Edwards, *Justification by Faith Alone*, 19:238. 그렇다면 하나님께서 영생의 상급을 주시는 근거는 무엇일까? 에드워즈는 다음과 같이 덧붙인다. "그들의 순종에 대해 하나님의 호의로 상급을 주시는 것은 도덕적 적합성(moral fitness)에 준

에드워즈는 두 가지 이유를 들어 행위언약이 공로(merit)를 바탕으로 하지 않음을 설명한다. 첫째, 행위가 언약의 조건이라고 해서 그것이 하나님께서 아담에게 "빚을 진다"는 의미는 아니다. 둘째, 아담에게 상급으로 주어지는 것은 그가 감당했던 행위의 가치에 걸맞는 것이 아니다. 아담이 감당했던 순종에 비해 그에 대한 상급은 훨씬 크기에 본질적으로 은혜의 성격을 지닌다. 이런 맥락에서 에드워즈는 행위언약 자체가 은혜적인 성질이 있다고 본다. 하나님께서 인간의 차원에 맞추시어 언약을 맺으신 것 그 자체가 하나님의 선하심을 드러내는 은혜의 조치라는 말이다.

> 행위를 근거로 칭의를 약속하신 첫 번째 언약에 하나님의 선하심이 드러납니다. 하나님께서 인간과 어떤 형태이든지 언약을 맺으시고 그래서 인간의 완전한 순종에 대해 영생을 약속하는 것은 전적으로 하나님의 선하심과 낮아지심에 기인합니다.[70]

에드워즈가 보기에 하나님께서 인간과 언약을 맺으신 것 그 자체가 은혜이다. 왜냐하면 이는 하나님께서 신인동형적(anthropomorphic) 표현을 통해 스스로 사람에게 맞추어 낮아지셨음을 의미하기 때문이

하여 주신 것입니다. 영생의 특권이 그들에게 주어진 것은 하나님이 그들의 행위를 기뻐하셨다는 증거이며 그들의 순종이 지니는 아름다움을 고려하셨기 때문입니다." 여기에서 에드워즈가 말하는 "도덕적 적합성"이 공로적 개념을 의미하지 않음에 주의할 필요가 있다. 그것은 단지 행위에 대해 "하나님이 기뻐하셨다는 증거"일 뿐이다. 즉, 그들의 순종이 지니는 도덕적 가치를 무시하지 않으시겠다는 하나님의 언약적 신실하심이 있기 때문이다. 도덕적 또는 자연적 적합성에 대해서는 다음 장에서 다룰 것이다.

70 Edwards, *Sermon on Romans 4:16*, (*WJE Online*, Vol. 45).

다.[71] 에드워즈의 누가복음 17:9 설교는 은혜적 특성을 다음과 같이 설명한다. "사실 하나님께서 인간이 그 명령을 따른다고 해서 감사해야 할 이유는 전혀 없습니다."[72] 행위언약에서 상급으로 약속된 영생과 그 조건으로 제시된 아담의 순종 사이에는 엄청난 불균형이 있다. 에드워즈는 이미 5년 전에 한 스가랴 4:7 설교(*Glorious Grace*)에서 이 사실을 지적한 바 있다.

> 아담이 순종을 견디어 냈다면, 그는 단지 하나님께서 내리신 보상과 선하심으로 행복했을 것입니다. 사실 하나님께서 그렇게 언약을 맺지 않으셨다면, 아담의 온전한 순종에 이러한 상을 주실 의무가 있으셨던 것은 아닙니다. 사실 아담이 순종으로 이 복을 얻을 만한 공로를 세운 것이 아니기 때문입니다.[73]

---

[71] 에드워즈의 모형론은 성경에 나타난 신인동형적(anthropomorphic) 언어의 좋은 예이다. 이 맥락에서 에드워즈의 모형론을 이해하고자 한다면 Wallace E. Anderson의 Introduction to *Images of Divine Things*와 Mason I. Lowance'의 Introduction to *Types of the Messiah*, in Jonathan Edwards, *Typological Writings*, ed. Wallace E. Anderson and Mason I. Lowance, Jr., with David Watters, vol.11, *The Works of Jonathan Edwards* (New Haven: Yale University Press, 1993)을 참조하라. 후대 개혁 신학자 Herman Bavinck는 다음과 같이 말한다. "하나님께서 자신을 계시하시기 위해 인간의 언어를 사용하셨고, 또 인간의 모습으로 자신을 나타나셨다. 성경에는 몇몇 신인동형적 표현이 있는 것이 아니라, 성경 전체가 신인동형적이다." *The Doctrine of God*, trans. William Hendriksen (Grand Rapids: Eerdmans, 1951; Edinburgh: The Banner of Truth Trust, 1979), 86–90.

[72] Kenneth P. Minkema, "Appendix: Dated Batches of Sermons," 14:544.

[73] 누가복음 17:9 설교(설교목록 54번)는 1727년 후반기 경에 한 설교이며, 반면 스가랴 4:7 설교(설교목록 6번)는 1772년 여름에 한 설교다. Edwards, *Sermon on Zechariah 4:17*, in *Sermons and Discourses, 1720–1723*, ed. Wilson H. Kimnach, vol. 10, *The Works of Jonathan Edwards* (New Haven: Yale University Press, 1992), 391–392, 645. 언약이 은혜에 바탕을 둔다는 것은 개혁주의 전통의 보편적인

물론 행위언약만이 은혜에 바탕을 두는 것은 아니다. 은혜언약을 포함하여 언약 그 자체가 바로 은혜에 바탕을 둔다. 왜냐하면 영생은, 그때나 지금이나, 조건을 근거로 주어지도록 언약이 구성되어 있기 때문이다. 그러나 어느 언약에서도 조건 그 자체는 하나님의 은총을 받을 만한 공로가 되지 못한다. 단지 그것은 하나님의 은총을 받게 되는 한 요소일 뿐이다. 그러나 이러한 조건에 근거해 구원을 주시기로 스스로 결정하신 것이 바로 하나님의 섭리이고 주권

사고이다. William Ames는 하나님과 이성을 지닌 피조물과의 언약이 은혜에 바탕을 두고 있음을 다음과 같이 주장한다. "10. 사실 언약이 체결되는 방식은 법 앞에 동등한 두 사람 사이에 이루어진 것이 아니라, 주인과 종 사이에 맺어진 것이다. 그러므로 이 언약 체결에는 상하관계가 분명하다. 그러므로 이 언약은 사람의 언약이 아니라, 주인이시자 통치자이신 하나님의 언약이라 부르는 것이 타당하다. … 11. 이 언약에서 지성적 피조물의 도덕적 행위를 근거로 상으로 행복이 주어지거나 형벌로 불행이 주어진다. 불행의 형벌은 당연한 것이지만, 행복의 상급은 당연한 것이 아니다." Ames, *Marrow of Theology*, 1:10:10-11. 웨스트민스터 신앙고백서 역시 언약이 은혜에 바탕을 두고 있음을 지적한다. "하나님과 피조물 사이의 간극은 너무나 크다. 그렇기에 혹 이성의 피조물이 창조주이신 하나님께 순종했다 할지라도, 그것을 근거로 하나님께 복이나 보상을 받을 수는 없다. 그럼에도 불구하고 하나님께서 자발적으로 자신을 인간에게 맞추어 낮아지심으로 언약의 방식을 통해 그렇게 하시기를 기뻐하셨다." *Westminster Confession of Faith*, 7:1. Berkouwer는 첫 번째 언약에서 행위를 공로적인 것으로 여기는 것은 하나님과 우리의 교제의 의미를 손상시키는 것이라고 지적한다. "만약 이 차이를 마치 하나님의 첫 언약이 우리의 행위나 성취나 그의 법을 충족시킨 데에 근거하는 것처럼 해석한다면 잘못하는 것이다. 반면 은혜언약은 우리의 모든 행위와 무관한 그의 자비에 의한 순수한 선물에 준거를 둔다…. (잘못하면) 우리가 하나님과 인간 사이의 첫 관계에 비인격적 율법주의를 심게 된다…. 그러므로 누구라도 이른바 '행위언약'에 성취 개념을 지우고 하나님의 은총을 그런 식으로 얻는다고 생각한다면, 인간을 '법률적' 존재인 것을 인정하는 것이며 하나님의 법을 하나님과의 교제로부터 잘라 내는 것이 된다." G. C. Berkouwer, *Sin*, trans. Philip C. Holtrop (Grand Rapids: Eerdmans, 1971), 207-208.

적 집행이다. 두 언약 모두 조건을 갖고 있다는 점이 두 언약은 모두 은혜에서 비롯된 것임을 반증한다. 그래서 이 두 언약 모두를 관통하는 주제가 바로 은혜이다. 두 언약 사이의 차이가 있다면, 단지 두 번째 언약에서 더 많은 자비가 부어짐으로써 조건이 더 쉬워졌다는 것뿐이다.

> 사실 첫 번째 언약과 두 번째 언약의 조건은 차이가 없다. 굳이 한 가지 차이가 있다면 타락 전 인간은 모든 종류의 덕목에 근거하여 구원을 얻을 수 있었던 반면, 타락 이후에는 오직 한 가지 덕 또는 은혜, 바로 믿음뿐이다. 그럼 이 둘 사이에 어떤 차이점이 있는가? 아담 역시 은혜로 구원을 얻을 수 있었던 것이다. 혹 아담이 모든 은혜(덕)를 소유했다고 해서 창조주께서 반드시 그에게 영생의 복을 주셔야 하는 의무가 있는 것은 아니다. 그러나 오직 하나님이 구원을 위한 조건을 기쁘신 뜻을 따라 기꺼이 두셨기 때문에 가능했던 것이다. (그렇기에 아담이 영생의 복을 받았다면 오직 은혜로 받을 수 있었던 것이다.) 마찬가지로 지금 이루어지는 구원도 은혜로 인한 것이다. 인간이 믿음을 가졌다고 해서 하나님께서 반드시 그를 구원해야 한다는 의무가 있는 것은 아니다. 그러나 단지 하나님께서 스스로 그 기쁘신 뜻을 따라 그 은혜(믿음)를 구원의 조건으로 삼으신 것이다. 그렇다면 상황을 고려할 때 두 번째 언약에는 참으로 더 많은 자비가 드러난다. 하지만 두 번째 언약도 첫 번째 언약과 같이 행위언약이라 할 수 있다. 첫 번째 언약에서 많은 종류의 덕목들이 조건이었다면 이제는 오직 하나의 덕목만이 조건이기 때문이다.[74]

---

74 Edwards, "Miscellanies," No.2, 13:197. 괄호 안의 내용은 이해를 돕기 위한 삽입임. "덕", "덕목"은 virtue를 옮긴 것으로 선, 행위 등도 가능하다.

두 언약 모두 본질적으로 은혜에 바탕을 둔다. 둘 사이에 차이가 있다면 언약의 내용, 즉 조건뿐이다. 이전 언약에서는 칭의의 조건으로 모든 종류의 덕목(행위)이 필요했다면, 현재 언약에서는 한 가지 덕목(믿음)으로 칭의된다. 행위의 관점에서 본다면, 이전 언약에서 행위란 모든 덕목들을 행하는 것을 의미한 반면, 현재 언약에서 이루어져야 할 유일한 행위는 믿음뿐이다. 이런 이유로 에드워즈는 "두 번째 언약도 첫 번째 언약만큼 행위언약이라 할 수 있다"라고 말한 것이다. 단 하나의 행위를 조건으로 하든, 모든 종류의 행위를 조건으로 하든, 조건을 들어서 하나님과의 영원한 교제를 약속하신 것이 은혜의 행위며, 그렇기에 언약 자체가 하나님의 은혜이다. 아담에게도 영생은 은혜였다. 아담이 행위언약 속에 있었다고 해도 결코 하나님의 집행이 가지는 성격과 본질은 달라지지 않는다. 에드워즈를 따를 때, 처음부터 모든 것이 은혜였다. 다시 말해, 은혜는 이미 구속언약에서부터 비롯됐다. 이러한 의미에서 에드워즈는 행위언약과 은혜언약 모두가 은혜에 바탕을 둔다는 점에서 둘 사이에 연속성이 있다고 본 것이다.

2. 행위의 연속성(Continuity of Works)

앞서 우리는 에드워즈가 두 번째 언약도 첫 번째 만큼 행위언약이라고 말하는 것을 보았다. 또 다른 관점에서 행위언약과 은혜언약 사이의 연속성은 바로 두 언약 모두에서 행위가 그 조건이라는 점이다. 에드워즈에 따를 때, 종말론적 복락의 조건으로 하나님은 우리와 하나의 언약(One-covenant)을 만드셨는데, 바로 행위가 조건이 되는 언약이다.

하나님께서 인간과 맺은 언약에서 영생의 조건으로 제시하신 것을 볼 때, 하나님과 사람이 맺은 언약은 단 한 가지, 즉 행위언약뿐이다. 이 언약은 결코 폐지되지 않았으며, 언약의 한 조항 하나도 변치 않은 채 영원토록 유효하다. 은혜언약은 그리스도께서 성취하셔야 하는 또 다른 언약이 아니다. 한 가지 동일한 목적으로 그리스도께서 이 세상에 오시어, 율법, 즉 행위언약을 성취하신 것이다. 이는 그리스도를 영접하는 모든 이들을 위한 것이다.[75]

에드워즈는 은혜언약 역시 같은 관점에서 바라본다.

사실 은혜언약 또는 구속언약을 (여기에서 우리는 둘을 같은 것으로 본다.) 행위언약과 구분하여 새 언약 또는 두 번째 언약이라 부를 수 없다. 옛 언약은 오래되어 없어지는 것이 아니라, 그 조항 하나도 사라지지 않을 영원히 변치 않는 언약이다. 그러므로 엄밀히 말해 두 언약이 있는 것이 아니라, 한 언약을 성취하기 위한 두 가지 방법이 있을 뿐이다. 첫 번째 방법은 아담을 인류의 대표이자 언약의 머리로 삼은 것이며, 두 번째 방법은 그리스도를 언약의 머리로 삼은 것이다. 하나는 죽은 방법이요, 다른 하나는 산 방법이요 영원한 방법이다.[76]

에드워즈가 보기에 아담에게 요구되었던 행위언약의 조건이 두 번째 언약에 의해 폐지된 것이 아니다. 본질적으로 은혜언약은 행위를 조건으로 하는 첫 번째 언약을 무효화하지 않았다. 오히려 에드워즈는 두 번째 언약이 첫 번째 언약의 조건인 행위를 성취했음을 강조

---

[75] Edwards, "Miscellanies," No. 30, 13:217.
[76] Edwards, "Miscellanies," No. 35, 13:219.

한다. 즉, 두 번째 언약은 첫 번째 언약을 단지 다른 방법으로 성취한 것이다. 앞에서 말했듯이, 첫 번째 언약의 조건은 모든 종류의 덕목을 행하는 것이었다. 그렇다고 하나님께서 우리의 편의를 위해 두 번째 언약에서는 그 조건들을 줄여 주신 것이 아니다. 에드워즈는 두 번째 언약의 한 가지 조건(은혜)을 통해 첫 번째 언약의 모든 조건(행위)들이 이루어졌다고 본다. 첫 번째 언약의 조건인 행위가 무효화된 것이 아니라, 두 번째 언약의 조건인 단 하나의 은혜를 통해 총체적으로 성취된 것이다. 그래서 에드워즈는 "두 번째 언약 역시 첫 번째만큼 행위언약이다"라고 말하는 것이며, 행위언약은 "그 한 조항도 폐지되지 않고 영원히 유효하다"라고 적고 있는 것이다.[77]

어떻게 이것이 가능한가? 바로 그리스도께서 오셔서 첫 번째 언약을 성취하셨기 때문이다. 이때 전제는 아담과 그리스도께서 언약

---

[77] Edwards, "Miscellanies," No. 30, 13:217. 에드워즈는 하나님이 두 언약 모두에 대해 동일한 하나님이시라는 지적을 통해 같은 내용을 부각시킨다. 이것이 우리에게 말하는 것은 우리와 하나님과의 관계에 있어서 두 언약은 모두 본질적으로 같다는 점이다. 단 첫 번째 언약은 하나님이 받으실 만한 것을 우리가 충족해야 하는 것이었고, 두 번째 언약은 하나님이 받으실 만한 것을 우리에게 주실 때 우리가 취하는 것이다. "그러나 이 두 언약에서 충족되야 할 성질과 조건은 근본적으로 같다. 왜냐하면 두 언약 모두에서 우리가 관계해야 하는 하나님은 같은 본성의 같은 분이시기기 때문이다. 두 경우 모두 우리와 하나님 사이에 의도되는 합의가 있는데, 그것은 우리가 하나님의 무한한 위엄과 거룩한 뜻에 부합하고 좋아하실 만한 것을 드리거나, 또는 반면에 그분께서 우리의 좋은 친구요 구세주로서 우리에게 주시는 것, 즉 모든 풍성한 것을 우리는 전적으로 그리고 진지하게 받든지 하는 것이다. 그러나 이것은 하나님과 우리 사이의 합의 없이는 이루어지지 않는다. 그래서 이것이 두 경우 모두 동일하신 영광의 하나님께 요구되는 동일한 합의인데, 그러나 이 합의는 행위언약이나 은혜언약 모두에서 우리가 해야 할 모든 거룩과 의무를 포함한다." Edwards, "Miscellanies," No. 1030, 20:368.

의 머리가 되시는 언약의 실제(covenant reality)이다. 아담과 맺어진 언약은 우리가 아담과 연합되어 있음을 내포한다. 비록 오래 가지는 않지만 이것이 첫 번째 언약의 실제이다. 반면 그리스도를 통한 후속의 언약이 우리에게 두 번째 언약이 되었고 그 언약은 우리가 두 번째 아담인 그리스도와 연합하였음을 내포한다. 에드워즈에게 있어서 행위언약과 은혜언약 모두를 아우르는 연속성은 행위가 조건이 되는 데에 있으며, 그것은 아담과 그리스도가 언약의 머리가 되는 언약의 실제에 의해 설명된다. 그래서 에드워즈는 다음과 같이 말한다.

> 첫 번째 언약이 첫 아담과 맺어진 것처럼, 두 번째 언약은 두 번째 아담과 맺어졌다. 첫 번째 언약이 아담 안에 함께 포함되어 있는 아담의 후손들과 맺어졌듯이, 두 번째 언약 역시 두 번째 아담 안에 있는 그 후손들과 맺어졌다. 아담과 맺어진 언약이 있고, 아담과는 별개로 그의 후손들과 맺어진 언약이 따로 있는 것이 아닌 것처럼, 그리스도와 맺어진 한 언약이 있고, 그리스도와는 별개로 신자와 맺은 또 다른 언약이 있는 것이 아니다. 모든 면에서 아담이 인류의 머리이자 대표였듯이, 그리스도 또한 신자들의 머리이자 대표이시다. 아담이 창조된 인류의 첫째였듯이, 그리스도는 믿는 자들 중 맏형이시다.[78]

---

[78] Edwards, "Miscellanies," No. 2, 13:198. 사실 대표가 다르다는 점이 하나님이 구속사를 진행하는 방식을 특징 짓는다. 성경에서 종종 첫째보다 둘째가 낫게 여겨진다는 것에 에드워즈는 주목한다. "아론에게서 이어지는 제사장직은 하나님과 인간을 화목케 하는 제사장직의 목적을 수행하기에는 약하고 부족하였기에 폐지되었다. 따라서 하나님께서 멜기세덱에게서 이어지는 또 다른 제사장을 세우셨는데, 이는 충분하고, 결코 폐하지 않고, 영원하다. 히브리서 7장. 또 이스라엘의 첫 지도자였던 모세는 그들을 가나안 땅으로 인도하지 못하고, 실패하였으나, 반면 두 번째 지도자 여호수아는 실패하지 않았다. 기름 부음 받

물론 아담과 그리스도를 각각의 머리로 하는 두 언약에 차이와 독특성이 있지만, 에드워즈는 두 언약 모두 머리인 대표가 그 조건(행위)을 완수한다는 점에서 두 언약 사이의 연속성이 있음을 분명히 인식한다. 다시 말해, 에드워즈는 첫 번째 언약의 조건이 어떻게 두 번째 언약에 의해 성취되었는지 보여 주는 하나의 통합적 관점(연합)을 통해 두 언약 사이의 연속성을 이해하였다.

앞서 구속언약을 다루면서 그리스도의 행위(사역)가 바로 은혜언약을 약속하는 조건이었음을 알 수 있었다. 이 내용을 지금 맥락에 적용하자면, 행위언약의 토대는 아담의 행위인 반면, 은혜언약의 토대는 그리스도의 행위이다. 연속성의 관점에서 볼 때, 그리스도의 행위가 아담의 행위를 대체한다. 아담과 그리스도가 우리를 대표하는 머리라는 점에서 아담의 행위와 그리스도의 행위의 관계는 매우 중요

은 첫 왕이었던 사울의 왕국은 지속되지 못한 반면, 두 번째 기름 부음 받은 왕의 왕국은 영원히 지속된다. 이스라엘에 세워졌던 첫 성소는 움직이는 성막이어서 사라질 수 있고 제거될 수 있는 것이었기에, 결국 하나님께서 실로의 성막을 버리심으로 영원히 사라졌다. 그러나 두 번째 성소는 견고한 건물, 움직이지 않는 성전이며, 전형적으로 하나님께서 결코 버리지 않으실 영원한 성소가 되셨다." Edwards, *Concerning the Perseverance of Saints*, (Banner), 2:599b. 구속사에서 종종 첫 번째 것은 두 번째 것을 예비하는 종속적인 역할을 한다. "하나님께서 정하시고 세우신 첫 번째 것이 그 목적을 이루지 못하고 실패하면, 그것을 대신하여 두 번째 것을 세우시는 것이 하나님의 방식이다. 이렇게 두 번째 것이 그 모습을 드러낼 때, 이것은 앞선 것의 약점과 결함이 보충되어 결코 실패하지 않으며, 결국 그 목적을 이루기에, 더 이상 다른 것으로 대치될 필요가 없는 것으로 영원히 남는다. … 하나님은 처음에는 인간의 복락에 관한 일을 연약한 기반 위에 세우셔서, 인간이 이 토대가 약한 것과, 그래서 신뢰할 수 없음을 알게 해 오직 하나님만을 신뢰할 것을 보이신 것이다. 첫 번째 것은 단지 두 번째의 길을 마련하기 위해 있었던 것이다." Edwards, *Concerning the Perseverance of Saints*, (Banner), 2:599b.

하다. 아담과 그리스도가 언약적 대표라는 점은 첫 아담이 충족시켜야 했던 조건인 행위를 둘째 아담인 그리스도께서 완성하셨음을 뒷받침 한다. 이런 점에서 두 언약 모두 행위라는 요소에 바탕을 둔다. 행위는 계속해서 문제의 핵심이며, 피지되는 것이 아니라 결국 성취되는 것으로 마무리된다. 즉, 이 조건은 두 번째 언약에서 "우리를 대신하여" 성취되는 것이다. 에드워즈는 다시 한번 행위의 관점에서 행위언약과 은혜언약을 대조한다.

> 모든 언약은 쌍방의 동의를 요구한다. 인간 입장에서 하나님의 언약에 동의한다는 것은 단지 하나님이 제안하신 언약을 수락하는 것뿐이다. 첫 번째 언약에서, 인간이 동의한 다음에는 그는 그 언약의 조건인 행위를 수행해야만 했다. 이런 의미에서 이것을 행위언약이라 부른다. 반면 두 번째 언약에서는 오직 동의만이 필요할 뿐이다. 앞으로 수행해야 할 행위는 아무것도 없다. 그 행위는 그리스도께서 이루시기 때문이다. 이런 의미에서 볼 때 이것은 행위언약이 아니다. 물론 믿음을 선한 행위라고 할 수 있겠지만, 첫 번째 언약에서 아담의 동의가 이 언약어서 요구하는 행위에 포함되었던 것 이상으로 믿음을 행위라고 부르는 것은 적절치 못하다. 아담이 첫 언약에 동의했듯이, 그리스도도 둘째 언약에 동의하셨기에 직접 요구되는 행위를 하셔야만 했다. 이때 신자들은 그리스도와 함께 언약에 동의하였다. 그렇기에 그리스도와 함께 동의에 참여한 신자들은 이 언약도 공유한다. 그리고 그리스도 안에서 언약이 요구하는 행위를 수행한 것이다.
>
> 그들의 동의는, 이제 그 동의로 그리스도가 수행한 둘째 언약을 받아들이는 것이 되는데, 바로 칭의하는 믿음(justifying faith)을 가리킨다. 한 언약에 동의한다는 것은 그 언약의 조항들을 모두 수락한다는 뜻이다. 마찬가지로 두 번째 언약에 동의한다는 것은 그리스도께서 순종과 고난으로 완전한 의

를 이루실 것에 전심으로 동의하는 것을 의미한다. 바로 이것이 두 번째 언약의 조항들이기 때문이다. 왜 믿음이 필요한지, 그 이유는 매우 분명하다. 바로 언약 안에 있기 위해서는 그 언약에 동의하는 것이 필요하기 때문이다. 언약에 동의하기까지는 그는 언약 안에 있는 것이 아니다. 해야 할 일은 아무것도 없다. [단지 그리스도께서 성취하신 새 언약의 조항에 동의하는 것이 필요할 뿐이다.]⁷⁹

여기에서 에드워즈의 논지는 서로 평행을 이루는 아담과 그리스도의 대표성에 바탕을 두고 있다. 즉, 아담과의 연합과 그리스도와의 연합이 이 논지의 전제가 된다. 본질적으로 두 언약 모두에서 아담과 그리스도는 각각 행위로 조건을 수행해야 한다. (행위)언약에 동의한 아담은 행위를 수행하는 데 실패하였다. 반면 구속언약, 결과적으로

---

[79] Edwards, "Miscellanies," No. 299, 13:386. "첫 번째 언약과 두 번째 언약 모두의 조건은 하나님이 의미를 두시고, 선언하시고, 또는 계시하신 것을 받아들이고, 준수하고, 복속하는 것뿐이다. 우리를 주관하시는 주인이시자 입법자이신 하나님의 뜻의 의미를 받아들이고 복속한다는 것을 더 적절하게 표현하자면 순종이라 부른다. 하나님께서 죄인들에게 자비로 베푸신 이상하고 신비한 계시와 배려, 즉 하나님의 무한한 능력과 지혜와 은혜를 통한 영적, 초자연적, 비가시적, 신비적 내용의 계시를 받고 그것에 복속하는 것을 적절하게 부를 때 믿음이라고 한다. 사실 두 언약 모두 조건은 순종이다. 그리고 두 언약 모두에 하나님을 믿는 믿음이 있다. 하지만 두 언약이 명칭이 다른 것은 바로 계시되고 드러난 내용의 본질이 크게 다르기 때문이다. 하나의 명칭은 율법이며, 다른 것의 명칭은 약속 또는 선물이다. 하나에서는 우리가 하나님께 무엇을 해야 할지 그리고 하나님께서 우리에게서 무엇을 받으시길 원하시는지 담고 있다. 반면 다른 하나는 우리를 향한 하나님의 위대한 권세의 표현으로 그의 권세에 복속하도록 하기 위함이며, 그것은 우리를 위한 하나님의 신비하고, 놀라운 자비, 지혜, 권세의 계시로서 그 계시를 받을 수 있도록 하기 위함이다." Edwards, *Concerning Faith*, (Banner), 2:584a.

은혜언약에 동의하신 그리스도는 이 행위를 온전히 수행하셨다. 만약 아담이 행위를 이루는 데 성공했다면, 모든 인류는 그와 연합하여 의롭다 함을 얻었을 것이다.[80] 이것은 자연적인 연합이다. 아담은 실패했지만, 결국 그리스도는 성공적으로 행위를 수행하셨다. 그 결과 택함을 받은 우리 역시 그리스도와 연합하여 그리스도의 행위로 의롭다 함을 얻는다. 이 경우는 자연적인 연합이 아니라, 영적인 연합이다. 믿음으로 그리스도께 굳게 붙어있는 자만이 그리스도와 연합한 자이며 하나님의 자녀이다. 전자의 경우 아담과의 연합에 우리의 동의가 함의되어 있다. 에드워즈가 설명했듯이, 태어났다는 것이 아담에게 동의한 것이다. 그러나 후자의 경우 실제로 우리가 그리스도와 연합하기 전까지는 아직 동의하지 않은 것이다. 이때 동의하는 것을 가리켜 "칭의하는 믿음"(justifying faith)이라 부른다. 칭의하는 믿음은 언약(구체적으로 결혼언약)에 동의하는 것으로서 이로써 우리는 그리스도께서 이루신 일에 참여하며 또한 "한 조항도 빠짐없이" 원래의 행위언약 조건들을 완전히 이루는 것이 된다. 에드워즈에게 있어서 행위는 모든 언약에 걸쳐 결코 약화되거나 폐지되지 않고 일관되게 유지된다. 단지 변화가 있다면, 우리가 그것을 성취하는 방법이 바뀌거나, 성취한 것으로 간주되는 방법이 바뀌었을 뿐이다. 이를 토대로 우리는 그리스도 안에서 우리의 행위 - 실제로는 그리스도의 행위 -

---

[80] 이 사상이 에드워즈의 칭의 설교에 가득하다. "만일 아담이 완전한 순종의 과정을 완수하였다면, 그는 의롭다 함을 얻었을 것입니다." Edwards, *Justification by Faith Alone*, 19:151. 이후 그는 이렇게도 말한다. "만일 아담이 완전한 순종을 통해 견인했다면, 아담과 그의 후손 모두가 완전하고 충만한 복락을 누렸을 것입니다." Edwards, *Justification by Faith Alone*, 19:219. 이러한 신학적 사상은 다음 장에서 좀 더 자세히 다루기로 한다.

를 주장할 수 있다는 것이 에드워즈의 확신이다. 결론적으로, 우리는 행위로 구원을 받는다. 그러나 이 행위는 아담의 것도, 우리의 것도 아닌, 바로 그리스도의 행위이다. 이 내용을 에드워즈는 다음과 같이 요약한다.

> 행위언약과 은혜언약은 제시된 조건에 있어서, 즉 영생을 위해 준수하도록 제시된 조건에 있어서, 어떤 면에서는 같고 어떤 면에서는 큰 차이가 있다. 이 두 언약이 요구하는 의무는 같다. 그것은 동일한 율법이요, 동일한 거룩한 하나님께서 주신 계시이고, 우리가 영생을 소유하도록 주신 길이 되는 동일한 거룩한 행동들이다. 이것은 전에 행위언약 안에 있었는데 오직 이 차이만 있었다. 그것[행위언약]은 이런 의무와 자격과 행동이 최고의 입법자이신 하나님의 권위에 복종하고 그의 뜻을 따르는 표현으로써 생명의 길이 되게 했고, 그래서 우리가 하나님께 바치는 것이 하나님께서 받으실만하고 기뻐하실만하고 입법자의 눈에 좋아할 만한 것이 되게 했다. 반면 다른 언약(은혜언약)은 동일한 신적 행위와 자격이 영생의 길이 되게 하셨는데, 그것은 용납의 표현이고 사랑하시는 자의 표현이고 친구와 일체가 되는 표현이고 구세주와 성부를 신뢰하는 표현이다. 그러나 입법자의 뜻에 따르기 위해 하나님께 뭔가를 바치는 것이 아니며 하나님의 흠 없고 무한하신 순결의 눈에 매우 기뻐하시고 좋아하실 만한 뭔가를 바치는 것이 아니다. 그것은 오직 하나님이 우리에게 가장 유익하고 좋은 것을 주시는 것이며 그리고 그분의 무한한 선과 자비에 잘 부합하는 뭔가를 받는 것일 뿐이다.[81]

첫 번째 언약이든 두 번째 언약이든 공통적으로 요구되는 최종

---

[81] Edwards, "Miscellanies," No.1030, 20:367. [설명 삽입].

적인 조건은 하나님의 법(행위)을 만족시키고 성취하는 것이다. 에드워즈가 볼 때, 첫 번째 머리이자 보증이었던 아담의 실패가 대표성 자체를 무효화하지는 않았다. 이 대표성의 원리는 그리스도께로 이어져 우리의 두 번째 머리이자 보증이 되셨다. 대표성이 여전히 지속된다는 것은 궁극적으로 애초의 조건이 성취돼야 한다는 절대적 의미와 연관이 있다. 에드워즈는 연합 개념을 통해 두 언약 모두를 관통하는 연속성을 찾았다. 이를 바탕으로 우리는 이제 두 언약 사이의 불연속성을 살펴보고자 한다.

3. 종결에 의한 불연속성(Discontinuity by Termination)

물론 에드워즈가 두 언약 사이의 연속성을 강조하기는 하지만, 그렇다고 그가 둘 사이의 불연속성이 있다는 것을 부정하는 것은 아니다. "문집" 1030번에서 그는 행위언약과 은혜언약 사이의 차이점을 다음과 같이 지적한다. 행위언약은 "최고의 입법자이신 하나님의 권위에 복종하고 그의 뜻을 따르는 표현"인 반면, 은혜언약은 "용납의 표현이고 사랑하시는 자의 표현이고 친구와 일체가 되는 표현이고 구세주와 성부를 신뢰하는 표현"이다. 행위언약에서는 "우리가 하나님께 바치는 것이 하나님께서 받으실만하고 기뻐하실만하고 입법자의 눈에 좋아할 만한 것이 되게 했다." 반면 은혜언약은 "오직 하나님이 우리에게 가장 유익하고 좋은 것을 주시는 것이며 그리고 그분의 무한한 선과 자비에 잘 부합하는 뭔가를 받는 것"을 의미한다.[82] 여기에서 에드워즈의 뉘앙스는 율법과 복음의 대조를 떠올리게 한다. 그가

---

82 Edwards, "Miscellanies," No. 1030, 20:367.

강조하는 불연속성은 수사 그 이상의 것이다.

물론 행위가 두 언약을 관통하는 요소이기는 하지만, 에드워즈는 구원에 필요한 조건을 성취하는 방법이 완전히 바뀌었음을 지적한다. 이전에는 모든 덕목(행위)을 행하는 것이 행위언약 아래서 요구되었던 조건이었다면, 이제는 그리스도와의 연합(믿음)만이 은혜언약 아래서 요구되는 유일한 조건이다. (두 언약 사이의 관계를 파악하는 데 있어 아담과 그리스도의 대표성 차이가 핵심적인 역할을 한다는 것을 이미 앞서 살펴보았다.) 에드워즈는 행위언약이 우리에게 종결되었고, 우리는 새 언약인 은혜언약 아래에 있음을 확언한다. 에드워즈에게 있어서 행위언약의 종결은 신학적으로 매우 중요한 의미를 지닌다. 그것은 진지한 순종(sincere obedience)으로 의롭다 함을 얻는다고 주장하는 알미니안 주의의 행위에 의한 칭의(justification by works) 교리를 반박하기 위한 직접적인 것이 되기 때문이다. 에드워즈는 두 언약의 결정적인 차이를 믿음으로 의롭다 함을 얻는 것과 행위로 의롭다 함을 얻는 것 사이의 차이에 있다고 본다.

은혜언약이 그리스도의 행위(work)에 의한 칭의를 말하는 반면, 행위언약은 아담의 행위(work)에 의한 칭의를 말한다. 에드워즈에게 있어서 특징적인 것은 사실 그는 "행위"로 의롭다 함을 얻는다는 구조 자체는 부정하지 않았다. 다만 그가 부정한 것은 "우리의 행위"로 의롭다 함을 얻는다는 주장이다. 그는 로마서 4:5를 근거로 다음과 같은 교리를 도출한다. "우리는 오직 그리스도를 믿는 믿음으로 칭의되는 것이지, 우리 자신의 어떤 덕이나 선으로 되는 것이 아닙니다."[83] 에드워즈가 볼 때, 우리 행위로 칭의 된다고 주장하는 것은 지금은 더 이

---

83 Edwards, *Justification by Faith Alone*, 19:149.

상 효력이 없는 행위언약의 도식으로 회귀하려는 시도이며, 이미 죄로 부패한 우리가 마치 아담처럼 죄가 없는 것처럼 처신하는 기만행위이다. 이런 관점에서 볼 때 믿음에 의한 칭의만이 은혜언약의 핵심을 뚜렷이 한다. 칭의는 우리 행위가 아닌, 다른 누군가의 행위, 즉 그리스도의 행위로 이루어진다. (은혜언약에서 우리가 그리스도와 연합함으로 그리스도의 행위가 우리의 것이 된다는 에드워즈의 논지를 기억하라.)

> 우리는 반드시 행위를 바탕으로 구원을 얻는다. 그러나 이때의 행위는 우리의 행위가 아니다. 그리스도께서 우리를 대신해서 행하신 행위가 바로 구원을 위한 근거가 된다. 행위는 영성에 상응하는 고정된 값이다. 영원하고 불변하는 의의 규율로 확고히 정해진 것이다.[84]

에드워즈가 보기에 믿음으로 칭의된다는 것은 아담의 행위가 아니라, 그리스도의 행위로 의롭다 함을 얻는다는 뜻이다. 한마디로 말해 믿음으로 이루어지는 칭의와 행위로 이루어지는 칭의의 차이는 바로 언약의 차이에서 비롯된다. 그래서 에드워즈는 다음과 같이 언

---

[84] Edwards, *Sermon on Genesis 6:22*, (Banner), 2:53a. 에드워즈는 우리가 아니라 오직 그리스도의 행위로 의롭다 함을 얻는다는 주장을 견지한다. John H. Gerstner는 에드워즈의 논지를 강조하며 다음과 같이 말한다. "에드워즈는 누구보다 오직 믿음(solifidianism)의 공식을 강조하면서도 궁극적으로 칭의는 행위에 의한 것으로 보았다. 칭의의 유일한 근거는 실제의 행위, 바로 실제의 의이다. 믿음으로 칭의 된다는 것은 행위를 통해 이룬 그리스도의 칭의를 믿는 믿음으로 칭의 된다는 것이다! … 믿음이 아니라 자신의 행위로 의를 이루신 그리스도와 연합함으로 죄인은 칭의될 수 있다. 엄밀히 말해 이는 결국 죄인도 역시 행위에 근거하여 칭의된다는 뜻이다. 그러나 자신의 행위가 아니라, 오직 믿음을 통해서 얻는 행위이다." Gerstner, *Steps to Salvation*, 148-149.

급한다. "은혜언약과 첫 언약의 차이는 바로 이 칭의 교리에 있습니다."[85] 아담이 의롭다 함을 얻을 수 있었던 동일한 방법으로 우리는 더 이상 칭의 되지 않는다. 에드워즈가 볼 때 아담이 더 이상 우리 구원을 위한 대표가 아닌 것처럼, 행위에 근거한 칭의는 더 이상 유효하지 않다. 에드워즈에게 있어 관건은 행위언약 자체가 전적으로 아담에게 달려 있었기 때문에 이제 아담의 대표성은 더 이상 성립되지 않는다는 것이다. 이것이 바로 에드워즈가 행위언약의 폐지를 강조하는 이유이다. 에드워즈가 보기에 혹자들과 같이 어떤 모양으로라도 행위에 의한 칭의를 주장하는 것은 이미 효력을 잃은 아담의 언약을 계속 붙드는 것이나 마찬가지인 셈이다.

> 반대되는 칭의 이론은 우리가 우리 행위로 의롭게 된다고 생각합니다. 이것은 첫 언약에서처럼 사람이 자신의 행위로 칭의되는 것과 같은 뜻입니다.[86]

에드워즈는 첫 언약의 종료는 인간의 본성이 타락했다는 사실로 확인이 된다는 입장이다. 그의 논지를 따르자면 행위언약은 이제 더 이상 우리 구원을 위한 "적합한 방편"이 아니다. "왜냐하면 이 방편은 인간이 무죄한 상태일 때만 사용될 수 있고 지금처럼 연약하고 죄를 진 상태에서는 더 이상 그 목적을 이룰 수 없다."[87] 대신 인간의 타락으로 인해 이제 행위언약의 남아 있는 유일한 효과는 정반대의 것이다. 이제 행위언약은 오히려 인간의 "마음에서 죄의 지배와 하나님

---

85 Edwards, *Justification by Faith Alone*, 19:238.
86 Edwards, *Justification by Faith Alone*, 19:239.
87 Edwards, *Notes on Scripture*, No.244 (Rom. 6:14), 15:198.

을 대적하는 적대관계"로 작용할 뿐이다.[88] 따라서 에드워즈는 다음과 같이 경고한다.

> 1. 그것(행위언약)은 사람을 좌절시켜 하나님을 섬기려는 어떤 시도도 하지 못 하게 하는 성향이 있다. … 그래서 사람은 이에 대한 절망 가운데 하나님께서 기뻐하실 만한 일을 할 만한 능력이 전혀 없는 것처럼 된다. … 2. 하나님은 이제 필연적으로 사람들을 당신으로부터 몰아내고 적대관계를 조장하는 적으로 간주되어야 한다. 행위언약 하에서 타락한 피조물은 하나님을 아버지나 친구로 바라볼 수 없고 다만 필연적으로 적으로 보게 된다. 왜냐하면 그 체제 하에서는 순종에 대한 최소의 실패도, 그것이 과거의 일이건 미래의 일이건, 사람이 하나님과 적대관계가 되게 만들기 때문이다.[89]

이렇듯 에드워즈는 인간의 타락을 행위언약이 종결되었음을 반증하는 명백한 증거로 보았다.

에드워즈가 첫 언약이 폐지되었다고 보는 또 다른 이유는 첫 언약의 조항이 이미 집행되었다는 점이다. 언약이 깨어지는 그 순간 이미 그 심판이 집행되었다. 정죄, 즉 언약의 조항에 따라 인간이 죄인이 된 순간 언약은 집행된 것이다.

> 아담이 언약을 깨뜨렸을 때, 언약에 포함된 경고에 따라 이미 정죄함이 아담과 그의 후손에게 즉각적으로 내려졌다. 이때 즉시 언약은 다 집행되었다. 아담에게 언약을 주셨던 분은 이제 심판을 집행하고, 아담과의 언약에 따라

---

88 Edwards, *Notes on Scripture*, No. 244 (Rom. 6:14), 15:198.
89 Edwards, *Notes on Scripture*, No. 244 (Rom. 6:14), 15:198.

온 인류를 시험했던 모든 일은 끝났다. 심판은 하나님이 인간과 언약을 맺으시며 가지셨던 관계의 마지막 일이다. 하나님이 이미 심판을 집행하셨는데, 아직도 인간을 그 언약에 근거하여 대할 것이라고 생각하는 것은 어리석은 일이다.[90]

여기에서 에드워즈가 아담이 받은 정죄를 말할 때, 그의 후손들도 포함하고 있음을 유념해야 한다. 행위언약은 아담뿐 아니라, 우리에 대해서도 이미 집행되었다. 현재 우리 관점에서 볼 때도 행위언약은 종료되었고 더 이상 유효하지 않다. 행위언약은 더 이상 우리에게 구속력이 없다. 이런 맥락에서 에드워즈는 이미 폐지된 "옛 방법"으로 되돌아가려는 시도를 "어리석다"라고 비판한 것이다. 그는 알미니안 주의의 칭의 도식과 같이 "반대되는 칭의 이론"을 어리석다고 평가한다. 그것은 이미 오래 전에 사라졌고 다시 가져 올 가능성이 전혀 없는 것을 다시 가져오려는 헛된 시도이기 때문이다. 이런 점에서 에드워즈는 사도 바울의 관점을 그대로 계승한다.

> 갈라디아서에서 사도는 행위로 의롭다 함을 얻는다고 주장하는 교리를 가리켜 다른 복음이라고 비판하면서, 단호히 "다른 복음은 없다"라고 선언합니다(1:6-7). 사실 그것은 전혀 복음이 아니라 율법 입니다. 그것은 은혜언약이 아니라 행위언약 입니다. 그것은 복음적인 교리가 아니라 율법적 교리입니다.[91]

90　Edwards, "Miscellanies," No. 717, 18:348.
91　Edwards, *Justification by Faith Alone*, 19:239.

에드워즈는 행위로 의롭다 함을 얻는 것, 즉 "우리"의 행위로 의롭다 함을 얻는 것은 은혜언약이 아니라고 강조한다. 이것은 사실 "죽은 방식"을 다시 시도하는 것이기 때문에 결코 복음적인 교리가 아니다. 이와 대조적으로 믿음으로 칭의되는 것이 "새로운 길"이다. 결국 에드워즈는 이런 측면에서 아담과 그리스도가 우리를 대표하는 방식에서 전적으로 대비가 되는 만큼, 행위언약과 은혜언약 역시 서로 반립적(antithetical)이라고 여긴다. 첫 언약의 시대가 저물고, 새 언약의 시대가 밝았다. 아담과의 연합이 정죄를 가리킨다면, 그리스도와의 연합은 하나님의 은혜를 가리킨다.

> 은혜언약 아래 있는 우리는 더 이상 우리의 행위가 아닌 오직 예수 그리스도를 믿는 믿음으로 의롭다 함을 얻습니다. 그런 이유 때문에 새 언약은 은혜언약이라고 불리는 것이 마땅합니다. 로마서 4:16이 명백히 증거합니다. "그것이 은혜에 속하기 위하여 믿음으로 되나니."[92]

이렇듯 우리는 아담과 그리스도의 대표성(아담과의 연합 및 그리스도와의 연합)의 차이가 에드워즈가 말하는 두 언약 사이의 불연속성을 결정짓는 핵심적 요소임을 알게 된다.

4. 구약의 언약들(Covenants in the Old Testament)

개혁신학에서 행위언약과 은혜언약이 다루어질 때마다 거의 자연스럽게 이어지는 다음 질문은 구약에 나타나는 여러 언약들, 즉 아

---

[92] Edwards, *Justification by Faith Alone*, 19:239.

브라함, 모세, 다윗 등과 맺었던 언약을 어떻게 이해할 것인가의 문제이다. 사실 에드워즈는 이 언약들에 관하여 그리스도와의 연합 관점에서 지적하는 것들이 있다. 여기에서는 우리 논제를 뒷받침하는 범위에서 몇몇 핵심적인 부분만을 살펴보기로 한다.

우리가 에드워즈를 공부하면서 놓쳐서는 안 되는 한 논지는 언약은 하나이며 그 중심은 그리스도라는 관점이다. 그의 사무엘하 23:5 설교가 한 언약(One-covenant) 관점을 잘 말해 주고 있다.

> 창세 이래로 하나님은 교회와 맺은 언약을 늘 새롭게 갱신하셨습니다. 하나님은 언제나 같은 것을 말씀하시며, 계속해서 같은 언약을 계시하셨습니다. 그것은 하나님의 약속의 신실함과 하나님의 경륜의 불변함입니다.[93]

앞에서부터 밝혔듯이, 에드워즈를 이해하는 데 있어서 통합적 관점이 중요하게 작용한다. 하나님의 시각에서 볼 때 언약은 오직 하나이며, 그것은 그리스도를 통해 성취되었다. 그러므로 그리스도가 구약에서 구속사의 전개에 중심을 차지해야 한다는 것은 자명하다. 자신의 저서 『구속사』(A History of the Work of Redemption)에서 에드워즈는 이스라엘 역사를 그리스도께서 행하시는 구속 사역의 모형들로 해석한다. 그 관점의 핵심은 구약의 언약들을 통해 펼쳐지는 구속사의 중심은 바로 그리스도라는 것이다.[94]

---

[93] Edwards, *Sermon on 2 Sam. 23:5*, (*WJE Online*, Vol. 44).
[94] 에드워즈는 구속사를 철저히 그리스도 중심적으로 본다. 이와 관련하여 Stephen M. Clark는 다음과 같이 논평한다. "우리는 다양한 이유로 에드워즈를 기억할 수 있다. 그러나 역사적 방법론을 통해 살펴보면, 에드워즈는 모든 것을 그리스도 중심으로 해석했음을 알 수 있다. 에드워즈는 무엇보다 이 점

예를 들어 에드워즈는 아브라함 언약의 중심에 그리스도께서 계시며, 이 언약은 앞으로 도래할 그리스도와의 새 언약을 예표하는 것이라고 설명한다. 에드워즈의 해석에 따르면 아브라함을 부르신 일은 "하나님께서 구속 사역의 일환으로 행하신 새로운 일이자 놀라운 일"이며, "그리스도께서 실제로 오실 때까지 … 하나님의 가견적(visible) 교회를 위해 놓으신 새로운 기초"이다. 그리스도께서 "아브라함의 후손"으로 오실 것이 밝혀진 점에서 은혜언약은 아브라함을 통해서 "이전보다 훨씬 더 충만하게" 계시된 것이 분명하다. 그것이 의미하는 것은 "은혜언약에서 중요한 조건이 믿음이라는 점이 이제 훨씬 더 분명히 드러났다"는 점이다. 특히 에드워즈는 할례가 하나의 "은혜언약의 인(seal)"으로 제정된 것에 대하여 "그것은 믿음에 의한 의를 보증하는 인(seal)"이었다고 강조한다. 성례의 하나로서 할례는 "분리(separation)를 의미하는 중요한 벽"으로 "그리스도가 오실 때까지 그의 가족과 후손을 세상으로부터 구별하는 역할을 한다." 에드워즈가 보기에 성경에 기록된 아브라함 기사는 여러 면에서 그리스도를 예표한다. 아브라함이 드린 희생제사는 "다른 모든 희생제사와 마찬가지로, 그리스도의 희생제사를 가리킨다." 에드워즈가 보기에 아브라함과 맺은 언약의 의의는 바로 이때부터 그리스도를 믿는 믿음이 핵심

을 기억해 주길 원했을 것이다." 덧붙여 "에드워즈가 완성하고자 했던 방법론은 그리스도 중심으로 구속사를 해석하는 것이었다. 그렇게 할 때에 그리스도를 믿는 믿음의 본질과 모든 기독교의 교리들을 제대로 이해할 수 있기 때문이다." Stephen M. Clark, "Jonathan Edwards: The History of Redemption" (Ph.D. diss., Drew University, 1986), 156-183, 325-336을 참고할 것. 필자가 보기에 우리 시대에 O. Palmer Robertson 역시 구약의 여러 언약들을 주석적, 성경신학적 방법을 통해 그리스도 중심적으로 풀어내는 대표적 학자이다. 자세한 논의는 그의 *Christ of the Covenants*를 참조할 것.

으로 부각되었다는 점이다. "아브라함은 위대한 구세주 그리스도와 장차 그리스도께서 성취하실 일들에 대해 앞선 어떤 성도들보다 더 분명한 이해를 했었다." 에드워즈가 아브라함 언약을 다루면서 함께 강조하는 개념은 이 언약의 수혜자는 아브라함과 그의 가족만 아니라, 그의 후손도 포함된다는 점이다. 사실 이 관점은 아브라함의 자손을 그리스도 안에 있는 신자들과 동일시한다는 의미이다.[95]

> 성부 하나님께서 신자들과 맺은 언약은 한편으로는 성부와 성자 사이에 맺어진 구속언약과 같으며, 다른 한편으로는 하나님께서 아브라함과 맺으신 언약과 같다. 이때 하나님은 아브라함에게 고향을 떠나라 말씀하시며, 그와 그의 후손을 위한 약속을 주셨던 언약은 이후에 하나님께서 광야에서 아브라함의 후손과 맺은 언약과 같은 것이다. 이것은 이미 맺어진 언약의 부분 부분이 새로이 계시되는 것이며 같은 약속들이 다시금 새로이 갱신되는 것과 다르지 않다.[96]

눈에 띄는 점은 여기에서 에드워즈는 서로 상응하는 언약을 둘씩 묶어서 본다는 것이다. 구속언약과 은혜언약을 묶고, 우르에서 계시된 아브라함 언약과 여정 중 계시된 아브라함 언약을 묶어서 본다. 이런 방식을 통해서 역시 에드워즈는 연합이 자신의 논지의 핵심임을 유지한다.

뿐만 아니라 에드워즈는 시내산 언약에서 나타나는 모세와 이스라엘 백성들의 관계를 그리스도와 신자들의 연합을 가리키는 그림자

---

[95] Edwards, *A History of the Work of Redemption*, 9:158–165.
[96] Edwards, "Miscellanies," No.919, 20:167.

로 해석한다.

> 시내산에서 하나님이 모세에게 약속을 주셨을 때, 비록 그때 하나님의 말씀은 모세에게 직접적으로 전해졌을지라도, 그 말씀 가운데 하나님은 모세 뿐 아니라 모세가 대표하는 회중 전체에게도 말씀하신 것이다. … 이후 모세는 산에서 내려와 하나님의 언약을 백성들에게 전했다. 하지만 이때 모세가 전달한 언약은 산 위에서 하나님께서 모세 한 사람에게 주신 그 언약과 다른 언약이 아니었다.[97]

에드워즈는 이렇게 모세와 이스라엘 백성을 하나로 보았다. 이 바탕 위에서 모세의 중보적 사역을 통해 이루어진 이스라엘의 출애굽은 바로 그리스도의 구속을 예표하는 사건이라 해석할 수 있다.

> [먼저] 고려할 것은 하나님께서 이스라엘 백성을 애굽에서 구원하신 사건이다. 이는 구약에서 하나님께서 그의 교회를 구원하신 사건들 중 가장 놀라운 사건이었고 이는 장래 그리스도의 구속 사역의 보증이요, 예표다. … 참으로 이 사건은 하나님의 다른 어떤 섭리적 사건보다 그리스도의 구속을 가리키는 최고의 모형이다. 이 구원이 명백히 예수 그리스도에 의한 것인 이유는 모세에게 떨기나무 가운데 나타나셨던 그분이 하신 일이기 때문이다. 그리고 그분은 출애굽기 3:2-3에서 여호와의 사자라고 불리는 분임이 분명하듯이 이스라엘 백성을 구원하기 위해 모세를 보내신 분이 분명하다.[98]

---

[97] Edwards, "Miscellanies," No.1091, 20:476.
[98] Edwards, *A History of the Work of Redemption*, 9:175. 참고로 에드워즈는 흔히 일반적으로 생각하는 것과는 달리 출애굽기 3장에서 떨기나무 가운데 나타나신

모세를 통한 하나님의 통치의 일환으로 시내산에서 주신 율법은, 에드워즈의 표현에 의하면 비록 "몹시 끔찍한 방식"이긴 하지만,[99] 하나님이 은혜를 집행하시는 일에 있어 매우 필요한 요소로 간주된다. 그것은 에드워즈에게 있어서 한마디로 율법은 복음적 성질을 포함하기 때문이다. 에드워즈는 율법과 은혜를 완전히 반립적(antithetical) 성질의 것으로 보는 대신 오히려 율법이 은혜언약의 구조 안에서 한 특별한 역할을 하는 것으로 보았다.[100] 여기에서 반립적이

하나님을 제2위의 하나님 성자로 보고 있음에 주목할 필요가 있다. 3장에서 동격으로 사용되는 "여호와의 사자", "여호와", "하나님" 등의 표현이 하나님의 현현을 가리키는 것이기에 삼위일체 중 제2위의 하나님의 역할로 본 것으로 이해된다. 이에 대한 자세한 논의는 우리의 주제에서 벗어나므로 포함하지 않는다.

[99] Edwards, *A History of the Work of Redemption*, 9:180. 또한 Vern Poythress는 자신의 저서 *The Shadow of Christ in the Law of Moses*에서 완전히 드러난 구원 계시를 바탕으로, 즉 그리스도 중심적 관점에서 모세 율법을 해석한다. Vern Poythress, *The Shadow of Christ in the Law of Moses* (Brentwood, TN: Wolgemuth & Hyatt, Publishers, Inc., 1991), 3–136.

[100] 반면 Mark W. Karlberg와 Jeong Koo Jeon은 행위언약과 은혜언약의 반립적(antithetical) 관계 연장선상에서 율법과 복음을 서로 반립적인 것으로 보는 입장을 취하며 율법-복음의 반립을 해석학적 원리로 삼는다. 필자가 보기에 이들은 "율법 안에 복음"(law-in-grace) 관점에 지나치게 비판적이다는 판단이다. 칼빈을 비롯한 에드워즈의 "율법 안에 복음" 관점은 이들이 염려하는 신정통주의의 "율법 안에 복음" 관점과 구별되어야 한다. Mark W. Karlberg, "The Mosaic Covenant and the Concept of Works in Reformed Hermeneutics: A Historical-Critical Analysis with Particular Attention to Early Covenant Eschatology" (Ph.D. diss., Westminster Theological Seminary, 1980); Jeong Koo Jeon, "Covenant Theology: John Murray's (1898–1975) and Meredith G. Kline's (1922–) Response to the Historical Development of Federal Theology in Reformed Thought" (Ph.D. diss., Westminster Theological Seminary, 1998). 칼빈은 모세 율법에 이미 복음이 "뿌려 있다"고 보았다. 다시 말해 율법은 비록 행위언약의 구속력을 지니지만, 은혜의 경륜에 속한다고 본 것이다. 칼빈은 신명기

란 서로에 대해 전혀 연속성이 없는 상호 배타적 관계에 있는 것을 말한다.

> 시내 산에서 주어진 십계명은 백성들에게 동시에 행위언약과 은혜언약으로 주어졌다. … 이 십계명은 흔히 은혜언약을 포함하고 있다고 말하는데, 이 십계명을 통해 하나님은 이스라엘 교회를 자신의 신부로 맞이하는 언약 조항들을 드러내셨고, 그 내용이 새겨진 두 돌판을 법궤 안에 넣어 성소 안에 두도록 하셨다. 그렇게 되는 것은 여기에 행위언약의 조항으로 기록된 의무들이 또 다른 관점에서 보면 은혜언약의 조항이기 때문이다. 동일한 법이 한편으로는 행위의 법이 되고, 다른 한편으로는 믿음의 법이 된다. 행위언약에서 주어진 복종의 법과 은혜언약에서 주어진 자유의 법이 같은 법이다. 이런 맥락에서 마태복음 5장에서 알 수 있듯이, 그리스도는 율법을 폐하러 오신 것이 아니라, 완성하러 오셨다. 이어지는 그리스도의 설교에서도 특별히 율법의 성취를 염두에 두고 계시다는 것을 분명히 알 수 있다. 제자들을 가

30:11-12, 14을 다음과 같이 해석한다. "이때 모세가 율법의 요구와 함께 선포했던 이 말들은 사실 은혜언약이다." *Institutes*, 2:5:12. 또한 칼빈은 히브리서 2:4 주석에서 다음과 같이 말한다. "사실 율법은 복음과 조화를 이룬다. 아니, 율법 안에 복음이 들어 있다. 로마서 1장, 특별히 로마서 1:1-32에서 바울은 이 질문에 다음과 같이 대답한다. 율법을 통해 우리는 의를 얻을 수 없다. 그러나 의는 복음 안에서 우리에게 주어졌다. 율법과 선지자들은 이미 의에 대해 증언한다. 자신에 대해 일관되신 하나님이 이 둘의 저자이시므로 율법과 복음 사이에 완벽한 일치가 있다 하더라도, 칭의에 관해서는 빛이 어둠과 조화를 이루지 못하는 것처럼 율법이 복음과 조화를 이루지 못한다. 율법은 하나님께 순종하는 자에게 생명을 약속하고, 이 약속은 조건적이며, 행위의 공로에 달려 있다. 물론 복음 역시 조건을 바탕으로 의를 약속하지만, 그것은 행위의 공로와는 관계가 없다. 그렇다면 조건은 무엇인가? 그 조건은 오직 정죄받고 잃어버린 바 된 자들이 그리스도 안에서 주어진 은총을 받아들이는 것뿐이다." 아울러 *Institutes*, 3:17:6를 참고할 것.

르치시고, 이끄시며, 그들을 감화시켜 하나님의 율법이 말하는 의무들을 진지하고 참되게 성취하도록 하는 것이 명백히 19절과 20절의 진정한 영적 의미인 것이다. 은혜언약의 방식에서 칭의를 충족하는 자들은 로마서 8:4대로 육의 방식이 아닌 영의 방식을 따라 율법의 의를 충족하는 것이다. 13:8에서도 마찬가지로 사도 바울은 우리가 율법의 의를 이룬다고 말한다. 즉, "남을 사랑하는 자는 율법을 다 이루었느니라."[101]

구속사적 관점에서 볼 때, 율법은 분명히 하나님의 은혜의 경륜 가운데 한 위치를 점하고 있으며, 구체적으로, 그리스도를 향하고 있다. 여기서도 에드워즈의 통합적 관점은 그리스도 중심적 관점이 구속사 전체를 관통하여 흐르고 있음을 입증한다.

> 행위언약이 여기에서 그리스도께로 이끄는 몽학 선생으로 드러난 것은 구약 시대 이스라엘의 유익을 위해서만이 아니라, 종말까지 모든 세대의 하나님의 교회의 유익을 위함이다. 위대한 구속주께서 이 도구를 사용하여 인간 자신의 죄와 비참함과 무능함과 또 한편 하나님의 경이롭고 광대하신 입법자로서의 위엄과 정의를 깨닫게 하시어 구세주 그리스도가 꼭 필요함을 깨닫게 하셨다. 인간의 영혼을 구원하는 구속 사역은 전 과정에서 특히 그 끝에 다다르기까지 시내산에서 주셨던 이 율법의 유익이 없이 진행되지 않았

---

[101] Edwards, "Miscellanies," No.1030, 20:368-69. "영광스러운 복음의 때에 관하여 구약의 예언들이 명백하게 말하는 것은 하나님이 받으시는 방식, 즉 구원의 조건은 구약에서나 신약에서나 동일하다." Edwards, "Miscellanies," No.874, 20:115. "칭의의 결정적인 조건은 믿음, 바로 마음으로 적극적으로 그리스도와 연합을 이루는 것으로 이것은 회개, 죄로부터의 각성을 수반한다. … 차이점이 있다면 단지 … 계시의 정도의 차이뿐이다." Edwards, "Miscellanies," No.1353, 23:493.

다.[102]

그러므로 에드워즈에게 있어서 율법은 그리스도와의 연관성으로 인해 행위언약과 은혜언약 모두에 대해 이중적 관계를 갖는다. 이중적이라 함은 율법 안에 행위언약의 효력과 은혜언약의 효력이 동시에 있다는 말이다. 율법은 행함의 의를 강조하지만(행위언약) 동시에 행함의 의가 불가능함(은혜언약)도 드러낸다. 이런 맥락에서 에드워즈는 시내 산에서 주어진 율법의 기능(이는 율법의 제2용법이라 불리기도 한다)을 다음과 같이 설명한다. 율법을 통해 "인간은 마음이 부드러워져 자신을 철저히 비판하고 자신의 마음 상태를 드러내며 율법의 행위로는 절대 구원을 이룰 수 없으며 자신들의 자리에 대신할 중보자가 반드시 필요한 것을 알게 된다."[103] (나중에 보겠지만, 에드워즈가 행위 칭의를 거부하는 것은 모세 율법에 있는 행위언약의 효력을 거부하기 때문이다.) 율법과 은혜가 긴장 관계에 있는 것은 율법의 기능이 구속사에서 어떻게 그리스도의 성취와 연관이 있는지에 따른 것이다.[104] 정리하면, 율법의

---

102 Edwards, *A History of the Work of Redemption*, 9:180-81.
103 Edwards, *A History of the Work of Redemption*, 9:180-81.
104 칼빈은 율법과 복음의 차이를 구속사적 맥락에서 믿음의 의와 율법의 의로 설명한다. 이러한 칼빈의 설명은 자세히 살펴볼 가치가 있다. "바울은 로마서에서 율법과 복음을 비교하면서 다음과 같이 말한다. '율법으로 말미암는 의'는 '이 일들을 행하는 사람은 그것으로 인해 살리라'라는 의미이다[롬 10:5]. 그러나 '믿음으로 말미암는 의'[롬 10:6]는 '예수께서 주 되신 것과 아버지께서 그를 죽음에서 살리신 것을 네가 마음으로 믿고 입으로 시인하면'[롬 10:9p] 얻는 구원을 선포한다. 여기에서 바울이 율법과 복음을 분명히 구별하고 있음을 보는가? 율법은 행위의 의를 말하며, 복음은 행위와는 관계없이 저저 주어지는 의를 말한다. 이것은 매우 중요한 구절이다. 이 구절을 바탕으로 우리는 복음으로 말미암는 의는 모든 율법의 조건과 아무런 상관이 없음을 분명히 알 수

기능은 은혜의 성취에 대해 종속적이다. 모세가 그리스도를 예표한 다는 사실은, 에드워즈에게 있어, 모세 율법이 구속사의 중심인 그리스도에 종속하는 것과 일관된다.[105]

다음으로 다윗 언약과 관련하여 에드워즈는 이렇게 언급한다. "그는 그리스도의 조상이며, 구약의 누구보다 가장 잘 그리스도를 예표하는 인물"이라는 점에서 다윗은 은혜언약의 흐름 속에서 매우 중요한 위치를 차지한다. "하나님께서 다윗의 집에서 당신의 교회를 위한 나라를 시작하심은, 말하자면, 그리스도의 나라를 새롭게 세우신 것이다." 하나님께서 다윗의 생명을 지키신 것은 하나님께서 "구속

있다. 여기에서 우리는 바울이 그토록 자주 율법과 (복음의) 약속을 반대 위치에 두는지 이유를 알 수 있다. '만일 유업이 율법에서 난 것이면, 약속에서 난 것이 아니리라'[갈 3:18]. 또 이 장의 다른 구절 역시 같은 핵심을 담고 있다." Calvin, *Institutes*, 3:11:17. 이와 유사한 맥락에서 Turretin 역시 구속사적 관점에서 율법은 믿음으로 얻는 칭의 안에서 성취되었다고 본다. "더 나아가 율법의 의가 우리에게 완성된다(롬 8:4). 그러므로 칭의는 더 이상 우리가 율법의 행위를 행함으로 되지 않는다. 하나가 다른 하나와 대립되는 것이 아니라, 둘이 조화를 이룬다. 즉, 믿음에 의해 율법이 폐하여지는 것이 아니라, 오히려 굳건히 세워지는 것이다(롬 3:31)." Turretin, *Elenctic Theology*, 16:3:28.

[105] 에드워즈는 구약의 종속적인 성질에 대해 다음과 같이 언급한다. "사실 주된 것은 하나님께서 아브라함 및 다른 족장들과 맺으신 언약의 핵심과 골수는 은혜언약이었다는 점이다. 이 언약이 오늘날 복음의 시대까지 계속 되어 이제 아브라함의 모든 영적인 후손, 즉 유대인은 물론 이방인에까지 임했다. 그러나 족장들과 맺어진 언약에는 영원한 복음에 비하여 말하자면 부수적인 요소들, 덜 중요하게 보이는 약속들, 장래 후손에 대한 위대한 약속에 종속적인 것들, 그에 대한 예표의 것들도 포함한다. 이 약속들은 예로 들자면, 특정한 땅, 즉 가나안 땅에 대한 복이나, 특정한 피, 즉 이삭과 야곱과 같은 후손에 대한 복을 포함한다. 그것은 사무엘하 7장이나 시편 132편에 하나님과 다윗의 언약에서처럼 또한 그러하다." Edwards, *An Humble Inquiry*, in *Ecclesiastical Writings*, 12:269-70.

사역이 결코 실패하지 않도록 지키신다"는 의미를 포함한다.[106] 이런 맥락에서 다윗과 맺은 언약은 그리스도와의 언약을 가리키는 그림자이다.

> 하나님이 선지자 나단을 통해 다윗과 세우신 언약이 은혜언약이었다는 점은 이사야 55:1-3의 명백한 증거를 통해 드러나고 있다. 거기에서 우리는 죄인들을 초청하시는 그리스도를 볼 수 있다. "목마른 자들은 누구든 오라! [이 생수로 오라! …와서 돈 없이 값 없이 포도주와 젖을 얻으라!]" 3절에서 그리스도께서 계속하여 말씀하신다. "너희는 귀를 기울이고, 나에게 오라! 들으라! 그리하면 너희 영혼이 살리라. 내가 너희와 영원한 언약을 세우리니, 바로 다윗에게 허락한 확실한 은혜니라." 여기에서 그리스도는 불쌍한 죄인들에게 약속하신다. 그리스도께 나아오기만 하면, 전에 다윗과 맺었던 것과 같은 영원한 언약을 주실 것이며, 동일한 확실한 자비를 그들에게 줄 것이라고 약속하신다. 죄인들이 그리스도께 올 때 갖게 되는 이 언약이 은혜언약이 아니면 무엇이란 말인가?[107]

에드워즈는 다윗 언약에 이스라엘 백성이 포함된 것을 바로 새 언약에서 신자가 그리스도와 연합할 것을 미리 보여 주는 예표라고 여겼다.

이 외에도 에드워즈는 포로기 및 그리스도가 오시기까지 포로 후기가 옛 언약의 성취와 관련하여 특별한 역할을 담당한다고 보았다. 에드워즈가 보기에 이 시대는 하나님의 섭리 가운데 그리스도께

---

[106] Edwards, *A History of the Work of Redemption*, 9:204-6.
[107] Edwards, *A History of the Work of Redemption*, 9:215.

서 오실 길을 예비하는 역할을 담당했다. "이 시대는 이전 유대교 시대에서 영광스럽게 여겨졌던 많은 요소들을 제거함으로써 그리스도께서 오실 길을 예비하며, 또 영광스러운 복음의 시대를 준비하는 역할을 했다." 그럼으로써 오히려 복음이 온 세상에 전파될 수 있는 기회가 마련되었다. "바벨론 포로기는 오히려 또 다른 기회였다. 이를 통해 향후 그리스도의 나라가 이 세상에 세워지도록 조성되었는데, 즉 그리스도께서 오시기 전 유대인들이 세계에 당시 알려진 곳곳에 흩어지게 된 일이다." 이 시기는 "유대주의 시대를 폐지할 필요성과 은혜언약의 새로운 시대를 열 필요성"이 만난다는 점에서 중요하다. "이 시대는 제사법과 옛 유대주의 제사를 폐지해야 할 필요성이 있었다."[108] 에드워즈가 보기에 구약 전체를 통해 구속사는 명백히 그리스

---

[108] Edwards, *A History of the Work of Redemption*, 9:252-57. 에드워즈에게 있어서 그리스도 안에서 율법이 종속적인 기능을 한다는 것과 완성하셨다는 것은 동시에 그리스도 안에서 율법이 폐지되었다는 것을 의미한다. 예를 들면, 에드워즈는 모세가 세운 예배 제도는 다윗에 의해 완성되었다는 것을 지적하면서, 동시에 다윗이 "당시 여전히 유효했던 모세의 옛 제도들 중 몇몇을 폐지했다"고 피력한다. 대표적으로 민수기 3, 4장에 기록된 율법들이다. 일부 제사법의 폐지를 말하는 이 부분에 대해 에드워즈는 다음과 같이 해석한다. 이것은 "유대인들의 목적과는 달리, 모세를 통해 주어진 제사법은 결코 영구한 것이 아니라 그리스도에 의해 완전히 폐지되었다는 것을 증거한다. 메시아의 한 모형이었던 다윗이 모세 율법의 일부를 폐지할 수 있었다면, 메시아 자신은 전체를 폐하실 수 있는 것이다." Edwards, *A History of the Work of Redemption*, 9:219-20. 칼빈 또한 제사법의 폐지에 대해 이렇게 말한다. "한 번 세워진 언약은 영원하며 결코 폐하지 않는다는 것을 분명히 할 필요가 있다. 마침내 이 언약은 바로 그리스도에 의해 최종적으로 확정되고 인준되었다. 여호와께서 모세를 통해 세우신 제사 제도는, 말하자면, 확정의 상징들이었으며 장차 있을 확정을 고대했다. 율법을 통해 제정된 제도들이 오실 그리스도를 가리키는지에 대한 논쟁이 있다. 하지만 지금 남아 있는 부분은 단지 언약의 비본질적인 부분, 첨가, 또는 부록이며, 쉽게 말해 장신구 같은 부분이다. 그러나 성례

도의 오심을 향하여 진행된다. 아브라함, 모세, 다윗 등과 반복적으로 언약을 맺는 행위는 구속사에서 그리스도 중심성(Christo-centricity)을 강조하는 것이며, 더불어 새 언약에서 절정에 이르는 그리스도와 우리의 연합의 언약적 의미가 무엇인지 분명히 보여 준다.[109]

이렇게 우리는 행위언약과 은혜언약의 관계에서 에드워즈가 중요하게 여긴 몇몇 핵심들을 살펴보았다. 그리스도께서 두 언약의 관계를 결정하는 중심이 되신다는 것이 에드워즈의 언약 사상에서 결정적으로 나타나는 핵심이다. 두 언약 사이의 연속성과 불연속성 모두 그리스도께서 구속사의 중심에 계심을 입증한다. 결국 에드워즈는 율법과 복음 사이에 보이는 긴장을 언약이라는 형식과 구조로 되어 있는 구속사의 흐름을 토대로 이해한 것이다.

에드워즈의 언약 개념을 바탕으로 이제 우리는 구속사 속에서

의 경우에서처럼 그것들이 집행의 도구로 사용되기 때문에 '언약'이라는 이름을 지니게 된다. 요약하자면, 여기에서 '구약'은 제사와 희생으로 되어 있는 언약을 엄중하게 확인하는 의미이다. … 사도는 분명히 이것이 더 나은 언약의 보증이요 중보자이신 그리스도께 자리를 내어주기 위해서 종료되고 폐지되어야 한다고 주장한다[참조. 히 7:22]. 그 언약으로 그리스도는 택한 자들에게 율법 하에 남아 있었던 그들의 범죄를 지우시며 단번에 영원한 성화를 주셨다." Calvin, *Institutes*, 2:11:4.

109 칼빈은 에스겔 16:20 주석에서 이렇게 말한다. "우리는 신약이 하나님께서 아브라함과 맺으셨고 후에 모세를 통해 인증되었던 언약에서부터 흘러나왔음을 본다. 우리를 위해 복음을 통해 공표된 이 언약이 새 언약이라고 불리는 것은 전에는 새 것이 없었기 때문이 아니라, 이제 새롭게 갱신되었고 더 나은 조건이 덧붙여졌기 때문이다. 따라서 율법은 새 언약에 의해 폐지된 것이다." 다른 곳에서 칼빈은 다음과 같이 말한다. "율법 전체와 관련하여, 복음이 다른 점은 바로 복음이 더 명확한 선언이라는 점뿐이다." Calvin, *Institutes*, 2:9:4. 언약의 통일성(unity)에 대해 특히 아브라함 언약, 모세 언약, 새 언약을 관통하는 통일성에 대해 Norman Shepherd의 *The Call of Grace: How the Covenant Illuminates Salvation and Evangelism* (Phillipsburg: P&R Publishing, 2000)을 참조할 것.

어떻게 그리스도의 칭의가 성취되었고 적용되는지 살펴보고자 한다.

D. 칭의의 완성과 적용(Justification Accomplished and Applied)

앞서 밝힌 것처럼 에드워즈의 그리스도와의 연합 개념에는 성자와 성령이 구속사적으로 이루신 유익(benefits)이 모두 포함되어 있다. 그리스도는 순종과 고난을 통해 의를 이루셨고 부활을 통해 칭의되셨다. 에드워즈에 의하면 그리스도께서 받으신 칭의는 우리에게 유익으로 적용된다. 성령은 그리스도께서 값을 주고 사신 소유가 되었고, 그 성령이 그리스도와의 연합을 통해 각 사람에게 그리스도께서 완성하신 일을 가져다 주신다. 그리스도와 우리의 연합을 이루시는 성령은 구속사적 의미와 함께 다가오신다. 이 단원에서 우리는 에드워즈가 구속사적 맥락에서 그리스도의 사역과 성령의 사역(*historia salutis*)을 이해한 방식이 어떻게 그리스도와의 연합(*ordo salutis*)과 연결되는지 살펴보고자 한다.

1. 그리스도의 성육신(Christ's Incarnation)

에드워즈는 그리스도와 신자의 연합이 그리스도의 성육신에서 나타난 양성의 연합과 유사한 점이 많다고 본다.[110] 에드워즈는 그리

---

110 Amy Pauw에 견해에 의하면, 에드워즈는 연합 개념을 중심으로 하나님의 구속 사역 전체를 조망하는데, 다음 세 가지 종류의 연합을 언급한다. 바로 삼위 하나님 안에서의 연합, 그리스도의 신성과 인성의 연합, 하나님과 신자들의 연

스도의 중보직(Mediatorship)은 하나님과 사람 양쪽을 향해 작용한다고 보았다. 사실 이것은 에드워즈에게 있어 중보직에 대한 매우 결정적인 요소이다.

> 그리스도는 하나님과 사람 사이의 중간인(middle person)이 되심으로써, 양쪽 모두와 관계를 맺으셨다. 그리스도는 하나님의 아들이며 동시에 사람의 아들이시다. 그는 하나님이시자 사람이시다.[111]

에드워즈는 그리스도의 삼중직이 하나님과 사람 사이에 중보적 특성을 설명한다고 보았다.

> 그리스도는 선지자로서 하나님 편에서 우리를 향해 일하신다. 그리스도는 제사장으로서 우리 편에서 하나님을 향해 일하신다. 그리스도는 왕으로서 양쪽 모두를 향해 일하신다. 선지자로서 그리스도는 우리에게 하나님을 대변하신다. 제사장으로서 그리스도는 하나님께 우리를 대변하신다. 왕으로서 그리스도는 하나님을 대리하여 그러나 우리의 머리로서 우리의 유익을 위해 다스리신다. 그리스도는 교회의 머리가 되시며, 교회를 위하여 만물 위에 다스리신다. 그리스도는 하나님의 대리통치자와 특사로서 다스리시고 동시에 우리의 중보자이고 영적 남편으로 다스리신다.[112]

합이다. Pauw는 이와 관련하여, "에드워즈는 이 세 가지 연합 사이의 공통점을 매우 강조한다"고 지적한다. Pauw, *The Supreme Harmony of All*, 120-121.

[111] Edwards, "Miscellanies," No. 772, 18:420.
[112] Edwards, "Miscellanies," No. 772, 18:421. 에드워즈는 그리스도께서 하나님과 사람 사이뿐만 아니라, 사람들 간의 관계에서도 중보자로 일하심을 강조한다. "Miscellanies," No. 781에서 그는 이렇게 말한다. "신인이신 그리스도는 하나님

에드워즈에게 있어 그리스도가 중보자가 되시는 일은 하나님과 사람 양쪽 모두를 향한 일이기에 한 인격 안에 두 본성을 갖게 된다. 이런 의미에서 그리스도의 성육신은 양성의 연합을 의미한다. 즉, 그리스도 한 분 안에 완전한 인성과 완전한 신성이 연합하여 있는 것이다.

> 인간 그리스도(the man Christ)는 로고스와 다음의 두 방식으로 연합하여 계신다. 첫째는 하나님께서 인성에 관계하시는 방식이다. 하나님께서 이 사람을 인정하시고 그를 자신의 아들로 사랑하셨고, 이 사람은 바로 성부께서 독생자를 사랑하시는 그 사랑 안에서 로고스와 교통한다. 지금 하나님의 이 사랑이 바로 성령이시다. 둘째는 이 사람 안에 내재하던 것에 의한 것으로 한 인격이 되는 방식인데, 오직 이해, 의지, 성향, 영, 기질의 교통으로 이루어진다.[113]

에드워즈가 보는 두 본성의 연합(union)은 단순한 두 개의 성질의 것을 결합(joining)하는 그 이상의 의미를 지닌다. 연합이란 함께 하는 가운데 하나의 인격이 되는 것을 의미하며, 기관(faculty)의 차원에

과 죄인 사이의 중보자이실 뿐 아니라, 모든 사람들과 지적인 존재 사이에 중보자가 되신다. 결국 에베소서 1:10의 말씀처럼 모든 것이 그리스도 안에서 하나로 모아지는 것이다." 18:450.

[113] Edwards, "Miscellanies," No.63, 13:235에서 에드워즈는 인간 그리스도를 성부의 "독생자"와 동일시하며, 그의 영원한 아들됨을 확인한다. 다른 곳에서 에드워즈는 그리스도의 성육신을 그리스도의 성화의 관점으로도 설명한다. 그의 "Miscellanies," No.709, 18:334을 보라. 여기에서 그는 성부께서 "그리스도를 세상에 보내지심으로써 성화되셨다. 즉, 성화되심으로 성육신하셨다"라고 말한다.

서 이해, 의지, 성향, 영, 기질 등이 하나(communion) 되는 것을 포함한다. 에드워즈는 한 인격이라는 개념을 같은 의식을 가지는 것으로 설명한다.

> 이것은 [단지] 이해와 의지가 아무렇게나 교통하는 것이 아니라, 같은 의식을 형성하는 방식으로 이해의 교통이 이루어지는 것이다. 그러므로 [1] 인간 그리스도 예수(the man Christ Jesus)는 로고스가 창세전부터 계신 성부에 대한 지식과 즐거움을 기억하며 누렸던 그 영광과 복을 알았다(요 17:5). [2] 그는 성부에 대하여 성부와 같은 본성의 영을 가졌는데 그것은 신자와 같이 양자의 영, 자녀의 영이 아니라, 바로 성부의 독생자의 영이다. 그는 성부께서 로고스의 아버지이심과 같이 성부에 대해 똑같이 자신의 아버지라 여기며, 성부께서 그를 독생자로 여기시는 그 마음을 정확히 인식하신다. 그러므로 그가 성령을 가지신 것은 양적 의미가 아니라 독특하고 상상할 수 없는 방법에 의해서다. 그러므로 성령은 예수 안에 성부의 영으로 내주하시는 것이 아니라 성자의 영으로 거하신다.[114]

여기에서 에드워즈가 삼위일체 용어와 구조를 바탕으로 그리스도의 양성 연합을 설명한다는 점이 눈에 띈다. 이어지는 논의에서 에드워즈는 삼위의 경륜적 특성에 근거하여 성령이 그리스도의 한 인격 안에 양성의 위격적 연합의 동인(agent)이 되셨음을 강조한다. "인간 예수(the man Jesus)는 지식과 의지의 교통(communion)의 방식으로 한 인격이 되시는데, 그러나 신자의 경우와 마찬가지로 신적 지식은 성령에 의해 주어진다." 그는 다음과 같이 덧붙인다. "성령에 의해 하나

---

[114] Edwards, "Miscellanies," No. 487, 13:529.

님의 지식과 의식이 인간 예수께 주어졌으며", 또한 "로고스의 영에 의해 인간 예수는 하나님의 독생자의 영과 기질을 지니게 되셨다." 여기에서 에드워즈가 강조하는 것은 성령 역시 그리스도의 영이시기에, 성령에 의한 위격적 연합을 통해 인간 그리스도께서 하나님과 같은 의식을 가질 수 있었다는 것이다. 여기에서 우리는 에드워즈를 통해 그리스도의 성육신에 삼위의 관여가 있음을 알게 된다. 존재론적으로 그리스도는 성부와 동등하시다. 이런 면에서 에드워즈가 보기에 그리스도는 한 인격 속에 양성을 가지셨고, 이로써 하나님과 사람 사이의 중보자가 되실 수 있게 된 성육신이야말로 신비이다.

에드워즈에게 있어 성육신은 단순히 신성과 인성이 신비로운 방식으로 연합했다는 것 이상의 의미를 지닌다. 에드워즈를 따를 때, 양성의 연합은 그리스도가 어떤 사역을 하실 것인지와 직결되는데, 이는 이미 구속언약에서부터 시작되었다. 앞에서 살펴보았듯이, 성육신은 성자의 경륜적 역할 이상의 의미를 지닌다. 그것은 그의 원래의 경륜적 질서를 넘어서 특별한 미션을 감당하겠다는 성자의 자발적 의지를 반영한다는 것이 에드워즈의 논리였다. 그래서 에드워즈는 이렇게 설명한다. "그리스도께서 양성을 지니셨다는 것은 양쪽 모두의 상황을 가지셨다는 말이다. 즉, 한편의 영광, 위험, 행복을 그리고 다른 한편의 약함, 사악함, 수치, 죄책, 불행을 가지셨다."[115] 양성의 연합은 그리스도가 담당하게 되는 직무와 직접적으로 연관이 있다.

다시 말하지만, 이 직무는 하나님과 사람 모두를 향해 수행하는 것이다. 그리스도는 그 직무를 "서로에 대해 서로를 위해 수행하시며", 또한 "서로에 대해 대표가 되신다." 먼저 인간의 편에서,

---

[115] Edwards, "Miscellanies," No. 772, 18:420.

> 그리스도는 인간을 위해 하나님을 향해 일하신다. 그리스도는 인간을 위해 보증이 되신다. 그리스도는 율법이 충족되도록 하시며, 하나님의 위엄이 세워지고, 인간에 대하여 영광을 받으시도록 일하신다. 그렇다. 그리스도는 죄인들을 위해 일하시고 그들을 모두 떠안으셨고 죄인을 대신하여 성부 앞에 자신을 세우셔서, 죄인들에게 요구되는 어떤 정의든지 자신에게 청구되게 하셨다. 그는 죄인의 채무를 지시고 죄인을 위해 매이시어 정의가 청산을 위해 더 이상 죄인을 보는 것이 아니라 그리스도를 보게 하셨다.[116]

에드워즈의 주장을 정리하면, 양성의 연합으로 인해 그리스도께서 완전한 순종으로 율법을 갚으실 수 있으셨다. 우리 편에서 그리스도는 하나님께 갚음(expiation)이 되셨다. 이제 하나님의 명예는 회복되셨다. 하나님의 의가 입증되었다. 사람을 향했던 하나님의 진노는 다시 그리스도를 향한다. 그리스도의 양성의 연합은 인간 구속을 위한 핵심적인 요소이다. 동시에 그리스도는 하나님 편에 서신다.

> 또한 그리스도는 성부의 편에서 인간을 향해 일하신다. 그리스도는 인간이 하나님과 화목하도록 하시며, 그들의 확실하고 영원한 분깃이신 자신 안에서 쉬게 하신다. 그래서 하나님께서 인간을 보존하시고 지키셔서, 누구도 그들을 그리스도의 손에서, 즉 이 분깃과 유산으로부터 빼앗아 갈 수 없도록 하셨다. 그래서 그들이 그리스도 안에서 쉼을 얻으며 안식이 그들의 연약함과 계속되는 죄 때문에 그리스도와의 연합이 무너질 염려로 파괴되지 않도록 하셨다.[117]

---

116 Edwards, "Miscellanies," No. 772, 18:420.
117 Edwards, "Miscellanies," No. 772, 18:420-21.

이렇듯 에드워즈는 양성의 연합을 하나님을 향한 갚음(속죄, expiation)의 사역에서도 핵심적인 요소로 여긴다. 하나님과 확목하게 된 우리는 죄의 굴레로부터 자유하다. 우리는 더 이상 죄 가운데 있는 것이 아니라 하나님과 교제 가운데 있어 "그리스도와의 연합이 무너질 염려"가 없게 하셨다. 한 인격에 양성을 지니신 그리스도의 성육신은 중보자의 속죄 사역을 가능케 한다. 에드워즈에게 있어서 그리스도의 순종과 고난 받으심은 그리스도의 성육신에서 드러난 양성의 연합과 밀접한 연관을 지닌다.

에드워즈에게 있어 그리스도의 성육신은 그리스도와 신자의 연합을 위한 기초이고 모본이다.[118] 실제로 둘 사이에는 많은 유사점이 있다. 그리고 그 유사점은 어떤 것에서부터 기인하는 성질에 있다고 에드워즈는 보았다. 그는 유사성(likeness)을 오히려 방식에서 지적한다.

> 하나님께서 인간 그리스도 안에 거하시는 방식과 신자 안에 거하시는 방식에는 유사성(likeness)이 있다. 하나님은 인간 그리스도 안에 거하시며, 또한 한 몸 안에서 한 그리스도, 한 교회가 되시는 것처럼 그리스도를 머리로 하는 나머지 인간들 중에도 거하신다. 고린도전서 12:12, "몸은 하나인데 많은 지체가 있고 몸의 지체가 많으나 한 몸임과 같이 그리스도도 그러하니라." 물론 한 가지 차이가 있다. 하나님은 사람 그리스도 안에는 머리로 거하시고

---

[118] Tim J. R. Trumper는 자신의 "An Historical Study of the Doctrine of Adoption in the Calvinistic Tradition" (Ph.D. diss., University of Edinburgh, 2001)에서 칼빈은 성육신을 그리스도와 신자 간의 연합의 기초로 보았다고 주장한다. 이 개념이 칼빈의 *Institutes*에서는 그리 나타나지 않음에도 불구하고 Trumper는 칼빈의 Peter Martyr Vermigli와의 서간을 근거로 이렇게 주장했다. 이점에 대해서는 필자가 Trumper와의 개인적 대화를 통해 도움을 받았음을 밝힌다.

> 우리 안에는 지체로 거하시는데, 머리는 특별한 방식으로 영혼의 좌소가 된다. 머리는 영혼의 합당한 좌소이다. 물론 영혼이 지체에도 거하지만, 이것은 머리로부터 파생되어 나온 방식이며, 머리에 참여함의 방식이다.[119]

성육신의 연합은 에드워즈에게 있어서 성도가 그리스도와 이루는 연합의 기초이다. 두 연합 사이의 관계가 유비적인 것으로 비칠 수도 있으나 에드워즈는 보다 본질적인 것을 지적한다. 사실 에드워즈의 통합적 관점은 삼위일체의 연합, 그리스도의 양성의 연합, 그리스도와 교회의 연합 모두에 걸쳐 작용한다. 에드워즈는 이 공통된 것을 통틀어 "영적 연합"("spiritual unions")이라 부른다.

> 마음의 본성에 대해 내가 무엇을 아느냐 할 때, 나는 의식에 의해서든지 아님 다른 방법이든 마음에 어떤 연합과 결합이 있는지 전혀 추측이 어렵다고 확신한다. 그래서 성경이 삼위의 위격들 간에, 그리스도의 양성 간에, 그리스도와 성도의 마음 간에 영적 연합(spiritual unions)에 대해 선포하는 것을 믿을 때 모든 난제는 해소된다.[120]

에드워즈는 성부와 성자 사이의 연합, 성육신에서 양성의 연합, 그리스도와 신자 사이의 연합 이 세 종류의 연합에서 공통분모를 찾아낸다. 그 공통분모는 연합이 성령에 의해 이루어진다는 점이다. 성령은 성부의 영인 동시에 성자의 영이시기에, 에드워즈의 표현을 따르자면, 두 위를 하나로 묶는 끈(bond)이다. 여기에서 에드워즈가 말

---

119 Edwards, "Miscellanies," No. 487, 13:528; cf. Nos. 513, 624, and 709.
120 Edwards, "Miscellanies," No. 184, 13:330.

하는 "영적인"("spiritual")의 뜻은 전체 중에 영(spirit)인 부분을 가리키는 것이 아니라, 바로 성령이 연합의 끈으로 작용한다는 것을 의미한다. 즉, 연합의 경우들에서 에드워즈가 유사성을 지적하는 이유는 공통되게 성령께서 연합의 끈이 되신다는 점이다.

> 신적 교통(communion), 피조물이 하나님과 나누는 교통, 삼위 간의 교통, 모두 성령을 통해 이루어진다. 신자들이 그리스도와 교통하는 것도 바로 성령을 통해서이다. 인간 그리스도 예수(the man Christ Jesus)가 영원하신 로고스와 교통하시는 것도 바로 성령을 통해서이다. 하나님의 영은 하나님, 예수 그리스도, 교회를 서로 연합하는 완벽의 끈(bond)이시다.[121]

같은 맥락에서 에드워즈는 "중보자", "메시아", "그리스도", "기름 부음 받은 자" 등의 칭호는 신성과 인성의 연합을 의미하는 표현이라고 설명한다. 성육신에서 양성의 연합이 성령에 의해 이루어졌다는 관점은 에드워즈의 사상에 깊이 자리하고 있다.

그리스도와의 연합을 잘못 이해하는 경우가 종종 있는데 그중 가장 대표적인 오류가 존재론적(ontological) 또는 형이상학적(metaphysical) 접근이다.[122] 이는 연합의 신비를 본성 간의 존재론적 연합으로 보

---

121 Edwards, "Miscellanies," No. 487, 13:529-30; *Treatise of Grace*에서 에드워즈는 "영적"이라는 말을 사람의 영이 아닌, 성령과 관련하여 말한다. Edwards, *Treatise on Grace and Other Posthumously Published Writings*, ed. Paul Helm (Cambridge: James Clarke, 1971), 54; 더불어 "Miscellanies," Nos. 766과 767를 보라. 칼빈 역시 성령이 연합의 끈이라고 말한다. "그는 오직 성령에 의해 우리와 연합하신다. 같은 성령의 은혜와 능력으로 우리가 그의 지체가 되어, 당신 안에 우리를 두시며, 대신 우리는 그를 소유한다." Calvin, *Institutes*, 3:1:3.

122 Lewis B. Smedes는 그리스도와의 연합 개념을 성례적 기독론(존재론적/형이

는 관점이다. 그러나 에드워즈가 그리스도의 성육신과 그리스도와의 연합을 비교하는 방식은 존재론적 접근을 정면으로 거부한다. 에드워즈는 성육신을 위격적(hypostatical) 연합으로 이해했다. 여기에서 위격적 연합은, 이미 언급한 것처럼, 인성과 신성이 성령에 의해 연합되는 것이기 때문에 존재론적 연합이 아니다. 그것은 공재적(consubstantial)이지 존재론적이 아니다. 제2위 하나님이 성육신을 통해 무엇인가 다른 존재로 바뀌신 것이 아니다. 교회사에서 흔히 연합의 신비를 풀기 위해 시도됐던 존재론적 접근은 아폴리나리우스설(Apollinarianism), 네스토리우스주의(Nestorianism), 단성론(Monophysitism) 같은 이단들을 낳았다.[123] 성육신에서 성령에 의해 연합이 이루어진 것처럼, 그리스도와의 연합 역시 오직 성령의 내주로 이루어진다. 그렇다고 해서 그리스도와 우리의 연합이 위격적 연합이라는 뜻은 아니다. 그리스도와 우리의 연합은 인성과 신성의 연합이 아니기 때문이다. 성령께서 우리 안에 거하신다는 점이 다소 위격적 연합처럼 보일 수도 있으나, 우리가 신성을 취하는 것이 아니기 때문에 위격적 연합은 아니다.

　　그리스도께서 성령으로 양성의 연합을 이루심이 신비로 남아 있듯이, 그리스도와 우리의 연합 역시 그러하다. 성령에 의해 성육신은

상적), 관계적 기독록(도덕적), 상황적 기독론(종말론적) 등을 들어 설명한다. 자세한 내용은 그의 *All Things Made New: A Theology of Man's Union with Christ* (Grand Rapids: Eerdmans, 1970)을 참조하라.

123　기독론 관련된 이단들에 대한 자세한 논의를 위해 Harold O. J. Brown, *Heresies: Heresy and Orthodoxy in the History of the Church* (Grand Rapids: Baker Books, 1984; Reprint, Peabody, MA: Hendrickson Publishers, Inc., 1998), 158-195를 참고할 것.

완전한 신성과 완전한 인성의 연합을 이룬 것처럼, 성령의 내주를 통해 우리 역시 그리스도와의 연합을 이룬다. (성령께서 어떻게 그리스도와 우리의 연합에 관여하시는지는 다음 장에서 다루기로 한다.)

2. 그리스도의 칭의(Christ's Justification)

에드워즈에게 있어서 그리스도와의 연합은 그리스도께서 얻으신 칭의와 매우 깊은 연관이 있다. 한 인격 안에 완전한 신성과 완전한 인성으로 성육신하신 그리스도는 부활을 통해 칭의(justification)를 완성하셨다. 우리는 이것을 "그리스도의 칭의"라고 부른다. 다시 말해 그리스도께서 구속사적으로 칭의를 완성하신 것을 가리킨다. 여기에서 우리는 그리스도의 부활이 왜 그리스도의 칭의로 불리는지 살피려는 것이다. 그리스도의 칭의는 재림을 제외하고는 전생에 걸쳐 율법에 순종하시고 마침내 십자가의 고난을 받으심으로 중보 사역을 완성하셨음을 입증한다.

> 우리의 두 번째 보증이신 그리스도는 (보증 되신 그리스도께 속한 모든 이들은 그리스도께서 얻으신 칭의에 동참하여 칭의된다.) 하나님께서 맡기신 사역을 완성하실 때까지는 또 모든 고난 속에서도 아버지의 계명을 다 지킬 때까지 칭의되지 않았습니다. 단 그의 부활을 통해 그리스도께서 칭의 되신 것입니다.[124]

에드워즈는 그리스도의 부활을 그의 낮아지심(humiliation)의 끝이

---

[124] Edwards, *Justification by Faith Alone*, 19:150-51.

자 높아지심(exaltation)의 시작으로 본다. 낮아지심은 그의 사함이고, 높아지심은 그의 상급이다. 그리고 그의 부활은 그의 칭의 사건이다. 하나님의 의를 완전히 이루셨다는 점에서 그리스도의 칭의는 두 가지 효과를 지닌다. 하나는 낮아지심에서 벗어나셨기에 더 이상 죄를 지실 필요가 없고, 다른 하나는 율법에 완전히 순종하셨으므로 높아지심의 보상을 받으시는 것이다. (이 부분은 다음 장에서 더 자세히 다룰 것이다.) 아울러 에드워즈는 그리스도의 부활과 칭의에 성령께서 관여하셨음을 함께 지적한다.

> 그는 육신으로 죽음에 처하셨고, 영으로 살림을 얻으셨습니다 [벧전 3:18]. 그는 육신으로 나타나셨고, 성령으로 칭의를 얻으셨습니다 [딤전 3:16]. 하나님께서 그리스도를 죽음에서 일으키시며 칭의 하셨을 때, 죄로 인한 낮아지심에서 그를 놓으시고 더 이상의 고난과 죄로 인한 수치로부터 면하셨을 뿐만 아니라 그리스도께 영원하고 죽지 않는 생명을 주셨고 그가 이루신 일에 대한 상급으로 높아지심에 들게 하셨습니다.[125]

---

[125] Edwards, *Justification by Faith Alone*, 19:151. "'그리스도께서 육체로 나타나시고, 영으로 의롭다 함을 얻으셨다'(딤전 3:16). 즉, 하나님께서 그리스도를 중보자로서 칭의하셨고, 감옥문을 여시며 그가 하신 일이 충분했다고 선언하셨습니다. 이는 그리스도께서 우리의 자시에 서셨고 우리의 죄를 짊어지셨으며 책임을 지신 것에 대해 주어질 수 있는 최고의 선언입니다." Edwards, *Sermon on John 16:8*, 14:393. "그리스도께서 율법을 성취하시고 확증과 영생의 인을 받으셨습니다. 하나님은 그리스도께서 영생의 조건으로 감당하신 모든 일을 받으셨다는 증거와 인으로써 그를 죽은 자 가운데서 일으키셨고, 그의 우편으로 높이셨고, 영광으로 맞으셨고, 그의 손에 모든 것을 주셨습니다." Edwards, "Miscellanies," No.695, 18:279.

에드워즈의 논지에 따를 때, 그리스도께서 얻으신 칭의가 우리와 관련하여 중요한 의미를 지니는 것은 그리스도는 한 개인으로서가 아니라 우리의 머리이자 보증으로서 칭의되셨다는 점이다. 그리스도께서 성부께 약속한 내용을 수행하셨을 때, 그는 자신과 연합되어 있는 신자들과 함께 한 것이다. 시간 이전 구속언약을 맺을 당시 이루어진 이 연합은 그리스도께서 칭의 되실 때에도 여전히 효력 있게 작용하고 있었다. 에드워즈 논지에서 중요한 것은 그리스도께서 얻으신 칭의(justification)와 우리가 얻는 칭의(justification)가 어떤 연관성이 있느냐는 것이다.

그리스도께서 우리를 대신하여 하나님과 언약을 맺으시면서 자신을 율법 아래 두셨을 때, 율법에 따라 고통 받으셔야 했고 또 같은 율법에 대해 순종하셔야 했습니다. 같은 율법에 의거하여 인간의 죄책을 지신 후에는, 그리스도는 우리의 보증으로서 고난을 받으실 때까지 면해질 수 없으며, 순종을 다 하실 때까지 상급을 받을 수 없습니다. 그러나 그는 한 개인으로 사해진 것이 아니라, 우리의 머리로서 사해진 것이고, 신자들은 그의 사함 안에서 사함을 받은 것입니다. 또한 그리스도께서 한 개인으로 자신의 순종에 대한 상급을 받으신 것이 아니라 우리의 머리로서 상급을 역시 받으셨고, 우리 역시 그리스도께서 받으신 상급 안에서 상급을 받는 것입니다. 성경은 그리스도께서 죽음에서 부활하셨을 때, 칭의 되셨다고 가르칩니다. 제가 이미 보여 드린 대로, 이 칭의는 우리의 죄책으로부터 그가 사함 받으셨다는 것과 그의 순종의 상급으로 높임과 영광으로 받아들여졌다는 둘 다를 포함합니다. 그러나 신자들은 그들이 믿는 즉시, 그리스도와 함께 그가 얻으신 칭의에 참여

하게 됩니다.[126]

에드워즈에게 있어서, 우리가 믿음으로 의롭다 함을 얻는다는 것은 우리가 그리스도께서 얻으신 의를 취한다는 뜻이다. 즉, 우리의 칭의는 그리스도의 칭의 안에 있는 것이다. 우리의 칭의는 바로 "그리스도의 칭의를 나눔(communion)"이다. 여기에서 "나눔"이란 바로 그리스도와의 연합되어 있음을 전제한다. 연합(union)이 나눔(communion)을 준다.[127]

> 그것[영생]은 칭의를 포함하는데, 이것은 신자들이 그리스도와 나누는 교통의 일부이다. 신자들은 그들의 칭의에 있어서 단지 그리스도의 칭의를 취하는 것뿐이다. 그들은 오로지 중보자 그리스도의 사함과 칭의 안에서 사함을 받고 칭의된다.[128]

이런 맥락에서 에드워즈는 그리스도의 칭의는 우리가 얻을 칭의의 "첫 열매"(the firstfruits)가 되셨다고 강조한다. 먼저 영원 전에 우리의 머리이신 그리스도께서 자신을 "첫 열매"로 드리셨고, 이제 시간 속에서 "첫 열매"가 되심으로 머리되심을 확증하셨다.

> 사도가 그리스도의 부활을 "첫 열매"라고 부른 것에 대하여 이로써 신자들의

---

[126] Edwards, *Justification by Faith Alone*, 19:191.
[127] Edwards, "Miscellanies," No.617, 18:149. 그리스도와의 연합 속에서 "모든 것을 소유한다"는 말의 의미에 대하여 "Miscellanies," No.ff를 참고 할 것.
[128] Edwards, "Miscellanies," No.617, 18:149. [설명 삽입].

죽은 몸을 거룩하게 하셨고 그것들을 새로운 삶으로 성별하셨다. 그리스도는 단지 순서상 제일 먼저 일어난 것이 아니라, 그의 부활은 우리의 부활을 대표하고 예표가 된다. 그의 부활은 앞으로 있을 우리 부활의 가능성만이 아니라, 반드시 있어야 하는 확실함을 보여 준다.[129]

에드워즈 논지의 핵심은 그리스도께서 얻으신 칭의는 그저 순서상 처음이 아니라, 그 확실성에 있어서도 가장 우선이라는 점이다. 이 칭의는 완성(accomplishment)을 표지할 뿐만 아니라, 앞으로의 적용(application)을 시작한다는 점에서 그리스도는 확실히 "첫 열매"이시다. 이런 의미에서 우리가 얻는 칭의는 그리스도께서 얻으신 칭의의 질서와 법칙을 따른 것이다. 이때 그 확실성은 신자가 믿음으로 그리스도와 연합한다는 점에서 확인된다.

그리스도께서 우리를 대신하여 우리의 일을 이루셨기에, 우리가 그리스도를 믿는 순간 의롭다 함을 얻는다. 그것은 마치 그가 완성하셨고 끝내신 것을 우리가 다 한 것처럼 이제 이미 실제로 우리는 생명의 상급을 받는다. 칭의란 죄를 사면 받는 것인 동시에 생명으로 판결 받는 것 또는 의의 보상으로 생명을 얻는 것을 의미한다. 부활하심으로 그리스도께서 받으신 칭의 안에서 신자들은 그리스도와 교통(communion)함으로써 칭의된다. 그리스도께서 한 때 대상이었던 칭의는 분명히 다음의 두 가지 의미를 지닌다. 즉, 그리스도께서 스스로 지셨던 죄책에서 사면되셨을 뿐만 아니라, 우리의 머리시며 보증으로서 생명의 상급을 받을 만큼 성부께 완전히 순종하심으로 의

---

129 Edwards, "Note on I Cor. 15:20," 24:1059; cf. Edwards, "Miscellanies," No.643, 18:175, 각주 5번.

를 이루셨다. 그 결과 그리스도는 우리의 머리로서 영생을 받으셨다. 그리스도께서 죽음에서 일어나실 때 시작된 이 생명은 바로 영원한 생명이다. 그리스도는 아담이 완전한 순종의 삶을 완주했다면 칭의 됐었을 동일한 의미로 칭의되셨다. 그러므로 그의 칭의는 전에 그렇게 했어야 했던 것처럼 이제 영생의 확정을 의미한다. 그리고 그리스도와 함께 일어났고 보증으로 그를 소유한 모든 자들은 이제 그의 칭의와 함께 칭의되었다는 것이 같은 방식으로 확실하게 확인된다.[130]

칭의 자체는 영원 전에 이루어진 구속언약에 근거를 두지만, 우리가 실제로 칭의되는 것은 "우리가 그리스도를 믿는 순간"이다. 에드워즈의 논지에 의하면, 우리가 실제로 칭의되는 것은 믿음으로 그리스도와 연합하는 순간이다. 이 순간은 그리스도에게 있어서 부활이 바로 영생의 시작이듯이, 우리에게도 죄 용서와 함께 영생의 시작이다. 우리는 "이제 이미 실제로 생명의 상급을 받았다." 에드워즈는 우리의 칭의에서 "이미-아직"(already and not yet)의 종말론적 긴장을 인식한다. 그리스도의 칭의 안에 죄 사함과 영생의 상급이 있듯 우리의 칭의에 동일한 효과가 보장되어 있다. 우리는 이미 죄 사함을 받았고 영생을 얻은 것이다. 에드워즈는 그리스도의 칭의가 마지막 심판대 앞에서 우리의 칭의가 최종적으로 선언 될 것을 고대하게 한다고 보았다. 칭의의 순간 영생은 이미 시작되었으나, 천국에서 누리는 완전한 종류의 영생은 아직 아니다. 그럼에도 불구하고 확신할 수 있는 것은, 그리스도의 칭의와 함께 그분의 영원한 높아지심이 시작된 것

---

[130] Edwards, "Miscellanies," No.711, 18:340; cf. Edwards, "Miscellanies," No.695, 18:276-81.

처럼, 우리에게 역시 칭의와 더불어 영생이 이미 시작되었다는 사실이다.

앞에서 지적한 것처럼, 에드워즈는 그리스도의 칭의 사건에 성령의 관여를 강조한다. 성육신이나 부활과 같은 그리스도의 중보 사역에 성령이 어떻게 관여하시는지 들어보자.

> 그리스도께서 기름 부음을 받으셨다는 것은 그가 우리의 중보자가 되심뿐만 아니라, 그를 중보 사역에 적합하게 하시어 그의 고난과 순종이 중보의 가치와 효력을 갖게 됨을 의미한다. 그리스도께서 기름 부음을 받지 않으셨다면, 이러한 효력은 있을 수 없었다. 그리스도께서 성령으로 기름 부음을 받지 않았다면, 그는 신성에 연합되지 않으셨을 것이다. 성령으로 그리스도께서 하나님의 아들이 되셨다. 로마서 1:3-4를 보면, "이 아들로 말하면 육신으로는 다윗의 혈통에서 나셨고 성결의 영으로는 죽은 자들 가운데서 부활하여 능력으로 하나님의 아들로 인정되셨으니 곧 우리 주 예수 그리스도시니라." 여기에서 그리스도의 희생의 가치가 나온다. 히브리서 9:14에 기록되길, "하물며 영원하신 성령으로 말미암아 흠 없는 자기를 하나님께 드린 그리스도의 피가 어찌 너희 양심을 죽은 행실에서 깨끗하게 하고 살아 계신 하나님을 섬기게 하지 못하겠느뇨." 성령으로 기름 부음 받으심으로써 그는 우리의 중보자로 인정되셨고 칭의되셨다. 디모데전서 3:16을 보면, "영으로 의롭다 함을 받으셨다"고 한다. 그리스도를 동정녀 마리아의 태에서 태어나게 하신 성령은 또한 그를 땅의 태에서 태어나게[부활하게] 하신 성령이시다. 베드로전서 3:18은 "육체로는 죽임을 당하시고 영으로는 살리심을 받으셨으니"라고 말씀하신다.[131]

---

[131] Edwards, "Miscellanies," No. 487, 13:530-31. [설명 삽입].

에드워즈는 여기에서 성령과 그리스도의 중보 사역은 서로 뗄 수 없는 관계에 있다고 주장한다. "그리스도께서 성령으로 기름 부음을 받지 않았다면, 그(인성)는 신성에 연합되지 않으셨을 것이다"는 말은 성령께서 성육신에 관여하셨음을 가리킨다. 하나님과 인류를 포함한 피조물 사이를 연결하는 것은 바로 성령께서 하시는 일이다. 이러한 사고는 에드워즈 신학 전체에 자리 잡고 있다. 로마서 1:3-4을 해석하면서 에드워즈는 성령께서 그리스도 안에 신성과 인성을 연합하셨음을 지적한다. 이는 보기에 따라 영과 육의 대조로 보일 수도 있지만, 문맥을 자세히 보면, 에드워즈는 여기에서 그리스도의 낮아지심(humiliation)과 높아지심(exaltation)을 대조하고 있다.[132] 그는 계속해서 히브리서 9:14을 바탕으로 그리스도의 중보 사역 전체와 성령의 불가분적 관계를 지적한다. 그리스도의 성육신에서 시작된 성령의 관여는 그리스도의 중보 사역의 절정인 죽음과 부활에까지 이어진다. "동정녀 마리아의 태에서" 그리스도의 신성과 인성을 연합하셨던 성령께서 동일하게 "땅의 태에서" 그리스도를 다시 살리셨다. 성령께서 그를 다시 살리심으로 말미암아 그리스도는 마침내 의롭다 선언되셨다. 이렇듯 에드워즈에게 그리스도의 중보 사역에 대한 성령의 관여는 구속사적 성질의 일이다.

---

[132] 로마서 1:3-4 해석에 관하여 Gaffin은 "영-육"의 대조는 성육신에서 나타난 양성의 대조라기보다는, 오히려 구속사적 조망을 가능케 하는 대조이며, 그것은 "두 연속적 단계 또는 존재의 양상"이라고 볼 것을 제안한다. 자세한 논의를 위해서는 Richard B. Gaffin, Jr., *Resurrection and Redemption: A Study in Paul's Soteriology* (Grand Rapids: Baker Books, 1978; reprint, Phillipsburg, NJ: Presbyterian and Reformed Publishing Co., 1987), 98-113를 참조하라.

3. 값 주고 사신 소유 성령(Holy Spirit as Purchased Possession)

에드워즈에 따르면, 그리스도께서 부활하시며 얻으신 가장 큰 상급은 "성령을 소유하시고 또 주실 수 있는 권리를 얻으신 것"이다.[133] 이는 경륜적 질서에 따른 것이 아니라, 성부와 성자 사이의 언약적 조치에 의해 얻으신 상급이다. 그리스도는 의롭다 함(칭의)을 얻으심으로 성부 하나님 우편에 앉으셨다. 그러나 이보다 더 중요한 것은 성자께서 그 상급으로 성령을 소유하셨다는 점이다. 이제 신부에게 하신 성자의 약속이 성취되었다. 자신이 완성한 것이 그리스도와 연합한 신자들에게 적용되게 된 것이다.

> 하나님께서 신인(God-man)이신 예수 그리스도를 높이셨고, 그를 하늘 보좌 우편에 앉게 하셨으며, 그에게 천사들과 온 우주를 다스리는 권세를 주셨다. 이와 더불어 하나님은 그리스도께서 이미 값 주고 사신 가장 중요한 것, 즉 성령을 주셨다. 그리하여 그리스도는 성령을 소유하시고 또 성령을 주실 수 있게 되셨다. 이것은 하나님께서 그리스도께 온 우주의 통치권을 주신 것과 같은 목적을 지닌다. 바로 하나님의 구속 사역의 위대한 목적을 높이기 위함이다. (이 사실은 성경에 명백히 나타난다.) 그리고 이것은 하나님께서 그리스도께 천사들과 온 피조물을 주신 것보다 훨씬 더 중요한 일이다.[134]

분명히 에드워즈는 삼위일체 관점에서 구속사의 흐름 전체를 파악하고 있다.

---

133 Edwards, *Trinity and Covenant of Redemption*, 89.
134 Edwards, *Trinity and Covenant of Redemption*, 89.

그리스도께서 사신 모든 것의 총합(the Sum)이 바로 성령이다. 하나님이 당신으로부터 사신 분이고, 하나님이 사심 자체이고 값이고, 하나님이 사신 그것이다. 하나님은 이 일에 있어 알파요 오메가이다. 예수 그리스도께서 우리를 위해 값 주고 사신 위대한 것이 하나님과의 교통(communion)이다. 이 교통은 오직 성령을 가짐으로 가능한데, 이것은 그리스도의 충만에 참여함이며, 은혜를 위해 은혜를 가짐이며, 오직 성령을 한량없이 가짐으로 가능한데, 이것이 누가복음 24:49의 성부의 약속이다. 그리스도는 하나님의 사랑, 은총, 기쁨을 사셨는데, 그것은 곧 우리를 위한 성령이시다.[135]

삼위 하나님은 구원의 시작, 중간, 끝이 되신다. 성부 하나님은 "당신으로부터 사신 분"이다. 성자 하나님은 "사심 자체이고 값"이다. 성령 하나님은 "사신 그것"이다. 에드워즈가 특별히 성령을 강조하는 것은 성령의 적용 사역 때문이다. "은혜를 위한 은혜"라는 면에서 성령을 사신 것은 꼭 필요한 일이다. 그리스도께서 구속언약의 조건을 이루셨듯이, 성부도 성자를 위해 약속을 지키신 것이다.

특히 그리스도께서 성령을 사신 것은 중보자의 역할로서 부합하는 일이다. 성부와 성령 사이에 있으신 그리스도가 성부와 죄인 사이의 중보자가 되신다는 점은 에드워즈가 볼 때 중요한 의미를 지닌다. 그리스도께서 성부로부터 사신 것은 바로 신자들을 위해서 사신 것이기 때문이다.

> 오직 그리스도만이 중보자가 되시기에 적합하다. 삼위 중 오직 그분만이 성부와 성령 사이에 중간(middle person)이시므로 그분만이 성부와 죄인 사이의

---

135 Edwards, "Miscellanies," No. 402, 13:466.

중보자가 되시어 그들의 거룩과 복락을 이루시기에 적합하다. 그것은 그리스도께서 삼위 안에서 성부와 성령 사이에 중간이 되시므로 성부와 죄인들 사이에 매개(means) 또는 중간(middle person)이 되시어 성부로부터 죄인들을 위해 거룩과 복락을 사신 것이며, 이것은 또한 그들을 위해 성령을 사셨다는 말과 같은 것이다. 여기에서 거룩과 복락을 주는 것은 성령을 주는 것과 같다. 사는 주체와 값이 사심이 이루어지는 분과 그로부터 산 것 사이에 있다. 그래서 그리스도는 즉각적으로 성부와 성령 사이에 계셔서, 그가 성부로부터 성령을 사신 분이 되실 뿐 아니라 성부로부터 죄인에게 성령을 주시는 분이시다. 그러므로 중보자는 성부와 성령 사이에 중간으로 활동하셔서 성부로부터 죄인을 위해 거래하시게(transacting) 된다.[136]

에드워즈에 따르면 성령을 사는 것은 죄인들을 위해 "거룩과 복락"을 사는 효과가 된다. 그리스도는 성부와 성령 사이 중간에 계신 분으로서 성부로부터 "거룩과 복락"을 사셨다. 그는 다시 성부와 죄인들 사이 중간에 계신 분으로서 성부로부터 사신 것을 죄인들에게 주신다. 이런 맥락에서 에드워즈는 "거룩과 복락을 주는 것은 성령을 주는 것과 같다"고 말했다. 성령을 사신 일이 중보자 그리스도에게 돌려진다. 그러므로 에드워즈에게 있어서 그리스도로 인하여 성령이 "은혜를 위한 은혜"(grace for grace)가 되시는 것이다.

그리스도께서 사신 성령은 또한 신자들의 소유가 된다. 에드워즈는 샀다는 것은 동시에 준다는 의미라고 믿었다. 신자들에게 주려는 의도가 없었다면 삼위 사이에서 값 주고 사는 일은 필요하지 않았을 것이다. 그러므로 에드워즈에게 있어서 성령을 소유한다는

---

136 Edwards, "Miscellanies," No. 772, 18:419-20.

것은 구원의 적용과 직접적으로 연관된다. 그것은 "하나님과의 교통"(communion)을 향한 길이다. 성령을 소유하는 것에 대해 말하면서, 에드워즈는 이를 에덴동산에서 처음 성령을 주신 것과 구별한다.

> 처음 하나님의 성령을 주셨을 때, 사람들은 이를 잃어버렸다. 그러나 하나님은 성령을 두 번째로 주셨고, 결코 잃어버릴 수 없게 하셨다. 지금 성령은 이전과는 다른 방식으로 주어졌다. 그때 성령은 교통하시며 그들의 마음 가운데 거하셨으나 동시에 성령에 대한 타당한 권리나 확실한 소유권 없이 주신 것이었다. 그러나 하나님께서 두 번째로 교통하실 때에는 … 성령을 주셔서 소유가 되게 하셨다. 하나님은 마침내 성령을 확실한 언약을 통해 주셨다. 성령은 그들에게 사신 바 되고 약속된 소유가 되신다. … 첫 상태의 인간은 성령을 통해 만들어지는 유익이 전혀 없었다. 하나님은 언약에 의해서만 유익을 주시는데 그때는 언약의 조건이 아직 성취되지 못했기 때문이다. 하지만 이제 인간은 회심을 통해 칭의되고 양자가 된다. 하나님의 자녀이자, 상속자로, 즉 그리스도와 더불어 상속자로 인정된다. 이제 그는 성부와 교제하며, 더불어 성자 예수 그리스도와 교제한다. 하나님이 그들의 것이 되고, 그리스도가 그들의 것이 되고, 성령도 그들의 것이 되며, 모든 것이 그들의 것이 된다. 모든 좋은 것의 총합(the sum)인 성령이 그들의 유업이 되시므로, 그들이 이생에서 누리는 작은 것이 훗날 유업에 대한 보증이 되어 값 주고 사서 소유가 된 구속을 얻게 될 것이다.[137]

---

[137] Edwards, "Miscellanies," No.755, 18:403-4. "인간이 타락하기 전에도 성령께서 인간의 마음에 거하셨는데, 이는 구속주를 통해서 이루어진 일이 아닙니다. … 그러나 타락 이후 인간은 결코 성령께 참여할 수 없게 되었습니다. 오직 유일한 길이 있다면 바로 중보자, 하나님의 아들을 통하는 방법뿐입니다." Edwards, *Sermon on John 16:8*, 14:378.

두 번째로 성령을 주신 것은 그 방식과 성질에 있어서 첫 번째와 전혀 달랐다. 에드워즈에 따르면, 첫 번째 "교통"(communication)에서는 그에 대한 합당한 권리가 없었다. 즉, 그것은 소유가 아니었다. 그러나 두 번째에는 성령을 우리의 소유로 주셨다. 에드워즈의 표현을 빌리자면, 첫 번째와 두 번째의 차이는 바로 사심(purchase)에 있다. 아담은 그 일을 실패했지만, 그리스도는 성령을 사셨다. 에드워즈는 성령을 값 주고 사신 것이 구원의 적용을 가능케 한다고 보았다. 왜냐하면 성령을 소유하지 않고는 유익의 교통이 없기 때문이다. 이런 의미에서 에드워즈는 주저하지 않고 성령을 "모든 좋은 것의 총합"(the sum of all good)이라고 말한다. 논리적인 순서에 따르면, 성령이 "그들에게 사신 바 되고 약속된 소유"가 되는 것이 그리스도께서 완성하신 은혜를 적용하는 일에 우선된다. 마찬가지로 에드워즈는 신자가 성령을 소유함으로 그리스도와 연합하는 것이 "교통"에 우선한다고 보았다.

4. 연합 안에서 교통(Communion in Union)

에드워즈가 보기에 그리스도의 중보 사역은 부활로 끝난 것이 아니다. 완성된 사역을 택한 자들 한 사람 한 사람에게 적용하는 일이 아직 남아 있다. 요한복음 16:8 설교에서 에드워즈는 구속의 적용이 필요함을 역설한다.

> 그리스도께서 이 땅에서 우리를 위해 의를 이루신 것만으로는 충분하지 않습니다. … 중보자께서는 의를 이루실 뿐 아니라, 자신께서 그 의를 사람들

이 취하도록 하셔야 합니다.[138]

　　인간 입장에서 성령을 소유한다는 것은 하나님 입장에서는 성령을 선물로 주시는 것이다. 하나님께서 성령을 선물로 주시는 데에는 특별한 목적이 있다. 성령께서 그리스도의 의를 계속해서 집행해 나가는 것이다. 에드워즈는 요한복음 16:8 설교에서 "그리스도의 메신저로서 성령의 일은 사람들로 하여금 죄와 의와 심판을 깨닫게 하시는 것입니다." 여기에서 "의"는 문맥을 통해 볼 때 "그리스도 안에 있는 하나님의 의, 중보자 그리스도의 의, 죄인들의 화목과 용납을 위해 율법을 이루시고 모든 일을 이루신 것"으로 이해된다.[139] "그리스도의 메신저"로서 성령께서 그리스도의 의, 다시 말해 그리스도께서 완성하신 칭의를 적용하신다. 이는 다시 말해 우리가 그리스도의 칭의를 취하고 그리스도와 교통한다는 뜻이다.

> 그리스도께서 이루신 구속을 적용(application)하시는 분은 바로 성령이십니다. 풀어서 설명하자면, 예수 그리스도께서 당신의 의와 고난으로 인간에게 구원의 길을 마련하실지라도, 인간이 이 구원을 취하는 것은 실제로 성령의 즉각적인 사역입니다. 성령이 마무리 한 획(the finishing stroke)이 되십니다. 그리스도께서 모든 일을 이루셨지만, 인간이 회개, 믿음, 하나님과 연합, 그리고 그리스도와 연합을 이루지 못한다면, 이 모든 일은 아무 소용이 없습니다. 이 모든 일들을 이루시는 분이 바로 성령입니다.[140]

138　Edwards, *Sermon on John 16:8*, 14:392.
139　Edwards, *Sermon on John 16:8*, 14:392.
140　Edwards, *Sermon on John 16:8*, 14:377.

그리스도께서 값 주고 사신 모든 것들을 우리 소유가 되게 하시는 분이 성령이시다.

이런 맥락에서 에드워즈는 성령의 일을 "마무리 한 획"이라고 표현한다. 바로 "인간이 … 그리스도와 연합을 이루지 못한다면, 이 모든 일은 아무 소용이 없다"는 뜻이다. 그리스도께서 이루신 일이 우리를 "위한"(for) 것이었다면, 성령께서 하시는 일은 바로 우리 "위에"(upon), 다시 말해 우리의 마음과 영혼 "위에"(upon) 이루어진다. 성령께서 직접적으로 우리의 마음을 만지심으로 구원의 적용이 이루어진다.

> 그리스도께서 하신 일은 직접적으로 그들의 영혼 위에(upon) 이루어진 것이 아니라, 아직 그들의 영혼이 결코 더 나아질 수 없는 그들을 위한(for) 것이었지 그들의 영혼 위에(upon) 직접적으로 이루어진 어떤 것이 아닙니다. 구속 사역의 모든 일이 직접적으로 인간의 영혼 안에(in) 위에서(upon) 이루어지는 것은 성령의 역사입니다. 그들로 이 구속에 실제로 참여하게 하고, 그들로 회심하게 하시고 그리스도와 연합하게 하시고, [그들의 마음에 은혜를] 유지하시며, 그들이 하늘의 거룩으로 온전하게 하며, 행복으로 충만하게 하시며, 뿐만 아니라 그들로 하여금 죄를 깨닫고 [자신의 비참한 처지]에 대해 민감하게 하시는 분이 성령이십니다.[141]

여기에서 "성령께서 그들로 이 구속에 실제로 참여하게 하신다"가 바로 성령의 직접적인 만지심을 가리킨다. 즉, 그리스도와의 연합(union)과 교통(communion)을 의미한다. 다시 말해 성령께서 우리 안에

---

141 Edwards, *Sermon on John 16:8*, 14:378.

거하시는 것, 성령께서 은혜를 위한 은혜가 되신다는 의미이다. 한마디로, 구속의 적용은 바로 성령의 내주하심을 통해 이루진다. 에드워즈가 말한 "마무리 한 획"은 연합을 토대로 한 구원서정(ordo salutis) 전체를 포괄한다는 의미가 되는 것이다. 에드워즈에게 있어 성령의 내주하심은 그리스도와의 연합의 의미를 결정짓는다.

에드워즈가 보기에, 그리스도께서 부활하실 때에 받으신 성령은 동시에 신자들을 위한 선물이기도 하다. 에드워즈는 머리에 기름을 부으면 기름이 몸 전체에 흘러내리는 것과 같은 이치로 이해한다.

> 그리스도께서 부활하셨을 때, 성부의 약속, 즉 생명의 성령을 한 없이 받으셨다. 그리고 그는 그것을 신자들에게 흘러보내셨다. 부활한 머리에 부어진 기름이 흘러내려 옷깃에까지 이름과 같다[시 133:2]. 그리스도의 성령이 신자 안에 거하심으로 그리스도께서 그들 안에서 사시는 것이다.[142]

여기에서 에드워즈는 성령께서 내주하심으로 우리가 그리스도와 연합한다고 명확하게 밝히고 있다. 사실, 에드워즈의 삼위의 경륜적 구분을 따를 때, 성령의 내주하심은 하나님께서 사람 안에 거하시는 한 양식이다. 따라서 그리스도와의 연합은 오직 성령의 내주하심을 통해서만 올바르게 이해할 수 있는 것이다.

> 아마도 하나님께서 피조물 안에 거하시는 유일한 방법은 그의 성령을 통해서이다. 그리스도의 영께서 인간 안에 거하시기에 둘은 연합을 이루며 여러

---

[142] Edwards, "Miscellanies," No.823, 18:534.

측면에서 [둘은] 이제 하나로 여겨지게 된다.[143]

물론 에드워즈가 여기에서 성령의 내주하심을 매우 중요하게 여기지만, 동시에 그는 "성령께서 거하심으로 신자들은 머리이신 그리스도의 인격과 연합하는 것이지, 성령을 머리로 삼아 성령의 인격과 연합하는 것이 아님"을 분명히 지적한다.[144] 즉, 성령의 내주하심을 통해 설명하면서 에드워즈는 성령보다는 오히려 그리스도께 초점을 맞추고 있다고 볼 수 있다.

그리스도와의 연합(union)이 성령의 내주하심을 통해 정의된다면, 그리스도와의 교통(communion)도 마찬가지이다. 즉, 성령의 내주하심은 그리스도가 한량없이 누리셨던 하나님의 충만함이다. 이제 우리도 성령의 내주하심을 통해 동일한 충만을 누리게 된다는 것이 에드워즈의 강조이다.

> 그러므로 골로새서 2:9 말씀처럼 그리스도 안에 모든 신성(Godhead)의 충만함이 육체로 거하신다. (성령께서 바로 신성의 충만함과 부요함이시다.) 거기에

---

[143] Edwards, "Miscellanies," No. 487, 13:528.

[144] Edwards, "Miscellanies," No. 487, 13:532. 예전 뉴잉글랜드에서 Anne Hutchinson이 성령과 신자와 연합이라는 문제로 이른바 "도덕률폐기론 논쟁"(Antinomian Controversy)이 일어난 적이 있다. 신자는 성령과 연합되어 있어서 오직 성경만이 아니라 성령으로부터 직접적으로 계시를 받는다고 그녀는 믿었다. 자세한 논의를 위해서는 Edmund S. Morgan, "The Case against Anne Hutchinson," *New England Quarterly* 10 (1937), 675-697을 보라. Hutchinson 논쟁이 실제 어떻게 진행되었는지 알고자 한다면, David D. Hall, ed. *The Antinomian Controversy, 1636-1638: A Documentary History* (Durham: Duke University Press, 1990), 199-388을 보라.

서 사도 바울은 요한의 요한복음 3:34과 같은 말을 한다고 보여진다. "하나님께서 그에게 성령을 한량없이 부어 주시기 때문이라." 사도 바울이 말하는 신성의 충만함은 바로 요한이 말하는(요 1:16) 우리가 받는 그 충만과 같은 것이다. 사도가 자주 말한 대로 하나님이 우리 안에 거하심으로 우리가 신성에 참여한 자가 된다(벧후 1:4). 그리고 신자들은 하나님의 충만으로 충만하게 된다(엡 3:19). 물론 충만이 신자 안에 육체로 거하는 것은 아니다. 우리가 이렇게 참여할 수 있는 것은 오직 하나님의 성령에 참여함을 통해서이다. 하나님은 당신의 영을 통해 우리 안에 거하신다.[145]

에드워즈의 구원론은 연합(union)에서 시작하여 교통(communion)으로 전개된다. 결국 구원은 하나님과 영원히 교통하는 것이라고 할 수 있다. 에드워즈의 논지를 따르자면, 성령께서 우리 안에 거하심으로 먼저 그리스도와의 연합을 가능하게 하셨고, 더 나아가 그리스도와의 교통도 가능하게 하신다. 이런 관점에서 에드워즈가 보는 성령의 내주하심은 종말론적 성격을 지닌다. 성령께서 내주하심으로 하나님의 충만함이 이미 우리에게 주어졌다. 하지만 우리를 위한 하나님과의 완전한(consummate) 교통은 아직 남아 있다. 우리를 그리스도와 연합하게 하신 성령께서 또한 우리를 구원의 정점인 하나님과의 교통을 이루실 것이다. 이런 측면에서 에드워즈는 우리가 완전히 하나님과 교통하게 될 때까지 구속의 역사는 종결된 것이 아니라고 본다. 구속언약에서 시작된 그리스도와의 연합은 하나님과의 교통을 통해 영원히 계속되는 것이다.

---

[145] Edwards, "Miscellanies," No. 487, 13:529.

그리스도는 하나님과 사람을 서로에게로 가져오시어 둘을 하나로 연합하신다. 그는 이 일을 여러 단계와 정도에 따라 하시는데 가장 높은 단계인 그리스도께서 세상 끝에 완성하실 실제적인 연합의 완성(consummation)을 통해 완료된다. 먼저, 그리스도는 이 세상에 오실 때, 자신과 함께 하나님, 즉 신성을 우리에게로 가져오셨다. 다음, 그는 하나님께로 올라가시며, 자신과 함께 인성, 즉 인간을 하나님께로 가지고 올라가셨다. 또한 그리스도는 하늘로부터 성령을 보내시면서, 하나님을 사람에게 주셨으며, 그로 인해 사람을 하나님께로 이끌어 내셨다. 그리스도는 하나님을 그들 안에 거하도록 가져오시어 그들이 회심하게 하셨고, 사람이 죽으면 그는 그들의 영혼을 천국에 계신 하나님과 함께 거하도록 데려 가신다. 그리스도께서 하늘에서 다시 오시는 때가 있을텐데, 그는 두 번째로 자신과 함께 하나님을 사람에게 가져올 것이며, 두 번째로 자신과 함께 사람을 데리고 올라가실 것이다. 하나님은 첫 번째 베일이 가린 채로 신성을 우리에게 가져오셨지만, 두 번째 오실 때는 베일 없이 신성을 가지고 영광 가운데 나타나실 것이다. 그는 부활 후 첫 번째 승천하셨을 때 하나님께 우리의 본성을 가지고 가셨다. 모든 사람이 부활한 후 그가 두 번째 승천하실 때는 우리 사람들을(persons) 자신과 함께 데리고 올라가실 것이다. 성도들이 죽을 때 그는 그들의 영혼을 하늘에 계신 하나님께로 데려가시어 교회의 일부로서 영광 가운데 하나님과 연합하게 하신다. 세상 마지막 때에는 그리스도께서 성도들의 몸과 영혼 모두를 천국으로 데리고 가실 것이며, 모든 교회가 다같이 하나님과 최고의 완벽한 연합을 이루도록 하실 것이다. 하나님과 [사람을] 연합하는 이 일이 그리스도의 중보직의 마지막 단계가 될 것인데, 즉 당신의 모든 교회를 몸과 영혼 다 아버지 앞에 드려, 점도 주름도 어떤 흠도 없이, 완전히 해방되고, 완전히 회복되고, 완전히 영화롭게 될 것이다. 그는 이르기를, "여기 저와 아버지께서 제게 주신 자녀들이 있습니다." 성부께서 그리스도께 맡기신 모든 사역을 마

치시며 그리스도께서 그 나라를 아버지께 바칠 때 끝이 올 것이다.[146]

무엇보다 눈에 띄는 점은 에드워즈가 철저히 그리스도 중심적인(Christocentric) 언어로 구원관을 서술한다는 것이다. 그리스도께서 하나님과 사람 사이에서 하신 일, 즉 그리스도께서 연합을 통해 하나님과 사람 사이의 중보자가 되신 일, 연합을 통해 하나님을 우리에게, 우리를 하나님께로 데려가신 일을 주목할 필요가 있다. 한마디로, 에드워즈는 그리스도와의 연합의 관점에서 구속사 전체를 요약하였다고 할 수 있다. 그리스도와의 연합(union)은 마침내 하나님과의 교통(communion)을 통해 그 최종적 완성을 이룬다.

E. 맺음말(Closing Remarks)

본 장에서 우리는 에드워즈에게 있어서 그리스도와의 연합 관점이 어떻게 칭의를 이해하기 위한 틀(framework)로써 작용하는지 살펴보았다. 연합 관점을 통해 볼 때, 에드워즈의 칭의론은 삼위일체적, 언약적, 구속사적 배경을 갖고 있었다. 그의 연합 관점은 영원 전 삼위 하나님의 경륜에서부터 시작하여 새 하늘과 새 땅에서 누릴 하나님과의 영원한 교통까지 아우르는 관점이었다. 역사 이전은 물론 역사 속에 관여하시는 삼위일체 개념에서 그의 언약 개념이 나온다.

삼위일체적 이해에 근거하여 에드워즈는 그리스도께서 구속언약에 자발적으로 관여하셨다고 보았다. 성자께서 구속의 사역을 감

---

[146] Edwards, "Miscellanies," No. 772, 18:422.

당하신 것은 단순히 경륜적 질서에 따른 것이 아니었다. 그렇기에 그리스도의 자발적인 순종은 지상 사역의 가치를 더한다. 사실 2장에서 구체적으로 살피게 될 내용이 구속언약에서 성자께서 자발적으로 순종하신 것에 바탕을 두고 있다.

에드워즈가 언약 개념을 다룰 때 적용한 통합적 관점은 중요할 뿐만 아니라 효과적인 의미를 지녔다. 알미니안 칭의관 부정, 율법의 행위에 대한 철저한 거부, "오직 믿음"을 통한 기독론적 강조, 칭의와 그리스도인의 삶에 대한 유기적 관점 등은 에드워즈의 통합적 관점에서 비롯되었다. 이 논의에서 특별히 의미가 있었던 것은 그의 통합적 관점은 언약을 그리스도 중심적으로 설명할 뿐 아니라, 다양한 언약의 기저에 그리스도와의 연합이 핵심 틀로 자리 잡고 있다는 사실을 밝혔다는 점이다.

뿐만 아니라 에드워즈는 칭의의 완성과 칭의의 적용이라는 점에서 그리스도와 성령의 사역 사이의 연관성을 강조하였다. 이 또한 우리 연구의 중요한 결실이다. 그리스도와의 연합이라는 관점 속에서 그리스도께서 칭의를 완성하신 것(*historia salutis*)과 성령께서 이 칭의를 적용하시는 것(*ordo salutis*)이 서로 밀접하게 결부된다. 이러한 방식은 에드워즈의 칭의론을 차별화한다. 기존의 인과론적, 또는 시간적 선후 관계를 조명하는 시도와는 다르게 그는 그리스도와의 연합을 중심으로 하여 그리스도 중심적인 칭의론을 전개하였다.

이제 우리의 시선을 옮겨, 에드워즈가 그리스도의 의의 전가를 이해한 방식을 자세히 살펴보기로 한다. 이때 그리스도와의 연합이라는 핵심 틀이 의의 전가 이해에 어떤 방식으로 기여하는지 주목할 필요가 있다.

제2장

그리스도의 의의 전가

Impution of Christ's Righteousness

　로마서 4:5 설교에서 에드워즈는 "우리는 우리 자신의 어떤 덕이나 선행이 아니라, 오직 그리스도를 믿는 믿음으로 의롭다 함을 얻습니다"라는 말로 칭의교리를 제시하였다. 그는 칭의론에서 우리 자신의 의가 아니라, 오직 그리스도의 의로 칭의 된다는 사실을 분명히 강조하였다. 에드워즈의 칭의론의 핵심은 우리의 칭의가 오직 그리스도의 의에만 근거하고 있다는 것이다. 우리 자신의 어떤 덕이나 선행으로도 칭의 될 수 없다. 에드워즈는 우리가 오직 그리스도의 의로만 칭의 된다는 전제 하에 그리스도의 의가 어떻게 우리의 것이 되어 우리가 칭의되는가 하는 질문으로 나아간다. 즉, 그리스도의 의의 전가가 우리의 주제이다.

　본 장에서 우리가 보고자 하는 것은 에드워즈가 그리스도와의 연합의 관점에서 세밀하게 그리스도의 의의 전가를 다룬다는 점이다. 그 말은 앞 장의 논의를 근거로 삼위일체적, 구속사적(언약적) 배경이 전가(imputation)와 법정적 칭의(forensic justification)의 본질과 특징을 밝히는 틀(framework)이 된다는 말과 같다. 특별히 아담과 그리스도가 언약의 대표됨은 에드워즈가 그리스도의 의와 전가에 대해 설명할 때 매우 중요하게 작용한다. 그래서 우리는 그리스도와의 연합 관점을 통해 에드워즈가 이해하는 구속사적-언약적 배경을 전제로 그는 전가의 필요성, 그리스도의 의가 지니는 구속사적 의미, 전가의 본질 등을 어떻게 말하는지 살피고자 한다.

A. 전가의 필요성(Need for Imputation)

에드워즈가 칭의론 논의에서 우선적으로 강조하는 것은 우리에게 그리스도의 의의 전가가 필요하다는 것이다. 그 이유로 우리는 에드워즈에게서 다음의 네 가지를 찾을 수 있다. 우리는 도덕적으로 결핍한(morally destitute), 즉 죄성을 지닌 존재이며, 칭의의 법정적 특성은 반드시 가상이나 허구가 아닌 실제적인 근거를 필요로 하며, 칭의가 지니는 이중적 효과는 긍정적(positive), 부정적(negative) 의에 바탕을 두며, 마지막으로, 하나님의 법에 대한 명예 회복, 다시 말해 하나님의 명예가 회복되어야 한다.

1. 도덕적 선의 결핍(Lack of Moral Goodness)

에드워즈는 "칭의는 인간을 죄인으로 바라본다"[1]라는 전제에서 칭의 설교를 시작한다. 칭의는 의인을 위한 것이 아니라 죄인을 위한 것이라는 의미이다. 여기에서 에드워즈는 시선을 칭의 이전의 인간 상태에 맞추고 있다. 인간은 죄인이며, 의가 없다. 우리는 나면서부터 죄 가운데 있기 때문에 도덕적 선의 결핍은 물론이요, 도덕적 선을 쌓을 수 있는 능력도 없기에 하나님의 심판을 결단코 피할 수 없

---

1 Edwards, *Justification by Faith Alone*, 19:147.

다는 것이 에드워즈의 강한 주장이다. 그렇다면 하나님의 심판대 앞에 섰을 때 요구되는 선을 우리는 어디에서 찾을 것인가? 에드워즈는 그 답이 우리 안이 아니라 밖에 있다고 강조한다. 우리가 본성적으로 의를 가지고 있는 것도 아니요, 또 자신을 위해 의를 쌓아갈 수 있는 존재도 아니라면, 우리는 우리 안에서가 아니라 밖에서 필요한 의를 찾아야 한다는 논리다. 즉, 하나님의 의를 충족시킬 만한 도덕적 선을 가진 누군가가 우리를 대신하는 것이 필요하다.

에드워즈는 언약적 관점을 통해 우리와 아담이 하나라고 본다. "하나님께서 아담을 만드실 때 그를 공적 인간(a public person), 즉 인류의 대표로 삼으셨고, 아담 안에 모든 후손들이 또한 포함된 것으로 여기셨다."[2] 우리는 아담과 연합하여 하나였기에 우리 역시 원죄의 죄책을 지녀 "날 때부터 부패한 마음과 죄성"[3]을 지닌다. 우리는 아담과 더불어 저주받았고 정죄되었기에 하나님께서 이 정죄를 제거해 주시지 않으신다면 결코 우리는 하나님 앞에 설 수 없다.[4] 에드워즈는

---

2 Jonathan Edwards, *Original Sin*, ed. Clyde A. Holbrook, vol. 3, *The Works of Jonathan Edwards* (New Haven: Yale University Press, 1970), 260. 후에 에드워즈는 이와 유사한 어조로 아담을 "온몸의 머리요 나무 전체의 뿌리"로, 아담의 후손을 "한 때 뿌리에 존재했었던 가지들"이라고 묘사한다. 389; 에드워즈의 원죄 교리는 그의 사후 1758년에 출판된 *Original Sin*에 자세히 나타난다. 이 저서는 에드워즈가 John Taylor의 *The Scripture Doctrine of Original Sin*(원죄의 성경적 교리)에 대한 반박으로 저술한 것이다. 에드워즈는 자신의 저서에서 관찰과 경험을 통한 증거 및 성경의 증언에 근거한 논증을 하고 있다. 근본적으로 에드워즈가 Taylor와 다른 점은 에드워즈는 아담과 그 후손과의 언약적 관계 속에서 죄가 이해되어야 한다는 것이다.

3 Edwards, *Original Sin*, 3:107.

4 Edwards, "Miscellanies," No.757, 18:404-5. 여기에서 에드워즈는 죄인을 향한 하나님의 혐오가 얼마나 큰 것인지 진지하게 다룬다.

한번 죄인으로 정죄된 자를 죄 문제를 해결함 없이 용납하시는 것은 하나님 스스로에게 모순되는 일이라 생각했다.

> 그의 거룩한 법의 정의(justice)에 의해 죄인으로 정죄된 자로부터 그 정죄가 제거되기까지는 어떤 것도 용납하는 것은 하늘과 땅의 왕이신 분의 위엄과 명예에 부합하지 않는 일입니다. 그렇게 받아들이는 것은 아직 남아 있는 정죄에 대해서도 일관되지 못하고 모순됩니다. 왜냐하면 법은 그것을 범한 자를 정죄하여 완전히 하나님으로부터 거부되고 버려지게 했기 때문입니다.[5]

요한복음 16:8 설교에도 동일한 논지가 들어있다. 여기에서 에드워즈는 죄인이 하나님의 심판 앞에 서기 위해서는 의가 회복되어야 한다고 말한다.

> 의가 아니고서는 어느 누구도 깨끗하시고 무한대로 거룩하신 하나님 앞에 서는 것은 불가능합니다. 죄인은 단지 죄가 제거된 것만으로 받아들여질 수 없으며, 의가 없이는 그분의 은총으로 받아들여질 수 없습니다. 이는 그분의 거룩과 무한한 지혜와 그리고 [그분의 거룩의] 표현인 율법에 어긋나기 때문입니다.[6]

에드워즈는 죄인의 비참한 상태에 비범한 관심을 보이며 우리의 죄가 얼마나 심각하고 무거운 것인지 묘사한다. 죄의 심각성의 정도

---

5 Edwards, *Justification by Faith Alone*, 19:165; cf. "Miscellanies," No.812, 18:522–23.
6 Edwards, *Sermon on John 16:8*, 14:394.

는 "대상을 부인하는 정도 그리고 그 대상으로부터 탈취하는 정도와 비례합니다. 즉, 그 대상의 탁월함과 존중의 가치를 말합니다."[7] 하나님의 무한대한 도덕을 일부라도 부인했거나 우리의 것으로 취했다면 그것이 죄이다. 그리고 하나님의 도덕은 완전무결하시기 때문에 아무리 조금 범한 것일지라도 그 죄의 심각성은 한마디로 무한하다. 에드워즈는 우리 죄의 크기는 우리가 아무리 노력한다 할지라도 도무지 상쇄할 수 없는 정도라는 딜레마를 잘 인식하고 있었다.

> 존경은 그 대상에게 보내는 존경이 지니는 가치에 비례하고, 그 존경은 (다른 것들은 동등하다면) 분명히 그 주체의 가치 또는 존경의 가치에 비례합니다. 왜냐하면 주체는 자신의 가치 이상의 존경을 줄 수 없기 때문입니다.[8]

여기에서 에드워즈가 말하고자 하는 것은 우리가 하나님께 드릴 수 있는 존경은 우리 자신의 가치를 넘어설 수 없다는 것이다. 우리에게는 도덕적 선이 없다는 것도 문제이고, 선을 행할 능력이 없다는 것도 문제이다. 그러므로 대리인이 필요하다. 에드워즈의 논리는 우리가 무한히 무가치 하므로 무한한 가치와 존엄으로 대신 하나님께 갚아줄 누군가가 필요하다는 것이다. 무한한 심각성을 지닌 우리의 죄 값을 치르기 위해서는 오직 무한한 가치를 지닌 이만이 우리를 대신할 수 있다. 우리에게는 도덕적 선이 없다는 사실은 전가를 필요로

---

[7] Edwards, *Justification by Faith Alone*, 19:162. 존재의 크기와 죄의 심각성 사이의 관계는 그의 "Miscellanies," No.nn, 13:187-88을 참고할 것.

[8] Edwards, *Justification by Faith Alone*, 19:162. cf. "Miscellanies," No.713, 18:343-44.

한다.

> 우리는 우리를 대신하여 순종할 무한한 존귀를 가진 이가 필요합니다. 왜냐하면 이에 비견되어 우리가 저지른 불순종은 우리의 무한한 사악함 때문에 무한대하게 가중되기 때문입니다. 우리에게는 우리의 불순종의 무가치에 상응하는 순종의 가치를 지닌 이가 필요합니다. 결국 우리의 무가치함에 상응하는 위대함과 가치를 지닌 누군가가 필요한 것입니다.[9]

여기에서 에드워즈가 말하는 "무한한 존귀를 가진 이"는 그리스도시다. 오직 그리스도만이 죄인인 우리의 무한한 무가치함을 상쇄할 수 있다. 오직 전가를 통해서 "우리 안에 있었어야 할 완전한 내적 의를 대신하여 그리스도의 의가 우리의 것으로 받아들여지고 인정되었다."라고 말한다.[10] 지금의 상태로는, 에드워즈가 보기에, 혹 우리에게 어떤 도덕적 선이 있다고 한들 그것은 어떤 가치도 인정되지 못한다. 무한한 가치의 전가가 아니라면, 다시 말해 그리스도의 의

---

[9] Edwards, *Justification by Faith Alone*, 19:162. 죄 사함의 근거는 그리스도의 속죄(satisfaction)에 있다. "자비하신 하나님께서 속죄 없이, 즉 자신을 희생함 없이, 그저 회개로만 당신에게 범한 죄를 용서할 수 없으신 이유는 무엇일까?" 에드워즈는 다음과 같이 답변한다. "하나님은 범죄에 대한 속죄(satisfaction) 없이 그저 회개만으로 용서하실 수 없으시다. 인간이 할 수 있는 회개는 모두 회개라 할 수 없다. 같은 얘기지만, 그것은 범한 죄의 크기에 비해 거의 없는 거나 마찬가지이기 때문이다. 왜냐하면 그 회개는 범죄에 비례하는 것이 갖고 있지 않기 때문이다. … 그러므로 우리의 회개가 어떤 속죄가 되기 때문에 용서받는 것이 아니라 죄를 거부하고 이미 치뤄진 속죄를 받아들이기 때문이다." Edwards, "Miscellanies," No.oo, 13:188; cf. "Miscellanies," Nos.713, 18:743-44 and 779, 18:434-49.

[10] Edwards, *Justification by Faith Alone*, 19:185-86.

의 전가가 없다면, 우리에게는 칭의될 만한 어떤 도덕적 자격도 없다. "칭의되기 전 사람에게 실제로 영적으로 선이 약간이나마 있다고 한들 칭의되기까지는 그의 선이나 탁월함으로 인정될 것은 전혀 없다."[11] 여기에서 에드워즈가 전적 타락 교리를 도전하는 것으로 오해할 필요는 없다. 오직 혹 사람에게 어떤 선이 있다고 할지라도, 오직 전가에 의해서만 그것이 선으로 간주된다는 강한 강조이다 (이 부분은 후에 다시 자세히 다룰 것이다). 그러므로 도덕적 선이 완전히 결핍된 우리의 실제 모습은 우리에게 반드시 전가가 필요하다는 것을 다시금 일깨워준다. 즉, 그리스도의 의의 전가가 필요하다.

2. 칭의의 법정적 특성(Forensic Nature of Justification)

에드워즈에게 있어서 우리의 도덕적 결핍의 문제는 법정적 칭의의 관점에서도 문제가 된다. 에드워즈는 칭의를 다음과 같이 정의한다. "한 사람이 칭의되었다는 것은, 하나님께서 그를 죄책과 형벌로부터 자유롭게 하셨으며, 그에게 생명을 상급으로 받을 만한 의가 있다고 인정하신다는 의미입니다."[12] 에드워즈는 법정에서 이루어지는 상황을 예로 들며 칭의의 법정적 특성을 설명한다.

> 우리가 이 단어를 이해해야 하는 방식은 판사가 한 사람에게 부정적 의와 긍정적 의 모두가 있다고 인정하는 의미입니다. 즉, 그가 반드시 받아야 할 형벌로부터 자유할 뿐만 아니라, 정당하고 의롭기에 긍정적 의미에서 상급을

11　Edwards, *Justification by Faith Alone*, 19:164.
12　Edwards, *Justification by Faith Alone*, 19:150.

받을 만하다는 의미입니다. 이것이 단어의 어원과 본래 의미에 가장 적합할 뿐만 아니라, 성경에서 이 단어가 쓰이는 의미에도 가장 적합합니다.[13]

에드워즈의 법정적 개념은 확실히 사법적 성격을 지닌다. 그러나 여기에서 주의할 것은 판사의 판결은 당사자에게 판결에 부합하는 자격이 있다는 것을 전제한다는 점이다. 즉, 판사의 판결이 근거할 증거가 반드시 있어야 하는 것이 법정에서 이루어지는 판결이다. 바로 이 점이 법정적 칭의의 특징이다. 법정적 칭의란 의롭다고 선언할 만한 근거가 갖추어 있기에 의롭다고 선언하는 것이다. 에드워즈가 말하는 법정적 개념을 이해하기 위해 좀 더 자세한 설명이 필요하다.

에드워즈가 말하는 법정적 개념을 위해 먼저 그가 말하는 법(율법 포함)의 위치와 역할을 이해할 필요가 있다. 그리스도께서 심판보좌에 앉으시어 모든 사람을 심판하시고 각 사람에 맞는 판결을 내리신다. 이때 판결은 "하나님의 법과 규율에 부합한" 것이고 각 사람은 "칭의되든지 혹은 정죄되든지" 한다.[14] 여기에서 칭의와 정죄는 서로 반립적(antithetical) 관계에 있는 법정적 선언이다. "여기에서 아담으로 인한 죽음과 그리스도로 인한 생명과 복락은 서로 반대되는 관계가 분명하다. 후자는 선으로, 전자는 악으로 언급된다. 하나는 의의

---

13 Edwards, *Justification by Faith Alone*, 19:150. [이탤릭 삽입]. Sungenis는 에드워즈가 말한 "부정적 의와 긍정적 의"를 로마 가톨릭의 변화의 의(transformational righteousness)로 잘못 해석하였다. 그러나 본장의 논의는 이것이 그리스도의 대속(satisfaction)과 순종(obedience)을 가리킴을 밝힐 것이다. 참고, Robert A. Sungenis, *Not by Faith Alone: The Biblical Evidence for the Catholic Doctrine of Justification* (Santa Barbara, CA: Queenship Publishing Company, 1996), 580-581.

14 Edwards, *Justification by Faith Alone*, 19:150.

효과이고, 다른 하나는 범죄이다. 하나는 순종의 열매이고, 다른 하나는 불순종의 열매이다. 하나는 그에게 기쁘고 용납할 만한 것이기에 하나님의 은총의 열매가 되고, 다른 하나는 그에게 싫어하고 증오하는 것이기에 하나님의 분노의 열매가 된다. 후자는 칭의에 의한 것이고, 전자는 정죄에 의한 것이다."[15] 여기에서 주목할 필요가 있는 부분은 하나님의 심판, 즉 칭의와 정죄의 차이가 법에서 온다는 점이다. 에드워즈는 "법은 하나님과 사람 사이에 영원하고 변치 않는 의의 기준이며, 그러므로 심판의 기준으로 그것에 의해 사람이 한 모든 행위가 칭의되든지 정죄되든지 하며, 아무 죄도 법에 의하지 않고는 지옥으로 내쳐지지 않는다"고 설명한다.[16]

그러므로 에드워즈는 칭의는 철저하게 법에 준거가 있음을 강조한다. 이것이 법정적 칭의의 의미이다.

> 어떤 경우에 한 사람을 칭의한다는 것은 그 경우에 있어서 법에 비추어 그를 옳다고 인정하는 것입니다. 일반적으로 칭의란 모든 법과 규범에 저촉되는 상황에 있어 옳은 것으로 그 사람이 심판을 지나가게 하는 것입니다.[17]

칭의에 대한 법과의 관계를 강조하며 에드워즈는 법의 권위가

---

15 이 말은 에드워즈가 John Taylor의 원죄 개념을 반박하는 문맥에서 한 말이다. 여기에서 에드워즈는 칭의와 정죄를 구속사적 이해를 기반으로 대비시키고 있음을 주목할 수 있다. 즉, 그것은 "첫 번째 아담과 두 번째 아담의 대비이고, 첫째 아담에 의한 죽음과, 둘째 아담에 의한 생명과 복락의 대비이다." Edwards, *Original Sin*, 3:311–13, cf. 3:419–20.
16 Edwards, *Justification by Faith Alone*, 19:197.
17 Edwards, *Justification by Faith Alone*, 19:150.

심판의 규범으로 항시 존중되어야할 필요성을 강조한다. 그 말은 법 집행에 있어서 일관성이 있어야 할 것을 말하는데, 공정한 심판을 위해서는 반드시 필요한 특징이다.

> 재판의 의미는 바로 어떤 경우에 대해 무엇이 옳고 무엇이 옳지 않은지 정하는 것입니다. 판사의 일은 두 가지입니다. 먼저는 무엇이 사실인지를 정하는 것이고 다음은 사실의 내용이 규범과 법에 부합하는지 판단하는 것입니다 …. 법이나 규범 없이 판결한다는 것은 불가능합니다. 재판의 의미는 바로 재판의 대상이 규범에 부합하는지 정하는 것입니다. 그러므로 하나님이 심판주로 심판하실 때, 악인을 의롭다하시지 않으시며 죄를 없다 하실 수 없고 그러므로 당연한 논리로 의 없이 칭의 하실 수 없으시다고 선언하십니다.[18]

그렇다면, 법의 속성을 따를 때, 에드워즈의 최초 선언이었던 "죄인 칭의"(justification of the ungodly)는 마치 하나님이 죄인을 의롭다고 하시는 것으로 보이기 때문에 모순으로 보일 수 있다. 당연히 법과

---

[18] Edwards, *Justification by Faith Alone*, 19:190. Morimoto는 에드워즈가 그의 이신칭의 설교에서 하나님의 재판장 이미지를 "의롭지 않은 자를 의롭다고 선언하시는" 은혜의 재판장에서 "의가 없이는 칭의 하지도, 할 수도 없으신 하나님이라고 할 만큼 세워진 법을 준수하는" 법적인 재판장의 이미지로 변질시켰다고 잘못 판단했다. Morimoto는 에드워즈가 엄격한 재판장 이미지를 선호하였던 것은 Grotios의 도덕통치설 영향에 따른 나태함을 반박하려는 의지 때문이라고 주장하지만 정당한 평가로 보기는 어렵다. Morimoto가 지나치게 에드워즈를 가톨릭 신학으로 대변하려는 시도는 에드워즈를 편견 없이 보아야 하는 과정을 지속적으로 방해하고 있다. Anri Morimoto, *Jonathan Edwards and the Catholic Vision of Salvation* (University Park: PA, The Pennsylvania State University Press, 1995), 79-80.

법정의 성질에 따라 하나님은 의롭지 않은 사람을 의롭다고 선언하실 수 없으시다.

> 하나님은 의가 없이는 사람을 칭의 하실 것도 하시지도 않으십니다. 칭의는 분명히 법정적 용어이기 때문입니다. 성경에서 쓰이는 대로 사법적 용어이고 판사의 행위입니다. 만약 사람이 의 없이 칭의돼야 한다면, 그 재판은 진리에 부합하지 않는 것이 됩니다.[19]

그러나 에드워즈는 "죄인 칭의"를 복음의 교리라고 말하고, "그것이 하나님을 위반하거나 분노를 유발함 없이 … 하나님의 속성과 그분의 법과 일치한다"고 주장한다.[20] 에드워즈는 종교개혁 정신인 죄인 칭의가 법정적 특성을 충족하기 위해서는 의가 근거로서 마련되어야 한다고 강조한다. "의는 상대적인 것이며 항상 법에 근거한다"고 말할 때,[21] 그는 칭의는 반드시 법정적 성질을 충족해야 할 것을 말하는 것이다. 그렇다면 의가 없는 죄인을 칭의하기 위해서는 의의 전가가 필요하다는 논리이다.

이런 의미에서 에드워즈는 알미니안에 대항하여 소위 "진지한 순종"(sincere obedience)은 법을 충족하는 의가 되지 못하기 때문에 법정적 특성에 부합하지 않는다고 경고한다. 왜냐하면 "재판장 앞에서 불완전한 의는 의가 아니기" 때문이다.[22]

---

19 Edwards, *Justification by Faith Alone*, 19:188.
20 Edwards, *Sermon on John 16:8*, 14:395.
21 Edwards, *Justification by Faith Alone*, 19:189.
22 Edwards, *Justification by Faith Alone*, 19:189.

의는 반드시 완벽해야 합니다. 즉, 의는 전적으로 완전하게 하나님의 계명을 충족해야 합니다 …. 이것이 [하나님의] 영원한 불변의 법에 부합하기 위해 필요합니다.[23]

법의 성질을 따를 때, 우리의 진지한 노력도 하나님의 심판이 갖는 법정적 특성을 충족시키기에는 부족하다. "완벽한 순종을 요구하지 않는 법이 있다면 그 법은 법이 요구하는 것을 전혀 요구하고 있지 않는 법이나 마찬가지"라고 에드워즈는 말한다.[24] 우리가 갖고 있지 않는 완벽한 의만이 칭의를 위해 요구된다. 알미니안 주장(진지한 순종)이 성립하지 못하는 것은 그것은 법의 본질을 훼손하여 칭의의 법정적 성질을 충족시키지 못하기 때문이다. (우리는 나중에 에드워즈가 알미니안 칭의론을 문제 삼는 것을 다룰 것이다.) 에드워즈로부터 우리는 칭의의 법정적 특성은 오직 완벽한 의에 의해서만 충족되며 고로 그리스도만이 그 완벽한 의라는 결론을 도출하게 된다.

특별히 에드워즈는 법정적 칭의를 충족시키기 위한 근거는 허구도 가상도 아닌 실제(real)임을 강조한다. "우리의 재판장은 완벽한 의가 어떻게 해서든, 우리가 행한 의이든지, 아니면 다른 이의 의가 적합하고 정당하게 우리의 것으로 간주되든, 우리에게 있다는 것을 찾기까지 우리를 칭의할 수 없다."[25] 칭의의 근거로 죄인에게 전가되는 그리스도의 의는 실제로 사실적으로 "우리에게 있는" 것이다. 성경이 말하는 "죄인 칭의"는 그리스도와의 연합을 통해 성립한다는 것

---

23 Edwards, *Sermon on John 16:8*, 14:395. cf. "Miscellanies," No.244, 13:359.
24 Edwards, *Justification by Faith Alone*, 19:190.
25 Edwards, *Justification by Faith Alone*, 19:190.

이 에드워즈의 입장이다. "하나님은 어떤 사람들은 다른 사람들은 없는 그리스도의 의가 그들에게 전가되거나 또는 실제로 그리스도의 의가 그들에게 있는 것으로 보이는 것이 합당하다고 보십니다. 이것은 하나님이 당신의 지혜로 그들의 믿음으로 인해 그들이 그리스도의 의에 실제적으로 동참하는(communion) 것이 합당하다고 여기시는 이유입니다."[26] 즉, 죄인이 의롭다고 선포되는 것은 하나님이 찾으시는 의가 그리스도와의 연합을 통해 그들에게 진정으로 있다고 보시기 때문이다.

> 하나님은 당신의 주권적 은혜를 통해 죄인을 상대함에 있어서 의가 없는 자를 마치 의가 있는 자와 결과가 같을 것으로 간주하셨습니다. 그러나 이것은 실제로 의로운 어떤 것을 대하는 것과 같은 식입니다.[27]

에드워즈의 논지를 따를 때, 우리의 도덕적 선의 결핍은 바로 그리스도의 의의 전가를 불러왔다. 그리고 그리스도와의 연합을 통해서 하나님은 우리를 의롭다고 선언하신다. 이런 측면에서 볼 때 도덕적 탁월과 법정적 칭의는 같이 간다. 그리스도와의 연합을 통해 이루어지는 전가는 의를 실제로 우리의 소유가 되게 만든다. 법정적 기준과 성질이 그리스도와 연합을 통해 충족되는 것이다. 그리스도의 의가 우리에게 전가됨으로써 우리에게 법정적 기준을 만족시킬 수 있는 근거가 마련되었기에 우리는 하나님 앞에서 의롭다고 인정받고 의롭다고 선언을 받는다. 결국 에드워즈의 법정적 칭의는 의의 전가를

---

[26] Edwards, *Sermon on Romans 4:16*, (*WJE Online*, Vol. 45)
[27] Edwards, *Justification by Faith Alone*, 19:148.

필요로 한다.

3. 칭의의 이중적 효과(Dual Effects of Justification)

에드워즈는 전가가 꼭 필요한 이유를 또한 칭의의 이중적 효과에서 찾았다. 에드워즈는 다음과 같이 말한다. "칭의는 두 가지 요소로 이루어집니다. 하나는 죄책을 제거하는 사죄(pardon of sin)와 화목(reconciliation)인데, 이것은 부정적 의로서, 단순히 하나님의 진노를 누그러뜨리는 것을 의미합니다. 다른 하나는 죄인들을 진노의 대상이 아니라 긍정적 의미에서 의롭게 여기고 용납하는 것입니다."[28] 에드워즈의 정의를 볼 때, 칭의는 긍정적 측면과 부정적 측면 모두에서 의롭다는 이중적 효과로 이루어진다. 칭의의 부정적 효과는 죄 사함, 다시 말해 죄의 결과를 무효화 하는 것이고, 반면 칭의의 긍정적 효과는 하나님의 은총으로 받아들여지는 것, 즉 의인으로서 영생을 상급으로 받는 것을 가리킨다.

에드워즈가 신경을 쓰며 강조하는 하나는 칭의가 단지 죄책을 사하는 것이나 또는 원래의 무죄 상태로 돌아가는 것이 아니라는 점이다. 칭의는 그 이상의 것이다. 에드워즈는 칭의에는 반드시 긍정적으로 의롭다는 의미가 있음을 강조한다. 법의 성질이 그렇다. "새 법이든 옛 법이든 어떤 법이든 간에 법은 본질적으로 긍정적인 측면에서 충족될 것을 요구합니다."[29] 에드워즈는 칭의가 단순히 죄만 사하는 것이 아니라는 점을 밝히기 위해 성경에서 몇 예를 근거로 들었

---

[28] Edwards, *Sermon on John 16:8*, 14:394.
[29] Edwards, *Justification by Faith Alone*, 19:150.

다. 먼저 아담의 경우를 예로 드는데, 그 이유는 아담이 받았어야 했던 (그러나 받지 못했던) 칭의는 죄 사함과 무관한 칭의였기 때문이다.

> 만일 아담이 완전한 순종의 삶을 완수했었다면, 그는 의롭다 여김을 받았을 것입니다. 이 경우 그의 칭의는 단순히 부정적인 측면 이상의 의미를 지닙니다. 아담은 법의 의를 완전히 이루었다고 인정받았을 것이고, 따라서 그에 합당한 상급을 받았을 것입니다.[30]

아담이 칭의 됐다면 하나님의 계명에 완전히 순종했을 경우이다. 이 가상의 상황에서 아담은 아직 죄를 범하지 않은 상태였기 때문에, 아담이 얻었을 칭의는 죄 사함을 포함하지 않는다. 의로운 아담에게는 부정적 결과를 무효화하는 과정이 필요치 않기 때문이다. 아담의 칭의의 경우 오직 긍정적인 효과만이 존재한다. 이런 맥락에서 에드워즈는 다음과 같이 말한다.

> 아담이 자신의 사명을 완수하고 다 이루기까지는 칭의 될 수 없었다. 이 경우 그가 받는 칭의는 확인(confirmation)의 의미이다. 즉, 그가 완수해야 할 일을 다 했으며, 그에 합당한 상급을 얻을 자격이 있다는 것을 확인하는 의미이다.[31]

에드워즈의 논지에 의하면, 아담의 칭의는 (1) 그의 순종에 대한 하나님의 승인과 (2) 그 결과로서 주어지는 영생의 상급을 포함한

---

30   Edwards, *Justification by Faith Alone*, 19:150.
31   Edwards, *Perseverance of Saints*, (Banner), 2:597b.

다. 아담의 경우를 통해 에드워즈는 칭의가 부정적 효과 없이 오로지 긍정적 효과만을 지닐 수 있음을 지지한다. 좀 더 명확히 말하면, 칭의는 본질적으로 긍적적으로 의롭다고 선언하는 것이다. 굳이 에드워즈가 가상의 경우까지 생각하는 동기로 두 가지를 지적할 수 있다. 하나는 지금 언급한 대로 칭의의 본질적 의미를 강조하기 위해, 즉 부정적 의미 없이도 긍정적 차원에서 의롭게 되는 것임을 강조하기 위함이었고, 다른 하나는 아담이 실패한 칭의를 결국 둘째 아담, 마지막 아담으로 오시는 그리스도가 대신 완성하시는 대칭적 관계에 있기 때문이다. 에드워즈에게는 언약의 관점에서 우리가 아담과 연합되었었고 다시 그리스도와 연합되었다는 전제가 작용하고 있음이 앞서 1장에서 확인하였던 부분이고 에드워즈의 칭의 논의에서 계속 작용하고 있음을 보게 된다.

성경에서 찾을 수 있는 칭의의 또 다른 예로써 에드워즈는 그리스도의 칭의를 소개한다. 여기에서 에드워즈는 칭의가 죄 사함 이상으로 높임(exaltation)을 포함한다고 설명한다.

> 우리의 두 번째 보증(surety)이신 그리스도는 (그리스도께서 보증하시는 모든 이들이 그가 얻으신 칭의 속에서 실제로 칭의되는데) 아버지께서 맡기신 일을 온전히 이루시며, 모든 고난 가운데 아버지의 계명을 다 지키시기 까지는 의롭다 여겨지지 않으셨습니다. 그리스도는 부활에서 칭의되셨습니다. 그리스도는 육체로는 죽임을 당하셨지만, 영으로는 살리심을 얻었습니다(벧전 3:18). 그리스도는 육체로 나타나셨고 영으로 칭의되셨습니다(딤전 3:16). 그러나 하나님이 그를 죽음에서 일으키시며 칭의하셨을 때, 그를 죄로 인한 낮아짐에서 놓으셨고 죄로 인한 모든 고통과 수난으로부터 풀어주셨을 뿐만 아니라 그를 영생과 불멸로 이끄셨으며 그가 하신 일에 대한 상급으로 높임

(exaltation)이 시작됐습니다.[32]

위 인용문 후반부에서 에드워즈는 그리스도께서 칭의를 통해 받으신 두 가지 결과를 말한다. (1) 하나는 낮아짐(humiliation)에서 풀려나심이며, (2) 다른 하나는 그 상급으로 높임(exaltation)을 받은 것이다. 그리스도의 칭의에는 부정적, 긍정적 효과 모두가 포함되어 있다.

에드워즈가 사용하는 그리스도의 칭의라는 말 자체가 낯설 수 있다. 아담의 경우와 마찬가지로 그리스도는 언약의 대표로서 죄인의 자리에 대신 서셨음을 잊지 말아야 한다. 그리스도가 개인적으로 죄가 있으셔서 칭의가 필요하셨던 것이 아니라, 죄인을 대신해서 죄를 지셔야 했고 의를 획득하시기 위해 감당하셔야 했던 중보 사역의 특성에 그 이유가 있다. 부활이야말로 성육신에서부터 죽으심까지의 낮아짐에서 완전히 벗어나는 사건이다. 즉, 더 이상 인간의 죄 때

---

32 Edwards, *Justification by Faith Alone*, 19:150–51. Francis Turretin은 아담의 칭의와 그리스도의 칭의 차이가 행위언약과 은혜언약의 차이에 있다고 보았다. "하나님께서 사람과 기꺼이 맺으신 언약은 두 가지가 있는데, 하나는 법적(legal) 언약이며, 다른 하나는 은혜의(grace) 언약이다. 마찬가지로 두 가지 종류의 의, 즉 법적(legal) 의와 복음적(evangelical) 의가 있다. 따라서 또한 두 가지 칭의, 즉 하나님의 심판 앞에 서는 두 가지 방법이 있는데, 바로 법적(legal) 칭의와 복음적(evangelical) 칭의이다. 법적 칭의는 자신의 순종, 즉 율법에 완전히 순종함으로 의롭다 인정받는 것이며, 반면 복음적 칭의는 다른 이의 순종, 즉 보증이 되는 다른 이가 대신 율법을 완벽하게 순종하여 그것을 바탕으로 의롭다 인정받는 것이다. 전자는 우리 스스로 이루는 것이며, 후자는 그리스도 안에서 이루어지는 것이다. … 이런 맥락에서 칭의는 두 가지가 있다. 하나는 법적 언약에서 '이것을 행하면 살리라'라는 명제에 근거하여 자신의 의로 의롭다 함을 얻는 것이고, 다른 하나는 은혜의 언약에서 '믿으라 그리하면 구원을 얻으리라'는 명제를 믿음으로 다른 이(그리스도)의 의가 우리에게 전가됨으로써 이루어진다." Turretin, *Elenctic Theology*, 16:2:2.

문에 고난과 굴욕 가운데 낮아지실 일이 남아 있지 않다는 의미이다. 부활은 낮아짐으로부터의 자유이다. 또한 부활은 그리스도께서 이제 모든 사역을 다 완수하여 아버지의 의를 세웠다는 인정과 함께 하늘 보좌로 앉으시며 아버지를 대신하여 다스리는 권세를 주시는 등 아버지로부터 높임을 받으신다는 의미이다. 즉, 부활은 높임의 시작이다. 이제 부활을 통해 그리스도는 칭의되심으로 우리를 위한 칭의를 완성하셨다. 그러므로 그리스도의 칭의는 기독론적 사건이고 구속사적 사건이다.

에드워즈는 신자의 칭의를 정확하게 그리스도의 칭의를 근거로 바라보고 있다. 이것은 우리가 앞서 1장에서도 언급한 바가 있다.

> 신자의 칭의 역시 죄 사함, 즉 죄로 인한 진노에서 용서받는 것뿐만 아니라 의의 상급으로 영광을 누릴 자격을 받는 것을 포함합니다. 이 내용은 성경에 분명하게 나타나는데, 특히 로마서 5:1, 2에서 사도는 이 둘을 칭의 안에 포함된 결합된 유익들(joint benefits)로 언급합니다. "그러므로 우리가 믿음으로 의롭다 하심을 얻었은즉 우리 주 예수 그리스도로 말미암아 하나님으로 더불어 화평을 누리자. 또한 그로 말미암아 우리가 믿음으로 서있는 이 은혜에 들어감을 얻었으며 하나님의 영광을 바라고 즐거워하느니라."[33]

에드워즈에게 있어서, 그리스도의 칭의가 부정적 의에만 국한되지 않은 것처럼, 신자의 칭의도 단순히 있던 죄를 사함 받고 원래의 무죄 상태로 돌아가는 것이 아니라는 점이 중요하다. 부정적

---

33 Edwards, *Justification by Faith Alone*, 19:151. [이탤릭 삽입]; cf. Edwards, *Perseverance of Saints*, (Banner), 2:597-8.

효과와 함께 에드워즈는 "자격을 인정받음"(admittance to a title), "유업"(inheritance), "은혜에 들어감"(access into grace), "하나님의 영광을 바라며 즐거워함"(rejoice in hope of the glory of God)과 같은 긍정적 효과를 강조한다. 그리스도가 대신 죄를 지심으로 우리에게 죄 사함이 있고, 그리스도가 대신 의를 완성하심으로 우리에게 의가 주어진다는 말이다. 1장에서 본 것처럼, 그리스도의 칭의는 우리의 칭의를 위한 "첫 열매"(firstfruits)가 되셨다. 에드워즈가 볼 때, 우리의 칭의의 이중적 효과는 정확하게 그리스도의 칭의에 있는 이중적 효과에서 와야 하기에 그리스도의 의의 전가가 필요하다. (이 점은 본장에서 자세히 다룰 것이다.)

4. 법의 명예(Honor to the Law)

에드워즈는 그리스도의 의의 전가가 꼭 필요한 또 다른 이유로 손상된 법(율법 포함)의 명예가 꼭 회복되어야 할 당위성을 들었다. 법의 중요한 목적 중에 하나는 바로 하나님의 권위와 명예를 담보로 하나님을 예배 받으시기에 합당하신 대상으로 세우는 데 있다.[34] 에드워즈에게 있어서 법의 원래 목적을 회복하는 일은 우리를 대신 하신 그리스도의 중보 사역에 근거한 그리스도와의 연합을 통해 가능하다.[35]

---

[34] 성경에서 율법의 중요한 역할 중 하나는 하나님과 사람 사이에 언약적 성격을 지닌다는 것이다. 율법을 통해 사람이 하나님을 인정하고 예배하게 된다. 창조에 함의된 율법 및 율법의 일반 계시적 특성에 관하여, Cornelius Van Til, *An Introduction to Systematic Theology* (Phillipsburg: Presbyterian and Reformed Publishing Co., 1974), 62-109; Albert M. Wolters, *Creation Regained: Biblical Basics for a Reformational Worldview* (Grand Rapids: Eerdmans, 1985), 12-43을 보라.

[35] 에드워즈에게 있어서 율법의 위치를 잘못 이해하는 학자들이 그를 수정 칼빈주의로 몰아가는 경우를 보게 된다. 한 예로, Allen C. Guelzo는 뉴잉랜드의

에드워즈에 의하면, 그리스도께서 언약적 구도에서 하신 중보직은 법의 관점에서 생각할 때 법의 명예와 권위를 회복하신 일이라고 할 수 있다. (창 2:17을 염두에 두도록 한다.) 그렇다면 그리스도가 어떻게 법의 명예를 회복하셨나? 그리스도가 대속의 죽음만으로 법을 회복한 것은 아니라는 것이 에드워즈가 공을 들여 강조하는 바이다.

> 그리스도께서 우리를 대신하여 법의 형벌을 받으심으로 우리가 형벌을 피할 수 있었듯이, 마찬가지로 그리스도께서 우리를 대신하여 법에 순종하심으로 우리가 상급을 얻을 수 있습니다. 우리를 대신해서 하나가 인정돼야 하는 이유는 다른 경우에 대해서도 같습니다.[36]

에드워즈는 법의 회복을 위해 두 가지 요소를 지적한다. 바로

New Divinity가 Hugo Grotius의 도덕통치설의 영향을 받아 무제한적 속죄설을 낳게 된 원인으로 에드워즈를 주목한다. 그 이유로 Guelzo는 두 가지 이유를 드는데, 하나는 에드워즈가 아담의 원죄 전가를 부인했다는 점과 다른 하나는 모든 죄인은 스스로 회개할 자연적 능력을 갖고 있다고 주장했다는 것이다. 그는 또한 에드워즈가 성경의 언약 개념을 오해하여 그리스도와 택자 사이의 전가도 부인했다고 주장하는 심각한 오류를 범하고 있다. 그러나 에드워즈의 신학과 무제한적 속죄설이나 도덕통치설이 조화를 이루지 않는다는 것은 에드워즈를 의도적으로 왜곡하려는 독자가 아니라면 쉽게 판단할 수 있는 부분이다. 에드워즈의 율법 이해는 17세기 정통주의(Reformed Orthodoxy)의 언약 신학과 정확히 일치함을 분명히 한다. Allen C. Guelzo, *Edwards on the Will: A Century of American Theological Debate* (Middletow, CN: Wesleyan University Press, 1989), 134–35. Guelzo는 또한 19세기 부흥으로 우리에게 잘 알려져 있는 Charles Finney가 에드워즈의 영향으로 도덕통치설 입장을 갖게 되었다고 비난한다. Allen C. Guelzo, "The Making of a Revivalist: Finney and the heritage of Edwards," *Christian History* 7.4 (1998): 28–30.

36 Edwards, *Justification by Faith Alone*, 19:186.

순종(obedience)과 고난(sufferings)이다. 순종은 법의 긍정적 요구이고 고난은 법의 부정적 요구, 즉 형벌을 감당하는 일이다. 우리에게 반드시 전가가 필요한 이유가, 다시 말해 그리스도가 꼭 필요한 것은, 우리는 스스로 형벌을 감당할 수도 완전하게 순종할 수도 없기 때문이다. "그러므로 우리가 형벌을 피하기 위해서는 고난의 죽음이 있어야 했듯이, 법에 근거한 동일한 이유로 우리가 상급을 받기 위해서는 완전한 순종이 필요합니다."[37] 에드워즈는 그리스도께서 우리를 대신하여 두 가지 면에서 법을 이루셨다고 말한다. 하나는 법을 어긴 결과에 대해 법이 정한 형벌(부정의 방법)을 받으신 것이고, 다른 한편으로 아직도 충족되지 않은 법을 완전한 순종(긍정의 방법)으로 성취하신 것이다.

> 그리스도는 하나님 앞에서 사람의 보증이 되셨다. 즉, 그는 사람을 대신하여 원래 사람에게 주어진 법을 이루셨고, 사람을 대신하여 정의를 충족시키셨고, 하나님의 위엄의 명예를 세우셨다.[38]

우리에게는 하나님의 법을 회복시킬 능력이 없기에 에드워즈는 언약 도식을 바탕으로 반드시 그리스도의 법 성취가 우리에게 전가되어야 할 필요성을 지적한다. 하나님의 권위를 담보하고 있는 법은 현실적으로 오직 전가를 통해 그 명예가 회복될 수 있다.

에드워즈를 따를 때, 그리스도가 법의 명예를 회복하시기 위해

---

[37] Edwards, *Justification by Faith Alone*, 19:187.
[38] Edwards, *Perseverance of Saints*, (Banner), 2:599a. 하나님의 손상된 명예 회복과 관련하여 "Miscellanies," No.764a, 18:410를 참고 할 것.

하신 일은 부정적, 긍정적 의로 대변된다. 그중 특별히 긍정적 의에 대한 에드워즈의 강조는 그리스도가 하신 일을 올바로 대변하는 문제와 직결된다. 결국 법의 명예를 회복하기 위해서는 그리스도가 하신 일에 대한 바른 이해가 문제이다. 만일 칭의가 "능동적(active) 의가 없이" 주어진다면, "하나님의 법이 지니는 명예는 충분히 세워질 수 없을 것입니다." 만일 칭의가 부정적 의만으로 주어진다면, "그 정도의 순종으로는 하나님이 자신의 법에서 물러서는 것이 되고 약속했던 상급만 주시는 것이 되어, 하나님의 법은 마땅한 존중과 명예를 결코 회복하지 못하는 것이 됩니다." 그러나 "그리스도께서 법에 복종하시고 순종하심으로써 법과 법을 주신 하나님의 권위에 합당한 큰 명예를 돌리셨습니다."[39]

> 우리는 그리스도께서 행하신 능동적 순종(active obedience)에 의해 칭의 된다. 법을 깨뜨렸기에 그리스도의 고난이 필요했듯이, 법의 명예를 회복하기 위해서 하나님은 그리스도의 능동적 순종이 필요한 것으로 보셨다. 인간이 깨뜨린 법에 하나님의 영원하신 성자께서 자신을 복종시키시고 순종하심으로써 법과 그 법을 제정하신 분의 권위가 크게 높여졌다. 그러므로 우리는 그리스도의 죽으심만큼 그의 순종으로 구원을 얻는다.[40]

에드워즈는 그리스도의 고난만으로는 충분하지 못하다는 점을

---

[39] Edwards, *Justification by Faith Alone*, 19:188. 참고로, 하나님의 법에 합당한 명예를 돌리는 일을 위해 그리스도께서 자신을 복종시키신 것은, 1장에서 말한 것처럼, 그리스도께서 일반적인 경륜적 질서를 넘어서 자발적으로 구속언약에 합의하신 사실을 유념하며 논의에 임하면 좋겠다.

[40] Edwards, "Miscellanies," No. 261, 13:368; cf. No. 322, 13:402-3.

아담의 경우를 들어 비교한다.

> 아담은 죄가 없는 상태인 것만으로는 상급을 받을 수 없었습니다. 만약 그랬다면, 아담은 창조되는 즉시 상급을 획득할 수 있었을 것입니다. 왜냐하면 그는 그때 이미 할 수 있는 가장 무죄한(innocent) 상태였기 때문입니다. 그러나 아담은 능동적 순종을 통해 상급을 받도록 되어 있었습니다. 단순히 잘못을 저지르지 않았기 때문이 아니라, 잘 한 일 때문입니다.[41]

아담의 칭의는 하나님께 온전한 명예를 돌려드리기 위해서는 순종이 필요했었다는 것을 입증한다. 마찬가지로 그리스도의 속죄만으로는 우리가 본래 아담처럼 죄가 없는 상태로 돌아가는 것일 뿐이고, 법은 여전히 충족되지 않은 상태로 남아 있는 것이 된다. 하나님은 여전히 긍정적 측면에서 법에 합당한 명예가 돌려지기를 요구하신다.

> 하나님은 아담에게 복을 주시기 전에 아담의 능동적 순종을 요구하셨다. 아담은 분명히 하나님의 법을 명예롭게 해야 했다. 하나님께서 법을 주신 것은 아담이 법에 순종함으로 하나님께 영광을 돌릴 기회를 주신 것이었다. 하나님은 법에 합당한 명예를 돌리지 않고 지나치는 일이 없도록 여전히 법을 만족시킬 것을 요구하신다. 그리스도는 순종을 통해 아담이 순종을 통해 할 수 있었던 것보다 훨씬 더 큰 명예를 하나님의 법에 돌려드렸으며, 이에 하나님은 분명히 만족하셨다. 명백히 우리는 그리스도께서 심판을 견디심만이 아

41　Edwards, *Justification by Faith Alone*, 19:187.

니라 순종을 통해 하신 일을 통해 칭의 된다.[42]

법에 대해 그리고 하나님께 대해 합당한 명예를 돌려드리기 위해서는 그리스도의 고난과 함께 순종도 필요하다는 것이 에드워즈의 논리이다. "우리는 그리스도의 능동적 순종이 아니면 그리스도의 속죄를 통해 죄책이 없어지는 것만으로는 영생을 받지 못합니다."[43]

에드워즈의 논리대로라면 그리스도의 순종은 애초에 법이 주어진 이유와 맞물려 있었다. 하나님은 인간이 존재하자마자 바로 영생을 주신 것이 아니라, "먼저 인간을 시험의 상태에 두는 것을 합당하다고 여기셨습니다."[44] 에드워즈는 그 이유로 하나님께서 아담에게 선악을 알게 하는 나무를 주셨다고 본다. "아담은 처음 창조되자마자 즉시 초대받은 것이 아니라, 먼저 순종해야만 했다. 그는 순종의 조항을 이행 해야만 했고, 그 후에야 그는 더 이상 이루어야 할 것이 전혀 없이 값없이 초대를 받아, 단지 와서 그냥 먹을 수 있었다."[45] 하나님께서 원하신 것은 인간이 "먼저 하나님의 법에 의지와 행동으로 전적으로 복종하고 온전히 순종함으로써 하나님의 권위에 합당한 명예를 돌리는 것이었습니다."[46] 따라서 하나님께서 법을 주신 것은 바로 아담이 하나님과 사람과의 관계를 기억하도록, 즉 예배와 명예를 돌려야 할 언약 관계임을 기억토록 하기 위함이었다. 법은 명예(긍정적 가치), 즉 순종을 요구하였으나, 아담은 실패하였다. 첫 아담의 순종을

---

42 Edwards, "Miscellanies," No. 161, 13:319; cf. No. 498, 13:540.
43 Edwards, *Justification by Faith Alone*, 19:187.
44 Edwards, *Justification by Faith Alone*, 19:187.
45 Edwards, "Miscellanies," No. 498, 13:540.
46 Edwards, *Justification by Faith Alone*, 19:187.

대신하여 둘째 아담의 순종이 필요하게 된 것이다.

에드워즈에게 있어서 원래 하나님이 인간과 관계하시기 위해 설정하신 언약 구도에서 법은 아담에게 영생을 주시기 위한 방편이었다. 이는 아담에게 "순종을 통해 하나님의 권위에 합당한 명예를 돌려드림으로" 영원한 복락의 상급을 얻을 수 있는 기회를 주시기 위함이었다. 그러나 아담은 하나님께 합당한 명예를 돌려드리는 일에 실패하였고 아담과 그 후손은 모두 영원한 복락을 잃어버린 것이다. 이제 그리스도께서 오셔서 정확히 아담이 애초에 했어야 했던 순종을 이루셨다. 즉, 그리스도의 순종은 "죄인들이 구원과 영생에 부합하도록 하나님의 권위와 법에 합당한 명예를 돌려드리신" 일이다. 에드워즈는 아담-그리스도 대조를 법에 합당한 명예를 회복하는 관점에서 이해한다. 다시 말해 그리스도는 "법을 제정하신 분과 그의 거룩한 법에 합당한 명예를 확실히 하고 세우는" 순종을 드림으로써 인간의 구원을 이루신 것이다.

> 만일 죄인이 죄 값이 치러진 후 능동적인 의 없이 영생이 주어진다면, 법의 명예가 충분히 세워지지 못한 것입니다. 죄인이 고난을 통해 빚을 갚고 시험을 받기 이전과 같은 상태에 이르는 것이 가능하다 할지라도, 이것은 단지 부정적 의 또는 단지 죄책이 없는 상태에 불과합니다. 만일 순종이라는 조건을 이행하지 않고 죄인이 영생을 얻을 수 있다면, 이것은 하나님께서 법을 저버리시고 약속된 상급을 주시는 셈인 것입니다. 이렇게 된다면 하나님의 법은 원래 순종을 통해 돌려지는 존중과 명예를 결코 받지 못하게 됩니다.[47]

---

[47] Edwards, *Justification by Faith Alone*, 19:188.

이것이 구속사적 관점에서 율법의 위치이며 기능이다. 율법은 율법의 명예와 권위에 합당한 가치를 요구하였고, 오직 그리스도의 부정적 방법(고난)과 함께 긍정적 방법(순종)만이 법의 명예를 회복하기에 충분한 가치였다.

> 우리의 마음은 죄인들을 향해 자비를 보이시는 하나님의 거룩한 자비를 시인한다. 그분은 율법의 모든 형벌을 감당하셨을 뿐만 아니라, 율법의 모든 조항을 온전히 이루심으로 율법을 완전히 충족시키셨다. 이는 율법이 성취되어야 하고 충족되어야만 할 것임을 우리가 마음을 다해 인정하는 의미이다. 또한 율법을 세우신 분의 권위를 인정하기에, 우리는 율법에 순종해야 할 무한한 가치를 인정한다. 그렇기에 우리는 그 위대한 분이 그 권위에 복종하고, 그것에 합당한 명예를 돌려드려야 했음도 인정한다. 그는 하나님께 순종하기 위해 종이 되셨고, 하나님의 권위에 끼친 모독을 보상하기 위해 희생이 되셨다. 우리는 거룩한 율법은 반드시 그 명예가 회복되어야 할 가치가 있음을 시인한다.[48]

그리스도의 완전한 순종의 전가를 다루면서 에드워즈는 그리스도의 순종과 아담이 했어야 하는 순종이 동일한 것이 아니라는 것이 문제로 지적될 수 있다는 점을 간파했다.[49] 에드워즈는 아담과 그리스도의 순종이 같은 순종이 아니었어도, 그리스도의 순종은 아담이 깨뜨린 법의 명예를 회복할 수 있었다는 결론을 내린다. 자신의 생명을 내려놓은 그리스도의 순종은 아담이 실패했던 순종이 아니었지만 아

---

[48] Edwawrds, *Concerning Faith*, (Banner), 2:591b.
[49] Edwards, *Justification by Faith Alone*, 19:196.

담의 불순종이 깨뜨린 법의 명예를 회복하였다. 에드워즈에게 있어서 논점이 순종 그 자체에 있는 것이 아니다. 즉, 동일한 순종을 통해서만 법의 명예가 회복되는 것이 아니라, 법을 주신 분의 명예에 초점이 있는 것이다. 즉, 구체적인 순종보다는 법의 긍정적 요구 자체가 충족이 되었는지가 법을 제정하신 분의 권위와 명예와 연관이 있다. (우리는 이 주제를 다시 자세히 다룰 것이다.)

그러므로 에드워즈가 보기에 구속사적 관점에서 율법에 합당한 명예와 존귀를 돌린다는 것은 순종의 종류 문제가 아니다. 여러 다른 이름을 가진 다른 종류의 계명들이 나타나지만 결국 궁극적으로 하나님의 권위와 그분의 명예가 실린 뜻이 핵심이다. 아담은 하나의 특정한 계명에 순종해야했지만 결국 불순종했다. 하지만 이것은 한 계명을 어긴 것이 아니라, 하나님의 명예와 존귀 그 자체를 손상시킨 것이다. 이 맥락에서 에드워즈는 어떤 계명을 어기든지 그 결과는 동일하다는 것을 강조한다. 모든 것은 하나님의 법을 어긴 것이며, 결국 그것은 하나님을 영화롭게 하지 않은 결과로 귀결된다. 그러므로 여기에서 핵심은 어떻게 법 명예를 회복하느냐, 다시 말해 마땅히 하나님께 돌려야 했던 명예를 어떻게 회복할 것이냐가 문제이다. 에드워즈에게 있어서 결국 답은 누가 법이 요구하는 완벽한 순종을 이룰 수 있느냐에 있다. 이에 대해 에드워즈는 그리스도의 삶 전체가 "그의 위대한 순종의 행위"(his principal act of obedience)였다고 주장한다(빌 2:7-9; 히 5:8). 그리스도의 순종은 하나님의 법에 마땅히 드려야 할 명예를 드린 것이다. "바로 이 순종의 행위로 말미암아 신자들은 그리스도 안에서 동일하게 영광의 상을 받으며, 그리스도와 함께 그의 영광에 참여하는 것입니다."⁵⁰ 순종의 전가를 통해 우리 역시 하나님의 법에 합당한 명예를 회복시킨 것으로 인정된다. 에드워즈는 "인간이 했어야 했던 어떤 순종보다 그리스도께서 더 큰 명예를 법에 돌려드렸다"고 설교한다.⁵¹

> 무한한 가치를 지니신 분이 아무런 거리낌 없이 하나님을 자신의 하나님이라 부르시고, 그분을 경배하며, 그분께 순종하셨습니다. 실로 그것은 하나님께 무한한 명예를 돌려드리는 행위였습니다. 이는 아무리 탁월하고 존귀한 어떤 피조물이 할 수 있는 것보다 더 큰 명예를 하나님께 올려드린 것입니다.⁵²

하나님의 법에 합당한 명예가 회복되어야 하는 당위성은 우리에게 전가가 필요함을 지지한다. 그리스도와의 연합 속에서 그리스도의 의의 전가를 통해 우리 역시 동일하게 하나님의 법에 합당한 명예와 존경을 돌릴 수 있게 되는 것이다.

B. 그리스도의 의(Christ's Righteousness)

에드워즈는 칭의를 얻기 위해서 반드시 우리에게 그리스도의 의가 필요하다는 점을 강조하면서, 그리스도의 의가 지니는 의미와 중

---

50   Edwards, *Justification by Faith Alone*, 19:198.
51   Edwards, *Justification by Faith Alone*, 19:188.
52   Edwards, *Justification by Faith Alone*, 19:188.

요성을 구속사적 관점에서 설명한다. 그리스도와의 연합을 통해 우리에게 그리스도의 긍정적 부정적 의 모두가 전가되는데, 에드워즈는 이 이중적 의미가 우리 칭의의 이중적 효과와 직접적인 연관성을 지닌다고 설명한다. 우리는 에드워즈가 칭의의 이중적 효과가 그리스도의 의에 근거함을 밝히기 위해 그리스도의 의를 구속사적 의로 설명하고 있다는 점에 주목하려고 한다.

1. 이중적 의미(Dual Meaning)

에드워즈가 보기에 그리스도의 의는 긍정적, 부정적 의를 동시에 포괄하는 이중적인 의미를 지닌다. 이러한 구별은 그리스도의 중보 사역을 바라보는 에드워즈의 구속사적 관점과 연관이 있다. 에드워즈는 구속사적 관점에서 그리스도의 중보 사역을 두 가지 측면으로 구분하였다. 하나는 그리스도께서 율법에 순종하는 삶을 사셨다는 점이며, 다른 하나는 그리스도께서 우리를 대신해 고난 받으시고 죽으셨다는 점이다.[53] 에드워즈는 이 두 가지 측면이 그리스도의 의를 형성한다고 보았고, 이 이중적 의미는 율법의 구속사적 이해와 맞물

---

[53] 참고로 에드워즈의 전가에 대한 이해가 Turretin과 유사하다는 점을 지적한다. "그리스도의 완전한 의가 전가됨으로써 두 가지 유익이 나타난다. 죄 사함과 생명의 권리를 얻는 것, 즉 양자됨이다. 따라서 의의 전가는 칭의의 근거(foundation)이고 공로적 원인(cause)을 이룬다. 반면 양자됨(adoption)과 사면(absolution)은 칭의의 두 가지 측면이며, 의의 전가의 두 가지 결과로서 이 둘은 서로 분리되지 않는다. … 이 두 가지 유익은 반드시 의의 두 가지 성질에서 흘러나오는데, 즉 그것은 동시에 대속과 공로의 능력을 지니는 것이다. 전자로는 전가된 의가 죄 사함의 근거가 되며, 후자로는 생명을 얻을 권리에 대한 원인이 된다." Turretin, *Elenctic Theology*, 15:4:5.

려 있다.

에드워즈는 그리스도의 삶과 죽음이 우리를 위한 의를 이루는 것은 바로 그리스도께서 율법을 성취하셨기 때문으로 보았다. 율법의 성취 없이는 죄인은 결코 의롭다고 선언될 수 없다는 것이 언약의 영원한 가르침이다(롬 2:13). 그래서 에드워즈는 언약적 구도에서 율법의 역할에 부합하는 중보자가 필요하다고 힘주어 말한다.

> 율법은 명백히 (심판의) 규율입니다. 죄인은 율법에 의거해 정죄됩니다. 율법이 그들을 고발하기에 중보자가 없이는 그들이 구원을 받지 못하는 이유입니다. 왜냐하면 율법의 일점일획도 결코 사라지지 않기 때문입니다(마 5:18). 이것이 심판의 규율입니다. 죄인은 율법을 통해 죄를 깨닫고 구속자가 필요함을 절감하게 됩니다.[54]

그러면 율법은 무엇을 요구하는가? 에드워즈가 볼 때, 율법의 요구는 단순히 율법을 어기지 않는 데에 있지 않다. 다시 말해 율법을 범하지 않은 무죄한 상태, 즉 죄 없는 상태가 아니다. "하나님은 당신의 지혜로 인간이 영생을 확증 받기 위해서는 책망 받을 것이 없는 것만이 아니라 능동적인 의를 행하는 것이 옳다고 보셨습니다." 율법의 요구는 단순히 죄가 없는 것 이상으로 "하나님의 율법에 대해 완벽한 능동적 순종"을 요구한다고 말한다. 문제는 현실적으로 인간은 하나님의 법을 어긴 상태라는 점이다. 에드워즈는 그렇기에 우리 자리에서 오시는 중보자는 이 두 가지 면에서 율법에 응답하셔야 하는데 바로 그리스도의 순종과 고난이 우리에게 필요한 의를 이루신

---

54 Edwards, *Sermon on John 16:8*, 14:397.

것이다.[55]

그리스도께서 우리를 대신해 형벌을 받으셔야만 했던 것은 바로 율법에 응답하기 위함이었습니다. 성경은 이 점을 명백히 가르칩니다. 갈라디아서 3:10, 13에 의하면 율법에 의해 우리가 저주를 받게 됨으로, 그리스도께서 우리를 대신해 저주가 되셨습니다. 10절에서 율법에 기록된 모든 것을 지켜 행하지 않는 자는 하나님의 저주를 받는다고 하며, 동일하게 12절에서는 그 안에서 살기에 앞서서 율법을 다 행할 것을 강조합니다. 두 경우는 서로 깊이 연결되어 있습니다. 율법의 동일한 이유에 의해 우리가 형벌을 피하기 위해서 누군가가 죽음을 겪어야 하듯이, 우리가 상급을 얻기 위해서는 완전한 순종이 이루어져야 합니다. 율법의 요구에 의해 불순종이 죽음으로 이어진 것처럼, 같은 이유로 생명에 앞서 완전한 순종이 필요합니다. 의심의 여지 없이 한 경우에 율법이 성립하는 것처럼 율법은 다른 경우에서도 성립합니다.[56]

에드워즈에 따르면 율법은 형벌과 순종을 모두 요구하기에, 그리스도는 이 두 측면 모두에서 율법을 성취하셔야 했다. "그리스도께서 우리를 대신하셨을 때, 고난받으셔야 했던 동일한 율법에 의해 순종하셔야만 했습니다."[57] 율법에 응답하셨다는 측면에서 동등한 중요성을 지니는 그리스도의 삶과 죽음은 그리스도의 의가 지니는 이중적 – 긍정적, 부정적 – 의미를 형성한다. 우리는 에드워즈에게 있어서

---

55 Edwards, *Sermon on John 16:8*, 14:397.
56 Edwards, *Justification by Faith Alone*, 19:186-87.
57 Edwards, *Sermon on John 16:8*, 14:397.

의의 각 측면이 우리 칭의와 관련하여 각각의 효과를 낳는다는 점에 주목할 필요가 있다. 물론 에드워즈가 부정적 의를 간과하는 것은 아니지만 긍정적 의를 훨씬 더 강조한다는 점을 부인할 수 없음도 아울러 주목할 부분이다. (이 장에서 이 부분을 좀 더 자세히 다룰 것이다.)

먼저 에드워즈가 말하는 부정적 의를 살펴본다. 부정적 의는 "단순히 죄책으로부터 자유로움" 또는 "단지 죄책이 없음"이라는 의미이다. 이것은 에드워즈에게 있어서 전적으로 죄가 없으신 그리스도께서 우리의 보증이자 대표로서 우리를 대신하여 죄와 형벌을 담당하심으로 가능하다. 에드워즈는 그리스도와 신자의 연합을 통해 모종의 교통(commutatio)이 일어난다고 말한다. "신자들은 전에 죄인이었지만 이제 무죄한 것으로 여겨지는 반면, 전혀 죄가 없으신 그는 이제 죄가 있는 것으로 여겨집니다. 죄인들의 몫이었던 빚이 이제 그리스도의 몫으로 넘어갔습니다." 그러나 부활을 기해 부정적 의가 완성되었다. 그리스도가 지었던 죄책이 더 이상 그리스도에게 있지 않는 것이다. 즉, 그리스도는 이제 죄로부터 의로워졌다. "우리의 보증이신 그가 전에는 죄책이 있는 것으로 간주되었고 매어있었지만, 이제는 더 이상 죄책이 없으신 것으로 간주되셨습니다. 즉, 부정적으로 의로워지셨고, 다시 말해 더 이상 죄책이 없으신 것입니다." 그가 부정적 의를 이루심으로 말미암아 "우리의 죄책이 더 이상 그리스도께 있는 것도 아니고 우리에게 있는 것도 아닙니다."[58] 그리스도는 고난을 통해서 부정적 의를 이루어내셨다. 부활을 기점으로 그리스도에게 낮아지심의 사역은 완전히 종결되었다. 그리스도께서 부정적 의를 얻으심의 결과로 우리의 죄 사함이 가능한 근거가 마련된 것이다.

---

58 Edwards, *Sermon on John 16:8*, 14:396.

즉, 칭의의 반이 완성된 것이다. 나머지 반은 긍정적 의를 통해서 완성된다.

에드워즈가 긍정적 의를 강조하는 데에는 타당한 이유가 있다. 부정적 의만으로는 완전한 칭의를 이룰 수 없기 때문이다. 그가 우려하는 것은 속죄만으로는 우리를 단지 무죄한 상태로 회복시킬 뿐이기 때문이다. 여전히 우리에게는 영생을 상급으로 받을 만한 긍정적 근거가 없다. 아담의 시험에서 그러했듯이, 처음부터 영생을 얻기 위한 법적인 근거는 바로 긍정적 의를 성취하는 것이었다.

> 그리스도께서 형벌을 받으시며 우리를 위한 속죄를 이루신 것은 단지 우리의 죄책을 제거하여 우리를 처음 창조 시의 아담과 같은 상태로 돌려놓을 뿐입니다. … 아담이 단지 무죄한 상태였다는 이유만으로 상급[영생]을 받을 수는 없습니다. 만약 그러했다면, 아담은 창조되자마자 즉시 상급을 얻었을 것이다. 당시 아담은 할 수 있는 가장 죄가 없는 상태였기 때문입니다. 하지만 아담이 상급을 받는 것은 순종의 능동성 때문입니다. 단순히 잘못 하지 않은 것이 아니라, 잘 한 것 때문입니다.[59]

아담이 칭의되어 영생을 얻기 위해서 능동적인 순종이 필요했었던 동일한 원리에 의해 그리스도도 의롭다 함을 받기 위해서는 능동적 순종이 필요했다는 것이 에드워즈의 논지이다. 에드워즈는 자신의 논점을 세우기 위해 지속적으로 언약적 관점에서 아담과 그리스도를 대비시키고 있음을 볼 수 있다. 의롭다 함을 받기 위해서는 긍정적 근거가 필요하다.

---

[59] Edwards, *Justification by Faith Alone*, 19:187. [설명 삽입].

에드워즈에게 있어서 그리스도의 의의 긍정적 측면에 대한 강조는 결국 성도의 칭의의 근거로서 반드시 필요하기 때문이다. 그래서 에드워즈는 정교한 논의를 통해 신자의 칭의를 위해서는 부정적 의와 함께 긍정적 의가 반드시 필요함을 강조하였다.

> 그리스도의 속죄를 통해 죄 사함 받은 것만으로는 칭의를 위해 충분하지 않습니다. 이미 말했듯이, 칭의 한다는 것은 단순히 결백하다(innocent) 또는 죄책이 없다(without guilt)는 선언이 아니기 때문입니다. 그것은 해당되는 규율에 대해 옳다는 것, 즉 생명을 얻을 의가 있다는 의미입니다. 자연의 이치와 이성과 하나님의 정하심에 따를 때, 칭의를 위해 필요한 것은 긍정적인 완벽한 의입니다.[60]

에드워즈는 "천국을 사다"(purchasing heaven)라는 표현을 통해 긍정적 의의 중요성을 거듭 강조한다. 그리스도의 부정적 의가 아니라, 긍정적 의가 천국을 살 수 있는 값이 된다.

> 그리스도께서 고난을 통해 이루신 부정적 의(negative righteousness)의 목적은 죄책과 형벌에서 건져내는 것일 뿐 천국을 얻는 권리가 되지는 못합니다. 그리스도의 능동적 의(active righteousness)가 복락을 얻을 수 있는 값이 됩니다. 그리스도의 고난은 죄인을 매임에서 건져내어 그것과 무관한 상태에 두는 반면, 그리스도의 능동적 의가 천국을 삽니다(purchases).[61]

---

[60] Edwards, *Justification by Faith Alone*, 19:190–91.
[61] Edwards, *Sermon on John 16:8*, 14:396.

위의 인용에서 우리는 긍정적 의(positive righteousness) 대신 능동적 (active righteousness)라는 표현을 보게 된다. 에드워즈는 그리스도의 의를 설명하면서 자주 "긍정적"(positive)과 "능동적"(active)을 혼용하는 경향이 있다. 그러나 의미상 큰 차이가 있다기보다는 긍정적 의의 핵심이 능동적 순종을 통해 이루어진다는 뉘앙스(nuance)가 담겨 있는 것으로 이해하면 좋겠다.

에드워즈에게 있어서 "값으로 산 소유"(엡 1:14)는 그리스도의 긍정적 의에 의한 것이다. 에드워즈는 거듭해서 속죄만으로는 "그는 오로지 우리를 지옥에서 건져내신 것일 뿐 우리를 위해 천국을 사지는 못하신 것"이라고 강조한다. 속죄만으로는 "그는 부분적으로만 우리의 구속자가 되시며" 고로 "구속자의 영광의 절반을 빼앗는" 것이다. 온전한 칭의를 위해서는 그리스도의 긍정적 의(값으로 사심)와 부정적 의(형벌을 짐) 모두가 필요하다. 이런 이유에서 에드워즈는 "불완전하지만 진지한 우리의 순종이 영생을 위한 조건이 될 수 있다"는 알미니안의 주장을 반박한다.

> 그들이 말하는 사심 그래서 우리의 불완전한 순종이 용납될 수 있다는 주장은 단지 우리의 순종의 죄악 된 불완전함을 충족하는 것일 뿐입니다. 또는 (결국 같은 의미지만) 우리의 순종이 지니는 죄를 속죄하는 것에 지나지 않습니다. 그러나 이것은 천국을 사신 것이 아니라 단지 우리를 다시 자유롭게 하셔서 이제 우리가 스스로의 힘으로 천국을 소유하도록 하는 것입니다. 그리스도께서 하신 전부는 단지 우리의 빚을 갚아 주신 것일 뿐 어떤 선한 것을 살 수 있는 긍정적인 획득(positive purchase)이 아닙니다. … 이 주장을 따르면 천국에 있는 성도들이 요한계시록 5:9대로 그리스도가 그들을 위해 천국을 사 주셨고, 그들을 하나님께로 구속하셨고, 그들을 왕과 제사장 삼으신

것에 대해 감사할 이유가 전혀 없습니다.⁶²

　에드워즈가 보기에 알미니안의 칭의 도식의 문제점은 그리스도의 의가 가져오는 긍정적인 효력을 인정하지 않는 데 있다. 그들에게 "그리스도께서 하신 전부는 단지 우리의 빚을 갚아 주신 것일 뿐 어떤 선한 것을 살 수 있는 긍정적인 획득(positive purchase)이 아니다." 문제는 그리스도가 하신 일에서 긍정적 의가 인정되지 않는 데에 있다. 이런 맥락에서 알미니안의 주장에 대한 에드워즈의 반박은 한층 더 강화된다.

> 왜 그리스도의 속죄(satisfaction)가 전가되는 것은 괜찮은데, 그리스도의 순종이 전가되는 것은 말이 되지 않는다고 생각하는 것일까요? 그리스도께서 우리를 대신해 율법의 형벌을 받으셨다면, 이 말은 그리스도께서 형벌 받으신 것이 우리에게 전가된 것이고, 우리를 위한 것이고 대신한 것으로 받아들여진 것이고, 마치 우리가 형벌을 받은 것처럼 간주된다는 말입니다. 그런데 왜 그가 하나님의 율법에 순종한 것이 율법의 형벌을 받은 것처럼 합리적으로 우리의 것으로 간주되지 못하는 것일까요? 갚아야 할 빚이 한 사람에게서 다른 사람에게로 옮겨가는 것은 되는데 빚을 위해 빌려주는 것은 왜 합리적이지 않다는 것일까요?⁶³

62　Edwards, *Justification by Faith Alone*, 19:193.
63　Edwards, *Justification by Faith Alone*, 19:186. cf. "조국을 위해 봉사하다 죽은 이의 후손들에게 대체로 정당하게 토지가 주어진다. 후손들은 아무 공로 없이 조상으로 인해 유익을 얻는다. … 이렇게 공로를 법적으로 전가하는 것이나 다른 사람의 공로에서 맺어진 열매를 나누는 행위를 누구도 부당하다고 여기지 않는다. … 후손이 대역죄를 저질렀을 때에도 선조가 유공자일 경우 종종 사면받기

에드워즈가 보기에 속죄만으로 칭의를 얻기에 충분하지 못하다는 것은 아무리 강조해도 지나치지 않다. 부정적 의가 긍정적 효력을 가져올 수 없다. 부정적 의는 결코 칭의의 긍정적 효과, 즉 "천국을 사는" 결과를 낳을 수 없다. 능동적 순종(active obedience)을 통한 긍정적 의(positive righteousness)는 부정적 의와 "동등한 가치"를 지니며 칭의를 완성하기 위해서 반드시 필요한 요소이다.

> 그리스도의 긍정적 의 또는 그가 공로로 얻으신 값은 그가 대속함으로 얻으신 값과 동등한 가치를 지닌다. 실지 그것은 똑같은 값이다. 그리스도께서 피를 쏟으심으로 대속을 이루셨다. 그리스도의 인격이 무한한 존엄을 지니기에 그분이 받으신 고난은 무한한 가치가 있는 것으로 간주되었으며 또한 그것은 유한한 피조물이 받아야 할 영원한 고통과 동등한 것으로 간주되었다. 그리스도께 피를 쏟으신 것은 우리가 손상시킨 하나님의 위엄과 영광에 대한 존중에서 비롯된 것이고 그를 명하신 하나님의 뜻에 대한 존중에서 비롯된 것이다. 그의 순종이 무한한 가치를 지니는 것은 그가 무한한 값을 치르고 순종하셨기 때문이다. 순종을 위해 치른 값이 큰 만큼 그 순종의 가치가 커지는 것은 하나님의 권위를 그 만큼 더 존중한다는 것을 증거하기 때문이다.[64]

에드워즈는 칭의의 이중적 효과, 즉 사함(acquittal)과 용납(acceptance)

도 하고 결코 정의에 어긋나는 일이라고 여기지 않는다. … 하나님은 이 땅의 어떤 입법부나 왕보다 더 큰 권능을 가지고 계셔서 전가된 공로나 대리의 공로를 인정하실 수 있는 권세가 있으시다는 것을 우리는 인정해야 한다." Edwards, "Miscellanies", No. 1237, 23:171-72.

[64] Edwards, "Miscellanies," No. 447, 13:495.

은 그리스도의 의의 이중적 의미, 즉 대속과 사심과 정확히 상응한다고 보았다. 에드워즈가 보기에 바로 그리스도의 무한한 가치가 아버지의 율법과 뜻에 대한 대속과 순종이 되기에 충분한 값이 되셨다. 에드워즈는 한 가지 측면을 강조하기 위해 다른 한 가지를 상실한다면 그리스도의 의와 칭의에 대한 성경적 의미를 파악할 수 없다고 보았다. 부정적 의는 대속의 힘(satisfactory power)을, 긍정적 의는 공로의 힘(meritorious power)을 지닌다. 상급과 용납은 긍정적 의(순종)에 바탕을 두고, 사함과 물림은 부정적 의(대속)에 바탕을 둔다. 이렇게 에드워즈의 그리스도와의 연합 관점은 그리스도의 삶(순종)과 죽음(대속)을 하나의 관점으로 보는 것을 가능케 함으로써 그리스도의 의의 전가가 곧 부정적 의의 전가와 긍정적 의의 전가를 이룸을 설명한다. 그런 의미에서 그리스도의 의가 가지는 두 가지 측면은 정확히 우리의 칭의의 이중적 효과를 위한 근거가 된다.

2. 도덕적 적합성(Moral Fitness)

그리스도의 의의 개념을 이해하기 위한 노력에 있어서 다음과 같은 질문들이 수면 아래에서 늘 제기되어 왔다. 그리스도의 사역의 어떤 면이 하나님께서 보시기에 좋았는가? 그리스도의 의가 어떻게 우리의 영생을 보증하는가? 그것은 오로지 성부와 그리스도와의 상호 합의가 있었기 때문인가? 성부와 성자 간의 언약은 하나의 조약(treaty)인가? 물론 성부께서 약속을 이행하신 것은 구속언약에 명시되어 있기 때문이다. 그러나 에드워즈가 보기에, 성부와 성자 사이의 언약적 결속(covenantal commitment)은 기계적인 합의를 훨씬 넘어서는 것이다. 즉, 그리스도의 의가 영생의 상급을 받기 위한 조건이기에 앞서, 그리스도께 주어진 의는 그의 순종에 대한 상급이었다. 그리스도께서 언약을 이루신 것이 하나님을 기쁘시게 할 만한 도덕적 아름다움(moral beauty)이기에 의가 된다는 것이다. (이 맥락에서 1장에서 다룬 삼위 간의 질서를 기억할 필요가 있다.) 역사 전에 이미 그리스도께서 자신을 낮추시어 구속언약을 맺으신 것과 마찬가지로, 이 땅에서 그리스도께서 행하신 순종은 하나님께서 기뻐 받으실 만한 도덕적 아름다움을 지닌다. 그렇기에 그 순종이 의라고 불리는 것이다. 그리스도의 의는 도덕적 아름다움이다. 에드워즈의 적합성 용어를 따라, 그리스도의 의는 도덕적 적합성(moral fitness)에 해당된다.

에드워즈 신학의 독특한 특징 중의 하나가 적합성 개념이다. 전통적 논의 방식에 얽매이지 않는 에드워즈는 미학적(aesthetic) 개념인 적합성을 사용하여 그리스도의 의 개념을 설명하는 천재성을 발휘하였다. 에드워즈는 이렇게 적합성 개념을 범주화함으로 칼빈주의 신학의 중요한 특징인 하나님의 주도(divine initiative)도 인간의 반응(human response) 관계를 조화롭게 설명할 수 있었다. 에드워즈가 말하는 그리스도의 의 개념을 이해하기 위해서 우리는 도덕적 적합성(moral fitness)과 자연적 적합성(natural fitness) 용어를 이해할 필요가 있다. 에드워즈는 자연적 적합성을 다음과 같이 정의한다.

> 자연적 적합성이란 한 사람 또는 그의 자격과 그의 위치 사이에 자연스럽게 서로 조화를 이루는 상태가 있음을 말한다. 또는 그 위치에 적합한 충분한 능력이 있음을 의미한다. 또는 그 사람이 그 위치에 맞는 자격이 되어 그 위치에 있는 선한 효과가 있을 수 있는 상태를 뜻한다. 또는 그 사람이 그러한

위치에 있음으로 악한 결과가 아니라 선한 결과가 있을 것을 뜻한다.[65]

다른 한편 에드워즈는 도덕적 적합성을 다음과 같이 정의한다.

> 한 사람이 어떤 위치에 도덕적으로 적합하다는 것은, 그의 탁월함 또는 비천함으로 말미암아 그가 그 위치에 있는 것이 정당하다는 것을 의미한다. 그의 탁월함을 존경하여 또는 비천함을 혐오하여 그가 선한 위치에 있거나 악한 위치에 있는 것을 타당하게 여기는 것을 의미한다. 또는 그의 탁월함을 사랑하거나 그의 비천함을 혐오함이 그가 그런 위치에 있는 것이 마땅하다고 여기는 의미이다.[66]

자연적 적합성이란 한 주체와 그 위치의 관계를 말한다. 즉, 이 둘의 서로에 대한 관계가 의도된 질서대로 조화를 이루는가의 문제이다. 다른 한편 도덕적 적합성은 한 주체의 내적 속성과 그의 위치의 문제이다. 즉, 그 주체의 도덕적 자질이 그 위치에 부합하는지의 문제이다. 간단하게 정리하자면, 자연적 적합성은 "하나님께서 질서를 사랑하시고, 혼란을 미워하신다"는 것과 관련된다. 다시 말해 자연적 적합성은 "하나님께서 질서를 사랑하신다는 증거"이다. 다른 한편 도덕적 적합성은 "하나님께서 행동을 사랑하신다는 증거"이다.[67] 그 둘 사이에는 일견 보이는 모습과는 달리 상호 연관성이 없는 것은 아니다.

---

65 Edwards, "Miscellanies," No.647, 18:187.
66 Edwards, "Miscellanies," No.647, 18:187.
67 Edwards, "Miscellanies," No.712, 18:341.

> 도덕적 적합성 또는 부적합성은 자연적 적합성 또는 부적합성을 포함하지만, 자연적 적합성은 꼭 도덕적 적합성을 포함하지는 않는다. 만일 누군가가 도덕적으로 부적합한 상태라면, 그가 용납되는 것은 적합하지 않다. 또한 이 경우는 자연적으로도 적합하지 않다. 하지만 도덕적 부적합성을 제거한다면, 자연적으로는 적합할 수 있다.[68]

도덕적 적합성은 도덕적 특성의 한 부분으로 자연적 적합성을 포함한다. 반면 자연적 적합성은 도덕적 성질을 포함하지 않는다. 이러한 관계와 특징은 에드워즈가 그리스도의 의를 보는 관점에 중요하게 반영된다.

우리가 앞서 파악하기로 그리스도께서 성부와의 언약을 충족하셨기에 그리스도의 의가 신자들에게 영생의 상급을 가져왔다. 이제 에드워즈의 적합성 개념을 바탕으로 앞서 말한 내용을 다시 볼 때 그 내용의 의미와 중요성이 더욱 풍성하게 드러난다. 에드워즈에게 있어서 그리스도의 의는 도덕적 적합성 범주에 해당된다. 그리스도께서 언약의 조건을 성취하실 수 있으셨던 것은 그의 순종이 성부께서 기뻐 받으실 만한 아름다운 것이었기 때문이라는 관점이다. 에드워즈의 적합성 개념을 따르자면, 성부는 "질서에 대한 사랑"보다 그리스도께서 행하신 "행동에 대한 사랑의 증거로" 약속을 수행하셨다. 즉, 그리스도의 의는 단순히 자연적 적합성 뿐 아니라 도덕적 적합성을 지녔다는 점을 에드워즈는 지적한다. 그것이 부정적이든 긍정적이든 그리스도께서 이루신 의를 인정하는 것이 성부의 입장에서 어떤 형식적 생색이나 기계적인 거래가 아니다. 이것은 앞서 1장에서 다룬

---

[68] Edwards, "Miscellanies," No. 712, 18:341.

삼위 간의 경륜적 역할과 언약적 역할을 구분하는 것과 연관된다. 성자께서 이렇게 낮은 자리로 내려오신 것은 그분의 경륜적 질서에 의한 것이 아니었다. 이를 위해서는 성자의 자발적인 동의가 필요했기에 애초에 언약이 필요했던 것이다. 그래서 성부는 성자의 자발적인 참여를 매우 기뻐하셨고 성부께서 언약을 이루신 것은 조약상의 의무 그 이상의 것이었다. 거기에는 성부의 입장에서 성자의 순종의 도덕적 아름다움(moral beauty)을 기뻐하심이 있다. 사실 언약 신학자들은 종종 성부와 성자의 관계를 너무 법률적이고 기계적으로 파악하는 경향이 있다. 율법을 지켰는지, 성취했는지 등 결과가 중요한 나머지 성부와 성자의 인격적 교통을 지나치게 기계적 거래로 보는 문제가 발생할 수 있다. 하지만 에드워즈의 적합성 개념은 성부와 성자 사이의 친밀함과 사랑의 관계를 놓치지 않고 담아낸다. 앞서 개념 정의를 통해 보았듯이, 도덕적 아름다움과 성부의 기뻐하심이 먼저 인식이 되면, 언약적 합의에 담긴 자연적 적합성은 자연히 따라오게 된다. 이 점이 에드워즈가 그리스도의 의를 논하면서 부각하고자 했던 차이점이다. 도덕적 아름다움에 대한 충분한 인식이 반영하지 않는다면, 그리스도의 의는 쉽게 자연적 적합성으로, 즉 단순한 법적 조치로만 인식되기 쉬워진다.

  에드워즈는 그리스도의 의를 오로지 자연적 적합성 관점에서만 볼 때 생기는 문제점을 잘 알고 있었다. 바로 알미니안의 도식이 그 일례로 그리스도의 의를 오로지 계약적/법적 관점에서 이해할 때 자연적 적합성에만 국한되는 모순이 발생한다.

> 알미니안들은 그리스도의 공로를 어떻게 이해하는가? 그들도 그리스도의 공로에 대해 어느 사람처럼 얘기하지만 그리스도의 긍정적 의의 전가는 부

정합니다. 그러나 의나 선말고 무엇으로 공로로 삼거나 마땅한 자격이 될 수 있을까요? 그리스도께서 뭔가를 하셨고, 고난을 받으셨고, 공로를 이루셨고, 뭔가에 대한 합당한 자격이 있으시다면, 그것은 그가 하신 일의 선과 의와 거룩함에 의한 것입니다. 만일 그리스도의 고난과 죽음이 천국을 얻을 공로가 되었다면, 그것은 그가 자기 목숨을 내려놓으신 일에 탁월한 의와 초월적 도덕과 선이 있기 때문입니다. 만일 그리스도께서 탁월한 의의 공로로 우리를 위해 천국을 얻으셨다면, 이 의는 확실히 우리의 것이라 간주되어 우리가 그 유익을 누립니다. 즉, 이는 우리에게 의가 전가되었다는 말과 같은 뜻입니다.[69]

에드워즈가 지나치는 말로써 분석보다는 알미니안을 꼬집고 있긴 하지만 여기에서 드러나는 것은 알미니안은 그리스도의 공로를 도덕적 아름다움으로 보지 못한다는 지적이다. 즉, 알미니안처럼 그리스도의 공로를 사법적 집행이나 법률적 문제로만 바라본다면, 오히려 그리스도의 사역이 갖는 도덕적 성질을 간과하는 오류에 빠진다는 것이다. 그리스도의 의가 오직 계약 규정에 따른 법률적 배상만 하는 것이라면, 이는 그리스도의 의를 자연적 적합성으로만 바라보는 것이다. 이것은 하나님께서 기뻐하셨던 도덕적 아름다움(moral beauty)을 보지 못하는 것이다. 에드워즈는 그리스도의 긍정적 의가 우리를 위해 천국을 사신 것임을 강조한다. 그리스도의 의가 무언가를 얻을 수 있는 합당한 근거가 있다면, 그것은 그것의 긍정적 성질, 즉 도덕적 적합성 때문이다. 에드워즈에게 있어서 그리스도의 의에 공로가 있는 것은 도덕적 아름다움 때문이다.

---

[69] Edwards, *Justification by Faith Alone*, 19:199

에드워즈의 적합성 개념을 바탕으로 법정적 칭의(forensic justification) 역시 설명할 수 있다. 그리스도의 의가 칭의의 유일한 근거라는 말은 도덕적 적합성을 가리키는 직설적(indicative) 표현이다. 칭의를 주시기 위해서 하나님은 도덕적 자격을 찾으셨는데, 그것은 오직 그리스도 안에만 있는 것이다. 에드워즈의 논지에서 두드러지는 특징이 있다면, 하나님께서 그리스도의 의에서 찾으신 도덕적 적합성이 그리스도와의 연합을 통해서 우리에게 있는 것으로 보신다는 것이다. 법정적 칭의는 적법한 근거가 필요한데 그리스도와의 연합을 통해 우리가 소유하게 된 도덕적 적합성이 바로 이 근거를 충족시킨다.

> 인간 안에 있는 어떤 것도 구원의 상태나 또는 그리스도 안에 있는 존재가 되기 위해 꼭 필요한 도덕적 적합성으로 여겨질 만한 것은 없다. 어떤 선이나 복락을 향한 도덕적 적합성(fitness)이나 부합성(suitableness)은 오로지 그리스도 안에만 있다. 우리는 오직 그 안에 있을 때만 또는 그의 가치의 전가에 의해서만 아니면 우리가 갖고 있는 위엄과 가치에 의해서만 적합하고 가치 있는 것으로 여겨진다. 마찬가지로 우리의 행함도 우리가 그의 일부가 될 때 적합하다고 여겨지고, 우리의 잘못도 마땅히 그 안에서 사라진 것으로 여겨진다.[70]

하나님께서 기뻐 받으실 만한 도덕적 성질이 오직 그리스도 안에서 우리에게 전가된다. 다시 말해, 에드워즈에게 있어서 전가는 그리스도와의 연합 안에서 일어난다. 그리스도의 도덕적 적합성이 오로지 그리스도 안에서만 전가된다는 말은 역으로 "우리 스스로의 덕

---

70 Edwards, "Miscellanies," No. 647, 18:187-88.

이나 진지한 순종으로 칭의된다는 교리와 전혀 맞지 않는다."[71] 법정적 칭의는 도덕적 근거를, 다시 말해 그리스도의 도덕적 적합성을 요구한다. 하지만 그리스도의 의와 우리의 덕은 서로 상반되어 (antithetical) 서로를 부정한다. 우리가 우리의 도덕적 적합성을 위해 그리스도를 의지한다면, 이는 우리 자신의 도덕성이 칭의의 근거가 되는 것을 부정한다는 뜻이다. 같은 맥락에서, 그리스도를 우리의 구주라고 고백하는 것은 우리가 우리 자신의 구주가 아니라는 뜻이며, 만일 우리가 우리 자신의 구주라면 그리스도는 우리의 구주가 아니신 것이다. 그러므로 에드워즈는 단호히 칭의의 근거를 조금이라도 우리 자신에게 돌리는 것은 복음을 파괴하는 행위라고 여겼다.

> 사람이 자신의 덕이나 순종으로 칭의 된다고 생각하는 것은 중보자의 명예를 찬탈하는 행위이며, 오로지 그리스도의 의에 돌려야 할 것을 사람의 덕에 돌리는 행위입니다. 그것은 그리스도만이 구세주인 의미에서 사람을 그리스도의 자리에 세우며 스스로를 자신의 구주로 삼는 행위입니다. 그것은 사람을 낮추고 우리의 구원에 대한 모든 영광을 구속자 그리스도에게만 돌리는 복음의 본질과 목적에 위배되는 교리입니다. 그것은 복음 교리인 그리스도의 전가 교리와 맞지 않는 것입니다.[72]

에드워즈가 강조하는 것은 그리스도의 의가 계약 규정을 강조하는 자연적 적합성이 아니라, 도덕적 적합성을 충족시켰다는 것이다. 이런 맥락에서 에드워즈는 그리스도의 의가 가진 긍정적 측면과 그것

---

71 Edwards, *Justification by Faith Alone*, 19:185.
72 Edwards, *Justification by Faith Alone*, 19:185.

이 성부의 기쁨을 산다는 점을 거듭 강조한다. 이렇듯 에드워즈는 도덕적 적합성 용어로 성부와 성자 간의 언약적 관계를 설명함으로써 삼위 하나님 간의 친밀함과 사랑의 교제를 부각시킨다. 이때 그리스도의 의를 보시는 성부의 기쁨은 그리스도와의 연합을 통해 우리를 향한 기쁨으로 유지된다.

3. 순종의 위대한 행위(Grand Act of Obedience)

이제까지의 논의를 통해서 잘 알 수 있듯이 에드워즈는 그리스도의 의의 이중적 의미와 칭의의 이중적 효과 사이에 밀접한 연관성이 있음을 매우 정교히 설명한다. 더욱 흥미로운 점은 에드워즈가 전통적으로 수동적 순종(passive obedience)으로 알려진 대속(satisfaction)을 순종의 맥락에 포함시킨다는 점이다. 이는 우리가 앞서 1장에서 살펴본 통합적 언약관과 일치하는 부분이다. 행위의 요소가 (아담의) 행위언약과 (그리스도의) 은혜언약 사이를 꿰뚫고 있듯이, 그리스도의 삶 전체를 순종이라는 관점으로 파악하는 것은 에드워즈의 언약관과 일관된다.

그리스도의 삶 전체를 하나의 위대한 순종으로 파악하는 에드워즈의 관점은 중요한 의미가 있다. 앞서 구속언약을 다룰 때 언급했듯이 이 땅에서의 그리스도의 삶 전체를 한마디로 "순종"이라고 할 수 있다. 성부와 맺은 언약에 그리스도께서 신실하게 복종하신 것에 그의 완전한 순종이 드러난다. 이런 점에서 볼 때 그리스도께서 십자가에 달려 죽으심 또한 성부께 대한 순종의 한 부분임이 분명하다.

> 여기에서 분명히 드러나는 사실이 있습니다. 그리스도의 죽음이 의(righteousness)나 순종(obedience)이란 단어에 담겨 있다면 그것은 단순히 속

죄(propitiation)나 어긴 율법에 대해 우리를 대신해 형벌을 받는 것이 아닙니다. 그것은 자발적으로 순종하시고 스스로 고난을 받으신 것으로서 성부의 명령에 대한 순종의 행위요 그래서 긍정적 의와 도덕적 선의 한 부분인 것입니다.[73]

이렇듯 에드워즈는 그리스도의 고난을 순종의 행위로 본다. 왜냐하면 그리스도께서 자발적 의지를 통해 고난에 자신을 복종시키셨기 때문이다. 그렇다고 해서 우리는 에드워즈가 그리스도의 속죄 사역의 중요성을 간과했다고 오해해서는 안 된다. 특히 "문집"(Miscellanies) No. 791에서 에드워즈는 "(1) 그의 인격과 위치가 가지는 무한한 높음과 존귀함, (2) 그가 당하신 고난과 굴욕의 정도"를 근거로 십자가 사건이 그리스도의 나머지 생애 전체보다 더 중요하다고 힘주어 말한다. 여기에서 우리가 주목할 것은 에드워즈가 그리스도의 죽음을 "성부의 명령에 대한 순종의 행위"로 본다는 점이다. 총체적으로 볼 때 그리스도의 삶 전체는 하나의 위대한 순종으로 압축될 수 있으며, 이 위대한 순종의 행위에 근거하여 그의 의가 성립한다는 것이다. 에드워즈는 로마서 5:18-19 주석에서 의와 순종이 밀접하게 서로 연관된다고 밝힌다.

> 앞 구절에서 우리는 그리스도의 의로 칭의되었음을 말합니다. 즉, 여기에서 언급되는 의를 단순히 형벌의 고난을 받으심으로 속죄를 이루신 것만으로 이해할 수 없다는 겁니다. 다음 구절에서는 다른 표현으로 그리스도의 순종으로 말미암아 우리가 칭의되었다고 강조합니다. … 이 구절들은 우리는 그

---

[73] Edwards, *Justification by Faith Alone*, 19:194.

리스도의 순종으로 얻어진 의로 말미암아 칭의되었음을 보여 줍니다. 다시 말해 우리는 그리스도의 순종으로, 즉 하나님 앞에서의 그분의 의와 도덕적 선으로 의로워졌고 칭의되었습니다.[74]

에드워즈의 논지는 매우 단순하다. 우리는 그리스도의 순종으로 칭의되었다는 것이다. 에드워즈는 그리스도의 의를 순종이라는 단어로 요약하였다. 그리스도의 순종은 하나님이 보시기에 도덕적 적합성(moral fitness)을 지니며, 그것은 하나님의 기쁨을 자아낼 만하고, 그의 순종의 도덕적 아름다움은 우리를 위해 하나님의 호의를 살 공로가 될 만하고, 그의 순종의 부정적, 긍정적 의는 칭의의 이중적 효과의 근거가 될 만하다. 한마디로 에드워즈의 핵심은 그리스도의 순종이 우리를 위한 의의 총합이라는 것이다.

> 의를 죄와 도덕적 악에 반대되는 것으로 말할 때 도덕적 선이 아니면 뭐겠습니까? 침범에 반대되는 의가 기쁘게 하는 행동이 아니면 뭐겠습니까? 순종을 불순종에 반대가 되는 것 또는 명령을 반하는 일이라고 할 때 긍정적 순종이나 명령을 실제적으로 지키는 것이 아니면 뭐겠습니까?[75]

에드워즈는 여전히 그리스도의 의의 이중적 의미를 견지하지만 그리스도의 순종이 그리스도의 의를 이룬다는 의미에서 그리스도의 대속을 그의 순종의 일환으로 보았다. 에드워즈가 볼 때 그리스도의 삶에서 순종과 고난은 서로 분리되는 요소가 아니다. 에드워즈는 그

---

[74] Edwards, *Justification by Faith Alone*, 19:193.
[75] Edwards, *Justification by Faith Alone*, 19:194.

리스도의 순종을 능동적 순종과 수동적 순종으로 구분하는 전통적 관점, 즉 순종(obedience)과 대속(satisfaction)을 구분하는 관점에 매몰되지 않았다.[76] 오히려 에드워즈는 그리스도의 순종이 그의 의를 낳았다는 사실에 시선을 돌렸다.

> 우리가 그것을 능동적이라 부르던, 수동적이라 부르던 현재의 논의는 달라지지 않습니다. 단어를 통해 명확히 알 수 있듯이, 그것은 불순종에 대한 속죄(atonement)나 불의에 대한 대속(satisfaction)에 국한되지 않는 것이 분명하며, 오히려 긍정적 순종과 의와 도덕적 선의 의미로써 우리를 칭의하고 또한 의롭게 합니다. 왜냐하면 *의*와 *순종*이란 두 단어가 쓰이는데 죄와 불순종과 침범에 반대 의미로 쓰이기 때문입니다.[77]

에드워즈는 능동적-수동적 이분법을 거부한다. 그것은 그가 볼 때에 성경에 근거하지 않은 인위적 구분이기 때문이다.

---

[76] Hodge에 따르면 루터란들도 칭의는 죄 사함과 의의 전가로 이루어졌다고 본다. 그럼에도 불구하고 그들이 수동적-능동적 순종을 구분하는 것을 문제로 지적한다. "이러한 교리는 일치신조(Form of Concord)에서 그리스도의 수동적 능동적 순종을 예리하게 구분하는 데 바탕을 둔다. 전자는 우리 죄로 인한 형벌의 사면을 가리키며, 후자는 우리가 영생을 얻게 됨을 가리킨다." 그러나 Hodge는 에드워즈처럼 나누는 것에 대해 우호적이지 않다. "그러나 성경은 이런 구분을 하지 않는다. 우리의 칭의 전부가 한편으로는 그리스도의 보혈과 연관이 있고, 다른 한편으로는 그리스도의 순종과 연관이 있다. 그것이[수동적-능동적 순종으로 나누는 것] 말이 안 되는 것은 그의 순종의 면류관에 해당하며 그것이 아니면 나머지 전부가 무의미해지는 것이 그가 우리를 위해 당신의 생명을 내려놓은 것이기 때문이다. Charles Hodge, *Systematic Theology* (Grand Rapids: Eerdmans, reprint 1995), 3:161. [설명 삽입].

[77] Edwards, *Justification by Faith Alone*, 19:193-94.

그러므로 인위적으로 능동적, 수동적 의를 구분할 필요가 없으며 이것은 오히려 성경의 의미를 해하는 것입니다. 다른 어떤 것과 마찬가지로 성경에 의해 명백한 것은 즉 그리스도의 긍정적 순종, 하나님의 명령을 실질적으로 따르신 행동, 그의 태도가 하나님의 명령에 부합하여 하나님 보시기에 매우 기뻐하시는 것 등의 도덕적 선의 관점에서 신자는 그리스도의 의와 순종으로 칭의된다는 겁니다. … 이것은 어떤 사람이 명령을 이행하기 위해 힘든 일을 하는 것 또는 어려운 노동을 하는 것과 같은 종류의 순종이며 같은 성질의 것입니다. 그러므로 이 순종들을 구분해서 마치 서로 다른 본질을 가진 것인 양, 능동적, 수동적이라는 반대되는 용어를 사용해 구분해야 할 필요는 전혀 없습니다. 만약 구분을 한다면 쉬운 명령에 순종하는 것과 어려운 순종이 있을 수 있습니다. 그러나 이로부터 두 종류의 순종으로, 하나는 능동적 순종, 다른 하나는 수동적 순종으로 나누는 어떤 근거가 있을까요? 성경 저자 누구의 마음에도 이런 구분은 있지 않았습니다.

최근 들어 어떤 사람이 인간 사회의 법에 순종하기를 거부하여 법이 정한 형벌을 받을 때 이를 가리켜 수동적인 순종이라고 부르기는 합니다. 하지만 이것은 순종이라는 단어를 현대식으로 쓰는 것일 뿐 이러한 용법은 성경과 완전히 낯선 단어의 뜻입니다.[78]

에드워즈가 그리스도의 삶을 총체적 관점에서 읽고자 함에 있어서 그의 논조가 꽤 단정적인 것은 그다지 놀랄만한 일은 아니다. 그가 말했듯이, "성경 저자 누구의 마음에도" 이러한 능동적, 수동적인 구분은 있지 않았다. 그런 구분은 성경과 맞지 않는다. 에드워즈가 보기에 그리스도의 사역을 설명하기 위해 "능동적, 수동적 같은 서로

---

[78] Edwards, *Justification by Faith Alone*, 19:194-95.

반대되는 용어를" 사용할 이유가 전혀 없었다. 이것이 각각 "서로 다른 본질을 지닌 것"이 절대 아니기 때문이다. 에드워즈는 이러한 구분에 대한 적합한 근거가 있는지 의문을 품는다. 에드워즈가 보기엔 능동적이든, 수동적이든, 결국 그것이 순종이라는 점은 틀림없다. 본질적으로 에드워즈는 이 구분은 정도의 문제라고 보았다. 그러나 어떤 순종이 더 쉽고 어떤 순종이 더 어려운지는 성경적 근거를 전혀 찾을 수 없다. 에드워즈는 율법의 형벌을 지는 것에는 초점을 맞추면서 율법을 지키는 것의 중요성은 등한시하는 경향을 날카롭게 파악한다. 하지만 이렇게 편중된 방식으로 순종을 이해하는 것은 성경적 가르침이 아니라고 그는 판단했다. 이러한 태도는 신앙의 나태함이나 아니면 율법주의 중 하나로 귀결되게 마련이다.

에드워즈의 논지에 의하면 대속(satisfaction)과 순종(obedience)의 그리스도의 삶 전체를 결국 순종으로 종합할 수 있는 것은 바로 법(율법 포함)의 본질과 연관된다. 에드워즈는 긍정적 조항으로 되어 있는 모든 법은 하나님의 하나의 위대한 법의 한 부분이라고 보았다. 법의 다양한 조항들은 구체적 상황에 따라 다양한 형태로 나타났다. 예를 들면 아담에게는 열매를 먹지 말라는 명령이, 아브라함에게는 이삭을 바치라는 명령이, 유대인들에게는 할례가, 신약에는 성례가 있었다. 그러나 이 모든 법 조항들은 결국 하나님의 하나의 위대한 법, 즉 도덕법(the moral law)으로 귀결된다. "이 모든 것들은 사실상 하나의 위대한 규율인 도덕법, 즉 우리가 하나님께 순종하고 하나님께서 우리에게 명령하신 것에 복종해야 하는 것으로 귀결됩니다."[79] 하나님께서 우리에게 내리신 다양한 명령들을 통해서 하나님은 항상 우리

---

79   Edwards, *Justification by Faith Alone*, 19:197.

의 순종을 받으신다. 이런 맥락에서 에드워즈는 "도덕법은 사실상 가능한 모든 경우에 있어서 모든 올바른 행동들을 포함한다"고 주장한다.[80] 법의 핵심은 순종이다. 이런 맥락에서 그리스도의 삶 전체는 부정적, 긍정적 방식으로 법의 본질에 대해 순종함으로써 법을 이루었다고 결론지을 수 있다.

이 맥락에서 에드워즈는 혹시 있을 수 있는 반론, 즉 "우리가 필요한 것은 오직 우리가 순종에 실패하여 깨뜨린 바로 그 법을 그리스도께서 우리를 대신하여 순종하시는 것"이었다는 주장을 인정한다. 왜냐하면 그리스도의 순종은 우리가 실패한 바로 그 순종을 대신하는 것이 아니었기 때문이다. (이 장의 앞부분에서 이 주제에 대해 간략히 다루었다.) 에드워즈는 "아담이 원래 순종했어야 했던 것과 반드시 같은 법에 그리스도가 순종하셔야 할 필요는 없었다"고 보았기에, "긍정적 법 조항이 빠지거나 덧붙여져서는 안 된다"고 생각하지는 않았다. 중요한 것은 순종의 특수한 상황이 아니라, 법 조항에 담긴 정신, 즉 순종 그 자체가 중요한 것이다. 다시 말해 핵심은 입법자이신 하나님의 권위와 뜻이 실제로 지켜졌는가 하는 점이다.

> 우리가 타락하게 된 불순종의 행위는 선악을 알게 하는 나무의 열매를 먹지 말라는 긍정적 계명에 대한 불순종으로 그리스도는 이 조항에 결코 처했던 적이 없었듯이, 우리가 구원받게 된 순종의 행위는 자신의 생명을 내려놓는 긍정적 계명에 대한 순종으로 아담은 이 조항에 결코 처했던 적이 없었습니다. 긍정적 계명이 있어서 아담과 그리스도의 순종 모두를 시험하는 것이

---

80 Edwards, *Justification by Faith Alone*, 19:197. 에드워즈는 "복음의 계명", "복음의 의무"를 도덕법에 속한다고 본다. cf. "Miscellanies," No. 343, 13:416-17.

적합합니다. 그런 계명은 순종을 시험하기에 가장 최고로 적합한 것입니다. 왜냐하면 (계명 그 자체의 특성이 아니라) 그 계명 속에 담긴 입법자의 권위와 뜻만이 순종의 유일한 근거이기 때문입니다. 그러므로 계명은 그 권위와 뜻에 대한 한 사람의 존중을 알 수 있는 최고의 시험입니다.[81]

아담과 그리스도를 시험했던 것은 입법자의 권위와 명예가 담겨 있는 계명이었다. 여기에서 문제가 되는 것은 입법자이신 하나님의 권위와 명예이다. 그러므로 에드워즈가 보기에 중요한 것은 아담과 그리스도의 순종은 모두 궁극적 의미에서 볼 때 하나님의 명예와 권위를 인정한다는 표현이었고 바로 그리스도의 순종이, 법의 성질에 따라, 하나님의 권위와 명예를 회복했다는 부분이다. "그러므로 아담에게 주셨던 긍정적 계명과는 달랐지만, 그리스도께서 자신의 생명을 내려놓으신 순종으로 우리가 칭의되었다."[82] 그러나 에드워즈가 보기에 둘 사이에 유일한 차이는 바로 그리스도의 순종은 회복되어야 할 것의 가치를 훨씬 넘어선다는 점이다.

---

81 Edwards, *Justification by Faith Alone*, 19:196. 에드워즈는 "Miscellanies" No. 381에서 이를 거의 같은 말을 한다. "아담이 순종했어야 하는 법과 정확히 똑같은 법을 그리스도께서 지키셔야 할 필요는 없었기에 어떤 계명이 부족하거나 보충될 필요는 없었다. 금단의 열매를 먹지 말라는 계명이 빠지자 제의법이 추가되었지만 요구되는 핵심은 바로 완전한 순종이었다. 이 순종의 요소만 같다면, 법의 긍정적 계명이 같은지의 문제는 중요하지 않다. 그리스도께서 특히 중보자로서 받으셔서 순종해야 할 자신의 생명을 내려놓는 계명은 사실 무한히 더 어려운 것이었다. 이것은 바로 그리스도의 순종의 중요한 행동이었고 다른 무엇보다 우리의 칭의와 연관이 있는 것이었다." 모든 긍정적 계명들은 동일한 도덕법이다. 단지 조건의 차이가 있을 뿐이다. cf. "Miscellanies," No. 399, 13:464. cf. *Sermon on John 16:8*, 14:399.

82 Edwards, *Justification by Faith Alone*, 19:198.

> 그리스도께서 순종하셔야 했던 긍정적 계명은 사실 손상보다 훨씬 큰 것이었습니다. 왜냐하면 생명을 내려놓는 명령이 그의 순종의 주된 행위인데 이것은 무한대로 훨씬 더 어려운 일이고 그 어떤 무엇보다 우리의 칭의와 연관이 있기 때문입니다. … 이 순종에서 그리스도께서 하나님께 보인 존중과 하나님의 권위에 그가 드린 명예는 비례에 맞게 컸습니다.[83]

하나님의 법은 본질적으로 완전한 순종을 요구하였고 그리스도만이 그것을 입증할 수 있었다.

그러나 이렇게 에드워즈가 그리스도의 삶 전체를 하나의 위대한 순종으로 파악한 것이 결코 그리스도의 고난의 의미를 과소평가한 것은 아니었다. 에드워즈가 보기에 그리스도의 삶 전체는 동시에 속죄(propitiatory)와 공로(meritorious)의 의미를 지닌다. "문집"(Miscellanies) No.496, 497에서 에드워즈는 그리스도께서 순종을 통해 성부께 대해 중보자의 직임을 다하셨음을 강조한다. No.449에서 에드워즈는 "율법에 기록된 희생제사들은 그리스도의 희생을 나타내는 예표이며, 대속만 아니라 공로적 순종이 된다"며 그리스도의 희생이 순종이었음을 확언하고 있다. 그는 자신의 관점을 계속해서 피력하기를 "그리스도의 희생의 가치는 무한하며 속죄(propitiation)인 동시에 순종(obedience)의 행위이다. 이때 그리스도는 무한한 가치를 가진 자신을 드림으로써 하나님의 위엄, 거룩함 등에 대해 무한한 존중을 표현하였다." 에드워즈는 "성경적으로 볼 때 그리스도의 고난은 이중적 의미를 지닌다며 … 그리스도의 고난은 죄에 대한 대속(satisfaction)과 속죄(propitiation)의 의미를 동시에 지닌다. 그리스도께서 성부의 법과 명

---

83 Edwards, *Justification by Faith Alone*, 19:196.

령에 대한 순종으로 자발적으로 고난에 자신을 드렸으며 적극적으로 그들의 입장에 자신을 드림으로 그것이 의로 인정되었고 그리스도의 능동적 순종의 일부로 간주되었다."[84] 더불어 시편 40:6-8, 요한복음 10:17-18, 18:11의 성경 구절을 근거로 에드워즈는 그리스도의 삶 전체가 속죄(propitiatory)인 동시에 공로적(meritorious) 의미를 지닌다고 보았다.

> 우리는 그리스도의 죽음으로 구원을 얻은 만큼, 그가 자신을 죽음에 내주신 것은 순종의 행위였고, 또한 우리 죄를 위한 속죄(propitiation)이기도 했습니다. 그리스도께서 전생애를 통해 행하신 공로적 순종의 행위가 공로가 되는 유일한 순종의 행위가 아니듯이, 죽음이 속죄를 위한 유일한 고난이 아닙니다. 그리스도의 모든 순종의 행위가 공로이듯이, 그의 생애 동안 받으신 고난 전체가 속죄입니다. 사실 죽음은 그의 순종의 중요한 행위였던 것만큼 그의 고난도 중요한 행위였습니다.[85]

여기에서 에드워즈는 다음 논지로 넘어간다. 그리스도의 피는 부정적 의를 이룰뿐만 아니라 긍정적 의를 이룬다. 즉, 그것은 속죄(propitiatory)가 될 뿐만 아니라 공로적(meritorious) 의미를 동시에 지닌다. 이에 대해 오해해서는 안 된다. 의에는 긍정적, 부정적, 두 가지 측면이 있다. 앞에서 언급한 것처럼, 어드워즈는 그리스도의 죽음에 긍정적, 부정적 의 모두가 있다고 보았다.

---

[84] Edwards, *Justification by Faith Alone*, 19:195.
[85] Edwards, *Justification by Faith Alone*, 19:198.

그러므로 그리스도의 죽음이 어떻게 속죄를 이룰 뿐 아니라 영생의 공로가 되는지 압니다. 어떻게 그리스도의 피가 우리를 죄에서 구속할 뿐 아니라, 우리를 하나님께로 구속하는지 압니다. 이런 맥락에서 성경은 모든 곳에서 구원의 전부를 그리스도의 피 때문인 것으로 돌립니다. 이 보혈은 천국을 살 만한 값이 될 뿐만 아니라 우리를 지옥에서 구속하는 값이기도 합니다. 그리스도의 긍정적 의, 또는 그의 공로로 얻은 값은 그가 치를 대속의 가치와 동일합니다. 왜냐하면 실상 그것은 같은 값이기 때문입니다.[86]

에드워즈는 분명 십자가를 절정(climax)으로 여긴다. 십자가는 공로(meritorious)인 동시에 대속(propitiatory)이며, 값을 치르고 산 것임인 동시에 이때 필요한 값이기도 하다. 그가 말한 "영생을 얻은 공로", "하나님께로 구속됨", "천국을 삼"과 같은 표현들은 명백히 그리스도께서 죽음으로 얻으신 긍정적 의를 가리킨다. 에드워즈는 보통 이러한 긍정적 의를 그리스도의 순종에 속한다고 본다. 에드워즈는 그리스도의 죽음을 긍정적, 부정적 의를 가져온 사건인 동시에, 그리스도의 순종의 절정이라고 보았다. 그리스도의 죽음에 긍정적 의미를 돌리는 것이 틀림없이 에드워즈의 의도인 것은 그 죽음이 그리스도의 순종의 절정이기 때문이다.

그리스도의 속죄 사역은 분명히 하나님이 보시기에 도덕적 아름다움을 지니는 것으로 단순히 냉정한 거래에서 지불된 몸값은 아니다. "왜냐하면 그의 생명을 내려놓는 행동에는 매우 탁월한 의와 뛰

---

[86] Edwards, *Justification by Faith Alone*, 19:198. "Miscellanies," No. 452, 13:498에서 에드워즈는 그리스도의 희생(sacrifice)을 긍정적 의로 여긴다.; cf. *Sermon on John 16:8*, 14:400.

어난 도덕적 선이 있기 때문이다."[87] 그리스도의 죽음은 대속의 사역이 분명하지만 공로가 없는 것이 아니다. 에드워즈는 그리스도의 죽음은 하나의 순종의 행위인 그의 전 생애의 절정이라고 결론 내린다.

4. 능동성과 자발성(Active and Voluntary)

앞에서 본 바와 같이 에드워즈가 그리스도의 삶 전체를 순종에 담은 것은 에드워즈의 언약 관점과 밀접하게 연관된다. 이때 에드워즈에게 있어서 중요한 것은 그리스도의 순종이 공로가 되는 것은 본질적으로 능동적(active)이고 자발적(voluntary)이기 때문이다. 에드워즈는 그리스도의 순종이 공로가 되는 이유를 다음과 같이 설명한다.

> 우리가 예수 그리스도께서 실제로 사람이 되신 것을 볼 때, 단지 그 이유만으로 그리스도께서 하나님의 종이 되신 것은 아니다. 단지 그 이유만으로 그리스도께서 하나님의 권위에 복종하시어 율법이 주어진 것은 아니다. 그는 영원한 로고스와 같은 분이시며 하나님과 동등하시기 때문에 단지 그 이유만으로 하나님의 율법과 계명에 복종하신 것은 아니다. 그러므로 그리스도께서 종이 되실 수 있었던 타당한 근거는 바로 동의 또는 언약에 의해서다. 그리스도는 자발적으로 자신을 복종하시어 귀가 뚫리는 종의 위치에 서시었다. 그렇기에 그리스도의 순종이 마땅히 공로를 가지는 것이다.[88]

이 문맥에서 우리는 에드워즈가 삼위 간의 경륜적 특성과 언약

---

[87] Edwards, *Justification by Faith Alone*, 19:199.
[88] Edwards, "Miscellanies," No. 454, 13:499.

적 특성을 구분하고 있음을 알 수 있다. 그리스도께서 우리의 중보자가 되시고자 한 언약적 결단은 사실 경륜적 특성에 바탕을 두고 있다. 그러나 1장에서 보았듯이 그리스도께서 율법과 성부께 하신 순종을 단순히 경륜적 역할에 따른 기계적이고 자동적인 일로 생각해서는 안 된다. 에드워즈는 한편으론 "그는 영원한 로고스와 같은 분이시며 하나님과 동등하신" 분이심을 강조하면서, 다른 한편으론 그리스도의 순종이 성자의 입장에서 능동적이고 자발적인 순종이었다는 점이다.[89] 그리스도께서 언약에 임하시며 보이신 능동성(activeness)과 자발성(voluntariness)은 이 땅에서 행하신 모든 순종을 뒷받침 한다. 그분의 능동적, 자발적 순종만이 그리스도께서 우리의 중보자가 되실 수 있는 가장 적합한 길이었다.

에드워즈는 율법의 본질을 바탕으로 그리스도의 순종이 왜 능동적이고 자발적이어야 했는지 설명한다.

---

[89] 에드워즈는 그리스도께서 율법에 순종하신 것이 능동적이고 자발적인 것이었음을 강조한다. "그리스도께서 순종하신 명령들은 세 가지 율법의 범주로 구분된다. (1) 그리스도께서 단순히 인간으로서 복종하셨던 법은 도덕법(moral law)이었다. (2) 그리스도께서 유대인으로서 복종하셨던 법은 제의법(ceremonial law)과 그 국가에 속한 긍정적 조항들이었다. (3) 중보법(mediatorial law)은 그리스도께서 중보자로서 복종하셔야 할 하나님의 명령들을 포함하는데, 여기에는 기적을 행하고 여러 교리들을 가르치고 공적 사역의 수고를 하고 고난을 받는 등의 일을 하기 위해서 성부께서 주신 모든 계명들이 포함된다. 그리스도께서 늘 말씀하셨듯이, 그리스도는 이 모든 일을 성부의 뜻에 합하도록 행하셨으며 성부의 모든 명령에 순종하셨다. 자신과 자신을 믿는 모든 자들을 위해 천국을 획득하신 그리스도의 의는 이 셋 중 마지막에 대해 순종한 것이다. 이 중보법을 성취하는 것이 그가 이 땅에서 하신 가장 큰 사역이었다. 그리고 이 순종은 가장 큰 고난과 역경을 수반하였으며, 그래서 이 순종은 가장 큰 공로가 된다." Edwards, "Miscellanies," No. 794, 18:496.

의의 관점에서 볼 때 모든 순종은 사실상 능동적인 것이고 명령을 자발적으로 따르는 것입니다. 어려움 없이 행하든지 아니면 매우 힘들고 어렵게 행하든지 관계없이 그것이 순종, 의, 또는 도덕적 선이라면, 반드시 자발적이고 능동적인 것으로 여겨져야 합니다. 누군가가 어려운 난관과 고난을 감수해야 하는 명령을 받았을 때, 이 명령을 받아들여 자발적으로 그것을 행하였다면, 그는 제대로 순종했다고 말할 수 있습니다. 그가 명령을 받아들여 자발적으로 행한다는 의미에서, 순종은 어찌 되었건 능동적인 것입니다. … 율법에 그런 조항이 명시되어 있지 않다면, 누군가가 고통스럽게 형벌을 받았고, 능동적이고 자발적인 것이었다 할지라도, 그것은 순종이라 부를 수 없습니다. 물론 어떤 의미에서 누군가가 율법의 형벌을 받는 것으로 율법을 지킨 것이라 할 수 있을 것입니다. 하지만 율법 계명에 대해 능동적이고 자발적으로 지킨 것 외에는 어떤 다른 것도 순종이라 부를 수는 없습니다. 성경에서 자주 나타나는 순종이라는 단어는 언제나 하나님께서 사람에게 주신 율법과 관련해서만 사용되지, 결코 다른 맥락에서는 사용되지 않습니다.[90]

---

[90] Edwards, *Justification by Faith Alone*, 19:194-95. 에드워즈는 아담과 우리의 경우 모두에 있어 적극적인 순종이 중요하다는 것을 강조하면서 다음과 같이 설명한다. "아담이 무죄한 상태라는 이유만으로 그가 복락을 얻을 수는 없었다. 만약 그러했다면 시험의 과정 없이 영원한 복락이 주어졌을 것이다. 그러나 아담은 적극적 순종을 통해서만 복락을 얻을 수 있었다. 다시 말해 아무런 잘못을 하지 않는 것 때문이 아니라, 잘 한 것 때문이었다. 같은 이유로 우리는 그리스도의 죽음을 통해 죄책에서 해방된 것만으로 (이는 아담의 첫 상태와 같다) 구원을 얻을 수 없으며, 오로지 그리스도의 적극적인 순종과 잘 하신 일 때문에 구원을 얻는다. 그리스도는 아담의 역할을 다시 담당하셨다. 이제 신자는 그리스도와 연합하였기에, 성부께서 둘을 하나로 여기신다. 그리스도와 신자들은 하나이기에, 그리스도께서 순종하여 행하신 일은 이제 신자들의 것이다. 신자들이 복락을 누리는 것은 그의 머리요 신랑이 하신 일이 잘 한 일이고 가치 있는 일이기 때문이다. 이것이 기독교의 위대한 교리이다." Edwards, "Miscellanies," No.s, 13:173-74.

에드워즈는 "의의 관점에서 볼 때 모든 순종은 사실상 능동적인 것이고 명령을 자발적으로 따르는 것"이라고 주장하면서, 순종의 긍정적인 성질을 강조한다. 심한 고난을 겪느냐 아니냐가 순종을 결정짓는 요소가 아니다. 에드워즈가 보기에 핵심적인 요소는 바로 능동적이고 자발적으로 율법을 지켰느냐는 것이다. 핵심은 그리스도께서 지키셔야 했던 율법과 명령이 있었으며, 그리스도는 수반되는 고난과 상관없이 능동적이고 자발적으로 그것을 지키셨다는 점이다. 순종은 준수를 요구하는 법 조항이 있음을 전제하고, 요구되는 준수의 행위는 본질상 능동적이고 자발적인 것이다. 그런 의미에서 에드워즈가 볼 때, "수동적" 순종은 성경에서 찾아볼 수 없고, 순종은 언제나 능동적이고 자발적으로 율법 조항에 부합하는 것을 전제한다. "성경에서 자주 나타나는 순종이라는 단어는 언제나 하나님께서 사람에게 주신 율법과 관련해서만 사용되지, 결코 다른 맥락에서는 사용되지 않는다"는 논지에 주목할 필요가 있다. 그러므로 율법에 대한 이해가 우리의 이해를 돕는다. "율법에 그런 조항이 명시되어 있지 않다면, 누군가가 고통스럽게 형벌을 받았고, 능동적이고 자발적인 것이었다 할지라도, 그것은 순종이라 부를 수 없습니다."

이렇듯 그리스도의 의에 관한 에드워즈의 논지는 명백히 언약과 구속사에 바탕을 두고 있다고 볼 수 있다. 계속해서 우리는 어떻게 그리스도의 의가 우리의 것이 되는지 살펴보고자 한다.

C. 전가의 본질(Nature of Imputation)

에드워즈의 칭의론에서 두드러지는 강조는 우리가 우리 자신의 도덕적 선에 의해 칭의되는 것이 아니라 오로지 그리스도의 의에 의해 칭의된다는 내용이다. 즉, 그리스도의 의의 전가가 칭의의 근거를 이룬다. 에드워즈는 미학적 언어로 무한한 도덕적 아름다움을 지닌 그리스도의 의가 우리에게 전가됨으로써 우리 역시 도덕적으로 아름다운 존재로 간주된다고 말한다. 신학적 언어로, 우리가 하나님 보시기에 의롭다고 여겨지는 것이다. 미학적 표현이든 신학적 표현이든 우리에게 중요한 것은 에드워즈가 전가를 그리스도와의 연합을 통해 이해한다는 점이다. 바로 이점이 에드워즈가 전가의 신학적 의미를 밝히는 결정적인 역할을 한다. 다시 말해, 그리스도와의 연합은 전가의 외적 환경일 뿐만 아니라 전가의 본질을 결정짓는 역할을 한다.

1. 연합 안에서의 전가(Imputation in Union)

전가의 본질을 이해하는 것은 결코 쉬운 일이 아니다. 요한복음 16:8 설교에서 에드워즈 역시 그 어려움에 대해, "그것을 완전히 이해하고 깨달았다고 하는 것은 가식일 것이다"고 토로한다.[91] 사실 전

---

[91] Edwards, *Sermon on John 16:8*, 14:401. 그리스도와의 연합이 가지는 불가해적 성격에 대해 칼빈은 다음과 같이 말한다. "우리는 결코 안일한 사색으로 우리와 그리스도 사이의 거룩하고 신비로운 연합 및 그리스도와 성부 사이의 연합을 알 수 없다. 하지만 이를 알 수 있는 단 하나의 방법은 성령의 신비한 능력으로 그의 생명이 우리 안에 들어올 때이다." Calvin, *Comm. on John 14:20*. 칼빈은 또한 성찬을 논하는 맥락에서 그리스도와의 연합이라는 놀라운 신비는 결코 인간의 사고나 말로 다 담기에 충분치 못함을 지적한다. "지금 누군가가 내게 이것이 어떻게 일어나는지 묻는다면, 나는 부끄러움 없이 이것은 내 이성이 이해하거나 내 말로 표현하기에 너무 고상한 비밀이라고 고백할 것이다. 쉽게 말해, 나는 그것을 이해하려 하기보다는 체험하기 원한다." Calvin, *Institutes*, 4:17:32. 칼빈은 또한 이렇게 말한다. "그러므로 누구도 나의 어린아이 같은 작

가의 본질을 우리의 말로 자세히 상술하는 것은 힘든 일이다. 그러나 에드워즈의 언약 신학적 시각은 이를 이해하는 데 큰 도움을 준다.

에드워즈는 그리스도의 의의 전가를 그리스도와의 연합이라는 신학적 문맥 속에서 파악하고자 하였다. 쉽게 말해 전가는 그리스도와의 연합 안에서 이루어진다.

> 그리스도와의 관계(relation) 또는 연합(union)은 보통 신자들이 그리스도 안에 있다는 의미인데, (그 의미가 어떻든) 그것은 그리스도가 얻은 유익에 대해 신자가 주장할 수 있는 권리의 근거가 됩니다. … 첫째, 우리는 반드시 그리스도 안에 있어야 합니다. 그럴 때에만 그리스도는 우리에게 의가 되시고 칭의가 되십니다. … 우리가 그리스도 안에 있는 것이 우리가 용납될 수 있는 근거입니다.[92]

은 잣대로 그 오묘함을 측량하지 말아야 한다고 거리낌 없이 고백한다. 오히려 나는 독자들이 그들의 사고의 폭을 너무 좁은 틀 안에 가둬두지 말고, 내가 안내할 수 있는 것보다 훨씬 더 높이 오르도록 하라고 권면한다. 왜냐하면 이 문제가 논의 될 때마다, 내가 모든 것을 다 말하려고 할 때, 그 가치에 비해 거의 아무것도 말하지 못한 느낌을 갖는다." *Institutes*, 4:17:7. 그러나 칼빈이 여기에서 강조하는 신비는 결코 장애물이 아니라, 오히려 우리와 그리스도와의 교통을 강조하는 역할을 한다. cf. Calvin, *Comm.* on 1 Cor. 11:24.

[92] Edwards, *Justification* 19:156. 칼빈도 그리스도와의 연합과 관련해 같은 관점을 보인다. "그러므로 머리와 지체의 연합, 그리스도께서 우리 마음에 거하시는 것, 쉽게 말해 신비적 연합은 우리에게 가장 중요한 것으로 위치한다. 이를 통해 그리스도께서 우리의 소유가 되심으로, 우리가 그와 함께 그가 얻으신 선물들을 함께 가질 수 있도록 하신다. 그러므로 그리스도의 의가 우리에게 전가되기 위해서 우리는 결코 우리 밖에 멀리 떨어져 있는 그리스도를 생각하는 것이 아니다. 오직 우리는 그리스도를 입고 그의 몸에 접붙여져 있기 때문에, 요약하자면, 바로 그가 우리를 당신과 하나가 되도록 낮추셨기 때문이다. 그 이유 때문에 우리는 그리스도와 함께 의의 교제를 나누는 영광을 누린다." Calvin, *Institutes*, 3:11:10.

에드워즈의 설명을 통해 한 가지 명확해지는 점이 있다. 바로 그리스도께서 이루신 유익들이 우리의 것이 되려면 반드시 먼저 그리스도와의 연합이 이루어져야 한다는 것이다. 전가도 예외가 아니다. 하지만 연합이 정확히 어떻게 전가의 의미와 성질을 결정짓는지는 좀 더 살펴볼 필요가 있다. 에드워즈는 요한복음 16:8 설교에서 그리스도와의 연합에 대해 자세히 설명하는데, 이 부분은 전가의 의미를 이해하는 데 큰 도움이 된다.[93] 이 설교에서 에드워즈는 연합이 전가의 근거가 된다는 말은 양방향으로, 즉 하나님께 대하여 뿐만 아니라 사람에 대하여도 성립되는 것임을 설명한다. 이런 관점에서 에드워즈는 이른바 "연합 안에서의 전가"를 설명한다.

> 결국 의의 전가의 타당성의 근거는 다음 두 가지 이유에 있습니다. 하나는 그리스도와 하나님의 연합이요, 다른 하나는 그리스도와 인간의 연합입니다. 하나님께서 다만 하나님과 동일한 분 외에 어떤 사람의 의를 다른 사람을 대신해 용납하시는 것은 옳지 않습니다. 즉, 자신과 동일한 사람 외에 어떤 사람의 의를 다른 사람을 위해 용납하는 것은 옳지 않습니다.[94]

에드워즈에게 있어서 전가가 성립하기 위해서는 중보자는 하나님과 죄인 사이에 오실 뿐 아니라 동일시되어야만 한다. 특별히 언약적 관점에서 이러한 동일시는 양쪽 모두를 만족시킬 때 전가의 성질

---

[93] 이 설교는 에드워즈 신학의 균형을 잘 보여 주기에 특히 중요하다. 이 설교에서 에드워즈가 삼위일체적, 구속사적 관점에서 그리스도와의 연합이라는 틀을 형성하는 점이 주목할 만하다.

[94] Edwards, *Sermon on John 16:8*, 14:401.

이 성립한다는 것이다. 예를 들어 우리가 하나님께 빚을 지고 있다고 할 때 그리스도와의 연합은 우리를 대신해 일을 하시는 것을 함의한다. 즉, 우리를 대신해 그리스도께서 우리의 죄를 지고 하나님의 진노를 누그러뜨려야 한다. 그러므로 에드워즈가 볼 때 우리의 죄책이 그리스도께 옮겨지는 것이 그리스도의 의가 우리에게 옮겨지기 전에 먼저 필요한 단계이다.

> 반드시 그리스도께서 서로 멀리 떨어진 두 상대 사이의 중보자로서 그들을 연합하는 중간자가 되기 위해서는 반드시 양쪽 모두와 연합해야 한다. 그렇지 않고서는 단지 둘 사이에 오심으로써 둘 사이의 연합의 연결이 될 수 없다. 그리스도께서 하나님과 죄인 사이의 중보자가 되기 위해서는, 그는 양쪽 모두와 연합하거나 또는 그들을 이를테면 자신과 하나인 것으로 취하셔야 한다. 그러나 그리스도께서 죄인들과 연합하기 위해서는 반드시 그들의 죄책을 자신에게로 가져오셔야만 한다. 빚진 자들과 하나가 되기 위해서는 그들의 빚을 자신에게로 가져오셔야만 한다. 그리스도께서 하나님을 거역한 자들, 미움을 받아 하나님의 진노에 처해 있는 자들, 저주받아 그에 합당한 형벌에 처해 있는 자들과 연합하여 그들의 중보자가 되고 하나님과 죄인 사이에 평화가 있게 하기 위해서는 반드시 자발적으로 그 고난을 지지 않고는 안 된다. 그렇지 않고서는 그런 자를 대신하고 또한 그런 자와 연합하는 것은 그런 자의 죄와 반항을 묵인하는 것으로 보일 것이기 때문이다. 그러나 그리스도께서 그와 연합하는 동시에 그의 형벌을 가져와 대신 지신다면, 그렇게 보이는 문제를 해결할 수 있다.[95]

---

[95] Edwards, "Miscellanies," No. 764a, 18:410.

전가의 논의에 있어서 에드워즈는 항상 우리의 죄된 상태를 늘 기억하는 것이 중요하다고 강조한다. 이 장에서 앞서 말했듯이, 에드워즈에게 있어서 중보자의 의가 전가된다는 것은 우리 죄의 실태를 가리킨다. 이런 맥락에서 에드워즈는 중보자는 양쪽을 화해시켜야 하기에 연합은 반드시 양편 모두와 관련이 있다고 본다. 그래서 에드워즈는 두 가지 종류의 연합을 말한다. 하나는 그리스도와 하나님의 연합이며, 다른 하나는 그리스도와 인간의 연합이다. 연합 안에서 전가가 일어난다는 말은 의를 전가해주시는 분이 하나님이시며 이 의를 전가 받는 대상은 우리임을 분명히 한다.

요한복음 16:8 설교에서 에드워즈는 연합이 전가의 틀(framework)이 되는 것에 대해 다음과 같이 자세히 설명한다. 첫째, 연합은 하나님의 입장을 만족시켜야 한다. "의가 없는 누군가를 대신해 다른 누군가의 의가 하나님께로부터 인정받기 위해서 꼭 요구되는 것은" 그리스도와 하나님의 연합이다.[96] 에드워즈에 따르면 우리의 전가가 하나님의 의, 다시 말해 법정적 칭의를 충족시키기 위해서는 반드시 그리스도와 하나님의 연합을 전제해야 한다. 그는 자신의 주장을 뒷받침하는 다음의 두 가지 근거를 제시한다. 하나는 그리스도의 신성 및 탁월함이며, 다른 하나는 성자를 향한 성부의 무한한 사랑이다. 먼저 그리스도의 신성과 탁월함에 관하여 에드워즈는 이렇게 말한다.

> 그리스도는 신성과 탁월함을 지니셨기에 또한 무한한 가치를 지니셔서 자신을 위해 용납될 수 있는 가치일 뿐만 아니라 다른 이들을 위한 것이기도 합니다. 유한한 가치의 사람은 그렇게 큰 것이 아니기 때문에 나눌 것도 없

---

[96] Edwards, *Sermon on John 16:8*, 14:401.

고 자신을 위한 만큼 이상이 되지 않습니다. 그러나 무한한 가치를 지니신 그리스도는 자신을 위한 충분한 가치와 공로를 가지셨을 뿐만 아니라 다른 사람들을 위해서도 충분합니다. 무한하다면, 부족은 불가능합니다. 이 샘이 너무나 크기에 나누어주어도 결코 줄지 않습니다. 그리스도께서 아무리 많이 다른 이들에게 나누어주셔도, 결코 자신에게 모자람이 없습니다.[97]

에드워즈가 보기에 결정적인 부분은 그리스도께서 성부와 동등한 "무한한" 탁월함과 가치를 지니셨다는 것이다. 하나님의 진노를 누그러뜨리고(expiate), 동시에 하나님의 공의를 회복시킬 수 있는 분은 하나님밖에 없으시기 때문이다. 그리스도께서 성부와 존재론적으로 동등하시기에 우리의 죄를 짊어지실 수 있으셨다. 앞서 1장에서 논의했듯이, 에드워즈의 삼위일체 개념이 전가를 이해하는 기초가 되고 있다. 그리스도의 신성과 탁월함의 관점에서 볼 때 우리의 전가가 이루어지기 위해서는 그리스도와 하나님의 연합이 전제되어야만 한다.

삼위의 사랑의 관점에서 볼 때, 에드워즈에 따르면, 우리의 전가는 또한 그리스도와 하나님의 연합에 의존한다. "그리스도는 성부와 무한대로 가까우시며 신성에 있어서 완벽하게 연합되어 있듯이, 사랑에 있어서도 그러하시다." 에드워즈가 보기에 구속의 사랑에 선행하는 것이 바로 삼위 하나님의 존재론적 실재이다. 즉, 성자에 대한 성부의 무한한 사랑은 성자가 감당한 굴욕을 더욱 아름다운 것으로 만든다. "그리스도의 고난과 사역들이 하나님 보시기에 무한한 가치로 인정받을 수 있었던 것은 바로 아들에 대한 하나님의 사랑 때문

---

97 Edwards, *Sermon on John 16:8*, 14:401-402.

이다."[98]

> 그리스도는 고난 받으심으로 자신을 죄인의 위치에 두셨습니다. 하지만 그리스도께서 하나님의 무한한 사랑을 받는 분이 아니셨다면, 그렇게 하셨다 해도 아무 의미가 없었을 것입니다. 진노와 미움을 달래고 제거할 수 있는 것은 오직 그 반대되는 사랑밖에 없기 때문입니다.
> 하나님 보시기에 그리스도의 긍정적 의가 가치 있는 것은 그리스도를 향한 하나님의 사랑 때문입니다. 우리가 여기에서 말하는 의는 그리스도께서 자신을 위해 행하신 것이 아니며 자신을 위해서는 그렇게 하실 필요가 없으셨습니다. 그러므로 하나님께서 부여하신 그 모든 가치는 바로 그리스도께서 대신하여 의를 행하신 그들을 위해 하신 것입니다.[99]

여기에서 에드워즈는 삼위의 교통(communion)을 상기시킨다. 성부와 성자 사이의 무한한 사랑은 그들의 존재론적 관계에 의한 것으로 경륜적 구분에 앞선다. 물론 그리스도께서 자발적으로 순종하신 것은 맞지만, 성자께서 행하신 중보 사역이 더욱 아름다운 것은 바로 성자를 향한 성부의 존재론적 사랑이 전제되기 때문이다. 그 사랑 때문에 성부는 더욱 기쁘게 성자의 순종을 긍정적 의로 여기시고 또 그것을 그의 신부에게도 전가하시는 것이다.

에드워즈가 보기에, 이러한 삼위의 교통이야말로 우리가 가질 수 있는 확신의 근거가 된다. 우리가 그리스도와 혼인함으로써 성자에 대한 성부의 기뻐하심이 우리에게까지 연장된다. 이러한 관점이

---

[98] Edwards, *Sermon on John 16:8*, 14:402.
[99] Edwards, *Sermon on John 16:8*, 14:402.

그의 "문집"에 잘 나타나 있다.

> 분명히 하나님이 머리를 그 거룩과 사랑스러움으로 인해 사랑하시고 용납하셨다면, 결코 머리와 지체를 분리하지 않으신다. 하나님은 머리의 탁월함 때문에 지체도 용납하시고 기쁘게 여기실 것이다. 하나님께서 하늘로부터 그리스도를 사랑하는 아들이라, 내가 기뻐하시는 자라고 선언하신 것은 우리에게 큰 격려가 된다. 우리는 정말 그러함을 알기에, 즉 우리가 그리스도 안에 있으므로 그리스도의 탁월하심과 의 때문에 하나님께서 우리로 더불어 기뻐하실 것이라고 확신하게 된다. "그가 그 사랑하시는 자 안에서 우리를 받으셨다"는 에베소서 1:6 말씀에서 우리는 이 교리를 명확히 배운다. 즉, 우리가 사랑하시는 자 안에 있기 때문에 우리 역시 받아들여지고 사랑을 받는다는 것이다. 그리스도는 우리의 머리 이상으로 몸 전체이시다. 우리는 단지 지체가 머리에 붙어있는 것처럼 그에게 붙어있는 정도가 아니라, 그는 우리를 덮으시고 마치 옷과 같으시며 그를 옷입으라고 명령하시어 우리의 흉함이 보이지 않게 하셨다. 우리가 너무나 아름다우신 그를 옷 입은 것을 보시고 우리가 옷 입은 그의 아름다움 때문에 우리도 받아들여지고 사랑받는 것이다.[100]

에드워즈는 그리스도와 하나님의 연합을 지적하며 성자의 존재론적 중요성과 삼위 안에서의 교통을 조명한다. 전가가 그리스도와의 연합 안에서 이루어진다는 점을 감안할 때, 그리스도와 하나님의 연합에 대한 에드워즈의 이해는 그리스도와 우리와의 연합을 설명하기 위한 중요한 기틀(framework)이 된다.

---

[100] Edwards, "Miscellanies," No. 385, 13:353-54.

두 번째, 그리스도의 의의 전가는 그리스도와 우리의 연합을 전제로 한다. 앞의 논의와 유사하게, 에드워즈는 전가를 위해 그리스도와 우리의 연합이 필요한 두 가지 이유를 제시한다. 첫째, 그리스도께서 인성을 입으시고 오신 것이 전가의 기초이다. 앞 장에서 우리는 이와 관련된 논의를 다루었다. 여기에서 에드워즈는 그리스도의 성육신을 그리스도와 우리의 연합의 기초로 보았다.

> 그리스도는 본성에 있어서 우리와 연합하여 계십니다. 성육신을 통해 그리스도는 우리의 본성을 취하셨고 이 놀라운 일로 인해 우리와 연합하셨습니다. 이로써 그리스도는 인류의 머리가 되시는 다시 말해 인류 중 모든 택한 자의 머리가 되시는 은혜롭고 놀라운 계획을 나타내셨습니다.
> 이로써 그는 우리와 가까운 친족이 되셨으며 우리의 맏형이 되셨습니다. 그렇습니다. 그는 단순히 형제 그 이상으로서 인성을 취하심으로써 하나님 보시기에 또 천사들이 보기에 충분히 인류 가운데 택한 자들을 자신과 연합한 자들로 삼으셨으며 또 응당히 그들의 머리로 보이셨습니다.[101]

그리스도가 본성상 우리와 연합하셨다는 말은, 에드워즈에게 있어서, 신자들이 그리스도의 본성에 참여한다는 것과 같은 맥락이다. "신자들은 그리스도와 연합합니다. 어떤 의미에서 그리스도의 본성을 취하는 것으로, 즉 그의 영을 취하는 것입니다."[102] 물론 여기에서 에드워즈가 신자를 신격화하고자 하는 것은 아니다. 논지의 핵심은 그리스도께서 본성상 우리와 같아지심은 바로 성령께서 우리 안에

---

[101] Edwards, *Sermon on John 16:8*, 14:403.
[102] Edwards, *Sermon on John 16:8*, 14:403.

거주하신다는 맥락에서 이해해야 한다는 것이다. 에드워즈의 표현에서 "취함"(partaking)은 연합과 전가 모두를 꿰뚫는 핵심 개념이다. 성령을 취한다는 것은, 특별히 우리 관점에서 볼 때, 그리스도의 본성을 취한다는 뜻, 즉 그리스도와 우리가 연합한다는 뜻이다. 물론 이 연합은 존재론적 연합을 말하는 것은 아니다.[103] 여기에서 그리스도와의 연합과 관련하여 우리의 초점은 존재론적으로 이루어지는 연합이 아니라 그리스도와 성령의 삼위일체적-구속사적 관여에 있어야 한다. 즉, 에드워즈가 그리스도와의 연합 안에서 전가가 일어난다고 말할 때, 우리는 그것을 존재론적 의미가 아니라 삼위일체적, 구속사적 관점에서 이해해야 한다.

둘째, 에드워즈에게 있어서 전가를 위해서는 그리스도와의 연합이 필요한데, 연합에는 우리를 향한 그리스도의 사랑이 잘 나타나 있다. "그리스도께서 택한 자들을 너무나도 크고 강한 사랑으로 사랑하시기에, 그들은 그리스도께 너무도 가까워, 하나님은 그들을 그리스도의 지체로 여기십니다."[104] 에드워즈는 연합을 우리를 향한 그리스도의 사랑으로 돌린다.

> 사랑하는 자(lover)를 기꺼이 사랑받는 자(beloved)의 자리에 심지어 극단의 상황과 사랑받는 자의 운명과 관련하여 완전한 파멸과 파괴의 자리에 있게 하는 그런 사랑(love)은 완전한 연합을 이룹니다. 그리스도께서 그렇게 사랑

---

[103] Morimoto는 에드워즈의 그리스도와의 연합을 존재론적인 것으로 여긴다. 칼빈과 동시대에 이미 Andrea Osiander가 연합을 존재론적으로 이해하여 문제를 일으킨 바 있다. 이 부분은 이후 5장에서 자세히 다룰 것이다.

[104] Edwards, *Sermon on John 16:8*, 14:403.

하시는 자들에게 하나님은 그리스도께서 그들을 위해 일하고 고난받으신 것을 기꺼이 전가하시며 또한 전가하는 것을 합당하다고 보십니다.[105]

에드워즈가 이렇게 사랑의 언어로 연합을 설명하는 것은 어거스틴을 떠올리게 한다. 완전한 사랑은 사랑하는 자를 대신해 "파멸과 파괴"를 전혀 마다하지 않는다는 것이 에드워즈가 말하는 사랑의 연합이다. 성부께서 그리스도를 사랑하시는 사랑으로 그리스도는 우리를 사랑하신다. 성부께서 성자를 사랑하시기에, 성자께서 사랑하는 이들을 결코 간과하시지 않는다는 데에 그 비밀이 있다. (그리스도와 신자 사이의 결혼언약을 기억하라.) 에드워즈에게 있어서 성부와 성자 사이의 삼위일체적 사랑이 성자와 신부의 연합을 통해 그 신부에까지 흘러간다. 그리스도께서 우리를 사랑하셨기에, 그리스도는 우리의 입장이 되는 것을 전혀 꺼리지 않으신다. 에드워즈가 보기에 사랑이야말로 전가를 가능케 하는 가장 강력한 동인이다.

전가에 있어서 사랑이 연합의 동인이 된다는 점도 중요하지만 사랑의 크기도 중요하다. 사랑이 연합의 동인이며 더불어 전가의 전제가 된다고 할 때, 우리는 이 사랑의 크기를 생각하지 않을 수 없다. 앞서 말한 것처럼, 우리의 죄 때문에 어떤 값을 치르고서라도 사랑하는 자의 자리에 가고자 하는 것에서 이 사랑의 깊이를 알 수 있다.

그리스도 때문에 그들이 용납되기 위해서 사랑이 얼마나 커야할지 묻는다면, 나는 이렇게 답한다. 그들과 완전한 연합을 이룰 만큼 사랑이 커야 한다고, 즉 너무 커서 그리스도는 그들과 온전히 하나가 되신 것으로 보이셨고

---

[105] Edwards, *Sermon on John 16:8*, 14:404.

그 사랑이야말로 그들을 자신과 완전히 연합된 것으로 여기셨다.

과연 사랑이 충분한지 어떻게 판단할 수 있는지 묻는다면, 나는 이렇게 답한다. 그런 사랑(love)은 사랑하는 자(lover)가 충분히 자신을 사랑받는 자(beloved)를 대신하여 가장 극한 상황 심지어 그 모든 것을 잃게 되고 완전히 파괴되는 자리까지 대신한다. 그런 사랑(love)은 사랑하는 자(lover)를 사랑받는 자(beloved)의 모든 상황에까지 연합하게 하는데, 즉 그의 완전한 멸망에서 극단의 경우에까지 완전히 연합되어 있는 것으로 보이도록 충분히 그와 연합하게 한다. 왜냐하면 이것이 있을 수 있는 최고의 시련이기 때문이다. 그 사랑(love)이 사랑하는 자(lover)를 사랑받는 자(beloved)와 연합하게 하는데 단지 자신의 안녕의 일부만을 잃고 일부만 파괴된다면 그것은 사랑하는 자(lover)와 사랑받는 자(beloved)의 부분적 연합에 지나지 않는다. 그러나 자신의 모든 것을 잃고 자신을 완전히 파괴하면서 사랑받는 자(beloved)의 자리에 사랑하는 자(lover)를 충분히 세울 수 있는 그 사랑(love)이야말로 완벽하고 철저하게 연합하는 것으로 보일 것이다.[106]

에드워즈에 따르면, 사랑하는 자의 사랑이 얼마나 크고 충분한지는 상대적으로 사랑하는 자가 사랑받는 자의 자리에 설 때 발생되는 손해와 고난을 얼마만큼 기꺼이 감내하는지의 정도로 측정할 수 있다. 이때 이 사랑은 동시에 하나님의 공의를 만족시킬 수 있어야 한다. 사랑하는 자가 치르는 배상은 특별히 전가를 위해 필요한 연합을 이루기 위해 치러지는 값이라고 할 수 있다. 이 사랑은 무제한적이지만 그러나 대가를 치르지 않아도 되는 것은 아니다. 사랑의 가치는 얼마만큼의 값을 치르는지를 통해서 알 수 있다. 신부를 향한 그

---

[106] Edwards, "Miscellanies," No. 483, 13:524-25.

리스도의 사랑은 그가 치른 배상을 통해 확인된다. 즉, 사랑의 동기로 치러진 배상은 하나님의 공의를 전혀 부족함 없이 회복시킨다.

> 그리스도께서 그들의 죄책을 자신의 것으로 취하셨으나 이는 전혀 흠잡을 만한 일이 아니다. 그리스도께서 그들의 죄책을 짊어지시고 그들이 받아야 할 형벌을 받으시는 자원함을 보이시지 않으셨다면, 그런 죄인들에게 사랑으로 자신을 연합하신다는 것은 적절한 일로 여겨지지 않는다. 그것은 마치 그들의 악함을 묵인하는 것이요, 또한 하나님을 대적하는 그들과 한편이 되는 것이다. 그러나 그리스도는 그들의 악함을 묵인하는 것이 아님을 나타내신다. 그는 그들이 마땅히 받아야 할 형벌을 기꺼이 받으심으로써 그것이 무한히 악하고 응분의 벌을 받아야 할 일임을 인정하신다. 오로지 공정하고 정의가 요청하는 것은 그리스도께서 사랑으로 진노를 받아 마땅한 죄인들과 연합하시어 그들이 그리스도를 향한 성부의 사랑에 참여하는 자들이 되었고 감싸지고 보호되어 그리스도가 대신 그들을 향한 성부의 진노를 받으셨다. 자신을 죄인들과 연합하게 한 그리스도의 사랑이 그들의 죄를 대신 짊어지게 하셨다. 그래서 그리스도의 죽으심과 고난이 절대적으로 필요한 것은 우리가 그리스도의 고귀함과 탁월함 때문에 그리고 우리를 사랑하시는 그리스도를 향한 하나님의 사랑을 통해서 멸망으로부터 구출되도록 하기 위함이다.[107]

---

[107] Edwards, "Miscellanies," No. 483, 13:526. "Miscellanies," No. 398에서 에드워즈는 이와 유사하게 그리스도의 속죄에서 바로 그리스도의 사랑이 두드러지게 나타난다고 본다. 또한 "Miscellanies," No. b에서도 에드워즈는 그리스도와의 연합 개념을 바탕으로 그리스도께서 형벌을 담당하심이 어떻게 하나님의 공의를 만족시켰는지 설명한다.

에드워즈는 그리스도의 속죄 사역이 사랑의 연합이라는 관점에서 절대적으로 필요한 것이었다고 본다. 하나님의 공의는 그들과 연합한 그리스도가 그들의 죄악을 결코 간과하지 않을 것을 요구한다. 이것이 에드워즈가 보기에 칭의의 법정적 성질을 충족시키는 또 다른 길이라고 할 수 있다. 그리스도의 사랑이 죄인들과 자신을 연합하게 할 뿐 아니라, 그들을 위해 고난과 죽음을 짊어지심으로 하나님의 공의를 이루게 된다. 그리스도와 죄인의 연합을 통해서 사랑과 정의 둘 다 유지되고 충족된다. 이렇듯 하나님의 사랑과 공의를 동시에 성취하기 위해서도 우리는 전가가 필요하고 전가를 위해서는 동시에 그리스도와 우리의 연합이 필요하다.

그리스도와 하나님의 연합 그리고 그리스도와 인간의 연합 모두 그리스도의 의의 전가를 위해 꼭 필요한 전제이다. 에드워즈는 두 경우 모두 그리스도의 존재론적 본성과 사랑이 실제적으로 전가가 이루어지는 핵심 요인이라 보았다. 에드워즈는 이러한 접근방식이 과연 율법의 본질과 일치하는지 점검할 필요를 느꼈다. 왜냐하면 그의 언약 관점에 의하면 율법은 "하나님과 우리 사이의 모든 관계에 대한 고정적이고 확고한 규칙으로 모든 인류를 포괄하는 것"이기 때문이다.[108] "먹으면 정녕 죽으리라"라는 창세기 2:17 말씀을 근거로 에드워즈는 만일 이 구절을 근거로 죄의 전가가 성립된다면, 의의 전가 역시 성립된다고 확신한다.

> 나는 이렇게 대답합니다. 율법의 말씀은 다른 사람의 의에 의해서 우리가 의로워지는 것을 허용합니다. 같은 해석 원리로, 다른 사람의 죄로 인해 우리

---

108 Edwards, *Sermon on John 16:8*, 14:404.

가 죄인이 될 수 있습니다…. 율법의 의미를 따를 때 우리는 다른 사람의 타락과 죄책으로 타락하고 정죄되었습니다. 그래서 같은 원리로 율법은 다른 사람의 의로 우리가 의롭게 되는 것을 허용합니다. 율법을 이렇게 해석하면, 보증 안에서 죄를 지었기에 그도 죄를 지은 것으로 간주됩니다. 그렇다면 같은 율법에 근거하여 보증 안에서 의로운 사람이 왜 의롭지 않겠습니까?[109]

에드워즈는 율법의 언약적 특성에 따라 죄의 전가와 의의 전가는 서로 평행하다고 보았다. 둘다 성립하든지 아니면 둘다 성립하지 않는다. 하나의 존폐가 다른 것의 존폐에 달려 있다. "그러므로 우리가 아담 안에서 죄를 짓고 죽어야 하는 것과 같은 방식으로 우리가 다른 이로 인해 죽게 되고 또 다른 이로 인해 의롭게 된다고 말할 수 있다면, 율법은 성립된 것이다."[110] 그것이 사랑의 크기를 나타내든지 또는 하나님의 공의를 나타내든지, 에드워즈에게 있어서, 의의 전가와 죄의 전가의 평행 관계는 아담과 그리스도의 언약적 대표성을 통해 드러난다. 창세기 2:17의 말씀처럼 아담과의 연합을 통해 죄의 전가가 일어났다면, 그리스도와의 연합을 통해 의의 전가 역시 반드시 일어난다. 전가는 연합 안에서 가능하다. 전가와 관련하여, 언약적 대표성과 율법은 연합이 반드시 필요함을 확인해 준다. 에드워즈에게 있어서 언약 신학의 관점에서 전가는 연합을 전제함이 증명되었다.

---

109 Edwards, *Sermon on John 16:8*, 14:404.
110 Edwards, *Sermon on John 16:8*, 14:405.

2. 조성적 실제(Constitutive Reality)

에드워즈는 그리스도의 의의 전가를 조성적 실제(constitutive reality) 또는 조성적 행위(constitutive act)로 여긴다. 즉, 에드워즈는 의가 실제로(real) 그리스도에게서 신자들에게로 전가된다고 본다. 물론 이것은 존재론적(ontological) 의미는 아니다. 에드워즈가 보기에 전가는 단순히 가치 또는 권리가 한 사람에게서 다른 사람에게로 옮겨지는(transfer) 것 이상의 의미를 지닌다. 또한 전가가 실제로 존재하지 않는 것을 마치 있는 것처럼 여기는(pretension) 것도 아니다. 앞서 에드워즈가 "마치 그리스도께서 [죄를] 범한 것처럼 여기는 것은 하나님께는 불가능한 일이다"[111]라고 말한 것처럼, 전가의 본질은 실제로 의가 그 사람의 것이 되는 데 있다.

> 죄인들이 하나님께 받아들여지기 위해서는 반드시 죄인의 것이라고 할 수 있는 의가 실제로 있어야 합니다. 죄인들에게 합당히 자신들의 의가 없는 한, 하나님은 그들을 거저 의롭다고 여기시지 않으시며, 그들이 의롭지 않거나 의를 갖고 있지 않는데 의로운 것으로 또는 의가 있는 것으로 봐주시지 않으십니다. 이것은 관념(notion)이 아니라, 실제(reality)입니다.[112]

에드워즈의 논지에 의하면 실제로 우리의 것이 아닌 죄를 근거로 우리가 정죄될 수 없는 것과 마찬가지로, 실제로 우리의 것이 아닌 의를 근거로 우리가 칭의될 수 없다. (아담의 원죄의 전가에 대한 에드워

---

111 Edwards, "Miscellanies," No. b, 13:164.
112 Edwards, *Sermon on John 16:8*, 14:395.

즈의 견해는 이후에 다시 다룰 것이다.) 전가는 그리스도의 의가 우리의 실제가 되게 한다는 것이 에드워즈의 강한 논지이다. 물론 전가가 위격적 연합을 이루는 것은 아니다. 에드워즈가 주장하는 논지는 우리가 의를 소유했다는 것은 "관념(notion)이 아니라 실제(reality)"라는 것이며, 이 "실제"가 어떤 성질의 것인지는 언약 개념을 통해 만들어진다. 에드워즈가 주장하는 바에 의하면 그리스도와의 연합을 통해서 우리에게 의가 전가되고 이 전가된 의는 실제로 우리의 것이 되어 이 의를 바탕으로 하나님께서 우리를 의롭다고 여기신다(칭의). 이 내용은 앞에서 말했던 칭의의 법정적 성격과 조화를 이룬다. 칭의는 반드시 실제적 근거에 의해서만 이루어진다. 다시 말해 칭의는 법적인 가정이나 "마치 그런 것처럼"(as if) 여기는 것이 아니라 전가된 실제의 의에 근거한다. 즉, 전가된 의는 언약적 구도에 따라 조성된 실제(constituted reality), 즉 언약적 실제(covenantal reality)인 것이다.

사실 에드워즈는 전가를 칭의의 한 부분으로 보기보다는 칭의와 전가를 실제(reality)에 있어서 거의 동일시 여기는 경향이 있다. 예를 들어 에드워즈가 "전가"라는 단어를 사용한 용례를 통해서 증거를 찾을 수 있다. 빌레몬서 1:18의 구절 "그것을 내 앞으로 계산하라"에서 쓰인 동사 "계산하다"(to impute)는 로마서 4:6 "일한 것이 없이 하나님께 의로 여기심을 받는"에서 "여기다"나 로마서 5:13 "율법이 없을 때에는 죄를 죄로 여기지 아니하느니라"에 쓰인 "여기다"와 같은 의미(to impute)이다. "성경에서 전가라는 단어는 이런 의미로 사용됩니다. 즉, 어떤 사람에게 속한 무언가가 다른 사람의 것으로 여겨진다는 의미입니다."[113] 결국 칭의와 전가는 동일한 현실과 실제를 가리키는 것

113　Edwards, *Justification by Faith Alone*, 19:186.

으로 서로 바꾸어 사용할 수 있다고 에드워즈는 보았다.

이 같은 에드워즈의 성향은 그리스도의 의를 논하는 맥락에서도 일치한다. 앞에서 말한 것처럼, 에드워즈는 그리스도의 의의 이중적 의미(부정적, 긍정적)가 칭의의 이중적 효과(사함과 상급)의 직접적 근거가 된다고 보았다. 여기에서 에드워즈는 전가를 칭의의 두 효과 중 하나로 보지 않았다. 오히려 의(부정적, 긍정적)가 전가되어 칭의(사함과 상급)의 근거가 된다고 강조한다. 전가(근거)와 칭의(결과)의 관계를 직접적으로 결부시키는 방식을 통해 에드워즈는 칭의와 전가를 같은 실제에 대한 각기 다른 의미로 이해한다고 볼 수 있다. 전가는 이제부터 펼쳐지는 그리스도인의 삶이 가능하기 위한 구체적 실제가 된다. 즉, 성도가 어떤 일을 하는 것이 하나님 보시기에 기뻐할 만한 것이 되는 것은(히 11:6) 전가를 통해 구체적 실제가 마련되기 때문이다. 이것은 그리스도의 의에 대한 구속사적-언약적 의미를 근거로 한다. 즉, 그리스도의 의가 연합을 통해서 구속사적-언약적으로 실제로 우리의 것이 된다는 의미를 강조하기 위해 "조성적"(constitutive)이라는 말을 사용하는 것이다. 이런 맥락에서 에드워즈에게 있어서 법정적 칭의와 전가의 조성적 실제는 불가분적 관계라는 것이 그의 말을 통해 이렇게 압축된다. "그리스도와 그의 백성의 연합에서 실제인 것이 법적인 것의 근거가 된다."[114]

여기에서 우리는 리차드 개핀(Richard B. Gaffin)이 제기한 "법정적 조성적 선언"(forensically constitutive declaration)의 의미를 잠시 짚어보려 한

---

[114] 느낌을 전달하기 위해 에드워즈의 말을 그대로 옮긴다. "what is real in the union between Christ and his people, is the foundation of what is legal." Edwards, *Justification by Faith Alone*, 19:158.

다. 그 이유는 에드워즈의 전가와 칭의에 나타나는 조성적 특성과 잘 조화를 이룬다고 생각하기 때문이다. 그리스도의 부활의 핵심을 다루면서, 개핀은 다음과 같이 말한다.

> 오히려 그리스도의 부활에서 잘 나타나듯이, 그리스도와 함께 일으켜진 행위는 조성적이고(constitutive) 변화시키는(transforming) 성격인 동시에 사법적인 선언이기도(judicially declarative) 하다. 다시 말해, 그리스도께 연합하는 행위는 전가적으로(imputatively) 이해되는 말이다. 이런 의미에서 부활(연합)을 통해 다시 살리는 행위는 그 자체가 법정적 조성적 선언(forensically constitutive declaration)이다.[115]

여기에서 개핀은 그리스도와의 연합 개념에 전가적인 특징이 포함되어 있음을 지적한다. 그는 계속해서 다음과 같이 기술한다. "그리스도와 함께 살리심 속에 포함되어 있는 칭의의 의미는 신자가 개별적으로 부활하고 변화한다는 사실(확실히 말해, 그리스도께 연합하는 체험에 포함되긴 하지만)에 근거하는 것이 아니라, 부활로 확증된 그리스도의 의가 살아 있는 연합을 통해 신자의 것이 된다(그리고 신자의 것이라 간주된다)는 사실에 근거를 둔다."[116] 그리스도의 부활이 지니는 구속사적(객관적) 의미는 그리스도와의 연합을 통해 칭의 적용(주관적)을 위한 조성적 실제를 형성한다. 이렇듯 그리스도와의 연합을 통해서 칭의

---

[115] Richard B. Gaffin, Jr. *Resurrection and Redemption: A Study in Paul's Soteriology* (Grand Rapids: Baker Books, 1978; reprint, Phillipsburg, NJ: Presbyterian and Reformed Publishing Co., 1987), 132.

[116] Gaffin, *Resurrection and Redemption*, 134.

를 법정적 조성적 실제로 파악한 개핀의 관점은 에드워즈가 그리스도의 의의 전가를 통해 말하고자 하는 바를 뒷받침한다.

존 머리(John Murray)의 관점 역시 에드워즈의 조성적 관점과 유사하다. 존 머리는 이를 관계의 관점에서 조성적 실제를 언약적 관계(covenant relation)로 이해한다.

> 단순히 선언만으로 선언하는 상태가 조성되는(constitute) 것은 아니다. 그러므로 칭의가 성립하려면, 이에 앞서는 관계(relation)가 존재한다는 것에 대한 인정이 먼저 있어야만 한다. 한마디로 어떤 사실의 선언은 그 사실이 이미 존재하는 것을 전제한다. … 하나님의 죄인 칭의는 그와 함께 전제하고 포함하는 것이 있다. 즉, 죄인을 칭의하시는 하나님의 동작(action)은 영어로 "의롭다고 선언하다"로 표현되는 것이나 또는 "짜다크"나 "디카이오오"의 모든 용례가 함의하는 것과 함께 다른 동작(another action)이 있음을 전제하고 함의한다. 이 동작은 하나님이 칭의가 선언되는 그 관계가 실제로 존재하도록 하시는 동작이다. 하나님은 바른 관계를 선언하실 뿐만 아니라 바른 관계를 만드신다. 다시 말해, 하나님은 선언된 그 상태를 조성하신다(constitute). 그러므로 칭의 동작은 조성하는/조성적 동작(constitutive act)을 포함하거나 전제한다. 이것만이 선언이 진리에 근거한 선언이 되도록 할 것이다. 그러나 특별히 주목할 것은 이 경우에 만들어지는 조성적 동작은 새로운 사법적 관계를 조성하는(constituting of a new judicial relation) 것이 된다. 달리 말해, 조성적 동작(constitutive act)은 칭의의 법정적 특성과 일치해야만 하며, 칭의가 함의하는 즉 관련된 사람이 하나님 보시기에 죄책으로부터 자유롭고 법과 정의에 대해 의롭다고 인정될 수 있는 관계나 위치를 유지하는 것으로 선언하고 선포하기 위해 정당하고 합당한 근거를 제공해야만 한다. … 이제 의의 전가가 있다는 말은 그 조성적 동작이 구성하는 것이 있다는 가장 선명한 입

중이다. 이것이 조성적 동작이 무엇인지 묻는 우리의 질문에 대한 답이다. 의의 전가가 이루어진다면, 그 의는 새로운 관계를 구성하는 요구조건과 부합하는데, 그 새 관계는 그 사람이 하나님 보시기에 의롭다고 용납되도록 그 선언을 보장할 뿐만 아니라 그 선언을 이끌어 내고 요구하고 보장한다.[117]

에드워즈에게서 찾을 수 있는 전가의 조성적 특성을 존 머리는 관계의 관점에서 명확하고 풍성하게 해 준다. 여기에서 머리의 관계 개념은 에드워즈의 조성적 실제 개념과 일맥상통한다. 머리가 말했듯이, 의의 전가는 "그 조성적 행위가 이루는 것"(that in which the constitutive act consists)이다.

에드워즈는 이 조성적 실제가 그리스도와의 연합을 통해 실현되는 언약적 실제(covenantal reality)인 것으로 보았다. 그리스도의 의의 전가는 그리스도께서 구속사적으로 성취하신 조성적 실제가 되어 우리의 것이 되는 것이 언약적 실제이다. 달리 표현하자면, 그리스도께서 그 순종과 대속으로 이루신 의가 그리스도와 연합을 통해 우리의 실제, 우리의 것이 된다.

> 신자 안에 연합을 통해 주어진 행동(act)이나 자질이 있다면, 그로 인해 재판관은 당연히 그들을 하나라고 간주하고 용납해야 합니다. 같은 행동과 자질 때문에 재판관은 한 사람이 치른 값(satisfaction)과 공로(merits)를 다른 사람의 것으로 마치 그들 자신의 치른 값이고 공로인 것처럼 인정하는 것은 놀랄 일

---

117 John Murray, "Justification," in *Collected Writings of John Murray*, vol. 2, *Systematic Theology* (Edinburgh: The Banner of Truth Trust, 1984), 206–210.

이 아닙니다.[118]

머리와 지체의 유기적 연합의 관점에서 볼 때 조성적 특성은 더욱 분명해진다.

> 성경에서 신자들은 그리스도 안에 있는 것이 되어 그들은 법적으로 하나이며 또는 심판주에 의해 하나로 인정받습니다. 그리스도께서 우리의 본성을 취하셨고 모든 것을 자신의 본성으로 취하시어 자신과 그렇게 연합하게 하셔서 우리의 머리가 되시고 우리를 그의 지체로 삼으셨습니다. 그러므로 그리스도께서 우리의 본성을 갖고 행하신 모든 일들은 즉 당신의 행동으로 율법과 하나님의 권위에 명예를 돌려드리고 고난 받으심으로 율법의 명예를 회복시키신 것이 신자의 것이라고 인정됩니다. 그래서 신자가 불행에서 자유로운 것은 그가 우리의 잘못되고 무가치한 행위 때문에 고난 당하셨기 때문인 것처럼, 신자가 복락을 누리게 되는 것은 그 일이 머리에 의해서 너무 잘 되고 고귀하게 이루어졌기 때문입니다.[119]

앞에서 말한 것처럼, 머리와 지체 사이의 연합을 통해 만들어지는 유기적 실제(organic reality)가 말하는 조성적 실제는 본질적으로 언약적 실제(covenantal reality)이다. 여기에서 에드워즈는 칭의와 전가를 같은 실제(reality)에 근간을 두고 있다는 사실을 다시 한번 확인할 수 있다. 그것은 그리스도의 의를 통해 완성된 언약적 실제(the covenantal reality)이다. 그것은 또한 그리스도의 의를 통해 완전히 새롭게 회복

---

118 Edwards, *Justification by Faith Alone*, 19:158.
119 Edwards, *Justification by Faith Alone*, 19:191.

된 삶이다. 이런 맥락에서 볼 때 조성적 실제란 신자의 구체적인 삶에서 그리스도의 의가 실현된 것이며, 동시에 그것은 칭의를 가져오는 현재적 믿음의 미래적 동작이기도 하다. 여기에서 에드워즈에게 있어서 전가를 통해 부각되는 조성적 실제가 "실제성"(realness)과 "생동성"(liveliness)을 드러낸다는 사실을 눈여겨 볼 필요가 있다. 이중적 효과(사함과 상급)를 가져오는 그리스도의 의의 전가는, 에드워즈에게 있어서, 이미 성취된 실제가 우리의 소유가 된 것으로 보는 것을 가능케 한다.

에드워즈에게 있어서 전가의 조성적 특성을 결정짓는 언약적 관점은 아담과 그리스도의 대표성을 통해 절정을 이룬다. 앞에서 이미 언급했듯이, 에드워즈는 언약을 통합적 관점에서 이해하며 두 언약의 대표가 가져온 실제(reality)를 대조한다. 그리스도의 의의 전가가 가져온 실제는 아담의 죄의 전가로 인한 실제와 대칭을 이룬다. 그런 점에서 에드워즈가 파악한 아담의 죄의 전가는 그리스도의 전가를 이해하는 열쇠가 된다.

원죄 문제가 제기될 때마다 항상 있는 질문이 어떻게 다른 사람(아담)의 죄가 나(후손)의 죄가 될 수 있느냐는 것이다. 에드워즈는 자신의 자주 오해되는 논문, *The Great Christian Doctrine of Original Sin Defended*(기독교 원죄 교리 변증. 1757)에서 존 테일러(John Taylor)의 *The Scripture-Doctrine of Original Sin, Proposed to Free and Candid Examination*(성경적 원죄론 고찰)[120]의 논지를 반박하면서 이 문제를 다룬다. 프랑크 포스터(Frank H. Foster)는 에드워즈의 논지를 이렇게 평가한

---

120 Taylor의 저작 출판이 1738년이었는지 1740년이었는지 학자들 사이에 논란이 있다. 출판 날짜와 관련해서 Edwards, *Original Sin*, 3:2, 각주 5번을 보라.

다. "그[에드워즈]는 테일러와 다르지 않게 인간이 자기가 하지 않는 일로 책임을 지는 일반적인 견해를 용납할 수 없었다."[121] 에드워즈가 그 말을 부정하지 않겠지만 그의 주장에 담긴 뉘앙스는 이와 전혀 다르다. 여기에서 에드워즈는 언약 신학의 맥락에서 그것은 다른 사람의 죄가 아니라 나의 것이라는 것이다. 분명히 어떻게 아담의 죄가 우리의 죄가 될 수 있는가 하는 문제는 언약 신학 전통과 함께 에드워즈가 고심했던 주제이다. 이 문제에 대한 열쇠는 어떻게 아담과 그의 후손 사이의 연합과 하나 됨을 정의하는가에 놓여있다. 그리고 이 연합의 문제는 아담의 전가 및 그리스도의 전가가 지니는 조성적 특성과 관련되기에 특히 중요하다. 아담과의 연합과 하나 됨에 대해 에드워즈는 이렇게 말한다.

> 내 생각에 이 문제를 좀 더 명확하고 분명하게 인식하고 또 바르게 다루기 위해서는 우리는 늘 이것을 염두에 두어야 한다. 즉, 하나님께서 아담과 더불어 언약을 맺으시고 또는 질서를 세워 가시는 전 과정에서, 하나님은 아담의 후손을 그와 하나인 것으로 간주하셨다. … 물론 하나님은 아담과 더 밀접하게 대하셨지만, 그것은 몸체의 머리이고 나무 전체의 뿌리와 같은 것이었다. 아담과 상대하심 속에서 하나님은 마치 뿌리에 그들이 있었던 것처럼 모든 가지들을 상대하셨다. 이 논리에 따라 죄책 또는 형벌을 받는 일 그리고 마음의 부패 모두가 아담에게 임한 것처럼 아담의 후손에 임했다. 그것은 마치 나무가 가지와 모두 함께 있는 것처럼 아담과 그 후손이 모두 함께 있었던 것과 같다.… 내 생각에는 이것이 자연스럽게 이 일에 있어서 아담과

---

121 Frank Hugh Foster, *A Genetic History of the New England Theology* (Chicago: The University of Chicago Press, 1907), 87.

그 후손들은 하나(oneness)이며 일체(identity)가 된다는(constituted) 명제에 도달하게 된다.[122]

한마디로, 에드워즈에게 있어서 아담의 후손과 아담 사이의 연합 개념은 "아담과 그 후손들은 하나이며 일체가 된다"는 말속에 담겨 있다. 여기에서 에드워즈가 말하는 하나가 된다는 표현이 어떤 특정한 의미를 갖는지에 대하여는 좀 더 논의가 필요하다.

하나가 된다는 의미와 관련하여 에드워즈의 원죄론에서 자주 오해되는 개념이 "인격적 일체"(personal identity)라는 개념이다. 물론 이 용어는 에드워즈 자신의 것이 아니라 로크(Locke)에게서 가져온 것이다.[123] 벤자민 워필드(Benjamin B. Warfield)는 에드워즈가 개념과 표현에 있어 자유스러운 경향이 있음에 대해 썩 만족스러워하지 않으면서 솔직하게 자신의 생각을 밝힌 바 있다. "인류와 그 머리를 일체시하는 그의 설명은 인격적 일체(personal identity) 이론에 근거하는 것으로 후대의 순간까지 하나로 묶음으로써 그것을 하나님의 '임의의 조성'(arbitrary constitution)으로 축소시키는 자신만의 독특한 설명이다."[124] 이 말에서 워필드가 논란의 여지가 있음을 지적하였듯이, 에드워즈의 전가 개념을 두고 학자들 사이의 이견이 분분하다. 윌리엄 커닝햄

---

122 Edwards, *Original Sin*, 3:389-90.
123 "인격적 일체"(personal identity)는 사실 로크(Locke)의 개념이다. 에드워즈가 이 개념을 활용한 방식을 알고자 한다면 "The Mind," No.11을 보라. 특별히 No. 72에서 에드워즈가 말하는 "일체"(identity) 개념은 로크의 개념과 차이점이 있음을 알 수 있다.
124 Benjamin B. Warfield, *Studies in Theology* (New York: Oxford University Press, 1932), 530.

(William Cunningham)은 에드워즈의 연합/일체 개념이 그의 간접(mediate) 전가 이론으로 이어진다고 보는 반면, 찰스 핫지(Charles Hodge)는 한편으로 에드워즈가 모호하게 보일 수 있는 여지에 대해 지적하면서도 에드워즈는 직접(immediate) 전가 이론을 가르쳤다고 인정하였고, 존 머리(John Murray)는 분분한 평가가 있긴 하지만 에드워즈는 직접 전가 입장이었다고 단정하였다.[125] 이렇듯 에드워즈의 연합 개념과 특히 그의 "인격적 일체"(personal identity)의 해석과 관련하여 학자들마다 의견이 분분하다. 이 같은 현상에 대해 필자의 개인적인 생각은 어쩌면 에드워즈의 연합 및 일체 개념을 고려할 때, "간접-직접"(mediate-immediate) 구분으로 에드워즈의 전가 개념을 설명하는 것은 적절치 않을 수도 있다는 판단이다.

아담과의 연합과 관련하여 에드워즈에게서 강조되는 개념은 "신적 조성(divine constitution)에 의해서" 아담과 후손은 실제로 하나라는 논지이다.

> 우리가 지적 피조물의 *인격적 일체*(personal identity) 개념에 접근할 때, 로크(Locke)가 말했던 것, 즉 동일 *의식*(same consciousness)을 의미하는 것이 되어서는 안 되지만, 불가분적인 것이 있다는 것도 부정할 수 없다. 그러나 같은 의식과 기억이 다른 주체에게 여러 세대를 통해 전달 또는 연속되는 것은 전적으로 신적 질서(divine establishment)에 달려 있다. 과거의 것에 대한 기억과

---

[125] William Cunningham, *Historical Theology* (Edinburgh: The Banner of Truth Trust, 1960), 513-514; Charles Hodge, *Systematic Theology*, vol. 2, 207-208, 210, 217-220; John Murray, *The Imputation of Adam's Sin* (Grand Rapids: Eerdmans, 1959; reprint, Phillipsburgh, NJ: Presbyterian and Reformed Publishing Co.), 52-64.

의식이 계속되어야 하는 필연성은 없다. 그러나 계속된다면 창조주의 임의적 조성(arbitrary constitution)에 달려 있을 것이다.[126]

비록 에드워즈가 로크의 용어를 차용하여 말하고 있기는 하지만 신적 주권을 강조하는 칼빈주의적 입장에서는 흔들림이 없다. 실제로 에드워즈는 일체(identity)와 하나 됨(solidarity)을 "하나님의 주권적 조성"(God's sovereign constitution)에 돌리고 있다.[127] 그러나 몇몇 학자들이 에드워즈의 연합 개념을 실재론(realism)으로 해석하는 것과는 달리 에드워즈는 오히려 피조물은 존재하는 매 순간 하나님의 임의적 조성(arbitrary constitution)에 의존한다는 점을 강조한다.

모든 계속되는 순간에 있어서 피조체의 존재는 전적으로 그 순간 하나님의 직접적인 권능에 의한 결과이며 마치 첫 창조가 무에서 이루어졌듯이 앞선 존재에 의존하는 것이 아니라면, 그 순간 존재하는 것은 이 권능에 의한 새로운 결과(new effect)이다. 단순하고 절대적으로 생각할 때, 비록 비슷하게 보이고 어떤 정해진 방식을 따른다고 할지라도 그것은 어떤 과거의 존재와도 같지 않다. 이는 일체(identity)나 하나 됨(oneness)에 따른 것이 아니라, 오로지 창조주의 임의적 조성에 의존한 것이다. 하나님은 당신의 지혜롭고 주권적인 질서에 의해 이 연속적인 새로운 결과를 그렇게 연합하시고, 같은 속성, 관계, 환경을 주시며 마치 하나처럼 다루시어 우리도 그들을 하나로 간주하고 다루도록 하신다. 내가 이것을 가리켜 임의적 조성(arbitrary constitution)이라고 할 때, 이것은 오직 신적 의지(divine will)에만 의존하는 조

---

126 Edwards, *Original Sin*, 3:398–399. [이탤릭 삽입].
127 Edwards, *Original Sin*, 3:404.

성을 말한다. 그 신적 의지는 오직 신적 지혜(divine wisdom)에만 의존한다. 이런 의미에서 자연의 전 과정과 그에 속한 모든 것, 즉 모든 법, 방식, 지속성, 규칙성, 연속성, 진행 등은 임의적 조성이다. 이런 의미에서 세상과 그에 속한 모든 것들의 존재의 연속과 계속해서 존재하는 방식은 전적으로 임의적 조성에 의존한다. 왜냐하면 소리, 빛, 색깔, 저항, 중력, 생각, 의식 또는 바로 직전에 의존적이었던 어느 다른 것도 다음 순간에 필연적으로 같을 것이라고 전혀 할 수 없기 때문이다. 모든 의존적 존재는 무엇이든 지나갔다가 다시 돌아오는 연속적 흐름 속에 있어서 마치 몸체의 색깔이 매 순간 그 위에 비춰는 빛에 의해 새로워지듯이 매 순간 새로워지고, 빛이 태양으로부터 오듯이 모든 것이 지속적으로 하나님께로부터 나아온다. "우리는 그분 안에 살고, 움직이고, 존재한다." 그러므로 명백한 것은 만약 우리가 문제를 꼼꼼하게 따진다면, 다른 시간 속에 존재하는 피조체들 사이에 하나님의 주권적 조성(God's sovereign constitution)에 의존하는 것 외에 어떤 일체나 하나됨 같은 것은 없다."[128]

물론 에드워즈가 아담과 그리스도의 언약적 대표성을 묘사하는 것이 마치 실재론(realism)으로 보일 수 있다. 그러나 우리는 에드워즈의 주장이 실재론이 아니라는 점을 구분할 수 있어야 한다. 에드워즈가 생각하는 것이 실재론이 아닌 것은 그의 논리는 사실상 실재론을 부정하고 있기 때문이다. 에드워즈가 언약적 연합 관점에서 개진한 조성적 실제(constituted reality) 개념은 실재론과 구분될 필요가 있다. 윌리엄 에반스(William Evans)는 이 점을 인정한다. "에드워즈는 어디에서도 '보편적 인간'(generic humanity)이나 그와 유사한 이론을 만들지 않았

---

[128] Edwards, *Original Sin*, 3:402-404.

다."¹²⁹ 반면 랜들 오토(Randall Otto)는 오해하기를, "에드워즈는 그들[아담과 그 후손]이 본질적으로 하나의 집합적 인간(one complex person) 또는 하나의 도덕적 집합체(one moral whole)를 이룬다고 결론지었다."¹³⁰ 하지만 오토의 주장과는 달리 에드워즈의 유명한 "나무 유비"(tree analogy)를 실재론(realism)을 입증할 만한 근거로 삼기는 힘들다. 핫지는 에드워즈를 실재론 혐의에서 구출한다. 핫지에 따르면 실재론에서 주장하는 일체의 핵심은 "본체의 수적 일치"(numerical sameness of substance), 즉 숫적 일체라고 변호한다.

> 이 이론에 따르면 인류는 아담과 인류의 모든 개인에 있어서 숫자적으로 하나였고 같은 본체였다. 그러므로 아담의 죄는 모든 인류의 죄였다. 왜냐하면 숫자적으로 우리를 사람 되게 하는 동일한 이성과 의지적 본체에 의해 저질러졌기 때문이다.¹³¹

간단하게 말해 실재론이 말하는 일체 개념은 "이는 나무가 싹에서 성장한 나무로 자라는 전 과정 동안 하나의 나무이고 또는 존재의 여러 국면에 걸쳐 인간의 영혼은 하나인 것과 같은 의미에서 아담과 그의 후손은 하나"라는 것이다. 분명히 핫지는 이러한 관점은 본질적으로 에드워즈의 연합 관점과 다르다고 본다. 왜냐하면 "에드워즈는

---

129 William B. Evans, "Imputation and Impartation: the Problem of Union with Christ in Nineteenth-century American Reformed Theology" (Ph.D. diss., Vanderbilt University, 1996), 219.

130 Randall E. Otto, "The Solidarity of Mankind in Jonathan Edwards' Doctrine of Original Sin," *Evangelical Quaterly* 62.3 (1990): 207.

131 Hodge, *Systematic Theology*, 2:221.

어떤 경우에도 수적 동일(numerical sameness)은 거부하기 때문이다." 핫지는 에드워즈에 대해 확신을 하는 바가 있어 보인다. "그[에드워즈]에 따르면 어떤 피조물의 경우라도 일체(identity)는 결코 하나의 동일한 주체의 연속적인 존재를 뜻하지 않는다." 핫지의 평가는 에드워즈의 말과 일관성을 이룬다. "다른 시간 속에 존재하는 피조체들 사이에 하나님의 주권적 조성(God's sovereign constitution)에 의존하는 것 외에 어떤 일체나 하나 됨 같은 것은 없다." 비록 핫지는 에드워즈가 일체 개념을 "하나님의 임의적 조성"으로 설명하는 방식에 대해 익숙하지 않음을 토로했지만 또한 공정하게 에드워즈의 연합 또는 하나 됨의 개념, 즉 조성적 실제 개념이 실재론이 아니라는 점은 구분하였다.[132]

이렇듯 에드워즈가 말하는 아담과의 연합이 결코 실재론이 아님을 확실히 알 수 있었다. 그렇다면 에드워즈에게 있어서 중요한 것은 아담과 그 후손의 연합이 죄의 전가보다 우선한다는 것이다. 즉, 에드워즈는 전가가 일어나기 위한 실제(reality), 즉 조성적(constitutive) 특징이 있음을 강조한다. 에드워즈의 전가 이론이 종종 논쟁이 되어왔다는 것을 알기 때문에 좀 더 자세한 논의가 필요하다.

---

[132] Hodge는 *Systematic Theology*에서 에드워즈의 연속적 창조(continuous creation) 개념을 거부하는 5가지 이유를 제시한다. 하지만 Hodge의 비판처럼 에드워즈가 그런 극단적인 주장을 했는지는 논쟁의 여지가 있다. 그런 주장은 에드워즈답다고 하기 어려우며 Hodge의 비판이 일리가 있다고 해도 본질적인 문제는 아니라는 생각이다. 나는 이 문제를 존재론적 문제로 볼 것이 아니라 강조의 차이라고 본다. 에드워즈는 임의적 조성(arbitrary constitution)이라는 개념을 통해 하나님의 주권을 강조하고자 했던 것이지 피조체의 존재(existence)와 본체(substance)에 동인적 근거를 돌리고자 한 의도는 전혀 아니었다. Hodge는 이점에 대해 다소 비판적이긴 하나 결국 에드워즈의 입장이 실재론과 다르다고 구분하였다. Hodge, *Systematic Theology*, 2:217-220.

에드워즈의 원죄론에서 논쟁이 되는 다음과 같은 말이 있다. "반역의 죄가 단지 하나님이 그들에게 전가하셔서 그들의 것이 아니라, 진정으로 정당하게 그들의 것이었다는 근거에서 하나님은 그들에게 전가하셨다."[133] 여기에서 "진정으로 정당하게 그들의 것"이라는 문장은 전가 이전에 연합을 통해 조성적 실제가 성립된다는 사실을 떠올린다. 에드워즈는 연합의 관점을 통해 첫 번째 죄를 이해한다. 첫 번째 죄와 관련된 핵심은 언약적 대표성이다. 전통적 관점에서는 대표성을 죄의 결과에서부터 생각하는 경향이 많은 반면, 에드워즈는 대표성 문제를 죄를 짓는 행위 이전으로 앞당긴다. 에드워즈가 보기에, 아담과 그 후손은 죄를 짓기 전에도, 죄를 짓는 동안에도, 그리고 죄의 결과에 대해서도 항상 연합해 있었다. 이런 맥락에서 에드워즈는 전가의 방식에 대해 언급한다.

> 아담의 후손에게 있는 첫 죄 된 성향이, 마치 자신이 죄를 저질렀을 때 자신이 그것을 전적으로 인정했던 것처럼, 그것을 통해 첫 조상의 죄를 인정하게 된다. 또는 그래서 그에 대해 전적으로 완벽하게 마음을 다해 동의하는 것은, 내 생각에는, 아담이 자신의 죄에 대해 전적인 동의를 했던 것 이상의 것으로서 첫 죄에 대한 전가의 결과로간 볼 수 없다는 것이다. 그것은 전가의 결과가 아니라 순서에 있어서 그보다 앞선다. 실제로 아담의 후손에게 죄된 성향이 파생되었다거나 뿌리와 가지처럼 아담의 첫 범죄에 후손의 죄된 성향이 오히려 공존했다고 보는 것은 연합의 결과이다. 즉, 지혜로우신 세상의 저자께서는 아담과 후손 사이의 관계를 마땅히 죄의 전가의 결과가 아니라, 오히려 그보다 앞선 것으로 아담 안에 있었던 것으로 정하셨다. 마음의 첫

---

133 Edwards, *Original Sin*, 3:408.

타락과 그 죄의 전가는 모두 세워진 연합의 결과이다. 그러나 그 순서에 있어서 아담의 경우에서와 마찬가지로 죄된 성향이 먼저이고 죄책의 부가는 결과이다.[134]

여기에서 에드워즈가 주의 깊게 구분하는 것이 있는데 최초의 죄된 성향을 "첫 죄에 대한 전가의 결과로만 볼 수 없다는 것이다." 이에 관해 에드워즈는 "아담의 후손에게 확고한 원리(established principle)로 남아 있고 후의 행동으로 나타나는 본성의 부패는 첫 범죄에 동참했던 결과이고 형벌이고 따라서 새로운 죄책을 가져왔다."[135] 여기에서 에드워즈는 결과에 대해서는 물론이고 첫 번째 악의 성향에서도 아담과의 연합을 고수한다. 여기에서 에드워즈가 주장하는 것은 실재론이 아니라 언약 구도에 따른 조성적 실제이다. 이것은, 머리(Murray)가 말했던 "조성적 행위"(constitutive act)이다. 다시 말해 그것은 "선언을 정당하고 합당한 근거를 제공하는 조성적 행위"인 것이다. 에드워즈의 조성적 실제 개념은 간접 전가 이론과는 근본적으로 다르다.

실재론(아담과 우리는 일체)은 아담의 것이 우리의 것이라고 하는 반면, 에드워즈의 조성적 실제 개념은 아담의 죄책이 우리 외적(alien)일이 아니라고 말한다. 아담이 법정적으로 죄가 선언되었을 때, 이미 이 조성적 실제를 전제하고 있었다. 에드워즈는 "법정적인"(forensic) 것과 "실제적인"(real) 것을 서로 대립되는 개념이라고 보지 않는다. 조성적 실제는 "가상의"(as if) 죄책이나 의를 가리키는 것이 아니라, 실제로 우리가 죄인이었고 의인이라는 사실적인 실제를 가리킨다. 에드

134　Edwards, *Original Sin*, 3:391.
135　Edwards, *Original Sin*, 3:391.

워즈에게는 "외적인 죄"(*peccatum alienum*)나 "외적인 의"(*iustitia aliena*)는 없다. 이러한 외적(alien) 개념은 에드워즈의 조성적 실제뿐만 아니라 언약 신학에 부합하지 않는다.

에드워즈에게 있어서 아담과 그리스도의 언약의 대표성은 서로 평행 관계이다. 이 평행 대조는 아담 안에서의 정죄(condemnation in Adam)와 그리스도 안에서의 칭의(justification in Christ)로 압축된다. 여기에서 법정적 개념과 언약적 대표성은 같이 간다. 이렇듯 에드워즈가 아담과의 연합을 전제로 원죄의 전가를 조성적 실제로 이해한 것은 그리스도의 의의 전가를 조성적 실제로 이해한 것과 궤를 같이한다. 에드워즈가 늘 하는 말이 있다. "그리스도와 그 백성의 연합 속에서 실제인(real) 것이 법적인(legal) 것의 근거가 된다." 의의 전가가 가져오는 조성적 실제가 칭의의 법정적 성격을 충족시킨다. (정죄의 전가의 경우 역시 마찬가지다.) 비록 워필드의 말처럼 에드워즈의 "개념과 표현이" 독특하긴 하지만, 확실한 것은 에드워즈는 법정적 전가에 있어서 자신의 언약 개념에 충실했다.

D. 맺음말(Closing Remarks)

이 장에서 우리는 그리스도의 의의 전가와 관련하여 전가의 필요성, 그리스도의 의, 전가의 본질에 대한 에드워즈의 논지를 살펴보았다.

먼저 전가의 필요성의 문제는 그리스도의 의만이 우리의 칭의의 근거라는 에드워즈의 강조가 반영되어 있음을 확인했다. 에드워즈의 칭의론은 우리 자신의 선으로 의로워질 수 없다는 사실에서 출발했다. 즉, 우리는 자신의 도덕적 탁월함으로 칭의될 수 없고, 법정적 칭의가 성립하기 위해서는 도덕적 근거가 필요하고, 중보자의 사역만이 하나님의 법에 대한 명예를 회복하고, 그리스도의 구속사적 의만이 우리를 위한 칭의의 근거가 된다는 설명이었다.

에드워즈에게 있어서 그리스도의 의는 그리스도께서 우리를 위한 구속 사역을 통해 성부께로부터 얻은 것이었다. 그러므로 그리스도의 의는 삼위일체적-구속사적 의미를 지닌다. 그리스도의 부정적, 긍정적 의는 각각 그리스도께서 행하신 대속과 순종에 근거한다. 에드워즈는 도덕적 적합성이란 미학적 언어를 동원하여 그리스도의 의의 도덕적 가치를 설명하는 것을 보았다. 에드워즈가 그리스도의 삶 전체를 하나의 순종으로 봄으로써 성부로부터 의를 얻을 수 있는 공로가 되었다는 강조 역시 눈에 띤다. 또한 에드워즈는 그리스도의 순종이 본질적으로 적극적이고 자발적인 것이기에 그리스도의 구속 사역이 성부께서 보시기에 도덕적 아름다움이 된다는 점을 잘 드러내었다.

우리는 또한 에드워즈가 말하는 전가의 성질을 살펴보았다. 무엇보다도 전가는 그리스도와의 연합 안에서 이루어진다는 것이 에드워즈가 힘주어 강조하는 바다. 이때 전가는 연합을 통해 조성적 실제를 이루는데 이는 실재론이 아니라 언약적 사고를 일관되게 적용하여 도출한 결과로써 에드워즈가 말한 "실제적인 것은 법적인 것의 근거를 이룬다"는 주장을 뒷받침한다.

이 장에서 그리스도와의 연합은 에드워즈가 그리스도의 의의 전가를 설명하기 위한 틀이었음을 확인하였다. 연합 개념을 통해 에드워즈의 언약 개념이 이 장의 논의 전체에서 핵심적인 역할을 한다는 것을 알 수 있었다. 결론적으로 볼 때, 그리스도의 의의 전가는 "우리는 우리 자신의 어떠한 덕이나 선이 아니라, 오직 그리스도를 믿음으로 칭의된다"는 에드워즈의 논지를 입증하였다고 하겠다.

에드워즈에게 있어서 그리스도의 의의 전가가 칭의의 객관적 근거라면, "오직 믿음"은 그리스도의 의가 어떻게 주관적으로 적용되는지를 설명한다. 이제 우리는 어떻게 에드워즈가 그리스도와의 연합 관점에서 오직 믿음으로 칭의됨을 설명하는지 살펴보고자 한다.

제3장

오직 믿음으로

By Faith Alone

앞에서 이미 언급했듯이 에드워즈는 로마서 4:5 설교에서 칭의 교리를 다음과 같이 요약한다. "우리는 우리 자신의 어떠한 덕이나 선이 아니라 오직 그리스도를 믿는 믿음으로 칭의됩니다."[1] 여기에서 "우리 자신의 어떠한 덕이나 선"이 아니라 오직 "그리스도를 믿는 믿음으로" 칭의된다는 의도적인 대조가 강조된다. 앞 장에서 살펴보았듯이, 칭의의 근거는 오로지 그리스도의 의(righteousness of Christ)에 있다. 에드워즈가 집중한 다음 주제는 어떤 방식으로 객관적 근거(그리스도의 의의 구속사적 의미)가 주관적 측면(개인의 죄 용서와 영생의 상급)으로 적용되는가 하는 문제이다. 에드워즈에게 이 문제는 믿음(faith)의 문제이다. 믿음은 칭의를 적용하는 은혜이다. 이러한 맥락에서 에드워즈는 일관되게 칭의는 오직 믿음으로 되어지는 것이라는 입장을 견지한다.

이 장에서 우리는 에드워즈가 칭의와 관련하여 "오직 믿음으로"(by faith alone)를 어떻게 설명하는지 살피고자 한다. 이를 위해 우리는 에드워즈가 첫째, 칭의에서 믿음이 가지는 역할을 어떻게 정의하는지 그리고 둘째, 칭의하는 믿음(justifying faith)의 특성을 특별히 "오

---

[1] Edwards, *Justification by Faith Alone*, 19:149.

직"을 통해 강조되는 의미가 무엇인지 논할 것이다. 이 장의 논의를 통해 우리는 에드워즈가 말하는 "오직 믿음"은 그리스도와 연합하는 행위(an act of union with Christ)이며 결국 "오직 그리스도"를 드러내는 것임을 확인할 것이다.

A. 믿음으로(By Faith)

에드워즈는 전치사 "으로"(by)가 믿음이 칭의에 대해 갖는 특별한 역할을 나타낸다고 보았다. 그렇기에 우리는 여기에 주목할 필요가 있다.[2] "으로"(by)의 역할에 관하여 에드워즈는 말하기를 "여기에서 전치사 '으로'(by)가 지니는 의미와 그 중요성을 밝히는 것은 매우 어려운 일이다. 다시 말해 성경에서 믿음으로 의로워진다고 할 때, 믿음이 칭의에서 갖는 영향이 뭔지 제대로 밝히는 것은 매우 어려운 일이다."[3] 에드워즈가 이것을 이렇게 어렵다고 토로하는 데에는 자신만의 독특한 관점이 있기 때문이다. 에드워즈는 이 전치사를

---

[2] Logan은 전치사 "으로"(by)를 이해하는 데 있어서 "에드워즈가 이 논의에 기여한 바가 크다"고 한 지적은 타당하다. Logan은 에드워즈가 전치사 "으로"(by)가 아리스토텔레스의 인과론적 도식으로 사용되는 것을 의도적으로 피하고자 노력했다는 점을 지적한다. Logan은 에드워즈가 믿음을 다른 은총들과 함께 "조건"이라는 의미로 사용하지만 그것이 "비원인적 조건"(noncausal conditions)으로 이해되어야 한다고 설명한다. Logan은 그것이 에드워즈의 입장에서 칭의의 원인을 오직 "하나님의 주권적 은혜"로만 돌리고자 하는 증거였다고 말한다. Samuel T. Logan, Jr. "The Doctrine of Justification in the Theology of Jonathan Edwards," *Westminster Theological Journal* 46 (1984): 32–33.

[3] Edwards, *Justification by Faith Alone*, 19:152.

"조건"(condition) 또는 "수단"(instrument)으로 보는 전통적인 견해를 따르지 않는다. 대신, 차차 알게 되겠지만, 에드워즈는 "자연적 적합성"(natural fitness)의 관점에서 칭의하는 믿음을 그리스도와 연합하는 동작으로 본다.

1. 조건(Condition)

칭의와 관련하여 믿음을 조건으로 보는 것은 대체로 개혁파 정통주의(Reformed orthodoxy)의 일반적 견해이다.[4] 에드워즈도 이 점에 있어서 예외는 아니다. 예를 들어 에드워즈는 조건성(conditionality)이 언약신학의 핵심이라는 점에 대해 다음과 같이 말한다.

> 언약의 모든 약속들은 조건적(conditional)이다. 은혜언약의 어떤 약속이나 다른 언약의 약속들이 있다고 할 때, 그 약속들이 조건적이 아니라고 여기는

4　개혁주의 전통은 믿음의 조건성(conditionality)과 무조건성(unconditionality)을 모두 고수하는데 이는 언약 개념의 이중적 특성에 바탕을 둔 것이다. 이와 관련하여 참고문헌을 소개한다. John von Rohr, *The Covenant of Grace in Puritan Thought* (Atlanta: Scholars Press, 1986); John von Rohr, "Covenant and Assurance in Early English Puritanism," *Church History* 34 (1965): 195-203; John Murray, "Covenant Theology" in *The Encyclopedia of Christianity*, ed. Philip E. Hughes, vol. 3 (Marshalltown, Del.: National Foundation for Christian Education. 1972), 208-209, 211-212; Francis Turretin, *Institutes of Elenctic Theology* (Phillipsburg, NJ: P & R Publishing Co., 1994), 12:3:3-17; Charles Hodge, *Systematic Theology*, vol. 2 (Grand Rapids: Eerdmans, reprint 1995), 364-365; Louis Berkhof, *Reformed Dogmatics*, trans. Hugo Bekker, vol. 1 (Grand Rapids: Eerdmans, 1932), 261, 266-267; Herman Bavinck, *Our Reasonable Faith: A Survey of Christian Doctrine*, trans. Henry Zylstra (Grand Rapids: Eerdmans, 1956), 266-267, 273-279; G. C. Berkouwer, *Faith and Justification* (Grand Rapids: Eerdmans, 1954), 188-191.

것은 말이 안 되고 모순적이다.[5]

그러나 에드워즈는 이러한 조건성에 모호함이 있음을 지적한다. "물론 다른 무엇이 아니라 믿음이 실제 칭의의 조건이긴 하지만, 믿음을 칭의를 얻는 조건이라고 하는 것만으로는 이 문제를 명쾌하고 충분하게 설명할 수 없습니다."[6] 에드워즈는 "조건" 속에서 가능한 세 가지 의미를 나열한다. 첫째, 믿음은 실제로 칭의를 얻기 위한 조건이다. 둘째, 오직 그리스도만이 칭의의 조건을 이루실 수 있다. 셋째, 다른 은혜들 역시 칭의를 얻기 위한 조건이다. 사실 여기에는 아직 모호한 여지가 남아 있다. 왜냐하면 에드워즈가 지적했듯이, "조건"이라는 단어는 "사람마다 다른 방식으로" 해석할 수 있기 때문이다.[7]

---

[5] Edwards, "Miscellanies," No.617, 18:148.

[6] Edwards, *Justification by Faith Alone*, 19:152. 에드워즈가 염려하는 문제는 언약 개념에서 인간의 역할을 드러내는 문제이다. Thomas A. Schafer는 이를 가리켜 "미국판 자기-충족성"(a native American variety of human self-sufficiency)이라고 불렀다. "Jonathan Edwards and Justification by Faith," *Church History* 20 (1951): 55. 그러나 이렇게 언약에서 쌍방성(bilateral)을 강조하는 것은 미국 청교도들만의 특성은 아니다. 존 칼빈을 포함하여, 개혁파 정통주의는 초창기 시절부터 일방성(unilateral)과 쌍방성(bilateral) 모두 언약의 핵심적인 요소라고 보았다. 특별히 언약의 쌍방성에 대한 칼빈의 관점을 알고자 한다면, Peter A. Lillback, "The Binding of God: Calvin's Role in the Development of Covenant Theology" (Ph. D. diss., Westminster Theological Seminary, 1985), 268-286을 보라. 이 연구에서 Lillback은 이렇게 결론을 내린다. "Trinterud-Baker 가설과 다르게 칼빈은 언약의 조건성 및 상호성을 강조하는데, 이 관점은 스위스 신학의 입장", 즉 Bullinger의 관점과 "일치한다고 볼 수 있다." Lillback, "The Binding of God," 273.

[7] Edwards, *Justification by Faith Alone*, 19:152. 에드워즈는 로마서 4:16 설교에서 또한 두 가지 이유에서 믿음을 칭의의 조건이라 부르는 데 모호함이 있다고 말한다. 첫째, "그리스도만이 우리를 위한 칭의의 조건을 이루셨다." 둘째, "우리가 이 조건을 조건적 관계에 있는 모든 것을 의미하는 것으로 이해해 이것이 있으

에드워즈가 "조건"이란 단어가 사람마다 전혀 다른 의미로 해석될 수 있다고 본 이유는 일반적인 용례에 있어서 다음과 같이 정의되기 때문이다. "어떠한 것이 그것으로 더불어 있거나, 그것을 전제하여 어떠한 일이 있게 되거나, 또는 그것이 없어서 어떤 것이 없거나, 그것을 부정하여 어떤 것이 없게 된다면, 우리는 이런 경우에 그것을 가리켜 그것에 대한 조건이라고 부릅니다."[8] 이 정의에 따르면 믿음은 결코 칭의의 유일한 조건이라고 할 수 없다.

> 믿음을 수반하거나 믿음으로부터 나오는 많은 것들이 있습니다. 칭의는 이러한 것들과 더불어 있게 되는데, 이러한 것들이 없다면, 칭의도 있지 않으며, 그러므로 성경에는 여러 곳에서 이런 것들이 칭의와 구원에 있어서 조건적 관계에 있는 것으로 나타납니다. 바로 하나님 사랑, 형제 사랑, 사람들의 범죄를 용서하는 것, 그 외 많은 선한 성품과 행동들입니다. 그리고 믿음 외에도 많은 다른 것들이 있어서 영생을 위해서는 반드시 우리가 노력하고 실천해야 한다고 우리에게 분명하게 제시되어 있습니다. 그래서 이러한 것들을 행하거나 이루면 우리에게 영생이 있을 것이며, 만일 행하지 않거나 이루지 않는다면 우리는 필경 멸망할 것입니다.[9]

면 우리가 칭의를 얻고, 이것이 없이는 칭의를 얻지 못한다고 의미한다면, 사실 믿음 뿐 아니라 다른 은혜들도 칭의의 조건이 된다." Edwards, *Sermon on Romans 4:16*, (*WJE Online*, Vol. 45), 또한 Edwards, "Miscellanies," No. 2, 13:197-99을 보라.

[8] Edwards, *Justification by Faith Alone*, 19:152.

[9] Edwards, *Justification by Faith Alone*, 19:152. "우리 자신의 거룩한 행동, 다시 말해 우리가 그리스도와 그의 구원을 받아들이는 믿음이 구원의 조건이라고 여기는 것은 믿음의 어떤 탁월함 때문에 우리를 그 유익으로 추천하는 것이 아니라 단지 우리의 영혼이 구세주를 영접하고 능동적으로 연합하여 그 영혼이 그 유익

에드워즈가 보기에 일반적인 용례로 믿음을 칭의의 조건으로 보는 것으로는 결코 칭의에 있어서 "믿음으로"(by faith)가 지닌 성경적 의미를 제대로 드러내지 못하는 문제가 있다. 성경에서 사랑, 인내, 온유, 겸손 등과 같은 다른 은혜들도 칭의와 관련하여 조건적 관계에 있는 것으로 표현되기 때문에, 그런 은혜들이 있으면 칭의도 있는 것이고 그런 은혜들이 없으면 칭의도 없는 것이 된다는 논리가 된다.[10]

을 받을 만한 자연적 적합성(natural fitness) 또는 역량이 되는 것으로 여기는 것은 값없이 주시는 은혜와 모순되지 않는다. 그리고 같은 방식과 이유에서 사랑, 겸손, 회개의 행위와 또는 다른 은혜들이 구원의 조건에 포함되어 있고 그 영혼이 단순히 그리스도를 영접하고 연합하며 그 동작에 속해 있다고 간주하는 것, 그리고 성도의 실천과 거룩한 삶의 행동들이 어떤 의미에서 구원의 조건들로서 그들의 도덕적 덕목에 의해 구원으로 추천되는 것이 아니라 단지 그 영혼이 구세주를 영접하고, 밀착하고, 연합한다는 동작이고 표현이라는 점이 값없이 주시는 은혜와 모순되지 않는다." Edwards, "Miscellanies," No.1070, 20:453.

[10] 에드워즈는 여러 문맥과 의도에 따라 믿음은 다른 의미로 해석될 수 있다고 지적한다. "같다고 동의하고 합의하는 것이 다양한 대상, 다른 상황, 또는 하는 방식에 따라 다른 이름으로 불릴 수 있다. 주님에 대해 쓰일 때는 믿음 또는 신뢰(trust)[라고 불리며], 우리를 다스리시고 우리에게 명령하는 분에 대해 쓰일 때에는 믿음 또는 의지(trust)로, 우리에게 말씀하시고 가르치시는 분에 대해 쓰일 때는 믿음 또는 신념(belief)으로, 구주, 통치자, 가르치는 분(다시 말해, 왕, 제사장, 선지자)에 대해서는 다른 어떤 이름보다 믿음(faith)으로, 과거, 현재, 미래에 관한 여러 교리에 대해서는 그것은 믿음 또는 신념(belief)으로, 아직 보이지 않지만 약속된 선한 일을 가리킨다면, 그것은 믿음 또는 소망(hope)으로, 복음 또는 복된 소식과 관련해서는 믿음(faith)으로, 탁월한 분들을 가리킬 때는 사랑(love)으로, 계명을 가리킬 때는 순종(obedience)으로, 변화를 도모하며 하나님을 향할 때, 그것은 자기포기(resignation)라고 부를 수 있으며, 재앙에 처했을 때는 항복(submission)이라고 부를 수 있다. 믿음(believe)이 구원하는 신뢰(trust)가 되기까지 정도의 차이가 있다. 중생하지 않은 사람도 어느 정도까지는 복음을 믿을 수 있다. 그러나 그들은 결코 완전히 신뢰(trust)할 정도로 믿지는 못하며, 그리스도를 진정으로 믿는 의미에서 요구되는 것들을 실천하지도 않을 뿐더러 제안(offers)들을 신뢰하지도 않는다. 그러나 틀림없이 선한 행실은

간단하게 말해 일반적 언어의 용례에 따라 믿음을 칭의의 조건이라고 부르는 것은 다른 은혜들과 차별화되는 믿음의 독특한 역할을 드러내지 못하는 한계가 된다. 에드워즈는 이러한 문제를 예리하게 지적한다. "어떤 조건에 의해 칭의되는 것과 칭의와 보편적이고, 필연적이고 불가분적인 관계에 있다는 것 사이에는 분명한 차이가 있습니다."[11] 그러므로 믿음을 칭의를 위한 "조건"이라고 부르는 것으로는 칭의에 대한 믿음의 독특한 역할을 충분히 반영하기에 적절치 못하다는 것이 에드워즈의 지적이다.

에드워즈가 보기에, 언약 신학적 관점에서 믿음이 칭의의 조건이라고 할 때, 믿음은 사실 다른 것을 가리킨다. 엄밀히 말하자면, 칭의의 조건은 믿음이 아니라, 그리스도의 의(righteousness of Christ)이기 때문이다.

> 이 언약에서 합당한 조건은 믿음이 아니라 그리스도의 의이다. 두 번째 아담이 자신과 자신 안에 있는 신자들을 위해 맺은 언약에서 믿음은 아담의 후손들이 세상에 태어나는 것이 하나님께서 아담과 맺으신 언약과 아담 안에 있는 후손들에게 하신 약속들을 위한 조건이 되는 것 이상으로 조건이 되지 않는다. 아담의 의는 그 언약의 특성에 따라 아담의 영생뿐만 아니라 그의 후

그런 믿음에 의해 나온다." Edwards, "Miscellanies," No.218, 13:344-45. 에드워즈는 다른 은혜들도 칭의와 구원의 조건임을 강조한다. 그러나 에드워즈는 "그것들은 결코 믿음과 같은 방식의 구원의 조건은 아니다"라고 덧붙인다. 다른 은혜들은 믿음과 비교할 때 "간접적"(indirect), "부분적"(partial)이고 믿음 안에 "함의적"(comprehended)이라고 에드워즈는 말한다. 자세한 내용은 Edwards, "Miscellanies," No.714, 18:344-46을 보라.

11 Edwards, *Justification by Faith Alone*, 19:152-53.

손을 위한 유일한 조건이었다. 마찬가지로 그리스도의 의도 그와 맺어진 새 언약의 특성에 따라 두 번째 아담과 그의 영적 후손들을 위한 영생의 유일한 조건이다.[12]

에드워즈는 언약 신학에 따라 첫 번째 아담과 맺은 언약이든, 두 번째 아담과 맺은 언약이든 관계없이, 칭의를 얻기 위한 조건은 항상 의(righteousness)였다고 확증한다. 이때 신자에게 믿음은 아담의 후손에게 있어서 세상에 태어나는 것과 같은 의미이다. 그러나 언약의 관점에서 아담의 후손이 세상에 태어난 것이 영생의 조건이라고 부르는 것은 합당치 않다. 행위언약의 조건은 아담의 의였기 때문이다. 마찬가지로 믿음을 영생을 위한 조건이라고 부르는 것은 합당치 않다. 은혜언약에서 조건은 그리스도의 의이기 때문이다. 그래서 에드워즈는 믿음은 결코 신자들이 성취해야 할 조건이 아니라고 주장한다. "이미 우리의 보증께서 의의 조건을 완전히 성취하셨기에, 우리는 다른 어떤 조건도 필요 없이 즉시 그리스도께 초청과 부름을 받아, 그리스도께 나와서, 취하고 먹을 수 있다."[13] 그의 또 다른 "문집"에서 에드워즈는 이 부분을 이렇게 표현한다.

> 그리스도께서 새 언약의 조건을 이루셨다. 그렇기에 더 이상 해야 할 일은 없다. 모든 것이 이미 이루어졌다. 우리는 구원을 얻기 위해 해야 할 일이 아무것도 없다. 우리는 단지 그리스도와 그리스도께서 이미 이루신 일을 받

---

12 Edwards, "Miscellanies," No.1091, 20:478.
13 Edwards, "Miscellanies," No.498, 13:540. 여기에서 에드워즈는 칼빈과 매우 유사하게 들린다. cf., Calvin, *Institutes*, 3:11:10.

아들이기만 하면 된다. 구원은 우리에게 어떤 조건에 따라 주어지는 것이 아니라 값없이 거저 주어졌다. 구원을 얻기 위해 할 것은 아무것도 없고, 우리는 그저 구원을 가지면 된다. 이렇게 갖고(taking) 또 받는(receiving) 것이 믿음이다.[14]

여기에서 에드워즈는 믿음을 "조건"이라는 말 대신에 "갖고", "받는" 것이라고 정의한다. "가지다", "받다" 등의 용어들은 사실 조건이 아니라 행동 자체를 나타낸다. 같은 글에서 에드워즈는 "받다" 또는 "가지다"를 단순히 조건의 의미로 여길 수 없다고 지적한다.

> 믿음은 무엇을 받기 위한 조건이라 부를 수 없다. 믿음은 받는 동작 그 자체를 가리키기 때문이다. 그리스도께서 주시고 신자들은 받는다. 신자들이 그것을 받는데 뭔가를 해야 하는 어떤 언약이나 합의가 필요치 않다. 믿지 않는 자는 구원을 받지 못할 것이요, 믿는 자는 모두 구원을 받을 것이라는 말씀은 진리이다. 다시 말해, 그리스도와 구원을 받는 자는 그것을 받을 것이며, 구원을 받지 않고자 하는 자는 결코 그것을 받지 못할 것이며 그것을 소유하지도 못할 것이다. 그러나 믿음, 또는 구원을 받는 것은 구원을 받기 위한 조건이 아니다. 한 사람이 거지에게 선물을 주면서 아무 선행 조건 없이 그것을 가지라고 할 때 그가 거지와 계약을 맺었다고 말하는 것은 합당치 않

---

[14] Edwards, "Miscellanies," No. 2, 13:198. William Ames는 믿음의 조건성을 설명하는데 매우 주의를 기울이지만, 사실 그가 사용한 "중간적"(intermediate)이라는 단어도 그렇게 만족스럽지는 못하다. "현재의 언약은 어떠한 선행 조건도 요구하지 않고 오로지 뒤따르는(following) 조건 또는 중간적(intermediate) 조건만을 요구하는데 (은혜를 얻기 위한 수단 역시 은혜로 주어지는데) 그것이 믿음의 합당한 본질이다." *The Marrow of Theology*, trans. John Dykstra Eusden (Durham: The Labyrinth Press, 1983), 151.

다. 마찬가지로 그리스도께서 손을 펼쳐 우리에게 생명을 주시며 우리에게 받으라고 하시는 것을 가리켜 그리스도께서 우리와 언약을 맺으시는 것이라 말하는 것도 마찬가지로 옳지 않다.[15]

에드워즈의 논지처럼 언약 신학의 도식을 따라 믿음을 그리스도를 "받기"(receiving) 전에 이루어야 할 조건이라 부르는 것은 타당하지 못하다. 단어의 용례를 보거나 언약 신학을 보더라도 믿음을 칭의의 "조건"이라 여기는 것은 적절치 못하다.

이렇게 믿음을 칭의의 조건이라 말하는 것은 적절한 표현이 아니지만, 그럼에도 불구하고 에드워즈는 사실상 믿음이 조건임을 인정한다. 실제로 에드워즈는 다른 은혜들에서 찾을 수 없는 매우 특별한 의미에서 믿음이 칭의의 유일한 조건이라고 보았다. 여기에서 말하는 특별한 역할이란 다름 아니라 믿음이 영혼을 그리스도와 연합시키는 동작이라는 의미이고, 에드워즈에게 있어서, 오직 이 연합에 의해 칭의가 이루어진다.

> 이것들로부터 우리는 믿음이 어떤 식으로 칭의와 구원의 유일한 조건이 되는지 배울 수 있습니다. 칭의와 구원이 결과가 되는 가상의 경우에 있어서 참으로 조건의 자리를 인정한다고 할 때, 비록 믿음은 유일한 조건은 아닐지라도, 특별한 방식으로 칭의의 조건이 되며, 그래서 다른 어떤 것도 믿음에 상응하는 영향을 끼치는 것은 없습니다. 왜냐하면 믿음은 그리스도를 구주로 연합하는 모든 행위를 포함하기 때문입니다. 영혼이 능동적으로 연합하는 동작 전체 또는 그리스도께 나아오고 그를 받는 것 전체를 성경에서는 믿

---

15 Edwards, "Miscellanies," No. 2, 13:199.

음이라고 부릅니다. 물론 다른 것들이 믿음만큼 고귀하지 않은 것은 아니나 어떤 다른 은혜나 덕들의 특성도 칭의의 믿음에 포함되거나 그 특성에 속하는 것 이상으로 중보자 그리스도와 직접적으로 연합하게 하지 않습니다.[16]

물론 에드워즈가 여기에서 다른 은혜의 요소들을 믿음보다 과소평가하는 것은 결코 아니다. 여기에서 일반적인 단어의 용례를 따를 때 믿음만이 칭의의 조건이라고 볼 수 없다는 논지는 칭의에 있어서 다른 은혜들 역시 꼭 필요하다는 주장과 같은 의미가 된다(칭의와 성화의 관계에 대해서는 4장에서 자세히 논하게 된다). 간단히 말해, 칭의에 다른 은혜들이 없지 않다. 그러나 다른 은혜들과 칭의의 관계를 믿음과 칭의의 관계와 같다고 볼 수는 없다는 것이 에드워즈의 주장이다.

물론 우리는 다른 은혜들 없이 칭의될 수 없습니다. 우리는 다른 은혜들과 함께(with) 칭의되지만 그것들에 의해(by) 칭의되는 것은 아니다. 왜냐하면 이러한 은혜들을 하나님이 심판의 근거로 바라보시어 그 사람이 그리스도 안에 있는 것으로 그래서 그의 의에 관심이 있는 것으로 여기시지 않기 때문입니다.[17]

---

[16] Edwards, *Justification by Faith Alone*, 19:160.

[17] Edwards, Sermon on Romans 4:16, (WJE Online, Vol. 45). "[하나님은] 결코 이러한 유익을 얻기 위해 믿음에 그 이상의 합당한 근거가 포함되어 있어야 한다거나, 믿음 안에 이러한 유익을 얻기 위해 필요한 자질이 있어야 한다고 말씀하지 않으셨다. 하나님께서 확언하신 것은 이 모든 것들이 함께 있어야 한다는 점이다. 즉, 그는 이 모든 은혜의 요소들을 아울러 행해야 한다. 하나님의 약속에 따르면, 칭의는 이것[믿음]과 더불어 반드시 다른 은혜의 요소들과 함께 결부되어야 한다. 그렇기에 하나님은 죄의 용서(forgiveness of sin)가 용서하는 마음(a forgiving spirit)과 병행한다고 약속하셨으며, 긍휼이 여기는 마음을

다른 은혜라 함은 대표적으로 성화의 삶을 생각할 수 있다. 참고로 여기에서 에드워즈의 언어는 200년 전 칼빈의 언어와 매우 흡사하다. "우리가 행함을 통해(not through) 칭의되는 것은 아니나 행함 없이(not without) 칭의되지 않는다."[18] 믿음은 한 사람을 그리스도와 연합시키는 동작이라는 점에서 결정적으로 다른 은혜들과 차별화된다. 앞서 언급했듯이, 칭의는 오직 그리스도와의 연합을 통해서만 우리에게 적용된다. 믿음은 우리를 그리스도와 연합하게 하는 유일한 은혜이다. 그러므로 믿음은 우리의 칭의를 이루는 유일한 은혜가 된다. 이런 의미에서, 에드워즈에게 있어서, 믿음은 칭의의 하나의 조건(a condition)이 아니라 유일한 조건(the condition)인 것이다.

"믿음으로"라는 표현을 통해 에드워즈가 말하고자 하는 핵심은 모든 공로는 오직 그리스도께만 있다는 사실이다. 이렇듯 에드워즈는 믿음을 흔히 말하는 조건이 아니라 그리스도와 연합하는 행위 자체로 보았다. 이것은 믿음과 칭의 사이의 인과관계가 아니라 그리스도의 의의 구속사적 중요성을 부각시키려는 의도인 것이다.

가진 자는 반드시 긍휼을 얻을 것이라고 약속하셨다." Edwards, "Miscellanies," No.1092, 20:480.

18 Calvin, *Institutes*, 3:16:1. 또한 "우리는 동시에 거룩하게 살지 않고서 완전히 믿음만으로 칭의될 수 없다." Calvin, *Comm.* on 1 Cor. 1:30. Bavinck도 거의 같은 소리를 낸다. "마찬가지로 우리는 행함에 의해 칭의되지 않지만 행함 없이 칭의되지 않는다." Herman Bavinck, *Reformed Dogmatics*, vol. 4, *Holy Spirit, Church and New Creation*, ed. by John Bolt, trans. by John Vriend (Grand Rapids: Baker Academic, 2008), 200.

2. 도구(Instrument)

전통적으로 칭의에 대한 믿음의 관계를 설명하는 또 다른 방식은 믿음을 "도구"(instrument)로 보는 것이다. 즉, 믿음은 칭의를 얻기 위한 도구라는 것이다. 하지만 에드워즈는 이러한 용어 사용을 거부한다. 이러한 해석은 "이신칭의 교리를 부정하는 사람들에 의해 오해되고 잘못 대변되며 비난을 들을 수" 있기 때문이다.[19] 믿음이 칭의를 위한 도구라고 주장하는 사람들은 다음과 같이 말할 수 있다. "믿음이 하나님께서 칭의하시기 위해 필요한 도구라는 뜻이 아니라, 우리가 칭의 받는 데 필요한 도구라는 겁니다. 다시 말해 칭의자가 칭의하기 위해 필요한 도구가 아니라, 칭의를 받는 자들이 칭의를 받기 위해 필요한 도구입니다." 하지만 에드워즈에게는 여전히 "애매모호

---

19 Edwards, *Justification by Faith Alone*, 19:153. 역사적으로 볼 때 믿음을 도구로 보는 관점 역시 나름의 문제를 드러냈다. Stoever의 평가에 따르면 John Cotton은 믿음을 그리스도를 받아들이는 동작(유효한 부르심)으로 본 것이 아니라 믿음의 습관(주입)이 먼저 도구가 되어 그 사람이 그리스도와 연합하게 만든다고 보았다. 이러한 Cotten의 관점은 일정 부분 스콜라 신학(자연-은혜)과 아리스토텔레스 논리(형상-질료)의 영향을 받은 듯하다. 예를 들면 Cotton은 믿음이 한 개인(질료)을 그리스도와 연합(형상)하게 하는 도구의 역할을 한다고 주장한다. 여기에서 믿음을 칭의의 도구로 정의하는 것이 부적절함을 잘 알 수 있다. 은혜의 객관성에 관한 논쟁을 살펴보고자 한다면 William K. B. Stoever, *'A Faire and Easie Way to Heaven': Covenant Theology and Antinomianism in Early Massachusetts* (Middletown, CN: Wesleyan University Press, 1978), 58-80을 보라. 마찬가지로 신정통주의(Neo-Orthodoxy) 역시 아퀴나스적 아리스토텔레스주의(Thomistic Aristotelianism)의 영향으로 존재론적(ontological) 접근을 취해 믿음이 칭의에 존재론적으로 선행한다고 보며 전가를 존재론적으로 이해한다. 신정통주의에 있어서도 믿음을 도구로 보는 관점은 그들의 존재론적 신학과 조화를 이룸을 알 수 있다.

한 말"이다.[20]

만약 우리가 믿음을 받아들임 또는 영접 그 자체로 받아들인다면, 믿음을 도구라고 부르는 것은 마치 믿음이 받아들이거나 영접하기 위해 필요한 도구라는 말과 같은 말이 된다. 그러나 에드워즈가 보기에 이 설명은 여전히 말이 되지 않는다. 왜냐하면 "동작 그 자체와 도구는 분명히 다르기" 때문이다. 에드워즈의 믿음 개념은 그리스도를 받아들임에 있어서 어떤 중간 단계(intermediary steps)도 허용하지 않는다. 이 점은 웨스트민스터 신앙고백서의 정의와 일치한다.[21] 즉, 믿음은 받기 위한 도구가 아니라, 그리스도를 받는 동작 그 자체(the very act of receiving Christ)이다. 믿음에 대한 에드워즈의 관점은 믿음은 명백히 동작이라는 것이다. 더 정확히 말하자면, 믿음은 칭의를 받는 동작이 아니고 그리스도의 의를 우리의 것이 되게 하는 동작이다. "우리는 중보자 그리스도를 통해 그리고 그의 의를 통해 칭의되는데, 그리스도는 이 영접에 대해 보다 직접적인 대상이고 칭의는 거기에서 보다 간접적으로 나오는 유익입니다."[22] 에드워즈에 의하면 칭의는 믿음으로 연합함으로써 그리스도의 의가 우리의 것이 될 때 주어지는 유익이다. 칭의는 우리가 믿음으로 그리스도와의 교통(communion with Christ) 안으로 들어갈 때 누리게 되는 은혜이다. 한 "문집"에서 에드워

---

20 Edwards, *Justification by Faith Alone*, 19:153.
21 웨스트민스터 신앙고백서는 제14장 2항에서 믿음을 그리스도를 목적격으로 하는 동작으로 정의한다. 이때 믿음과 그리스도 사이에 어떤 중간적 단계가 없다는 점을 주목할 필요가 있다. "구원하는 믿음의 주요 동작은 … 그리스도만을 영접하고, 받아들이고, 의지하는 것이다." cf. *Westminster Confession of Faith*, 14:2.
22 Edwards, *Justification by Faith Alone*, 19:153.

즈는 만약 우리가 도구의 관점에서 얘기한다면, 믿음은 칭의를 포함한 그 어떤 것보다 그리스도를 받는 도구라고 하는 것이 맞다고 주장한다.

> 믿음이 그리스도를 맞아들이는 도구(instrument)이기 때문에 우리가 믿음으로 칭의된다거나 또는 믿음으로 그리스도 안에 있는 것으로 인정되는 것이라고 생각하는 모든 사람들은 믿음이 그 본질에 있어서 그리스도와 그 의에 대하여 갖는 관계 때문에, 즉 믿음의 본질이 그리스도를 취하는 것이고 또는 본질상 그 유익과 관련이 있는 것으로 마치 주는 선물을 받는 손과 같은 것이기 때문에 우리가 믿음으로 그리스도 안에서 받아들여지는 것으로 생각한다.[23]

에드워즈에게 있어서 "이신칭의"(justification by faith)에서 강조되어야 할 것은 믿음과 칭의 사이의 논리적, 인과적, 심지어는 시간적 순서가 아니라 믿음은 그리스도와 연합하는 동작 그 자체라는 점이다. 칭의와의 관계에서 믿음이 차지하는 위치는 오직 "그리스도와 그 의에 대하여 갖는 관계 때문에" 의미가 있다. 에드워즈는 "믿음으로"를 너무 성급히 믿음과 칭의의 의도되지 않은 것으로, 예를 들어 인과관계처럼, 보려는 경향이 많음에 대해 우려한다.

> 내가 감히 생각하기에는 우리의 칭의에 있어서 믿음이 어떤 영향을 끼치는지, 또는 믿음으로 칭의된다는 말에서 믿음에 달려 있는 효과가 무엇인지를 찾기 위해 (칭의를 값 주고 사신 중보자가 계시는데) 이 중보자에 대한 믿음이

---

23 Edwards, "Miscellanies," No. 831, 18:546.

하나님 보시기에 다른 사람이 아닌 신자가 이 값 주고 산 유익을 누리는 것이 맞고 합당하게 하는 것으로 이 표현에 가장 명백하게 강조되고 있는 것은 간과한 채, 너무 멀리 보려고 한다고 생각합니다."[24]

에드워즈에게 있어서 믿음이 도구일 때는 무엇보다도 그리스도를 부각시키는 것이어야 한다. "믿음으로"는 그리스도를 믿는 믿음을 말한다. 그러므로 믿음으로 칭의된다는 말은 그리스도 안에서 칭의된다는 뜻이다. 이런 맥락에서 에드워즈는 이렇게 말한다. "만일 믿음이 도구라면, 그것은 칭의를 받는 도구라기보다는 그리스도를 받는 도구라고 하는 것이 더 적절할 겁니다."[25]

3. 자연적 적합성(Natural Fitness)

에드워즈는 "자연적 적합성"(natural fitness)이라는 개념의 도움을 빌려 칭의에 있어서 "오직 믿음으로"가 지니는 의미를 설명하였다. 칭의는 왜 다른 은혜들이 아니라 오직 믿음으로만 되는 것인가? "이 유익은 값으로 산 바 된 것인데, 하나님은 이것을 다른 이들이 아닌 어떤 이들에게 주시는 것이 더 맞고 합당하다고 여기셨는데, 그것은 그들에게 다른 자격이 있다고 보셨기 때문입니다. 그 자격은 이 유익에 부합하는 것으로, 그 경우가 성립하는 한, 우리 안에 칭의될 수 있는 근거가 됩니다."[26] 믿음이 칭의에 대한 관계가 조건이나 도구가 아

---

24 Edwards, *Justification by Faith Alone*, 19:153.
25 Edwards, *Justification by Faith Alone*, 19:153.
26 Edwards, *Justification by Faith Alone*, 19:153.

니라면 도대체 어떤 관계인가? 사므엘 로간(Samuel T. Logan Jr.)은 이에 대해 중요한 질문을 제기한다.

> 우리의 믿음과 우리와 그리스도가 연합되어 있다는 것 사이는 정확히 어떤 관계인가? 그리고 우리가 그리스도와 연합되어 있는 것과 우리의 칭의는 어떤 관계인가? 우리의 믿음이 그리스도와 연합하게 하는 원인이고 그리고 우리가 그리스도와 연합되어 있는 것이 우리의 칭의의 원인인가?[27]

로간은 마지막 두 질문에 대해 단호히 부정하면서 에드워즈에게 있어서 믿음과 그리스도와의 연합의 관계 그리고 그리스도와의 연합과 칭의의 관계는 "적합성"(fitness) 개념으로 잘 이해할 수 있다고 한다.

"적합성" 개념은 이미 앞 장에서 자세히 다루었다. "한 사람의 도덕적 탁월함(moral excellency)이 그의 [상태]와 부합할 경우, 또는 그가 이러한 선한 상태에 놓여지는 것이 그의 자질과 행동에 담긴 도덕적 탁월함, 가치, 사랑스러움에 부합하는 증거일 경우" 그는 도덕적 적합성을 가진다고 말할 수 있다.[28] 반면 "한 사람이 그 자격과 상태 사이에 있는 자연적 일치와 조화로 인해 어떤 상태나 상황에 있는 것이 맞고 합당하게 보일 때, 즉 그 자격이 사랑스럽거나 사랑스럽지 않기 때문이 아니라 단지 그 자격과 상태가 서로 비슷하거나 또는 그 성질에 있어서 서로 어울리거나 일치하거나 하나가 될 때" 그는 어떤 상

---

27 Logan, "Justification," 36.
28 Edwards, *Justification by Faith Alone*, 19:159; cf. "Miscellanies," Nos. 647, 712, 714.

태에 자연적 적합성을 가진다고 할 수 있다.[29]

이렇듯 "적합성" 개념의 정의를 따를 때 에드워즈는 자연적 적합성이 언약 사상에 있어서 믿음이 가리키는 실제(reality)와 믿음 그 자체의 관계를 잘 드러낸다고 보았다. 그리스도의 구속 사역이 믿음과 칭의의 관계를 위한 토대를 제공한다는 것은 에드워즈가 보기에 부인할 수 없는 진리였다. "만일 그리스도가 세상에 오시어, 죽으시고, 칭의를 값 주고 사신 일이 없었다면, 우리 안에 있는 어떤 자격도 우리가 칭의되기에 합당하거나 적합하게 하지 못합니다.[30] 우리 안에 어떤 자격이 있는지 묻기 전에, 우리 안에는 그리스도가 계시다. 에드워즈가 보기에 분명한 것은 믿음이 가지는 도덕적 적합성 때문이 아니라 칭의와 믿음 사이에 성립하는 자연적 적합성 때문에 하나님께서 칭의하신다는 사실이다.

> 하나님께서 믿음의 결과로서 한 영혼에 그리스도와 그의 유익을 부어 주시는 것은 단지 자연적 조화(concord) 때문으로 … 만약 하나님이 도덕적 적합성(suitableness) 때문에 이것을 주시는 경우와는 매우 크게 다른 것입니다.[31]

칭의에 대한 믿음의 관계가 자연적 적합성을 지닌다는 사실이 에드워즈에게는 복음이다. 로간은 믿음(그리스도와의 연합)과 칭의 사이의 자연적 적합성을 "존재론적"(ontological) 질서라고 말하며 "하나님이

---

29 Edwards, *Justification by Faith Alone*, 19:159.
30 Edwards, *Justification by Faith Alone*, 19:159.
31 Edwards, *Justification by Faith Alone*, 19:159. 에드워즈는 "적합성"이란 단어를 다양하게 선택한다. 이 인용에서 "accord," "suitableness"가 "적합성"의 의미로 사용되고 있다.

세상(reality)을 그렇게 만드셔서 자연적 질서를 따라 그리스도와의 연합이 믿음에 의하고 칭의가 그리스도 안에 있음으로 되어지도록 하셨다"라고 설명한다.[32] "하나님이 세상을 그렇게 만드셨다"는 의미에서 이는 분명히 존재론적이다. 에드워즈가 보기에 이 "세상"(reality)은 "언약적 실제"(covenantal reality) 또는 "언약적 조성"(covenantal constitution)이다. 이런 맥락에서 우리는 이를 "언약적–존재론적"(covenantal-ontological)이라고 말할 수 있다. "적합성" 개념은 하나님의 언약적 실제를 설명하기에 매우 적합한 도구이다. 로간은 에드워즈의 "적합성" 개념을 "진정한 존재론적 실제"(genuine ontological reality)라고 부르며, 구속사를 이해하는 데 핵심적인 열쇠가 된다고 평가한다. "하나님의 계획이 서로 다른 것은 아니듯이, 여러 구속사가 있는 것이 아니며, 모든 것은 하나이며, 개별 사건의 의미는 하나님의 통일된 목적 안에 부합되는 데에 있다."[33] 칭의에 대한 믿음의 자연적 적합성이야말로 이러한 언약적–존재론적 실제를 잘 드러낸다.

    에드워즈가 믿음을 자연적 적합성 개념으로 이해함으로써 파생되는 유익은 "이신칭의" 논의가 흔히 그런 것처럼 믿음과 칭의의 인과론적 관계가 아니라 칭의의 근거를 주목하게 된다는 점이다. "믿음으로"는 우리를 칭의에 앞서 먼저 그리스도를 바라보게 한다. "믿음으로"에 의한 자연적 적합성은 믿음(자격)과 칭의(상태) 사이의 질서를 규정한다. 믿음이 지니는 도덕적 가치가 아니라 우리는 그 질서(자연

---

[32] Logan, "Justification," 37.
[33] Logan, "Justification," 48. Logan이 정확하게 지적한 것처럼, 에드워즈는 "적합성"(fitness) 개념을 바탕으로 자신의 역사관을 효과적으로 기술한다. 이것은 *A History of the Work of Redemption*의 주된 개념 중의 하나이기도 하다. 그 예로 에드워즈의 *A History of the Work of Redemption*, 9:519–520을 보라.

적 적합성)가 무엇을 의미하는지에 초점을 맞추게 된다. 이 질서는 오직 그리스도와의 연합이라는 실제를 통해서만 구현된다. 사실 에드워즈에게 있어서 자연적 적합성은 그리스도와의 연합이라는 실제가 구현되는 데에 의미가 있다. 에드워즈의 이러한 관점은 언약 신학의 핵심을 반영한다. "믿음으로"의 자연적 적합성은 교통(communion)과 연합(union)의 질서를 특정 짓는다. 이를 통해 구원론(soteriology)과 기독론(Christology)이 서로 이상적으로 연결된다. 이런 점에서, 에드워즈가 볼 때, 자연적 적합성은 상호 갈등의 관계로 보일 수 있는 두 실제, 즉 중보자 그리스도의 구속사(historia salutis)와 성령의 구원의 주관적 적용(ordo salutis)이 서로 이상적인 조화를 이루게 한다.

자연적 적합성이 하나님께서 창조하신 언약적 존재론(covenantal ontology)을 적절하게 대변한다는 것은 동시에 은혜의 자유로움(freedom of grace)을 잘 담을 수 있다는 말이기도 하다.

> 하나님이 그리스도와 연합해 있지 않은 자들에게 중보자께서 이루신 유익들을 주지 않으시는 것은 그렇게 하실 타당성이 없기 때문이다. … 하나님께서 타당성을 고수하시는 것은 그분의 은혜가 지니는 가장 높은 차원의 자유로움(freedom)과 결코 모순되지 않는다. … 동작과 선택이 가능한 지적 존재가 연합 하지 않으며 그래서 그들의 마음이 분리되어 있는데도 그리스도와 연합되어 있는 것으로 여기는 것은 타당하다 할 수 없다. 그래서 능동적이고 자발적 연합이 중요하다. 그러나 이것은 구원 방법에 있어서 은혜의 자유로움을 전혀 훼손하지 않는다.[34]

---

[34] Edwards, "Miscellanies," No. 1346, 23:382.

에드워즈의 적합성 개념은 또한 구속 사역에 나타나는 하나님의 주권을 반영한다. 자연적 적합성에 따른 칭의 논의는 하나님께서 구원을 포함하여 당신의 세계를 조성하고 다스리시는 길이 있다는 명확한 진리를 반영한다. 다시 말해 이신칭의는 "단지 인간들을 그분의 은혜에 참여토록 하기 위해 하나님께서 당신의 지혜로 제정하신 하나의 특정한 길"일 뿐이다.[35] 즉, 여기에서 하나님의 지혜가 명확히 드러난다.

> 하나님의 통치에 나타나는 그분의 지혜는 의심의 여지없이 조화와 아름다움을 나타냅니다. 그래서 세워진 것들은 그렇게 어우러져야 하며, 이것들은 하나님의 조성 안에서 서로 조화가 되도록 연결되어 있습니다. 그래서 하나님께서 당신의 드러난 통치에 따라 신자를 칭의하시는 것은 의심할 여지없이 하나님께서 이 자격에서 뭔가를 보시어, 이 경우가 성립하는 한, 그런 사람이 칭의되는 것이 합당하도록 하시기 때문입니다. 즉, 그것은 믿음이 도구이기 때문이든지, 또는 그것이 손처럼 칭의를 값 주고 사신 분을 받아들이고 용납하게 하는 손이기 때문이든지, 또는 믿음이 용납 그 자체나 또는 뭔가가 되기 때문입니다.[36]

칭의가 믿음으로 되는 것이라면 그것은 하나님께서 세상을 그렇게 설계하셨기 때문임을 에드워즈는 거듭 강조한다. 간단히 말하자면, 하나님께서 칭의의 방식을 그렇게 제정하셨기 때문이다. 이것이 바로 언약적-존재론적 실제(covenantal-ontological reality)이다. 이런 맥

---

[35] Edwards, "Miscellanies," No. 700, 18:283.
[36] Edwards, *Justification by Faith Alone*, 19:154.

락에서 에드워즈는 반문한다. "우리가 믿음으로 칭의된다고 말할 때, 믿음으로 우리가 그렇게 인정되고 합당하게 여겨지게 되는 것, 그래서 이 경우가 성립하는 한 이 유익의 정당한 수혜자가 된다는 것 외에 달리 이해될 수 있는가?" 어쩌면 당연하고 대수롭지 않은 소리처럼 들릴 수도 있겠지만, "믿음 외에 우리 안에 아무것도 우리에게 주어질 칭의를 받는 것을 합당하게 하는 것은 없다"는 사실을 생각할 때, 하나님의 주권적 은혜만이 답임을 알게 된다. "이것이 믿음이 비록 칭의와는 뗄 수 없는 관계에 있지만 칭의의 조건이 아닌 다른 어떤 것이 되게 합니다."[37] 에드워즈는 믿음을 조건이나 도구로 보는 방식은 믿음과 칭의의 관계에 내포된 언약적-존재론적 실제가 강조하는 하나님의 주권을 드러내기에 부적합하다고 지적한다. 믿음의 역할에서 하나님의 주권이 드러나는 것이야말로 매우 에드워즈적인 특징이다.

그렇다면 자연적 적합성으로서 "믿음으로"는 인간의 이성을 – 즉, 논리적, 인과론적, 시간적 순서를 – 충족시키기 위한 것이 아니라, 오로지 하나님의 주권적인 뜻과 기뻐하심을 부각시키는 효과가 있음을 알게 된다. "문집" 831번에서 에드워즈는 믿음을 그리스도와 연합하는 동작으로 보는 것이 하나님의 주권에 부합한다고 설명하며 몇 가지 이유를 제시한다. 첫째, 그리스도를 우리의 머리요 보증으로 주신 것은 "하나님의 선하시고 기뻐하시는 주권의 열매"이고, 둘째, 그리스도를 제한적으로 주심도 "오로지 하나님께서 기뻐하시는 임의적 뜻에 달려 있으며", 셋째, "사람들이 구세주에게 관계하게 되는 특별한 방법 역시 하나님의 임의적 뜻에 달려 있고", 넷째, 앞에서 말

---

[37] Edwards, *Justification by Faith Alone*, 19:154.

한 이유들을 근거로 볼 때, 진지한 순종은 다른 이들이 아닌 어떤 사람을 그리스도에 속한 사람이라고 여길 수 있는 자격이 되지 못하며, 다섯째, "하나님께서 이러이러한 이들만 그리스도와 하나된 자들로 여기시기로 정하신 것"은 결코 비합리적인 일이 아니며, 여섯째, 다른 은혜가 아니라 오직 믿음을 통해 그리스도와 연합하게 하신 것은 하나님께서 그렇게 정하심에 의한 것이며, 일곱째, 믿음에 의한 칭의는 믿음의 어떤 가치 때문이 아니라, 오직 "믿음이 그리스도를 받아들이는 도구"이기 때문이다. 이 모든 내용들의 공통된 특징은 하나님의 주권적 조성, 다시 말해 "언약적-존재론적" 실제이다. 믿음으로 칭의되는 것이야말로 하나님의 섭리와 그분의 은혜의 경륜을 드러내기에 자연적으로 적합하다. "신적 조성에 의한 관계가 바로 은혜와 유익 사이의 관계를 결정짓는다. 그래서 실제의 적합성이나 자격에 대한 고려 없이 또는 본질에 대한 관계를 무시하고 은혜 없이 유익이 있을 수 없고, 유익 없는 은혜도 있을 수 없다."[38] 에드워즈에게 있어서 "믿음으로"는 하나님의 주권적 조성과 통치를 가장 적절하고 적합하게 드러낸다. 그러므로, "믿음으로"의 자연적 적합성은 믿음이 칭의에 있어서 필수불가결적(sine qua non) 요소임을 분명히 한다. 이렇듯 에드워즈는 자연적 적합성 개념을 통해 칭의에서 "믿음으로"가 지니는 독특한 역할을 잘 설명하였다.

4. 그리스도와의 능동적 연합(Active Union with Christ)

에드워즈에게 있어서 "믿음으로"(by faith)는 신자의 측면에서 그

---

[38] Edwards, "Miscellanies," No. 831, 18:543-46.

리스도와 연합하는 모든 의미를 요약한다. 구원 문제에 있어 특별히 에드워즈에게 중요한 것은 "그리스도와 다른 사람들이 아니라 그리스도와 신자 사이에 특별한 관계가 있느냐" 하는 문제이다. 신자들과 그들의 구주와의 이러한 특별한 관계는 "그리스도 안에 있는 존재", "머리에 속한 지체", "나무에 붙은 가지", "남편과 아내의 결혼의 연합"과 같은 "은유적 표현으로 성경에 나타납니다."[39] 성경에서 흔히 은유적 표현으로 묘사되는 그리스도와의 연합은 믿음이 가져오는 결과이다. 우리는 믿음으로 실제 그리스도와 연합한다. 로버트 레이먼드(Robert L. Reymond)는 "창세 전에 그리스도 안에서 선택되었고 하나님의 계획 속에서 이미 그리스도의 죽으심과 부활에 그리스도와 연합된 택자는 하나님의 유효한 부르심에 대한 반응으로 하나님의 선물인 믿음을 통해 *실제적*으로 그리스도와 연합된다"고 하였다.[40] 레이먼드의 말 속에 세 번의 연합이 언급된다. 창세 전에, 그리스도의 죽으심과 부활에, 그리고 나의 믿음을 통해 그리스도와 연합한다. 에드워즈가 말하는 "믿음으로"는 바로 세 번째 경우를 말한다.

    에드워즈가 말하는 "믿음으로"에는 바로 인간의 능동적 또는 적극적 의미가 부각되고 있다. 우리는 먼저 "믿음으로"에서 에드워즈는 신자가 하는 동작에 시각을 맞추고 있다는 점을 잊지 말아야 한다. 즉, 레이먼드가 말한 것처럼 믿음으로 반응하는 사람은 이미 유효한 부르심과 중생을 통해 믿음이 주어졌음을 전제한다. 그래서 에드워즈는 "한 사람에게, 그의 입장에서, 자신과 그리스도 사이에 이 연합

---

[39] Edwards, *Justification by Faith Alone*, 19:154.
[40] Robert T. Reymond, *A New Systematic Theology of the Christian Faith* (Nashville: Thomas Nelson Publishers, 1998), 739. [이탤릭 삽입].

을 이루는 것"이 있다고 말한다. 이것은 "성경 구절에 따르면, 한 사람이 그리스도 안에 있다는 것"이다.[41] 에드워즈는 신자 편에서 능동적으로 그리고 적극적으로 그리스도와 연합하는 동작이 있음을 지적한다.

> 성경에서 어떤 의미에서 *하나*라고 말하는 관계, 즉 그리스도와 참된 제자 사이의 특별한 *관계*가 있다는 것을 받아들일 수밖에 없듯이, 내 생각에도 참된 신자는 자신의 편에서 하는 뭔가가 있는데 그것은 이 관계와 연합에 능동적으로 다가오는 것, 즉 연합하는 동작, 또는 그리스도인의 편에서 이 연합과 관계를 (또는 무엇이라고 부르든지) 향해 행하는 뭔가가 있음을 받아들일 수밖에 없다고 생각합니다. 나는 이 동작이 믿음이라고 생각합니다.[42]

이러한 능동적이고 적극적인 참여가 종종 은유적으로 표현되는데, 칭의의 믿음을 가리켜 "껴안음"(embracing)이라고 부르는 것이 그중 한 예이다.

> 이 모든 것들 중에 내가 생각하기에 칭의의 믿음을 가장 잘, 명확하게, 완벽하게 정의하고, 또 가장 성경에 부합하는 표현은 이것인데, 믿음은 예수 그리스도를 우리의 구주로 나타내는 계시를 온 영혼이 전적으로 껴안는 것이다. *껴안다*(embrace)라는 단어는 은유적 표현지만, 내가 보기에 그 표현은 그 어느 표현보다 훨씬 명확하다고 생각한다. 이를 가리켜 믿음(believing)이라고 부른다. 왜냐하면 믿음은 말씀 또는 계시를 영혼으로 껴안는 첫 번째 동

---

41 Edwards, *Justification by Faith Alone*, 19:156. [이탤릭 삽입].
42 Edwards, *Justification by Faith Alone*, 19:157. [이탤릭 삽입].

작이기 때문이다. 계시 또는 선포된 말씀에 비추어 볼 때 껴안음(embracing)을 사랑(loving)이나 선택(choosing)보다 믿음(believing)이라 부르는 것이 더 타당하다.[43]

이렇듯 믿음을 은유적으로 "껴안음"이라고 표현하는 것은 믿음은 한 사람의 전인적인 참여로서 하나의 집중된 동작이란 말이다. "그리스도를 마음에 받아들이다"(receiving Christ into the heart)처럼 인간 쪽의 능동적인 참여를 "받아들임"(receiving)이라고 말하기도 한다.[44] 이런 맥락에서 에드워즈는 요한계시록 22:17 설교에서 "복음이 약속하는 모든 복들을 받기 위해서 요구되는 것은 오로지 그것을 기꺼이 받아

---

[43] Edwards, *Faith*, 21:423. [이탤릭 삽입].

[44] Edwards, *Faith*, 21:423. 믿음은 그리스도가 우리의 구주시며 그분의 구원이 당신의 직분과 속성 그리고 우리와의 관계에 부합하는 방식으로 이루어졌음을 받아들이는 것이라고 설명할 수 있다. "칭의의 믿음(justifying faith)을 가장 일반적인 의미로 설명하자면, 그리스도와 그의 구원을 합당히 받아들이는 것, 또는 영혼이 구주이신 그리스도를 적극적으로 연합하는 것이라 말할 수 있다. 여기에서 합당하게 받아들이는 것이란 그리스도가 그분의 직분, 속성, 우리와의 관계에 대해 적합한 것으로 그분을 받아들이는 것을 말한다. 그런 방식으로 그리스도께서 우리에게 보이시고 주어지셨고 바로 이런 목적과 효력을 위해 그리스도께서 이 세상에 오셨으며, 선포되도록 하셨다. 이는 그리스도께서 나타나시고, 알려지시고, 주어지신 그 방법, 다시 말해 신적 계시에 부합하는 것인데, 이는 우리의 관점에 부합하려는 것이 아니다. 그리스도의 인격의 본질, 속성, 직분, 그리고 구원의 방식 등은 우리의 기관(faculties)들에 비춰볼 때, 신비하고 불가해적이며, 이는 우리의 상황과 우리의 특별한 필요, 그리고 계시와 제시된 구주에 대한 개인의 직접적이고 무한대한 관심에 합당한 방법으로 이루어진다. 영혼이 구주와 연합하는 것, 그분과 그의 구원을 받아들이는 것이 이 모든 측면에서 볼 때 합당한 것으로, 바로 믿음이라는 이름으로 불리는 것이 가장 적절한 것이다." Edwards, *Faith*, 21:463-64.

들이는 것뿐"이라고 말한다.[45] 믿음에 담긴, 인간이 행하는 모든 행동이자 유일한 행동은 바로 그리스도와 그의 복음을 마음으로 받아들이는 것뿐이다. 이때 인간은 마지못해 하거나 소극적으로 그리스도를 받는 것이 아니다. 인간 자신의 모든 것을 동원하여 그리스도를 받는 행위가 믿음이다. 에드워즈에게 있어서 독특한 것은 이 믿음을 전인적이고 능동적인 행동이라 정의하면서 믿음을 마음(heart)의 동작으로 표현하는 것이다. 에드워즈는 마음의 참여가 참된 믿음의 특징을 반영한다고 강조한다.

> 믿음이란 마음으로 그리스도와 그분의 복음을 받아들이는 것입니다. 마음으로 받아들이는 것이 어떤 의미인지는 쉽게 이해할 수 있습니다. 표면적인 받아들임과 마음과 생각으로 받아들임이 있습니다. 한 사람이 어떤 것을 받지만 마음으로 받아들이지 않을 수 있습니다. 한 여인이 청혼을 받을 때 … 그녀의 마음이 그를 받아들이지 않지만 그를 받아들일 수도 있습니다.[46]

---

[45] Mark Valeri, "Appendix: Dated Batches of Sermons, 1730-1732, and Dated Sermons, January-December 1733 Dating by Thomas A. Schafer" to *Sermons and Discourses, 1730-1733*, ed. Mark Valeri, vol. 17, *The Works of Jonathan Edwards* (New Haven: Yale University Press, 1999), 451. 이 성경 구절과 관련하여 에드워즈는 자신의 "문집" No. 2에서 같은 논지를 주장한다. "구원은 어떤 조건을 달고 우리에게 주어진 것이 아니라, 값 없이, 거저 주어졌다. 구원을 받기 위해 우리가 해야 할 일은 아무것도 없고 오직 그것을 취하면 된다. 이렇게 취하고 받는 것을 가리켜 믿음이라 한다. '네가 어떤 일을 한다면 너는 구원을 받을 것이요 생명의 물을 얻을 것이다'라고 말씀하시지 않으셨다. 오로지 '와서 취하라! 원하는 자는 누구든 오게 하라'[계 22:17]는 말씀이 있을 뿐이다." Edwards, "Miscellanies," No. 2, 13:198.

[46] Edwards, *Sermon on Galatians 5:6* (a), (Yale Beinecke Rare Book and Manuscript Library 소장 미공개 자료).

에드워즈가 보기에 "믿음으로"에는 한 사람이 능동적으로 연합하는 행동에 반영된 마음의 영역이 있다. 마음의 참여가 수반되는 믿음이 에드워즈가 생각하는 "믿음으로"에 담긴 의미이다. (마음과 관련해서는 뒤에 다시 자세히 다루게 된다.)

칭의의 믿음은 조건성이라는 측면에서도 연합의 능동적 동작임이 입증된다. "한 사람이 자신의 편에서 자신의 영혼을 그리스도와 연합하는 것을 하나님은 보시고 그리스도의 공로가 그 사람의 것이 되는 것이 타당하다고 여기십니다."[47] 결국 그는 그리스도와 연합함으로써 복음의 제시에 응하기까지는 이 모든 약속이 그의 것이 될 수 없다. 분명 조건성이 능동성을 입증한다.

> 누군가가 그리스도를 처음 믿기까지는 은혜언약의 약속 중 어떤 것도 그에게 해당되지 않는다. 오직 믿음으로 우리는 그리스도와 그리스도 안에서 맺어진 새 언약의 약속에 참여할 수 있기 때문이다. 만일 어떤 영이든 이 언약의 약속을 그가 처음 믿기 전, 이미 그의 것인 양 적용한다면, 그것은 거짓말 하는 영이다. 처음부터 이렇게 약속을 적용할 것이라는 근거 위에 세워진 믿음은 사실 거짓말 위에 세워진 것이다.[48]

---

[47] Edwards, *Justification by Faith Alone*, 19:156.

[48] Jonathan Edwards, *Religious Affections*, ed. John E. Smith, vol. 2, *The Works of Jonathan Edwards* (New Haven: Yale University Press, 1959), 222. 에드워즈가 볼 때 복음 제시에 있어서 조건성은 분명하다. "그리스도는 조건에 의하지 않고서는 우리 구원의 저자가 되실 것을 약속하지 않으셨다. 우리가 믿을 때까지 우리는 이 조건을 행하지 않은 것이다. 우리가 일단 믿을 때까지는 그리스도께서 우리를 구원하실 것이라는 것을 받아들일 근거가 우리에게는 없다." Edwards, "Miscellanies," No.329, 13:408. 또한 "사람들이 받아들여졌을 때 그들이 가치가 있어서 받아들여진 것이 아닐지라도, 그들이 거절될 때는 그들이 무가치해

언약의 조건성을 반영하는 것으로 중요한 세례와 같은 믿음의 공적 고백은 한 사람이 언약 안에 들어오겠다는 능동적 참여를 반영한다. 이는 그리스도와 능동적으로 하나 되는 것을 말한다. 1749년 8월 성찬 자격 시비를 놓고 자신의 해임이 1년이 남지 않았다는 것을 알지 못한 채 교인들을 설득하기 위해 심혈을 기울여 썼던 그러나 과연 읽은 사람이 있었는지 의심스러운 에드워즈의 논문에서도 같은 생각을 발견할 수 있다.

> 의무란 일반적인 상황에서 할 수 있는 모든 것이 요구되는 것인데, 하나님의 언약을 소유함으로써 노골적이고 공개적인 참 신앙의 고백을 하는 것이다. 또는 다른 말로 자신의 공적 행동을 통해 고백적으로 그리고 구두로 언약 안

서 거절된 것이다. … 받아들여지는 것은 믿음에 대한 상급이 아니다. 반면 그리스도의 제자가 되지 못하고 떨어져 나가는 것은 분명 불신앙에 대한 형벌이다. … 구원은 믿음에 약속 된 값없이 주시는 선물이다. 그러나 불신에 대한 저주는 빛의 위협이고 불신에 대한 형벌이다." Edwards, "Miscellanies," No.682, 18:244. "그리스도 안에서 유익을 누리게 하시는 것은 언제나 오직 주권적 행위이지만, 그리스도 안에서 누릴 수 있는 유익을 주시지 않는 것은 사법적 (judicial) 동작이다. 비록 그리스도와의 연합과 교통을 허락하시는 것은 오직 값없이 주어지는 주권적인 은혜의 행동이고 사법적 절차가 아니지만, 반면 구주를 소개받았고, 복음 하에서 근신의 기간과 구주를 맞아들일지 아닐지 연단의 시간을 가졌던 자들을 심판날에 나 치시는 것은 언제나 사법적 절차이며 그리스도를 무가치하게 대한 그들에 대한 정당한 형벌이다. … 물론 값없이 차별적인 은혜를 주시는 하나님은 그들을 구주 없이 끝까지 그들의 불행 속에 두시며 마땅한 형벌로 괴롭히지는 않으시더라도, 그들이 마땅히 받아야 할 정당한 형벌이기에 하나님이 그렇게 하시더라도 항변할 수 없다. 그렇다. 왜냐하면 만약 그것이 고통을 당하는 자들에게 내린 정당한 형벌이 아니라면, 형벌로부터 그들을 구해낸 것이 값없이 주신 은혜가 아니라는 것이 되기 때문이다." Edwards, "Miscellanies," No.705, 18:321-22.

에서 자신을 하나님께 연합하는 것이다.⁴⁹

언약의 조건성은 한 사람의 적극적인 참여를 내포하는데, 칭의의 믿음을 포함하여, 에드워즈는 인간의 편에서 있어야 하는 능동성의 범위를 제한하지 않는다.

> 은혜언약의 값없이 주시는 성질은 찾음의 조건이 오직 찾는 데에 있음을 통해 나타난다. 받기 위한 조건은 구하는 것이며, 문이 열리기 위한 조건은 문을 두드리는 것이다. 이로부터 추론할 수 있듯이, 믿음은 구원을 얻고자 그리스도를 통해 마음으로 하나님을 의지하는 것이고 또는 그리스도를 통해 하나님의 구원을 마음으로 구하는 것이다.⁵⁰

한 사람이 "믿음으로" 그리스도와 연합한다고 할 때, 여기에는 에드워즈가 볼 때 능동성과 더불어 그 사람의 전인적 참여를 최대로 하는 의미가 들어있다. 이러한 능동성은 언약을 맺는 상대편에도 해당된다. 다시 말해, 인간의 참여는 하나님의 참여와 상응한다. 언약의 상호 조건성(mutual conditionality)은 양쪽 당사자 모두의 능동적 참여를 나타낸다.

> 유효한 은혜(efficacious grace)란 우리가 단지 수동적이거나, 하나님이 조금 하

---

49 Jonathan Edwards, *An Humble Inquiry*, in *Ecclesiastical Writings*, ed. David D. Hall, vol. 12, *The Works of Jonathan Edwards* (New Haven: Yale University Press, 1994), 199.

50 Edwards, *Faith*, 21:421.

시고 우리가 나머지를 하는 것이 아니다. 하나님이 모든 것을 하시고, 우리도 모든 것을 한다. 왜냐하면 하나님이 하신 것이 즉 우리의 행동이기 때문이다. 하나님만이 유일하고 합당한 저자이시고 근원이시고, 우리는 단지 행동하는 자들일 뿐이다. 달리 말해, 우리는 전적으로 수동적이고 전적으로 능동적이다.[51]

은혜의 사역은 "하나님께서 모든 것을 하시고, 우리도 모든 것을 한다"에 담겨 있다고 보는 에드워즈의 관점에 주목할 필요가 있다. 칭의의 믿음은 하나님의 은혜의 선물인 동시에 인간의 전심을 다한 반응이기도 하다. 그러므로 "오직 믿음으로"에서 우리는 "전적으로 수동적이고 전적으로 능동적이다"는 것이 에드워즈의 논리이다. 상호성(mutuality)은 두 지적 존재 사이의 연합의 본질과 잘 조화를 이룬다.

살아 있고 능동적인 두 존재 사이의 연합을 위해서는 둘이 하나로 여겨져

---

[51] Edwards, *Efficacious Grace*, 21:251. Morimoto는 에드워즈가 말한 "믿음의 능동성"을 Paul Tillich의 "받아들임을 받아들임"(to accept acceptance)으로 해석하며 "이 받아들이는 행위는 단지 우리가 이미 받아들였다는 사실을 기쁘게 인식하는 것"이라고 결론을 내린다. 그러나 여기에서 Morimoto는 믿음을 확신의 문제와 혼동하고 있다. 물론 그가 한편으로 구속언약을 통한 신적 주도를 강조한 것은 잘 한 일이나, 다른 한편 믿음을 단지 신적 결정에 대해 "기쁘게 인식하는 것"이라 말하는 것은 믿음을 반추적이며, 심지어 매우 수동적인 것으로 보는 것은 잘못이다. 그러나 에드워즈가 구원을 삼위일체 하나님께 근간을 두는 것은 믿음이 "우리의 동작"으로서 하나님 안에서 있었던 변치 않는 언약에 근거함을 강조하기 위함이었다. 그러므로 Morimoto는 여기에서 믿음 그 자체가 아니라 확신의 문제를 다루고 있는 것이다. Morimoto, *Jonathan Edwards and the Catholic Vision of Salvation*, 91–93.

야 하는데, 한쪽이 다른 쪽을 받아들이고, 능동적으로 서로에게 자신을 연합시키는 각자의 상호 동작, 즉 둘 모두의 동의가 반드시 있어야 하는 것이 맞다.[52]

물론 이때 에드워즈에게 있어서 상호성을 띤다는 것은 결코 하나님과 인간의 상호협력(synergism)을 말하는 것은 아니다. 이른바 "전적으로 능동적인" 인간의 참여는 본질적으로 성령의 사역의 결과임을 에드워즈는 잊지 않고 가리킨다.

> 내가 성령의 움직이심과 영향이 결과를 만든다고 할 때, 이것은 결코 이 일에 인간은 아무런 일을 하지 않는다는 뜻이 아니다. 의심의 여지없이, 인간의 영혼이 모든 과정에서 자발적으로 자신의 결과적 행동에 대해 결정한다. 그러나 인간의 의지를 통한 이 결정 또는 인간 영혼의 자발적인 결정은 만들어진 결과이다. 인간의 결정하는 동작이 부정되는 것이 아니라 전제되는데, 그것이 우리가 말하는 성령의 영향이 만드는 결과이다.[53]

칭의의 믿음은 전적으로 하나님의 일인 동시에 전적으로 인간의 일이기도 하다. 그것이 "믿음으로"가 의미하는 바다. 이 능동성의 정도는 오직 그리스도와의 연합의 빛 아래에서만 올바로 이해될 수 있다.

---

52 Edwards, "Miscellanies," No. 568, 18:105.
53 Edwards, *Efficacious Grace*, 21:274.

B. 칭의의 믿음(Justifying Faith)

에드워즈는 "믿음으로"(by faith)에 첨가된 "오직"(alone)의 의미를 설명함으로써 칭의의 믿음의 본질을 더 명확히 한다. "오직 믿음으로"가 가지는 중요한 의미는 그 반대되는 것들을 반박한다는 점에 있다. 다시 말해 칭의가 그리스도의 의를 통해서가 아니라 "우리 안에 있는 어떤 자질이나 행동의 탁월함이나 선함을 고려해서", 또는 "믿음 자체가 지니는 어떤 탁월함과 가치 때문"이라고 주장하는 입장들을 말한다. 에드워즈에게 있어서 "오직 믿음으로"는 "누구 안에서 이 유익을 누리는지 그 존재와의 관계"를 강조한다.[54] 다시 말해, 칭의의 믿음은 그리스도와 연합하기 때문에 의미가 있다.

이 논의에서는 에드워즈가 말하는 칭의의 믿음의 본질을 구체적으로 다루기 위해 다음 다섯 가지 측면에서 논하고자 한다. (1) 칭의는 오직 그리스도를 통해서이다. (2) 칭의의 믿음은 마음의 새로운 감각(the new sense of the heart)을 의미한다. (3) 행위에 의한 칭의를 부인한다. (4) 회개와 믿음은 그리스도를 끌어안는 동작에서 불가분적이다. (5) 오직 믿음으로 칭의되는 것만이 값없이 주시는 은혜(free grace)이다.

1. 오직 그리스도(Christ Alone)

에드워즈에게 있어서 "오직 믿음으로"가 강조하는 것 중에 가장

---

[54] Edwards, *Justification by Faith Alone*, 19:155. Thomas Schafer는 에드워즈의 "오직 믿음"이 "그 의미가 너무나 확장되어 오히려 실제적으로 사라지게 됐다"고 잘못 평가한다. Schafer, "Justification," 60.

먼저 고려되어야 할 것이 바로 "우리의 무가치함을 인식하는 것"이다.[55] 앞에서 보았듯이, 에드워즈가 로마서 4:5을 근거로 칭의를 논하면서 "그리스도를 믿는 믿음"과 "우리 자신의 어떠한 덕이나 선"을 예리하게 대조한 데에는 중요한 의도가 있다. 이는 칭의를 위해 인간은 결코 자기 의(self-righteousness)를 의지해서는 안 되며 오직 그리스도를 신뢰해야 한다는 그의 깊은 고민을 반영하는 것이다. 에드워즈는 자신의 의를 신뢰한다는 것이 어떤 의미인지 다음과 같이 설명한다.

> 사람이 자신의 의를 신뢰한다는 것은 자신에게 있는 어떠한 탁월함을 보시고 하나님의 진노가 누그러지거나 감하여지길 바라거나 또는 그것을 근거로 하나님이 자신을 호의로 받아들일 것이라고 바라는 것이다. 또는 그런 생각을 한다는 것은 자신에게 속한 어떤 탁월함을 보고 또 그것을 고려할 때 하나님의 진노가 누그러지고 하나님이 자신을 호의로 받으시는 것이 적합하고 옳을 수밖에 없다고 여기는 것이다.[56]

---

[55] Edwards, *Faith*, 21:421. 에드워즈가 누가복음 17:9 설교에서 강조하는 부분에 유념할 필요가 있다. "하나님께서는 인간에게 명령한 일을 인간이 행하였다고 해서 그에 대해 인간에게 감사하지 않으신다." (Yale Beinecke Rare Book and Manuscript Library 소장 미공개 자료).

[56] Edwards, *Faith*, 21:428. "인간이 자신의 의를 신뢰한다는 것은 자신이 선이나 탁월함에 대한 잘못된 생각 특히 그것이 하나님의 호의에 부응한다고 보는 것 그리고 자신의 잘못된 것에 대해서 하나님의 노여움에 상응하는 정도에 대한 잘못된 생각을 바탕으로 하나님께 모종의 호의나 그분의 노여움 중 약간의 용서를 바라는 소망을 품는 것을 말한다." Edwards, *Faith*, 21:428. 에드워즈의 롬 9:31-32 설교에서도 같은 논지를 찾아볼 수 있다. 여기에서 에드워즈는 "자신의 의를 신뢰하는 것은 인간의 영혼에 치명적인 결과를 가져온다"라고 경고한다. Mark Valeri, "Appendix" to *Sermons and Discourses, 1730-1733* (Yale), 17:450.

자기 의를 믿는 거짓된 소망은 칭의의 근거를 거짓된 것에 둔다는 점에서 치명적인 결과를 가져온다. "만일 자신의 의가 근간이 되어 무엇을 짓는다면, 그것은 모래 위에 당신의 집을 짓는 것과 같습니다. 바람이 불고 비가 쏟아지고 또 죽음의 홍수가 덮칠 때, 당신은 실패하게 될 것이고, 그 실패가 매우 클 것입니다."[57] 자신의 의를 의지하는 것이 치명적일 수밖에 없는 것은 최소 일정부분 우리가 자신의 의로 칭의된다고 믿는 것과 같기 때문이다.

> 우리 자신의 의를 신뢰한다는 것은 사실 자신의 탁월함으로 칭의 될 것을 기대하는 것이다. … 자신의 탁월함 때문에 하나님이 그를 회심시키거나 그가 그리스도께 나아오도록 할 것이라고 생각하는 것은 자신이 적어도 부분적으로 이미 칭의되었다고 생각하는 것과 같기 때문이다. 그것은 자신의 탁월함 때문에 하나님의 죄에 대한 진노가 적어도 일부 누그러졌으며 그것 때문에 하나님이 자신에 대해 호의적으로 기우서서 자신에게 회심의 은혜나 회심을 향한 다른 은혜를 주신다고 생각하는 것과 같다.[58]

이처럼 자기 의를 의지하는 것과 그리스도에 대한 믿음은 상호 맞지 않는다는 것은 에드워즈의 『의지의 자유』(Freedom of the Will)에서도 나타난다. 에드워즈가 의지의 자유를 전제로 하는 자기 결단(self-determination)을 거부하는 논리는 근본적으로 그리스도에 대한 믿음을 부정하기 때문이다.

---

[57] Edwards, *Sermon on Titus 3:5*, 14:352.
[58] Edwards, *Faith*, 21:432.

선과 악의 근거로서 자기결정적 의지(self-determining will) 이론은 하나님과 그리스도에 대한 모든 의존을 배제하기 때문에 구원의 일에 있어서 하나님과 그리스도에 대한 올바른 믿음의 행사를 막는다. 이 이론은 구원에 있어서 가장 중요한 모든 것에 대해 의존 대신 일종의 절대 독립을 가르치는데, 즉 우리의 의는 근원적으로 우리 자신의 자기결정에 의한 행동에 의존한다. 그래서 우리의 거룩은 우리 자신이 결정적 원인이 되고 최초이며 최고의 근원이 되어 우리 자신으로부터 비롯된다. 전가된 의에 대해서는, 그 자체 안에 어떤 공로가 되는 것이 있어야 하는데, 분명히 말해서 그런 것은 있을 수 없다. 자기결정만이 칭찬과 공로를 위해 필요하기 때문이다. 그러나 다른 이로부터 전가되는 것은 우리 자신의 자기결정이나 행동에서 비롯된 것이 아니다. 이 도식에 따르면 이 일에 있어서 진정으로 인간은 하나님에 대해 의존적이 아니며 오히려 하나님이 인간에게 의존적이다. 왜냐하면 하나님은 행동에 있어서 오직 결과적으로만 작용하시는데, 우리가 먼저 결정하고 행동하는 것을 보시는데 의존하시기 때문이다. 참 믿음의 본질은 우리 구원에 관한 모든 영광을 하나님과 그리스도께 돌리는 마음을 말한다. 그러나 이 개념이 일관되지 못한 것이 결과적으로 모든 영광을 인간에게 돌리기 때문이다. 이것이 이 교리가 가르치는 바인데, 공로와 찬양이 그의 것이며, 찬양 받을 만한 행동의 근원적이고 유효한 결정이 그의 것이기 때문이다.[59]

에드워즈는 인간의 자기 의(self-righteousness)를 가리켜 "우리 자신의 도덕적 탁월함에 대한 과대평가"인 동시에 "우리 자신의 악함에

---

[59] Edwards, *Freedom of the Will*, ed. Paul Ramsey, vol. 1, *The Works of Jonathan Edwards* (New Haven: Yale University Press, 1957), 468-469, and also 435-436.

대한 과소평가"라고 비판한다.[60] 반면 "오직 믿음으로"는 오직 그리스도의 탁월하심에 초점을 맞춘다. 에드워즈는 도덕적 선이 절대 결핍된 죄인에게 "오직 믿음으로"는 그리스도의 탁월하심 때문에 죄인의 칭의가 가능하게 한다고 말한다. 그래서 에드워즈는 인간의 의는 반드시 부정되어야 한다고 힘주어 강조한다.

> 하나님이 죄인을 칭의하시기 위해 요구하시는 믿음의 동작에서 그는 그 사람을 전적으로 죄인이며 의롭지 못한 자로 여기신다. 이 일에 있어서 하나님은 그 사람의 어떤 선이나 거룩을 전혀 고려하지 않으시고 단지 그리스도의 의만 보신다. 그래서 자기 자신은 죄악되고 의롭지 못한 자를 다른 이의 의에 의해서 그의 칭의를 이루신다. 그래서 그를 칭의하심에 있어서 하나님은 다른 이를 바라보신다. 하나님은 믿음으로 칭의하실 때 … 그 사람 안에 있는 어떤 선도 고려하시지 않으신다.[61]

또한 에드워즈의 "오직 믿음으로"는 칭의가 믿음 자체의 어떤 도덕적 속성이나 자격에 근거하는 것을 거부한다. 에드워즈는 로마서 4:3-4에 대한 설명을 달면서 아브라함의 칭의에 관하여 바울은 아브라함의 "믿다"보다 하나님의 "간주하다"를 더 강조하고 있다고 지적하며 칭의는 믿음 때문에 주어지는 것이 아님을 입증하고 있다.

> 만일 그가 의가 있어서, 즉 자신의 의가 있어서 그것 때문에 상급이 마땅히 갚아야 할 빛이었다면, 그것은 다음 구절에서 그가 명백히 논한 것처럼 표현

---

60 Edwards, *Faith*, 21:431.
61 Edwards, "Miscellanies," No.1161, 23:84.

되지는 않았을 것이다. 아브라함이 하나님을 믿은 것이 의로운 것이 아니라 단지 그렇게 전가된 것입니다. 의의 여지를 공급하신 것으로 봐주시는 것은 하나님의 순전한 은혜에 의해서다.[62]

아브라함은 믿음 "때문"이 아니라 믿음"으로" 칭의되었다. 여기에서 칭의가 믿음으로 이루어졌다고 할 때, 이것은 믿음 자체의 가치 때문이 아니라는 점이 에드워즈가 계속해서 경계하는 바다. 믿음 자체는 칭의를 이루는 의가 아니다.

> 믿음은 행위나 의로서 칭의하지 않습니다. 즉, 믿음은 우리의 도덕적 선이나 탁월의 일부로서 칭의하지 않으며, 마치 사람이 행위언약으로 칭의되듯이 칭의하지 않습니다. 행위언약이란 그의 행위와 그의 순종의 내적 탁월과 아름다움에 대해 하나님이 기뻐하셨다는 증거로 하나님으로부터 그에게 영생의 권리가 주어지는 것입니다.[63]

대신 "오직 믿음으로"는 하나님이 구원을 이루시는 방식과 부합한다는 것이 에드워즈의 생각이다. 믿음이 우리의 칭의를 만들어 내는 것이 아니라 우리를 그리스도 안에 두어, 그리스도와 연합하게 하고, 그래서 결과적으로 그의 의를 받게 하는 하나님의 방식이다.

> 하나님께서 믿음으로 우리를 칭의하시는 것은 믿음의 사랑스러움 때문이 아니라 믿음으로 우리가 그리스도를 받아들이고 우리 영혼이 그리스도와

---

[62] Edwards, *Notes on Scripture*, No.141, 15:90.
[63] Edwards, *Justification by Faith Alone*, 19:160.

연합하기 때문입니다. 우리가 이렇게 그리스도를 받아들이고 그리스도와 연합한 것을 하나님은 당신의 지혜와 주권으로 우리가 그리스도 안에 있는 것으로 그래서 그리스도의 의를 우리의 것으로 여기는 것이 마땅하다고 판단하시는 것입니다.[64]

칭의에 대해 믿음은 하나님이 "당신의 지혜와 주권으로" 정하신 방식이란 점을 에드워즈는 분명히 인식하고 있다.

칭의의 이론을 설명하는 에드워즈에게 있어서 믿음에 대한 강조는 지나칠 수 없다. "믿음 그 자체는 하나의 덕이며 우리의 선의 한 부분이고, 어떤 면에서 우리 선일 뿐 아니라, 신자의 매우 탁월한 거룩입니다."[65] 그러나 그것이 믿음에 어떤 동인적 힘이 있다고 말하는 것은 아니다.[66] 칭의되기까지 믿음은 그 사람의 덕으로 인정되지 않

---

[64] Edwards, *Sermon on Romans 4:16*, (*WJE Online*, Vol. 45). 마찬가지로 하나님께서 우리가 행함은 물로 우리 믿음조차도 미리 보시고 작정의 근거를 삼으시는 것이 아니다. "하나님은 예정의 작정에 있어서 공정하게 선행을 미리 아시기에 앞서서 피조물들의 영원한 복락을 작정하셨다고 이해되야 한다. … 즉, 예정의 작정을 위해 먼저 믿음과 선행이 있어야 하는 것이 아니다. 하나님의 작정에서 가장 우선순위가 되는 것은 하나님께서 당신의 복락을 나누시고 자신의 은혜를 영화롭게 하시는 것이지 … 결코 믿음이나 선행을 고려하시는 것이 아니다. Edwards, "Miscellanies," No. 700, 18:282-83.

[65] Edwards, *Justification by Faith Alone*, 19:154.

[66] *Freedom of the Will*에서 에드워즈는 "원인"(cause)과 "결과"(effect)를 다음과 같이 정의한다. "나는 이 논의에 있어서 때때로 '원인'이라는 단어를 자연적이든 도덕적이든, 긍정적이든 부정적이든, 앞서는 것으로서, 그 사건에 대해, 사물이나 방식이나 환경이든 의존하는 것으로 그래서 그것이 전체적이든 부분적이든, 근거 논리가 되어, 왜 그래야 하는지, 또는 왜 그런 방식이어야 하는지, 또는 다른 말로 결과적 사건이 그렇게 연결되어 있는 어떤 선행조건이 되어서, 어떤 긍정적 영향을 갖든지 않든지, 그 사건을 확증하는 명제가 왜 옳은

는다.

선함이나 또는 사랑스러움은 본질적 질서에 있어서 칭의에 우선되지 않는다. 또한 하나님께서 이 일을 이루시는 순서와 방법에 있어서 우선되는 것으로 여겨지지 않는다. 사실 사람에게 실제적으로 영적으로 선한 뭔가가 있는데 그것은 칭의의 본질적 질서에 있어 우선되는 것인데 바로 믿음이다. 그러나 칭의되기 까지는 아무것도 선으로 인정되지 않는다. 비록 그런 자격과 그런 상태 사이에 자연적 적합성의 고려가 칭의의 본질적 질서에 우선되어야 하지만, 믿음을 성도가 가지는 어떤 선이나 사랑스러움으로 받아들이는 것은 본질의 질서 상, 칭의 이후의 일이다. 즉, 사람이 칭의되기 까지는 그 선도 아무것도 아닌 것으로 여겨진다. 그러므로 칭의에서 사람은 죄인이고 전적으로 가증스러운 존재로 여겨진다(롬 4:5). 믿음이 가지는 선은 인간의 어떠한 선이나 사랑스러움으로 받아들여지지 않으며, 오로지 칭의의 결과일 뿐이므로 하나님이 보시기에 아무것도 아닌 것이다.[67]

지에 대한 논리가 되는 의미로 사용한다. 이와 같은 맥락에서 나는 때때로 '결과'(effect)라는 단어를 어떤 다른 일, 즉 아마 정확히 말하자면 원인이 아니라 상황의 결과를 의미하기 위해 사용한다." Edwards, *Freedom of the Will*, 1:180–81.

[67] Edwards, "Miscellanies," No. 712, 18:341–42. Morimoto는 여기에서 에드워즈의 의도를 의심하면서 본질을 흐리는 말을 한다. "이 말에서 내재적 선에 관한 문제가 갑자기 인식의 문제로 바뀌게 된다." 에드워즈의 명백한 입장을 부인하는 그의 주장은 교묘하며 당차기까지 하다. 결국 그는 에드워즈의 정통성까지 부인한다. "이 모든 주장은 하나님께서 죄인들을 칭의하실 때 사실상 칭의 이전에 그들에게 있는 선함을 전혀 고려하지 않는다는 것이다. 인간에게 선이 있다는 점은 부정할 수도, 의심할 수도 없다. 선은 거기 있으나, 아직 인식되지 못한 것뿐이다. 분명히 말해, 칭의가 그 선함 때문은 아니나 더 이상 죄인을 칭의하는 것도 아니다." Morimoto, *Jonathan Edwards and the Catholic Vision of Salvation*, 93–94. 나중에 5장에서 Morimoto의 논지를 자세히 다루고자 한다.

그러므로 에드워즈의 "오직 믿음으로"는 오히려 칭의를 얻기 전 인간은 죄인일 뿐이며, 믿음을 선하게 보는 것은 오직 전가된 가치 때문이라는 사실을 확실히 한다. 이런 맥락에서 에드워즈는 "믿음이 가지는 선은 인간의 어떠한 선이나 사랑스러움으로 받아들여지지 않으며, 오로지 칭의의 결과일 뿐이므로 하나님이 보시기에 아무것도 아닌 것이다"고 말하는 것이다.

이런 맥락에서 에드워즈는 "오직 믿음으로"는 하나님에 대한 절대적 의존이 담겨 있다고 본다. 그는 고린도전서 1:29-31 설교에서 이를 가리켜 "절대적 의존"이라 표현하였다.

> 그러므로 왜 믿음으로 말미암아 우리가 이 구속에 참여할 수 있게 되는지 그 이유를 배우게 되는데, 구속에 있어서 믿음의 본질에는 하나님께 대한 절대 의존(absolute dependence)에 대한 민감한 인식이 있습니다. 이 구속의 유익을 누리기 위해서는 그들이 그것을 위해 하나님께 의존해야 함을 지각하고 인정해야 하는 모든 의무가 있다는 것이 매우 당연합니다. … 믿음이란 구속의 일에 있어서 무엇이 실제인지 지각하는 것이며, 믿는 영혼은 구원의 모든 것에 대해, 즉 그 의미와 행동에 있어서 전적으로 하나님께 의존합니다. 믿음은 인간을 낮추고, 하나님을 높입니다. 구속의 모든 영광을 오직 하나님께만 돌립니다.[68]

하나님께 대한 절대적인 의존은, 에드워즈에게 있어서, 칭의의 믿음의 중심 개념으로서 이는 또한 그리스도의 충족성(the sufficiency of Christ)을 드러내는 것이기도 하다. "칭의하는 믿음이란 한 영혼이 구

---

68 Edwards, *Sermon on 1 Cor. 1:29-31*, 17:213. [이탤릭 삽입].

주 예수 그리스도의 실재와 충족성을 지각하고 확신하는 것으로, 영혼의 진심으로부터 그를 구주로 인정하는 것이다." 우리가 자신의 죄로 정죄될 때, "오직 믿음으로"는 "우리 안에 죄가 형벌을 받는 것이 아니라, 오히려 예수 그리스도를 통해 받아들여진다"는 확신을 준다. 이렇듯 하나님에 대한 절대적인 의존은 양심과 마음에 평화를 가져오는 내적 증거이기도 하다.[69]

> 그러므로 우리가 알기로, 복음의 교리가 지니는 충족성(sufficiency)에 대한 우리의 경험은, 양심의 평화를 주기 위해, 복음의 진리에 관한 합리적인 내적 증거가 된다. 응당한 처벌을 통해 그리고 이성과 자연의 요구를 따라 마땅히 벌을 받을 필요가 있다는 지각에서 오는 부담을 벗게 하는 이 구원의 방식이 그토록 적합하다는 것을 마음이 안다는 것은 이것이 단지 인간의 상상의 일이 아니라는 강한 논증이다.[70]

그러므로 에드워즈에게 있어서 "오직 믿음으로"로 확인되는 절대 의존은 구속 사역이 최종적으로 하나님의 일임을 확증한다. 물론 믿음은 초청에 대한 인간의 반응을 의미하는 것은 사실이지만 "오직 믿음으로"는 인간의 의존을 통한 하나님의 능동성을 극대화한다. 이것은 "죽은 자 가운데서 그리스도를 일으키신 능력"에서 이미 드러난 하나님의 능력의 위대하심을 나타내는 것이다.

> 믿음은 하나님의 공작 또는 유효한 역사라고 할 수 있다. 그리스도를 일으키

---

69 Edwards, *Faith*, 21:429.
70 Edwards, *Faith*, 21:430.

섰던 하나님이 동일한 저자로서 그들 안에 믿음을 일으키신다. 그래서 믿음은 죽은 자들 가운데서 그리스도를 일으키셨던 하나님의 공작으로 모든 면에서 이 둘은 서로 상응한다.[71]

종합할 때, 서두에서 말한 것처럼, 에드워즈가 보기에 "오직 믿음으로"가 가진 모든 함의와 강조점은 궁극적으로 "오직 그리스도"로 수렴된다. 이 부분은 특히 하나님의 무한한 자비를 다룬 시편 25:11 설교에서 잘 드러난다. 믿음이 유일한 도구(alone-instrument)가 되는 것은 구원의 "오직 그리스도"(Christ-alone) 의미를 부각시키는 데 있다. "오직 그리스도 안에서(in) 그리고 오직 그리스도를 통하여(through) 그들은 하나님의 자비에 나아올 수 있습니다." 이 말은 "오직 믿음으로"를 달리 표현한 것뿐이다. "그리스도의 대속은 가장 큰 죄책도 제하기에 충분합니다." "그리스도는 올바른 방식으로 하나님의 자비를 향해 나아오는 가장 흉악한 죄인도 구원하시기를 거절하지 않으십니다." "가장 흉악한 죄인이라도 하나님의 자비를 향해 올바로 나아오기만 하면 용서를 받을 것이라 약속되어 있습니다." 여기에서 "오직 그리스도 안에서 그리고 오직 그리스도를 통하여", "올바른 방식으로", "올바로 나아오다" 등의 표현들은 "오직 믿음으로"와 동등한 표현이다.[72] 에드워즈가 볼 때, "오직 믿음으로"가 가장 간결하고 효과적으로 "그리스도께 이끌린"(being drawn to Christ)의 의미가 될 때, 그리스도의 충분성(sufficiency of Christ)에 가장 큰 존경과 영광을 돌리는 것이

---

71 Edwards, *"Controversies" Notebook: Efficacious Grace*, 21:304.
72 Edwards, *Sermon on Psalm 25:11*, (*WJE Online*, Vol. 47).

된다.[73]

> 그리스도의 구원의 충분성이 아닌 어떤 종류의 믿음도 그리스도께 보다 더 직접적인 영광과 존경을 돌리지 못하며, 그리스도를 알아야 할 필요성을 직접적으로 도출하지 못한다. 아무것도 기독교의 모든 것이 그리스도께 달려 있고, 관련되고, 중심을 두게 하는 것이 없다. 확실히, 죄인들이 그리스도에 더욱 내적이며, 직접적이고, 유일하고, 확실한 의존을 할 때, 그리스도는 더욱 죄인으로부터 이 구원의 영광을 취한다.[74]

이런 면에서 에드워즈의 로마서 4:16 설교는 "오직 믿음으로"가 "오직 그리스도만으로" 해석돼야 함을 입증한다.

---

[73] Edwards, *Faith*, 21:421. 받는 이의 비참한 상황과 받은 것의 성질을 고려할 때 에드워즈는 믿음을 가장 적합한 용어라고 여긴다. "왜 영혼의 받아들임 또는 연합을 믿음으로 표현하는 것이 가장 적합한 표현일까? 대답. 더 추상적으로 고려하여, 연합, 받아들임, 가까이 감 등 단지 그 행위의 본질에서 볼 때 그런 것이 아니라, 이 행동의 본질을 그 행동을 결정짓고 구체화하며 그 연합, 가까이 감, 받아들임 등의 추상적 개념에 어떤 의미를 부여하는 그 주체의 상태 그리고 그 행동의 대상과 함께 고려할 때 그러하다. 받는 사람의 상태를 생각해 보라. 그는 죄인이며, 비참하며, 아무 공로가 없고, 무능하고, 또 의지할 바 없으며, 무가치하다. 또 이렇게 받은 것의 본질과 가치를 생각해 보라. 바로 하나님, 보이지 않는 구주이신 그분이다. 그분을 받아들이는 목적이 비가시적 유익이다. 또한 그분을 받아들이고, 그분께 가까이 가는 근거는 바로 하나님의 말씀이고 그분의 초청과 약속이다. 이 받은 것들의 환경은 초자연적이고, 이해하기 불가하며, 경이롭고, 어렵고, 또 탐구할 수 없는 것이다. 이런 경우의 연합 또는 받아들임의 행동은 오직 믿음이라는 말로 가장 적절하게 표현할 수 있다." Edwards, *Faith*, 21:440.

[74] Edwards, *Faith*, 21:430.

그들에게 있는 믿음은 하나님이 그것을 감안하시어 그들이 그리스도의 의를 가진 것으로 여겨지는 것이 합당하다고 여기시는 것입니다. 하나님은 다른 이가 아니라 바로 이들에게 그리스도가 전가되는 것을 합당하다고 여기시며, 또한 그들이 그리스도의 의를 실제 소유한 것으로 여기시는 것을 합당하다고 보십니다. 이것이 하나님께서 우리 믿음에서 찾으시는 자격이며, 이것에 근거하여 하나님은 당신의 지혜로 그들이 그리스도의 의 안에서 교통을 누리는 것이 합당하다고 여기십니다. 바로 믿음은 가장 직접적이고 즉각적으로 영혼이 구주 그리스도와 연합하도록 하는 은혜이기 때문입니다. 그것은 그분을 구주로 받아들이고 가까이 가는 가장 적합한 행동입니다.[75]

"오직 믿음으로"는 "오직 그리스도"를 부각시킨다. 오직 그리스도와의 연합을 통해서 가능한 이 교통은 마음이 완전히 새로워지는 경험이기도 하다.

2. 마음의 새로운 감각(New Sense of the Heart)

에드워즈는 칭의에 관여하는 믿음(justifying faith)의 특성을 두 가지 관점으로 나누어 설명하는데, 받아들이는 주체의 능동적 측면과 받는 경험의 수동적 측면으로 구분할 수 있다. 전자의 방식, 즉 받아들이는 기관의 관점에서 보면 칭의하는 믿음을 머리(이해)의 측면과 마음(성향)의 측면으로 구분하여 이해할 수 있다.[76] 후자의 방식, 즉 대상

---

[75] Edwards, *Sermon on Romans 4:16*, (*WJE Online*, Vol. 45).
[76] 일반적인 지(intellect)-정(emotion)-의(will) 구분과는 달리, 에드워즈는 두 가지 기관(faculty), 즉 사색 또는 이해(머리)와 성향 또는 의지(마음)으로 구분한

에 대한 경험의 관점에서 보면 일반적인 감각(general sense)과 그리스도에 대한 새로운 감각(new sense)으로 구분할 수 있다.[77] (새로운 감각은 영적 이해의 부분을 말한다. 이에 대한 논의는 뒤에서 이어진다.) 이 두 가지 범주는 서로 밀접하게 연관된다. 이해의 측면은 그리스도에 관한 계시를 이해하는 것과 같은 일반적인 감각과 연관되며, 새로운 감각은 그리스도와의 연합을 체험하는 것과 연관이 있다.

가장 먼저 에드워즈는 믿음은 이해, 즉 진리에 대한 수납을 포함한다는 논지에서 출발한다. 어떤 진리이든 동의하기 위해서는 먼저 그것을 이해하는 것이 필수적이다. 진리를 수납하는 기능을 하는 것은 이성이고, 그렇다면 믿음은 이성과 불가분적 관계에 있음이 분명하다.

> 믿는다(believing)는 것이란 증거된 어떤 진리에 대해 동의(assent)하는 것이다. 신뢰한다(trusting)는 것은 우리와 관련이 있는 즉 우리가 누리는 유익에 대해 진리가 우리에게 계시하는 것이나, 계시자가 그 저자가 되시는 그 유익에 대하여, 그 진리를 항상 존중하는 것이다.[78]

다. Affections(감화, 감성)에 대한 설명은 그의 *Religious Affections*, 96-99을 보라. 특별히 성령의 역사와 인간 마음의 관계에 대한 논의는 그의 "Miscellanies," No.782와 *Religious Affections*에 잘 나타난다.

[77] 에드워즈는 "감각"(sense)을 자연적인 것과 초자연적인 것 모두의 경우에 사용한다. 구분을 한다면, "새로운 영적 감각", "새로운 영적 지식", "마음의 새로운 감각"처럼, 영적인 체험의 의미로 사용하면 "감각"이 "새 감각"이란 의미가 된다.

[78] Edwards, "Miscellanies," No.329, 13:407. 참고로 Charles Hodge 또한 계시는 이성을 통해 접수된다고 설명한다. 여기에서 Hodge의 설명은 계시 수납의 기능이 어디에 있는지에 맞춰있음을 유념할 필요가 있다. 즉, 이성만으로 계시를 접수할 수 있느냐의 논의가 아니라 계시를 접수하는 기능이 이성에 있음을 말

여기에서 증거된 진리는 바로 그리스도의 진리, 그리스도의 계시를 가리킨다. 인간의 측면에서 믿음을 구성하는 요소는 바로 복음에 계시된 그리스도에 대해 "영혼이 능동적으로 동의하고, 맞추거나 또는 순응하는 것"이다. 그것은 바로 "하나님께서 그리스도에 대하여 우리에게 주신 증거"와 "그 증거의 본질", "그리스도 자신", "우리의 상태", "그에 대한 우리의 필요", 그리고 "계시된 구원의 방법과 신적 계획에 있어서의 하나님의 위대한 구상" 등에 동의하는 것을 의미한다.[79] 칭의의 믿음은 우선적으로 구원과 관련된 모든 것에 대해 지적 접수를 전제한다. 간단히 말해 에드워즈에게 있어서 칭의하는 믿음의 첫 번째 행위는 "마음의 동의"(assent of the mind)이다.

그러나 믿음은 단순한 동의나 찬성이 아니다. 에드워즈에게 있어서 믿음은 마음의 성향(disposition) 또는 마음의 소원을 포함한다. 칭의에 관여하는 믿음의 두 번째 요소는 마음(heart), 구체적으로 말하자면 성향(inclination)과 의지(will)를 포함한다는 것이다. 로마서 9:33을 바탕으로 에드워즈는 믿음을 신뢰(trust)라고도 정의한다. "이 문맥에서 사도는 칭의의 믿음에 대해 말하는데, 그리스도를 신뢰한다는 의미가 믿다(believeth)라는 단어에 있는 의미이다."[80] 에드워즈는 신뢰의 의미를 다음과 같이 부가 설명한다. "칭의의 믿음에는 그리스도의 진실과 신실에 대한 신뢰, 또는 그분이 말씀하시고 약속하신 것을 믿는

하는 것이다. 그러므로 Hodge가 말하는 계시를 접수할 수 있는 이성은 중생된 이성임을 전제 할 수 있다. Charles Hodge, *Systematic Theology*, vol. 1 (New York: Charles Scribners and Co., 1871, 1872. reprint, Grand Rapids: Eerdmans, 1977), 149-50.

79　Edwards, *Faith*, 21:447.
80　Edwards, *Faith*, 21:439. [이탤릭 삽입].

것이 포함된다. 이것은 그리스도에 관하여 믿는 것만이 아니라 그리스도를 믿는 것이 확실하다."[81] 이때 "그리스도를 신뢰"한다거나 "그리스도의 진실과 신실에 대한 신뢰"와 같은 표현에서 드러나는 것은 믿음은 자신을 그리스도에게 전적으로 위탁하는 연합의 동작이라는 것이다. 그러므로 믿음이 신뢰라고 할 때, 이것은 사실에 대한 동의나 지적 수납 그 이상의 것으로서 마음의 차원을 포함하는 것이다.

> 신뢰란 단순히 어떤 사람이 약속한 선한 일을 이룰 것임을 믿는 것만이 아니다. 그가 약속한 것이 매우 선한 것이며, 이것을 약속 또는 제시한 사람 또한 믿을 만하더라도 엄격히 말해 신뢰는 아니다. 그 약속을 받은 사람이 그것이 선한 것임을 감지하고 못하고 그것을 바라지 않는 한, 그것을 신뢰라고 부를 수는 없다. … 한 사람이 다른 사람에게 그를 감금에서 구해 주고, 고향으로 데려다주겠다고 제안했다고 가정해 보자. 이때 제안을 받은 사람은 제안을 한 사람이 그것을 이룰 것이라고 믿는다 할지라도, 간절히 그것을 원하지 않는다면, 그는 그 사람이 말한 것에 대해 그를 신뢰한다고 말할 수는 없다.[82]

칭의의 믿음에 있어서 에드워즈가 말하는 마음(heart)의 측면은 또한 마음의 동의를 포함한다. 마음의 동의란 에드워즈에게 있어서

---

[81] Edwards, *Faith*, 21:439.
[82] Edwards, "Miscellanies," No.329, 13:408-9. *Sermon on Gal. 5:6 (a)*에서 에드워즈는 다음의 세 가지 방식으로 신뢰의 의미를 설명한다. (1) "우리 복락의 유일한 수단으로 그리스도를 찾으며 오직 그분을 통해서만 그것을 기대하는 것", (2) "그리스도 안에서 주어진 약속을 믿음으로 영혼이 쉼을 얻고, 평안해 지며, 만족하는 것", (3) "오직 그리스도의 구원에 의지함에 자신의 모든 관심을 쏟는 것." 여기에서 에드워즈는 지식과 마음 두 측면 모두를 언급하고 있음에 주목할 필요가 있다. (Yale Beinecke Rare Book and Manuscript Library 소장 미공개 자료).

이성적 동의(assent)와 함께 전인적 동조(consent)를 포함한다. 그것은 갈망(desire)과 기대(expectation)로 표현될 수도 있다. 한 사람이 마음으로 신뢰한다고 할 때, 그 사람은 믿음의 연단을 기꺼이 감수하게 된다. 에드워즈는 이해(understanding)와 마음(heart)을 분리하지 않았다. 두 부분은 유기적으로 연합하여 있기에 참된 믿음은 둘 모두를 담고 있어야 하기 때문이다.

> 한 사람이 자녀를 상속자로 삼겠다고 약속했다고 가정할 때, 그가 아버지가 자신을 상속자로 삼을 것을 신뢰한다고 우리가 말할 수 있다면, 그는 아버지가 약속한 것에 대해 믿음이 있다고, 즉 그의 마음은 그것에 동의하고 기뻐하며 과연 아버지가 그렇게 할지 않을지에 대해 의심이나 의문으로 동요되지 않는 것을 우리는 말한다. 이것을 가리켜 온 세상은 신뢰라고 한다. 신뢰의 첫 번째 열매는 그에 대한 기대감 속에서 기꺼이 응하며 감내하는 것이다. 혜택을 기대하지 않는 사람은 그 일에 응하며 감내해야 하는 만큼 신뢰하지 않으려 하며 그것을 감히 시도하지도 않는다. 그러므로 그들이 그리스도를 신뢰한다고 할 때, 그들은 오직 그리스도의 구속에 대한 기대 속에서 그가 바라는 모든 것을 하며 감내하려는 자들이다. 그렇게 하려고 하지 않는 자들의 믿음은 올바른 믿음이 아니다. 그러므로 그런 연단을 믿음의 연단이라고 한다. … 그러므로 믿음의 첫 번째 동작은 바로 이것으로 그리스도가 선언한 것에 대해 그를 절대적으로 마음의 동조(acquiescence of the mind)하는 것이다. 이것은 그리스도의 말씀이 모든 자들에게 자신을 죄인을 위한 구세주로, 구속을 이루신 분으로, 구세주가 되시기에 충분하며, 그들에게 적절한 구세주이며, 기꺼이 구세주가 되시며, 탁월한 구원의 저자 등으로 계시하는 것에 대해 그 영혼이 그리스도 안에서 쉼을 누리며 그에게 붙어 있는 것이다. 그래서 진정으로 그의 구원을 추구하고, 그에게 오며, 사랑하고, 갈망하

고, 구주로 갈구하며, 그에게로 숨을 용기가 생기는 것이다. 이것은 본질 상 이전에 얘기했던 신뢰와 같은 것이고, 바로 그 본질의 것이다.[83]

진정한 믿음, 즉 칭의의 믿음은 전 인격적인 것이다. 이를 가리켜 에드워즈는 "영혼이 그리스도 안에 쉬며 그리스도께 밀착하는 것"이라 표현한다. 이는 모든 기관과 이해와 성향을 다 동원하여 하나가 되는 행위이다. 이런 맥락에서 에드워즈는 믿음을 그리스도와의 연합이라고 정의한다. 불신자가 지식은 가질 수 있으나 그것에 동조하지는 않는다. 마음에서 우러나 그리스도와 연합하는 행위가 아니고선 그 믿음은 믿음이 아니다. 믿음의 전인적인 동작은 머리와 마음, 이해와 성향을 포괄한다.

> 믿음의 합당한 주체이자 작인(agent)이 그 모든 기관을 포함한 영혼 전체라고 할 때, 의심의 여지없이, 구원하는 믿음(saving faith)은 두 가지 요소, 즉 진리를 믿는 것(belief)과 상응하는 마음의 성향(disposition)으로 이루어진다. 그러므로 믿음은 복음에 계시된 죄인들의 구주에 관한 내용이 참되며 완벽히 선하다는 것을 그를 향한 상응하는 성향의 활동을 통해 확고히 믿는 것이라고 정의할 수 있다. 참된 믿음이란, 성경적 의미로 볼 때, 이해의 활동만 아니라 마음 또는 성향의 활동을 포함하는 것이 매우 분명하다. 성경에서 이해의 활동이라는 이름으로 언급되는 구원하는 신앙과 관련된 여러 중요한 것들이 또한 마음의 성향과 활동을 포함한다. 예를 들어, 하나님을 아는 지식은 즉 하나님 말씀을 이해한다는 것은, 볼 수 있는 눈이 있고 이해할 수 있는

---

83 Edwards, "Miscellanies," No. 329, 13:408.

마음이 있다는 뜻이다.[84]

이렇듯 에드워즈는 칭의의 믿음을 관여하는 주체에 따라 머리(이해)와 마음(성향)을 포함하는 전인적인 동작으로 보는 반면, 다른 한편 그는 대상을 수납하는 경험이라는 관점에서 믿음을 일반적인 감각(예, 계시를 믿음)과 새로운 감각(예, 영적인 이해)으로 구분하여 설명한다. 이 구분이 에드워즈에게 중요한 이유는 우리가 믿음의 동작으로 그리스도를 껴안는다고 말할 때, "계시를 통해 우리에게 소개된 그리스도가 아니고선 어떤 다른 방식으로도 그리스도를 껴안을 수 없기" 때문이다.[85] 믿음의 대상인 그리스도는 우리에게 오직 계시를 통해 다가오신다. 에드워즈에게 있어서 그리스도는 먼저 계시를 믿음으로, 둘째로 그의 계시의 탁월함에 대한 감각을 통해 우리에게 수납된다. 물론 에드워즈가 여기에서 믿음과 감각으로 표현하긴 했지만, 그 둘은 사실 불가분의 관계이다.

> 믿음에는 복음이 선포하는 것, 즉 그리스도께서 우리 죄를 대속하셨고 영생을 획득하셨다는 것에 대한 믿음(belief)만 아니라 그에 대한 감각(sense)도 있다. 즉, 그리스도의 고난이 대속을 이루셨고 공로를 이루셨음을 감각하는 것

---

[84] Edwards, *Faith*, 21:465.
[85] Edwards, *Faith*, 21:434. 에드워즈는 또한 믿음에 대해 다음과 같이 설명한다. "믿음의 대상은 예수 그리스도시며 동시에 복음이다." 417; 복음에 관해 믿음은 "복음에 순종하는 것", 419; "기쁘게 복음을 받아들이는 것", 420; "교리에 순종하는 것", 420; "그것은 온 영혼으로 그 진리에 맞추고 동의하고 그것을 껴안는 것이다. 이 계시에 온 마음(mind)과 가슴(heart)을 드리는 것이고 믿음(belief)과 성향(inclination)과 감성(affection)을 다해 수납하고, 고수하는 것이다." 424.

은 우리가 그로 인해 용납되게 할 만하다. 확신을 하는 것과 감각을 갖는 것 사이에는 차이가 있다.[86]

이해와 마음(heart)이 구분되듯이, 믿음과 새로운 감각(또는 감각) 역시 구분된다. 그러므로 칭의의 믿음에 있어서, "믿음(faith)은 복음이 그리스도의 중보와 관련하여 특별히 그것이 우리와 연관되어 계시하는 것에 대한 감각(sense)과 실제적 믿음(belief)을 갖는 것이다."[87] 이런 맥락에서 그리스도를 받아들인다는 것은 두 가지 동작으로 구분할 수 있다. 첫째, 복음에 계시된 것을 믿는 것(believing), 둘째, 우리 구원에 대한 그리스도의 관계에 대해 감각하는(sensible) 것이다.

에드워즈는 더 나아가 믿음과 감각의 관계를 그리스도의 탁월함과 우리에 대한 그리스도의 관계의 관점에서 설명한다.

그리스도를 믿는다는 것은 구주이신 그분의 탁월함과 실재를 감각하는 데서 비롯되는 마음의 활동 뿐만 아니라, 우리를 향한 그리스도의 관계, 그리스도께 대한 우리의 관심, 그리스도께서 죄인인 우리를 위한 구주가 되심, 구주가 우리에게 유익으로 주어짐 등에 대한 숙고에서 비롯되는 마음의 활동이 포함된다. 천사들 역시 구주 그리스도의 실재와 선하심에 대한 감각이 있어서 그것을 발견했을 때 기쁨으로 수납한다고 말할 수 있다. 그러나 천사들이 그리스도를 믿는다고 말할 수는 없다. 천사들이 받은 영과 그리스도를 구주로 아는 지식은 동일하다. 그러나 그리스도가 구주로서 우리를 대신해 서시는 관계는 그리스도가 천사들에 대해 갖는 관계와 다르다는 이유에서

---

[86] Edwards, *Faith*, 21:435.
[87] Edwards, *Faith*, 21:435.

행동에 차이가 있다.[88]

에드워즈에게 있어서 그리스도의 탁월함을 감각하는 것은 그분이 누구이신지를(who he is) 아는 것이며, 그리스도와 우리의 관계를 감각하는 것은 그분이 하신 일이 무엇인지를(what he is) 아는 것이다. 천사들은 단지 그분이 누구인지를(who he is) 감각할 수 있는 반면, 우리는 그분이 하신 일이 무엇인지(what he is) 또한 감각하게 된다. 칭의의 믿음과 관련하여, 그분이 누구인지 감각하는 것을 간과할 수는 없겠지만, 궁극적으로 중요한 것은 역시 그분이 하신 일이 무엇인지를 감각하는 것이다.

이 둘에 대한 구분은 에드워즈가 로마서 4:16 설교에서 일반적인 믿음과 칭의하는 믿음을 구분했던 것과 평행을 이룬다. 이 설교에서 에드워즈는 "보다 일반적인 의미의 믿음은 하나님의 충족성과 진실하심 그리고 그의 모든 계시가 진리이고 선이라는 것에 대한 감각과 확신이다"라고 설명한다. "이러한 믿음의 행위로는 칭의될 수 없다"고 그는 강조한다. 그에 따르면 칭의의 믿음이란 "그리스도가 구주라는 실재와 탁월하심에 대한 감각과 확신이 마음을 전적으로 그분께 기울며 연합하게 하는 것"이다. 칭의의 믿음은 "예수 그리스도를 우리의 구주로 계시하는 복음을 모든 기관을 통해 온 영혼이 껴안고 동조하는 행위"이다. 그것은 "온 마음(mind)과 심장(heart)을 전부 그것에 드리는 것이고 성향(inclination)과 감성(affection)을 다한 믿음으로 하나가 되는 것"이다. 이것은 바로 그리스도께서 하신 일이 무엇인지에 대한 감각이 마음을 움직여 마침내 그리스도와 연합하는 것을 말

---

88 Edwards, *Faith*, 21:434.

한다. 에드워즈가 보기에 단순히 그리스도의 탁월함을 믿는 일은 반드시 온 마음을 다 동원하지 않는다. 물론 이것은 그리스도가 누구신지를 감각하는 일을 등한시해도 된다는 말이 아니다. 이 설교에서 에드워즈는 칭의의 믿음을 가리켜 "그리스도가 구주라는 실재와 탁월하심에 대한 감각과 확신이 마음을 전적으로 그분께 기울며 연합하게 하는 것"이라고 표현한다. 즉, 칭의의 믿음은 그분이 누구신지에 대한 믿음(belief)과 그분이 하신 일이 무엇인지에 대한 감각(sense)으로 이루어진다는 말이다. 이 점은 믿음이 이해(understanding)와 마음(heart) 두 기관 모두를 필요로 한다는 것과 일치한다.

> 이것은 전영혼의 동작, 즉 예수 그리스도께서 우리 구주이심을 계시하는 복음을 모든 기관을 동원하여 껴안고 인정하는 것입니다. … 그것에 온 마음(mind)과 심장(heart)을 전부 드리는 것이고, 성향과 감성을 다한 믿음으로 하나가 되는 것입니다. 이것은 온 영혼과 모든 기관을 다 동원한 총체적인 동작입니다.[89]

---

[89] Edwards, *Sermon on Romans 4:16*, (*WJE Online*, Vol.45). 또 다른 곳에서 에드워즈는 믿음에 대해 설명하면서 "영광과 탁월함에 대한 감각에서 비롯되는 진리에 대한 믿음" 또는 "탁월하고 신성한 것에 대한 영적인 미각과 달콤함에서 비롯된 진리에 대한 믿음"이라고 표현한다. Edwards, *Faith*, 21:435. "이것은 계시의 저자의 충족성, 위엄, 영광, 탁월함에 대한 감각에서 비롯하여 이 계시에 영혼이 전적으로 동의하는 것이다", 424; "믿음은 예수 그리스도께서 우리 구주시라는 계시를 영혼이 전적으로 붙들고 인정하는 것인데, 이는 이 교리와 구주를 계시하신 분의 탁월한 위엄과 충족함에 대한 감각에서 비롯된다. 이것을 계시하신 분은 하나님이시며, 또한 그리스도가 계시자이시기도하다. 그리스도의 탁월함과 충족함은 그의 인격의 탁월함과 그가 계시한 구원의 탁월함, 그리고 사역을 수행하시기에 적합함과 구원의 방법에 있어서의 탁월함을 포함한다", 425.

이 설교에서 에드워즈는 칭의의 믿음을 세 가지 요소 또는 세 가지 단계로 구분한다. 첫째, 칭의의 믿음이란 "구주되신 그리스도의 실제(reality)에 대한 모든 감각과 확신"이다. 이것은 "우리가 복음을 통해 배운 예수의 행적과 고난이 진리이며 예수는 진정으로 하나님의 아들이신 것"과 "하나님께서 우리에게 그리스도를 통한 은혜의 계획에 관해 말씀하신 것이 진리이며 복음의 약속들이 진정으로 진리인 것", 즉 "복음의 진리에 대한 전적인 확신과 살아 있는 감각"을 말한다. 그리스도의 하나님의 아들 되심과, 성육신, 고난, 부활, 그리고 그 이후의 모든 일들이 소위 "그리스도가 구주라는 실제(reality)"이다. "복음이 진리라고 믿는 믿음이면 다 칭의하는 것이 아닌 것은" 심지어 귀신들도 복음의 어떤 부분에 대해서는 시인하기 때문이다. 요약하자면, 칭의의 믿음은 첫째 그리스도께서 복음에 계시된 대로 그가 누구신지를(who he is) 이해하는 것을 포함한다.[90]

에드워즈가 말한 칭의의 믿음의 두 번째 측면은 "구주되신 그리스도의 탁월함(excellency)에 대한 감각과 확신"인데, 이는 단순히 "그리스도가 구주라는 실제"를 아는 것과 대비된다. 이것을 종종 "그리스도를 아는 지식"이라고 부르는데, "이는 구주로서 그의 탁월함에 친숙해진다는 의미" 때문이다. 이것은 또한 "우리가 이 구주가 필요하다는 사실"에 대한 감각을 포함한다. 다시 말해 이것은 "우리의 무능함과 무가치함에 대한 감각"을 의미한다. 여기에는 "그리스도께서

---

[90] Edwards, *Sermon on Romans 4:16*, (*WJE Online*, Vol.45). 흥미스럽게도 이 구분은 후대 개혁주의 전통에서 흔히 믿음을 지식(*notitia*), 동의(*assensus*), 신뢰(*fiducia*)로 구분하는 것과 평행한 면모를 보인다. 에드워즈가 말하는 믿음의 첫 번째 요소는 지식(*notitia*)에 해당된다고 할 수 있다. 참조, 강웅산, 『구원론』(경기도 화성: 말씀과 삶, 2016), 220-22.

구주로서 충분함에 대한 감각이 포함된다." 왜냐하면 "구주의 충족함은 그분의 탁월함의 중요한 부분이기" 때문이다. 이것은 또한 "그리스도의 능력과 은혜에 있어서 그의 의의 충족함에 대한 감각"이기도 하다. "구주 그리스도의 탁월함에는 또한 그의 구원의 길의 탁월함이 포함된다." 에드워즈가 말하는 칭의의 믿음의 두 번째 측면은 우리에게 구주되신 그리스도가 꼭 필요하다는 사실을 감각하는 것이다. 이는 바로 그분이 하신 일이 무엇인가(what he is)를 감각하는 것을 말한다.[91]

칭의의 믿음에 담긴 세 번째 의미는 "구주 그리스도에게로 마음을 전적으로 기울이고 연합하는 것"이다. 마침내 그가 무엇을 하셨는지에 대한 감각이 우리의 마음(heart)을 그리스도와 연합하게 한다. 에드워즈는 마음이 그리스도와 연합하게 되는 동작을 통해서 칭의의 믿음은 "단순히 이해의 동작일 뿐 아니라 마음과 성향의 동작"임이 입증된다고 주장한다. 에드워즈는 이 믿음은 "동의(assent)뿐만 아니라 동조(consent)"를 포함한다고 본다. 이것은 "흔히 복음에 순종하는 것 또는 마음에서 우러나 이 교리의 형태에 순종하는 것인데, 이것은 이해를 바탕으로 한 동의(assent) 이상의 것을 의미한다." 또한 이것은 "온 영혼을 맡기는 것" 또는 "진리의 사랑을 받는 것"을 의미한다. 칭의의 믿음이란 "이전에 그분과 멀리 있던 영혼을 그분에게로 가까이 가져가 하나가 되게 하는 것"이다. 이 단계는 에드워즈에게 있어서 그 마음이 실제로 그리스도와 연합하는 단계이다. 이로써 연합의 동

---

91 Edwards, *Sermon on Romans 4:16*, (*WJE Online*, Vol. 45). 에드워즈가 말하는 두 번째 요소는 후대 개혁주의 전통에서 찾을 수 있는 동의(*assensus*)에 해당된다고 할 수 있다. 참조, 강웅산, 『구원론』, 222-26.

작이 완성된다. 정리하자면, 칭의의 믿음은 두 기관(이해와 마음)의 작용을 포함하여 영혼이 그리스도와 연합함으로써 그 목적을 완성하게 된다.[92]

에드워즈는 마지막 두 단계가 앞서 말한 "마음의 새로운 감각"(new sense of the heart)에 해당된다고 본다. 이것이 흔히 영적 이해(spiritual understanding)라고 불리는 것이다.[93] 그러나 이 새로운 영적 감각은 우리 안에 새로운 기관 또는 기능이 새롭게 추가적으로 만들어지는 것이 아니라는 것이 에드워즈의 인간론을 이해하는 데에 있어서 중요하다. 그래서 이것은 오히려 본성에 작용하는 새로운 원리(new principle)로서 새로운 능력(new ability)과 새로운 성향(new disposition)이 된다.

> 이 새로운 영적 감각과 그에 수반되는 새로운 성향들은 새로운 기관이 아니라, 본성에 작용하는 새로운 원리(new principles)이다. 더 정확한 의미의 단어가 없어서 나는 "원리"라는 단어를 사용한다. 본성에 작용하는 원리라는 표

---

[92] Edwards, *Sermon on Romans 4:16*, (*WJE Online*, Vol. 45). 마찬가지로 에드워즈가 말하는 세 번째 요소는 후대 개혁주의 전통에서 찾을 수 있는 신뢰(*fiducia*)에 해당된다고 할 수 있다. 참조, 강웅산, 『구원론』, 226-28.

[93] 그의 주저 가운데 하나인 *Religious Affections*(신앙의 감화)에서 에드워즈는 다음과 같이 말한다. "영적 이해는 우선적으로 영적인 아름다움에 대한 마음의 감각으로 이루어진다. 나는 이를 가리켜 마음의 감각(sense of heart)이라고 부른다. 이것은 단순히 이해와 연관된 사색이 아니며, 또한 이해와 의지 이 두 기관을 이 일에 있어서 따로 떨어져 작용하는 것으로 명확히 구분하는 것도 어렵다. 마음이 한 대상의 달콤한 아름다움과 사랑스러움을 감각할 때, 이것은 그 대상의 관념(idea)이 있어서 그에 대한 달콤함과 기쁨에 대해 감각하는 것을 의미한다. 아름다움에 대한 사랑스러움과 기쁨함의 감각은 그 본성 안에 마음의 감각을 수반한다. 즉, 감각, 성향과 의지를 소유한 본체로서 영혼이 주체가 되는 어떤 효과나 인상을 수반한다는 것이다." Edwards, *Religious Affections*, 2:272.

현을 통해 나는 본성을 이루는 기초(foundation)를 말하는데, 옛것이든 새것이든, 기관들의 어떤 특정한 방식이나 종류의 작동에 따라 사람에게 능력과 성향을 주어 그 어떤 종류의 움직임을 하게 해서, 즉 그 기관이 그 특정한 움직임을 하게 하는 것을 가리켜 그의 본성(nature)이라고 말할 수 있다. … 그래서 이 새로운 감각(new sense)을 수반하는 마음의 새로운 거룩한 성향은 의지의 새로운 기관이 아니라 동일한 의지의 기관이 새로운 움직임을 하도록 영혼의 본성에 놓인 기초이다.[94]

칭의의 믿음을 마음의 새로운 감각이라고 할 때, 이것을 초자연적 은혜(habitus)를 영혼에 더하거나 주입하는 것이라고 오해해서는 안 된다. 그것은 오히려 사람의 마음에 새롭게 창조된 현실(reality)로서 에드워즈는 이것을 "원리"(principle)라고 불렀다. 이때 성령의 내주와 인간의 모든 기능 사이에는 완벽하고, 영적이며, 신비스러운 조화가 존재한다. 이것은 이전의 옛사람은 알지 못했던 새로운 능력과 성향을 의미한다. 거듭 강조하지만 이것은 새로운 존재론적 실재(ontology)가 추가(주입)된 것이 아니라, 새롭게 조성된 현실(constituted reality)이다. 마치 그리스도께서 온전한 하나님이시며 온전한 사람이신 것이 신비인 것처럼, 이것은 전적으로 사람 가운데 일하시는 성령의 일인 동시에 전적으로 인간의 일이기도 한 신비의 문제이다. 구원의 일에서 인간은 전적으로 성령의 능력에 의해 살아나서는 자신이 가진 모든 기관을 동원하여 온 힘을 다해 성령의 새로운 원리를 실천하는 것이라는

---

[94] Edwards, *Religious Affections*, 2:206. 에드워즈의 인간론 이해는, 특별히 성령의 내주와 육체의 본성의 관계에 있어서, 더 연구될 여지가 남아 있는 주제이다.

의미가 에드워즈의 인간론에 담겨 있다.[95]

칭의의 믿음의 본질을 규명하는 것은 쉬운 일이 아니다. 에드워즈 역시 그 어려움을 잘 인식하고 있었다. "그것은 온 영혼과 모든 기관을 다 동원한 총체적인 동작이기에 많은 말을 사용하지 않고는 완벽하게 정의하는 것은 어려운 일이다."[96] 흔히 많은 말도 마음으로 느끼는 만큼 충분하지 못한 경우가 많다. 이런 맥락에서 에드워즈의 "마음의 새로운 감각"은 한 영혼 안에서 성령이 일하시는 본질을 잘 담고 있다고 평가할 수 있다. 예를 들어 에드워즈는 중생을 새로운 감각의 용어로 설명한다.

> 그러므로 중생에서 성령이 하시는 일을 성경에서는 종종 새로운 감각(new sense)을 주다, 볼 수 있는 눈을 주다, 들을 수 있는 귀를 주다, 귀먹은 자의 귀를 들리게 하다, 나면서부터 맹인된 사람의 눈을 뜨게 하다, 어둠에서 빛으로 돌이키다 라는 말로 표현한다.[97]

같은 맥락에서 에드워즈는 사변적 말로 그리스도와의 연합을 표현하는 것이 충분치 못한 반면, 마음의 새로운 감각(new sense of the heart)은 칭의에 관여하는 믿음의 본질을 잘 드러낸다고 여긴다.

> 믿음을 정의하는 것이 어려운 것은 마음 또는 영혼이 그리스도를 받아들이

---

[95] *Treatise of Grace*에서 에드워즈는 이 원리(the principle)를 성령의 내주(indwelling of the Holy Spirit)과 동일한 의미로 본다. 자세한 내용은 Edwards, *Treatise of Grace*, 21:159-60, 164-65, 176-97을 보라.

[96] Edwards, *Sermon on Romans 4:16*, (*WJE Online*, Vol.45).

[97] Edwards, *Religious Affections*, 2:206.

고 가까이 가는 동작을 명확하고 적절하게 담아낼 표현이 없기 때문이다. … 또 다른 어려움은 구주의 선하심과 의로우심과 복음을 명확하게 표현할 수 있는 단어를 찾는 것이다. … 마음에 생생하게 맺어지는 정말 선하고 사랑스러운 대상에 대한 관념은 그저 가상으로 매우 사랑스러운 관념과는 다른 방식으로 마음을 사로잡는다. 그래서 마음이 그리스도와 연합하기 위해서는 선함에 대한 감각과 실제에 대한 감각 모두가 필요하다.[98]

그리스도와 연합을 이루는 동작으로서 믿음을 에드워즈는 마음의 새로운 감각으로 잘 표현했는데, 이 용어 자체가 체험적인 (experiential) 용어이고 바로 에드워즈의 두드러지는 특징이라고 하겠다. 칭의의 믿음을 설명하기 위해 다양한 말이 동원될 수 있다. 에드워즈는 "새 감각"이란 표현을 통해 이러한 어려움을 다 없앨 수는 없었지만, 그것을 성공적으로 최소화하였다고 말할 수 있겠다.

3. 회개와 믿음(Repentance and Faith)

칭의에 담긴 중요한 의미 중 하나가 죄 사함이라는 점에서, 에드워즈는 칭의의 믿음과 함께 회개를 중요하게 다룬다. 죄 용서는 회개를 통해 이루어지며, 회개 없이는 용서도 없다. 칭의의 한 결과가 의인됨과 함께 죄 사함이라고 할 때 이때 문제로 대두되는 것은 믿음과 더불어 회개가 칭의의 조건이냐 하는 것이다. 회개가 칭의의 믿음에 필수적인 한 부분을 이루는가? 그렇다면 칭의의 믿음에는 실제 행위의 측면이 감춰져 있다는 의미인가? 그러나 에드워즈의 입장은 분

---

[98] Edwards, *Faith*, 21:432-33

명하다. "믿음과 회개는 칭의의 두 가지 조건이 아니며, 이 둘이 하나로 합쳐져 칭의의 조건이 되는 것도 아닙니다. 믿음은 우리가 칭의되기 위해, 또는 그리스도께 참여하기 위해 필요한 전부입니다. 그렇기에 우리 구원의 문제에 있어 아무것도 믿음과 동등한 의미를 지니는 것은 없습니다."[99] 그렇다면 에드워즈가 다른 문맥에서 믿음은 또한 "회개를 포함한다"고 한 말은 무슨 의미일까?[100] 믿음이 칭의의 한 가지 조건이며 동시에 회개가 또 다른 조건이라고 여기거나, 행위로서 회개가 믿음에 포함된다고 보는 것은 에드워즈의 논지와 모순된다. 이 질문에 명확히 대답하기 위해 에드워즈의 회개 개념을 고찰한다.

에드워즈는 가장 단순하게 회개를 "적극적 회심"(active conversion), "마음의 돌이킴 또는 전환"(the turning or the conversion of the mind)이라고 정의한다. 회개는 "두 기준, 즉 죄와 하나님께 대하여 이는 마음의 움직임 또는 운동"이다.[101] 에드워즈는 신약 성경의 메타노이아(metanoia)의 의미를 이렇게 보았다. 그는 회개를 "일반적 회개"(general repentance)

---

[99] Edwards, *Justification by Faith Alone*, 19:222.

[100] 에드워즈의 "Miscellanies," No.669에서도 동일한 논지가 나타난다. "칭의의 조건, 다시 말해 우리가 칭의되는 조건은 오직 하나, 바로 믿음뿐이다. 칭의의 문제에서 믿음과 같은 기능을 하는 것은 아무것도 없다. 회개와 믿음은 각기 다른 칭의의 두 조건이 아니다. 또는 이 각기 구분되는 둘이 하나로 합하여져 칭의의 조건을 이루는 것 역시 아니다. 믿음은 우리가 칭의되기 위한 또는 우리가 그리스도께 참여하기 위한 모든 것을 포함한다. 그렇기에 우리 구원 문제와 관련하여 믿음과 동등한 중요성을 지니는 것은 아무것도 없다." Edwards, "Miscellanies," No.669, 18:213.

[101] Edwards, *Justification by Faith Alone*, 19:223. 이러한 마음의 변화는 믿음의 본질을 이루는 핵심인 요소이다. "우리 가슴이 변화되어야 우리가 믿을 수 있고, 또 우리가 칭의될 수 있다. 마음의 변화는 믿음에 필수적이다. 사실 적극적인 회심(active conversion)은 실제로 믿음 자체와 다르지 않다. 그러므로 회개 역시 실제 믿음과 떼어놓을 수 없다." Edwards, "Miscellanies," No.669, 18:214.

와 이에 반대되는 의미에서 "복음적 회개"(evangelical repentance)로 구분했다. 일반적인 의미에서 회개는 자연 종교에서 나타나는 현상으로, 일시적으로 죄로 인해 슬퍼하는 것(sorrow)을 뜻한다. 반면 에드워즈가 정의하는 복음적 회개란 죄와 하나님께 대한 의미를 전제하기에 각각 다른 의미와 경험을 포함한다.

에드워즈의 회개의 이론에 따르자면, 회개는 먼저 "자신의 죄를 인식하고 그것을 미워하며 진노 받아 마땅하다고 무겁게 시인하는 것"을 포함한다. 그러나 이것만으로는 자연 종교의 회개와 다른 점이 없다. 반면 복음적 회개는 "죄와 형벌로부터 놓임을 위해 구주 안에서 하나님의 거저 주시는 은혜"를 바라는 것이다. 에드워즈가 보기에 "죄와 형벌로부터의 놓임"이 없다면 그것은 복음적 회개가 아니다. 죄로 인해 슬퍼하는 것은 회개의 첫 단계이지만, 그것만으로 회개가 성립되지는 않는다. 복음적 회개에는 "죄로 인해 하나님 앞에서 낮아지는 것"과 "죄 사함의 자비를 소망하는 것" 동시에 포함된다. 즉, 복음적 회개는 하나님이 기준인 행동(God-referent act)인 것이다. 에드워즈는 복음적 회개와 일반적 회개의 구별을 위한 결정적인 차이가 사람이 용서하시는 하나님의 자비를 소망하며 구주와 연합하는지에 달려 있는 것으로 보았다. 즉, "이 고백에 하나님의 자비하심에 대한 믿음이 있는지"에 달려 있다고 보았다. 에드워즈가 보기에 회개는 믿음의 문제이다. 회개란 본질적으로 그가 그리스도께로 돌아서 자신을 죄의 형벌에서 구원하실 분으로 믿어 그분과 연합하는 것이다.[102]

구주 그리스도를 껴안는 것이야말로 칭의의 믿음의 핵심이다. 에드워즈는 특별히 죄와 관련하여 칭의의 믿음을 가리켜 "그리스도

---

[102] Edwards, *Justification by Faith Alone*, 19:226.

를 우리를 죄와 그 형벌에서 구원할 구주로 껴안는 것"이라 말한다. 죄에서 돌이키는 동작으로 그리스도를 껴안는 것 이것이 바로 회개이다. 에드워즈는 그리스도와 죄를 기준할 때 일종의 상대성이 있음을 언급한다. "우리가 죄에서 구원하실 구주이신 그리스도를 껴안는 열정의 정도에 비례하여 같은 비례로 우리가 죄를 거부하고 미워합니다. 이 둘은 같은 행위인 것입니다." 그리스도를 강하게 껴안기 위해서는 먼저 우리 죄를 민감하게 인지하는 것이 전제되어야 한다. 에드워즈가 보기에 명확한 것은 "만일 우리가 형벌을 받아 마땅하다는 사실을 느끼지 못한다면, 그 형벌에서 구원하실 구주가 필요하다는 것 역시 실감하지 못하며" 그 결과 "이러한 제안을 전심으로 끌어안을 수가 없다"는 것이다. 이미 앞에서 살펴본 것처럼, "전심으로"(hearty), "민감하게"(sensible)와 같은 표현은 칭의의 믿음의 본질을 표현하는 전형적인 표현이다. 에드워즈가 보기에 마음으로 껴안는 행위는 두 가지 단계로 이루어진다. 물론 이 두 단계가 시간적인 선후 관계를 이루는 것은 아니다. 하나는 "양심의 각성으로 마귀나 저주받은 자들처럼 우리 역시 형벌을 받아 마땅하다는 것"이며, 다른 하나는 "하나님께서 이 형벌을 내리시는 것은 의로운 일이라고 인정하는 마음의 합의"이다.[103] 에드워즈는 이러한 회개의 경험들이 구원의 본질이라고 보았다. 이런 맥락에서 에드워즈는 다음과 같이 강조한다. "우리의 죄성, 전적으로 무가치함, 형벌을 받아 마땅함을 느끼는 감각은 구원의 믿음에 본질입니다." 회개의 대상과 믿음의 대상이 서로 무관한 자연 종교와는 달리, 복음적 회개와 칭의의 믿음은 "같은 의미의 (다른) 표현들"이다. 에드워즈는 또 이렇게도 표현한다.

---

[103] Edwards, *Justification by Faith Alone*, 19:227.

"복음의 의무인 믿음과 회개, 다시 말해 칭의의 믿음과 죄 사함을 위한 회개는 훨씬 많은 것을 담고 있습니다. 비록 그 둘이 믿음과 회개라는 이름으로 불리기는 하지만, 그 둘은 한 중보자를 향하며 서로의 본질을 공유합니다."[104] 믿음과 회개의 공통분모는 바로 구속주 그리스도시다. 그렇기에 그 둘은 "서로의 본질을 공유한다." 결국 에드워즈가 제안하는 것은 회개와 믿음을 별개로 구원의 조건이라고 여겨서는 안된다는 것이다. "믿음과 회개를 서로 별개의 것으로 보아서는 안 된다. … 복음적 회개란 바로 예수 그리스도를 믿는 믿음의 한 활동인 것이다."[105] 회개와 믿음은 "하나가 다른 하나를 해석하는" 방식으로 상호 연관된다. 그래서 에드워즈는, "이것은 우리가 어떤 식으로 회개해야 하는지를 가르치는 것으로, 즉 우리가 복음을 믿는 방식으로 회개해야 한다는 것이며, 또한 어떤 방식으로 복음을 믿어야 하는 것을 가르치는데, 즉 회개하는 방식으로 복음을 믿어야 한다"고 강조한다. 결국 에드워즈에게 있어서 죄와 떨어지는 회개와 그리스도를 붙잡는 믿음은 본질적으로 하나이며 동일한 것으로 각기 반대의 관점에서 부르는 이름이다.

> 선에 대하여 믿음은 받아들이는 것이며, 악에 대하여는 거부하는 것입니다. 그렇습니다. 악을 거부하는 것은 그 자체가 받아들이는 행동이라 할 수 있습니다. 그것은 악으로부터 자유와 분리를 받아들이는 것입니다. 이 자유와 분리는 모두 죄 사함 안에 주어지는 유익입니다.[106]

---

[104] Edwards, *Justification by Faith Alone*, 19:228.
[105] Edwards, "Miscellanies," No.943, 20:202.
[106] Edwards, *Justification by Faith Alone*, 19:230. "칭의의 조건은 회개와 믿음입니

에드워즈에 따르면 회개는 믿음에 포함되며, 또 믿음의 맥락에서 이해되어야 한다. 우리는 처음에 제기한 질문에서 믿음이 회개를 포함하는지 물었다. 이것은 믿음 안에 어떤 행위를 포함하는 것이 아니라고 했다.

> 믿음이 그리스도를 신뢰하는 것이며 구원을 그리스도께 돌리는 점에서 믿음은 구원의 조건이다. 회개가 자기를 신뢰하는 것을 포기하고 구원의 영광을 주장하지 않는 점에서 회개도 조건이다. 결과적으로 둘 중 어느 것도 행위로서 칭의하지 않는다. 하나의 본질은 행위를 포기하는 것이며 다른 하나의 본질은 타인의 행위에 의지하는 것이기 때문이다.[107]

에드워즈는 회개를 믿음의 문맥 안에서, 즉 그리스도를 껴안는 문맥 안에서 이해되어야 한다는 점에서 믿음과 회개의 불가분적 관계를 강조한다.[108] 그리스도를 껴안는 점에서 하나의 동작이지만 죄와

다. 회개하면, 다시 말해 떨어지려고 한다며 죄 사함이 있고, 마찬가지로 받으려고 한다면 영생이 주어지는 데에 자유롭게 하시는 은혜가 드러납니다. 끊기만 하면 자유로워지는 것은 마찬가지로 받기만 하면 소유할 수 있는 것과 같습니다. 바로 이것이 하나님께서 우리에게 주신 것입니다. 우리가 마음에서 죄를 끊기를 원한다면, 그것에서 나오는 모든 악에서 자유를 얻을 수 있는데 이는 받기만 하면 자유를 누릴 수 있다는 제안과 같은 것입니다. 이때 받는 것(accepting)은 끊는 것(quitting)이고 우리의 의지와 마음(inclination)에서 멀어지는 것입니다. 이런 의미에서 회개는 믿음에 포함됩니다. 즉, 회개는 우리가 예수 그리스도의 구원을 기꺼이 받고자하는 것의 한 부분입니다." 참조. Edwards, "Miscellanies," No.504, 18:51-52.

107 Edwards, "Miscellanies," No.620, 18:152.
108 믿음과 회개를 불가분적 관계로 보는 것은 개혁주의의 오랜 전통이다. cf. John Murray, *Redemption Accomplished and Applied* (Grand Rapids: Eerdmans, 1988), 113-16. 보다 자세한 논의를 위해 참조, 강웅산, 『구원론』, 255-80.

관련된 관점에서 그것을 회개라고 부르는 것이 에드워즈가 설명하는 방식이다. 즉, 회개로 그리스도를 껴안는 것이 아니라 그리스도 안에서 회개하는 것이다. 그에 따르면, 회개를 칭의의 믿음과 불가분적 관계로 설명함으로써 행위에 의한 칭의(justification by works)로 염려할 필요는 없다. 왜냐하면 회개의 본질 자체가 행위를 거부하기 때문이라고 그는 설명한다.

> 회개의 본질에는 행위에 의한 칭의를 특별히 반대하는 경향이 분명히 있습니다. 회개만큼 우리 자신의 가치와 탁월함을 부인하는 것이 없습니다. 회개의 본질은 바로 우리 자신이 철저히 죄인이며 무가치함을 인정하며, 또 우리 자신의 선과 자신에 대한 모든 신뢰를 부인하고, 그래서 중보자의 속죄(propitiation)를 신뢰하며, 죄 사함의 모든 영광을 그분께 돌리는 것입니다.[109]

에드워즈에게 있어서 언제든지 그리스도 안에서 죄에서 돌이키는 회개로 죄 용서가 주어진다는 점은 분명히 값없이 주시는 은혜의 놀라운 점이 아닐 수 없다. 에드워즈가 회개와 믿음을 불가분의 관계로 본 것은 결코 복음의 교리를 손상시키거나 그리스도의 공로를 삭감할까 하는 염려와는 달리 개혁주의 전통과 일치하는 것을 확인하게 된다.

4. 행위가 아니라(Not by Works)

에드워즈에게 있어서 칭의가 "오직 믿음으로" 되어진다는 것은

---

[109] Edwards, *Justification by Faith Alone*, 19:230.

칭의가 "행위로 되어지는 것이 아니라"(not by works)는 점을 분명히 한다. 에드워즈는 행위로 칭의되는 것이 아님을 분명히 하기 위해 사도 바울을 바라본다. 바울의 "율법의 행위 없이"(without the works of the law), "율법의 행위로 말미암지 아니하고"(not by the works of the law) 같은 전형적인 표현에서 행위를 거부하는 강조가 확실히 드러난다고 보았다. 에드워즈가 바울을 인용하며 행위의 개입을 막으려는 시도는 정확하게 바울의 논지가 언약 개념을 근거로 움직이고 있다고 확신하였기 때문이라는 점에 우리는 주목할 필요가 있다. 다시 말해, 앞서 1장에서 이미 살펴본 것처럼, 에드워즈가 율법의 행위를 거부하는 것은 행위언약과 은혜언약의 불연속성에 근거한다. 칭의를 논하면서 에드워즈는 율법의 행위를 다르게 해석하고자 하는 몇몇 시도를 우려한다.[110]

> 그들이 율법을 통해서 사도가 도덕법 또는 하나님께서 인간에게 주신 모든 삶의 규범을 말하는 것임을 부정한다면, 그들은 사도가 오직 모세의 제도만을 의미했다고 말하는 것과 같습니다. 그러나 이것은 사도가 오직 제의법의 행위만을 부정했다고 말하는 것과 같은 것이 됩니다.[111]

---

110 바울이 논박하는 대상은 유대인들과 유대 기독교인들이었음을 지적하는 것 외에 에드워즈는 정확하게 누구를 염두에 두고 있는지 밝히지 않는다. 이 논쟁의 논지와 맥락을 볼 때 에드워즈가 논박하는 대상은 알미니안(또는 신율주의자들)임을 어렵지 않게 알 수 있다.

111 Edwards, *Justification by Faith Alone*, 19:168. 에드워즈의 해석에 따르면, 갈라디아서 3:17에 대해 유대주의자들은 "앞으로도 계속 유효한 것은 행위언약이 아니라, 오로지 훨씬 나중에 주어진 모세의 체제"라고 주장했다. 유대주의자들이 보기에, 도덕법은 그대로 있으나, 오직 제의법만이 폐지되었을 뿐이다. 이에 대해 에드워즈는 다음과 같이 주장한다. "사도가 살았던 당시 유대인들은 이러한 약속을 잘못 해석하였습니다. 그들은 하나님께서 율법을 칭의의 규범으로 제정하셨다고 생각했습니다. 그들의 이러한 교만에 반박하며 사도는 분

에드워즈에 따르면, 이들은 사도 바울의 "율법의 행위 없이"가 제의법(ceremonial law)만을 부정하는 것으로 도덕법(moral law)은 여전히 유효하다고 주장함으로써 여전히 믿음과 함께 율법을 지킬 부분이 남아 있다고 주장한다.[112] 에드워즈는 다음과 같은 측면에서 이들의 구원관에 문제가 있다고 보았다.

> 그들은 주장하기를, 첫 단계에서만 어떠한 선행되는 거룩한 삶 없이, 믿음으로, 다시 말해 복음을 마음으로 껴안음으로써 칭의된 상태로 인정됩니다. 그러나 견인의 순종을 통해서 그들은 칭의된 상태를 지속할 수 있으며 결국 최종적인 칭의를 얻을 수 있다고 합니다.[113]

명히 논증합니다. 하나님은 명백히 은혜언약인 아브라함의 언약을 한참 후에 역시 은혜언약 위에서 그의 후손들과 맺은 언약으로 절대 무효화하지 않으십니다. 하나님은 유대인들이나 유대 그리스도인들이 생각하는 것처럼 오래 전에 아브라함과 그의 후손을 위해 세우셨던 은혜언약을 지금 시내산에서 그들과 행위언약을 맺으심으로 뒤집으려 하지 않습니다(아브라함 언약은 종종 하나님이 그들을 자기 백성 삼으시는 근거로 언급됩니다)." Edwards, *Justification by Faith Alone*, 19:169-70.

112 흥미로운 것은 300년 전에 에드워즈가 알미니안과 그 아류들을 반박했던 내용을 통해서 그들의 주장이 오늘날 새관점(New Perspective) 학파가 주장하는 내용과 얼마나 유사한지 보게된다. 구원받은 자가 율법을 지키는 것이 언약 백성의 정체성을 입증하는 것이라는 새관점 학파의 주장은 에드워즈 당시 알미니안들이 도덕법을 두둔하며 율법을 지켜야 할 것을 강조한 주장의 재출현이다. 새관점에 대한 논의는 우리의 논지를 벗어나므로 자세한 논의에 대한 책임은 지지 않는다.

113 Edwards, *Justification by Faith Alone*, 19:167. 에드워즈의 이 지적 역시 로만 가톨릭, 알미니안, 오늘날의 새관점 학파, 더 나아가 알미니안적 복음주의자들까지 해당되는 말이다.

에드워즈가 보기에 이들이 주장하는 "첫 단계에서만" 필요한 칭의의 믿음은 결코 구원의 믿음일 수 없다. 비록 믿음으로 한 사람이 의로운 상태로 인정받는다고 하지만, 최종적 상태는 그 안에 보장되어 있지 않다. 이들의 논지 방식을 따르면, "사람은 처음 복음을 껴안음으로써 오직 조건부로 칭의되고 용서받을 뿐이다." 이 최초의 믿음이 한 것은 단지 형벌에 대한 용서를 획득한 것일 뿐, 최종 칭의는 여전히 확정되지 않은 상태이다. "견인의 순종을 통해서 그들은 칭의된 상태를 지속할 수 있으며 결국 최종적인 칭의를 얻을 수 있습니다." 에드워즈가 판단하기로, 이들이 말하는 용서는 결국 용서가 아니다. 복음이 아닌 것이다.

> 죄를 사한다는 것은 형벌로부터 또는 죄로 인한 영원한 고통으로부터 죄인을 자유롭게 하는 것입니다. 그러므로 사람이 복음을 최초 껴안음으로써 사함을 받았다거나 이 고통으로부터 자유롭게 되었는데 아직 최종적으로 자유하지 않고 그의 실제 자유가 아직 행해야 할 몇 가지 조건에 남아 있다면 그가 조건적으로 용서받았다는 것 외에 달리 납득할 수 없습니다. 즉, 그는 실제로 온전히 용서받거나 형벌로부터 자유케 된 것이 아니라 미래 조건에 따라 용서될 것이라는 하나님의 약속만 받은 것입니다.[114]

그러나 에드워즈가 보기에 이러한 칭의는 결코 복음이라 할 수 없다. 최초의 칭의의 믿음이 최종 상태를 보장하지 않는다면, 믿음을 가진 사람이 가지지 않은 사람보다 나을 것이 없어진다. 이런 맥락에서 에드워즈는 다음과 같이 지적한다. "이러한 조건적 용서는 사실

---

[114] Edwards, *Justification by Faith Alone*, 19:167.

용서도 칭의도 아니며, 복음을 받아들였건 아니건 아무것도 나을 것이 없습니다. 이것은 그들이 복음을 얼싸 안은 것만큼 미래의 진지한 순종을 조건으로 최종 칭의를 약속받은 것입니다." 지금 믿는다는 것이 미래에 대해 아무것도 약속하는 것이 없다. 현실적으로 에드워즈가 보기에 이들의 논지는 "그들은 다름 아닌 순종이 주된 행동이 되거나 또는 적어도 자신 안에 있는 덕이나 도덕으로 칭의된다"는 주장과 다르지 않다. 그들의 "믿음으로"는 미래의 진지한 순종(도덕법에 의한 행위)에 의존한다. 이런 맥락에서 그들에게 칭의는 결코 오직 믿음으로 되는 것이 아닌 것이 된다. 2장에서 했던 논의를 따르면, 그들의 죄는 부정적 의가 전가되어 사해졌지만 아직 긍정적 의는 스스로 순종함으로써 이루어야 의인의 자격을 획득할 수 있는 신학적 모순이 된다. 그들의 왜곡된 언약 개념에 따라 "율법의 행위 없이"를 "오직 제의법만" 해당된다고 보는 해석은 결국 이신칭의 교리를 부인한다. 사도 바울이 "율법의 행위 없이" 칭의됨을 강조한 것은 칭의의 수단으로 제의법뿐 아니라 도덕법 역시 배제한 것이다. 이로써 그들의 조건적 칭의는 "땅에 추락한다."[115]

에드워즈는 칭의 설교에서 행위에 의한 칭의를 배격하는 것이 도덕법을 포함하는 것임을 입증하기 위해 많은 노력을 기울인다.[116]

---

[115] Edwards, *Justification by Faith Alone*, 19:167–68. 그러나 Morimoto는 에드워즈가 전력을 쏟아 부인했던 것을 주장한다. "에드워즈는 그리스도의 강림으로 절대 도덕법이 폐지되지 않았다고 주장한다. 마찬가지로 은혜언약이 세워졌다고 행위언약은 결코 폐지되지 않았다." Morimoto, *Catholic Vision*, 77–78.

[116] 바울이 말하는 교리의 일차적인 정황은 제의법 준수를 강조하던 유대 그리스도인들이었음을 에드워즈도 인정한다. 그러나 에드워즈가 보기에 바울은 여기에서 특별한 행위(즉 할례)에 바탕을 둔 의를 신뢰하는 것도 본질적으로 도덕법을 포함한 행위 전반에 바탕을 둔 의를 신뢰하는 것과 다르지 않다는 점

방대한 성경 연구를 바탕으로 바울이 말한 "율법의 행위 없이"가 제의법은 물론 도덕법도 포함한다는 것을 여러 가지 근거를 제시하며 논증하는데, 우리는 에드워즈가 구체적으로 어떤 이유로 반박하는지 주목할 필요가 있다.[117]

첫 번째, 에드워즈는 "율법의 행위"를 일반적인 의미에서의 "행위"로 해석해야 한다고 주장한다. 그는 로마서 4:6, 11:6, 에베소서 2:8-9를 가리키며 이 구절의 의미를 축소하려는 시도를 거부한다. 에드워즈는 여기에서 사도 바울이 우리가 행위로 칭의되는 것이 아니라고 말할 때, 이때의 "행위를 특정한 율법이나 제도로 국한시킬" 어떤 근거도 없다고 보았다. "한 본문에서 표현이 섞어 사용되고 있고 (여기에서) 사도는 명백히 같은 주장을 하고 있는 것을 보게 되는데, 사도는 우리가 행위로 칭의되지 않는다고 말할 때 의미와 율법의 행위로 칭의되지 않는다고 말할 때 의미가 다르다고 말하는 것은 매우 합리적이지 않다." 더 심하게 에드워즈는 "그것은 말씀에서 어긋나고 벗어난다"고 평가한다.[118] 그러므로 에드워즈는 바울의 논의를 근거로 "율법의 행위"는 일반적인 의미의 행위를 의미하는 것으로 보는

에 대해 분명했다고 주장한다. 따라서 에드워즈는 제의법의 준수가 이제 불필요함을 강조한다. "할례나 무할례나 아무것도 아닙니다. 즉, 칭의에 있어서 할례냐 무할례냐는 하나님 앞에서 아무 의미가 없습니다." Edwards, *Sermon on Gal. 5:6 (a)*, (Yale Beinecke Rare Book and Manuscript Library 소장 미공개 자료).

117 Turretin의 다음 주장에 주목할 필요가 있다. "이것은 제의법이 아니라, 율법 전체, 특별히 도덕법으로 이해돼야 한다. 만약 (그것이 율법의 본질적인 부분이 아니라는 이유로) 도덕법이 아니라 제의법만이 배제되었다고 한다면, 칭의는 바로 도덕법으로 인해 율법에 대해 부정되는 것이 아니라 오히려 율법으로 돌려지는 것이 된다." Turretine, *Elenctic Theology*, 16:2:11.

118 Edwards, *Justification by Faith Alone*, 19:170-71.

것이 옳다고 주장한다.[119]

두 번째, 에드워즈는 우리에게 도덕법을 어긴 죄책이 있다는 사실은 우리가 율법의 행위로 칭의될 수 없다는 것을 증명한다고 지적한다.[120] 에드워즈는 로마서 3:9, 19-20, 23에 근거하여 우리는 이미

---

[119] Peter Stuhlmacher가 새관점 학파를 반박하며 주장하는 내용에 주목할 필요가 있다. 그의 논지에 따르면, 바울 서신 뿐 아니라, 바울 당시 고대 유대교에서도 "율법의 행위"는 일반적인 의미의 율법을 의미했다. "4Q398 (=4QMMT) frg. 14, col. II, 3에서는 특별한 제의규례를 지키는 것을 가리켜 '토라의 행위'(works of the Torah)라고 부른다. 반면 다른 쿰란 문헌에서는 토라를 지키는 행위(cf. CD 20:6-7)를 가리켜 단순히 '토라의 행위'(cf. 1QS 5:21; 6:18) 또는 간략히 '행위'(cf. 1QS 5:23, 24)라 부른다. 여기에서 '행위'라는 단어는 공동체 구성원들이 율법을 준수하는 행동습관을 의미한다. 에세네파의 쿰란에 쓰인 '행위'나 '율법의 행위'의 용례는 바울 서신의 용례와 유사하다. … [바울] 역시 '행위'를 하나님에 순종하는 것으로 연결짓는다(참조. 갈 5:6; 고전 7:19; 고후 9:8; 엡 2:10). 더욱이 바룩후서 57:2에 기록된 '계명의 행위' 역시 일반적인 의미에서 토라 준수를 가리킨다." *Revisiting Paul's Doctrine of Justification* (Downers Grove, Il: InterVarsity Press, 2001), 43-44.

[120] 우리는 Calvin이 모세 언약을 통해서 행위언약을 가리킨다는 점을 주목할 필요가 있다. Calvin은 이미 깨진 행위언약은 더이상 유효하지 않기 때문에, 행위언약에 근거하든 모세 언약에 근거하든, 도덕법은 더 이상 구원의 방편으로 유효하지 않다고 강조한다. Calvin이 보기에 은혜언약을 통해서 행위가 아니라 은혜가 새로운 구원의 길로 제시되었다. Calvin은 렘 32:40 주석에서 이렇게 말한다. "율법의 언약과 지금 선지자가 말하는 언약이 대조된다는 점에 주목해야 한다. 그들의 조상들은 율법이 선포되자마자 율법을 어겼으며, 율법의 교리는 문자적이고 죽이는 것이고 또한 죽은 것이기 때문에 선지자는 31장에서 새 언약을 말하면서 그것이 필요한 이유를 설명한다. 반면 선지자는 그것을[은혜언약] 영원한 언약이라고 부른다. 율법의 언약은 더 이상 효력이 없고, 그것은 잠정적인 것이었다. 율법의 효력은 우리가 그것을 지키는데까지 남아 있다. 그러나 인간의 범죄로 말미암아 율법의 언약은 무효가 되고 즉각 사라지게 되었다. 그러므로 하나님께서 무언가를 약속하시고자 한다면, 거기에는 현격한 차이가 있어야 한다. 그것은 무엇인가? 하나님은 이전에 인간에게 세우신 교리가 인간의 귀에만 들릴 뿐 마음에 파고들어지지 않았기에, 더 이상

도덕법을 어긴 죄책 때문에 더 이상 제의법을 행함으로 칭의될 수 없음을 명백히 한다.

> 그들이 이미 깨뜨린 같은 율법을 준수한다고 해서 결코 칭의될 수 없습니다. 모든 율법은 그것을 어긴 인간을 반드시 정죄하기 때문입니다. 결국 우리가 도덕법을 어긴 사실은 우리가 이미 깨뜨린 율법으로 칭의를 얻을 수 없다는 사실 이상을 말하지 않습니다.[121]

에드워즈는 율법을 어겼다는 것은 "우리가 우리 안에 있고 그리스도 밖에 있는" 것으로 본다. 이는 "우리가 원래 법의 정죄 아래 있다"는 것을 의미한다. 에드워즈에게 있어서 명백한 것은 그리스도 밖에 있다는 것은 은혜언약 밖에 있다는 의미이며, 결과적으로 그것은 행위언약의 저주 아래 있다는 의미이다. 즉, 행위언약의 결과로 말미

쓸모가 없음을 잘 아신다. 그래서 허공을 울리는 소리는 더 이상 소용이 없기에 하나님이 우리 심령에 말씀하시고 우리의 마음을 만지기 위해서 성령의 은혜가 필요하다. 이제 우리는 왜 하나님이 약속하시는 언약이 영원한 언약인지 안다. 동시에 우리는 이 언약이 특히 그리스도의 나라에 속한 것임을 명심해야 한다. 백성들을 포로에서 구원하신 사건에서 하나님의 은혜가 일부 드러나지만, 이제 그 은혜가 계속 흘러 그리스도의 도래에까지 다다랐다. 여기에서 선지자는 의심할 바 없이 새 언약과 더불어 그리스도를 우리 앞에 소개하고 있다. 율법 전체와 선지자의 가르침에서 분명히 드러나듯이, 그리스도 없이는 하나님께서 다른 언약을 세우시는 아무런 소망이 없기 때문이다. 이때 그리스도는 모세와 대조되며, 복음은 율법과 대조된다. 그러므로 율법은 영구하지 않고 문자적인 것이기에 임시적인 언약에 불과하다. 반면 복음은 마음에 새겨지는 것이기에 영구한 언약이다. 율법은 반드시 폐지돼야 하기에 같은 이유로 이 언약을 새 언약이라고 부른다. 선지자가 말하는 영구한 언약이 제자리에 온 것이다." Calvin, *Comm., on Jeremich 32:40.*

121 Edwards, *Justification by Faith Alone*, 19:171.

암아 이미 도덕적으로 부패하고 죄책을 가진 상태에서 우리가 행하는 어떤 행위로도 칭의될 수 없다는 것이 에드워즈의 논리이다.[122]

세 번째, 에드워즈는 사도 바울이 서신에서 "율법"이라 할 때, 명백히 도덕법을 염두에 두고 있다고 주장한다. 로마서 2:12-15에 근거하여 에드워즈는 "하나님의 계시에 무지한 자들의 마음에 새겨진 것이 도덕법이지, 제의법이 아니다"고 말한다. 20-23절에 대해서도 에드워즈는 "간음, 우상숭배, 신성모독 등은 제의법이 아니라 도덕법을 어기는 것이다"고 역설한다.[123]

네 번째, 에드워즈에 따르면 사도 바울은 우리가 율법의 행위로 칭의되지 않는 것은 우리가 율법을 통해 죄를 깨닫기 때문이라고 지적한다. 에드워즈는 로마서 3:20과 7:7에서 "우리가 죄를 깨닫도록 하는 율법은 우선적으로 도덕법"이라고 주장한다. "율법의 행위로 그 어느 육체도 칭의될 수 없는" 근본적인 이유는 새 언약에서 율법이 갖는 기능 때문이다.[124]

> 여기에서 사도 바울이 말하는 분명한 의미는 율법은 엄격하게 죄를 금하고 있고, 우리에게 죄를 깨닫게 하고, 우리의 양심이 스스로를 칭의하기보다는 정죄하게 됩니다. 율법의 용법은 우리의 죄책과 무가치함을 선언하는 것으로, 그것은 우리가 덕스럽고 가치가 있는 것으로 칭의하고 인정해 주는 것에 반대가 됩니다.[125]

---

122 Edwards, *Justification by Faith Alone*, 19:171.
123 Edwards, *Justification by Faith Alone*, 19:172.
124 Edwards, *Justification by Faith Alone*, 19:173.
125 Edwards, *Justification by Faith Alone*, 19:173.

에드워즈워는 언약 신학의 구도에서 율법의 기능을 생각했다. 율법의 본질은 죄를 금지하는 것이기에, 율법을 통해 우리는 의롭다 인정되는 것이 아니라, 오히려 죄를 깨닫게 된다.

다섯 번째, 에드워즈는 우리가 율법의 진노 아래 있다는 점에서 볼 때, 사도 바울은 제의법이 아니라 도덕법을 말하는 것임을 분명히 알 수 있다고 주장한다. 로마서 4:13-16과 7:13을 근거로 에드워즈는 율법은 "죄를 금하고 있고, 죄를 지었을 때 죄책을 가중시킴으로써" 진노를 더 불러일으킨다고 주장한다. 이런 맥락에서 "제의법에 의한 칭의보다 도덕법에 의한 칭의가 더 큰 문제가 있는 것은 주로 도덕법을 범함으로 진노가 오기 때문이다. 그래서 도덕법이 가장 강하게 금지되고 가장 무섭게 위협적인 것이다." 앞서 1장에서 다룬 것처럼, 행위언약이 깨어졌을 때 그 결과는 즉각적으로 집행되었다. 그러므로 에드워즈에게 있어서 율법의 진노 아래 있는 인간이 더 이상 도덕법을 지킬 수 있다고 보는 것은 모순이다.[126]

여섯 번째, 율법의 행위를 배제한다는 것은 우리의 모든 덕, 선, 탁월함을 배제한다는 것을 뜻한다. 에드워즈는 로마서 3:26-28, 2:22-23, 에베소서 2:8-9을 근거로 "율법의 행위 없이"는 우리의 도덕적 의나 선을 칭의의 근거로 자랑할 만한 일말의 가능성도 배제한다고 주장한다. 그는 누가복음 18장에 바리새인들이 그랬듯이 그 당시 유대인들은 할례를 통해서 "자신들의 도덕적 의를 자랑"했다고 질책한다. 더 나아가 그들은 제의법을 준수하면서 "하나님께서 다른 민족보다 자신들을 더욱 거룩하고 사랑스럽게 여기신다"고 자랑하였다고 책망한다. 에드워즈에게 있어서 율법의 행위 배제는 인간의 덕목

---

[126] Edwards, *Justification by Faith Alone*, 19:173.

에 대한 자랑을 배제하는 것이었다.[127]

일곱 번째, 에드워즈는 칭의가 무시무시한 율법의 저주로부터의 구속을 의미하기에 "율법의 행위 없이"는 단순히 제의법만을 배제하는 것이 될 수 없다고 말한다. 에드워즈는 갈라디아서 3:10, 13에서 분명히 나타나듯이 율법의 행위는 칭의가 아니라 저주와 관련된다고 보았다. "율법 책에 기록된 대로 모든 일을 항상 행하지 아니하는 자는 저주 아래에 있는 자라." 더욱이 율법 책에 기록된 경고의 말씀들은 "제의법은 물론 도덕법" 모두를 포함한다. 에드워즈에게 있어서 칭의는 바로 이 율법의 저주로부터의 구원이다.[128]

여덟 번째, 에드워즈가 보기에 사도가 말하는 "우리 자신의 의"와 "율법의 행위"는 같은 의미이다. 로마서 10:3, 9:31-32, 신명기 9:4-6, 누가복음 18:9 이하, 디도서 3:5을 근거로 에드워즈는 다음과 같은 결론을 내린다. "성경에서 하나님의 은혜와 관련하여 '우리 자신의 의'는 … 제의적 의뿐만 아니라, 우리 자신의 모든 선을 가리킨다." 여기에서 에드워즈가 말하는 "우리 자신의 모든 선"에는 우리의

---

[127] Edwards, *Justification by Faith Alone*, 19:173. 에드워즈는 우리의 행위로 칭의된다는 주장을 명백히 거부한다. 그는 "Miscellanies," No. 416에서 왜 행위로 칭의될 수 없는지 자세히 설명한다. "우리가 행위로 칭의될 수 없다는 말은 다름 아닌 우리가 행하는 그 무엇으로도 하나님이 우리와 화목케 되거나, 우리의 행위의 사랑스러움 덕으로 하나님의 호의를 얻거나, 그 사랑스러움의 영향 때문에 하나님의 사랑이나 호의적 대우를 이끌어 내거나, 그 탁월함과 흠모할 만함이 하나님께 대해 어떤 매력적이거나 하나 되게 하는 영향이 되어 그분이 자신의 진노를 가라앉히고 그의 은총으로 우리를 받아들이도록 유도하지 못한다. 하나님은 우리의 행위 때문에, 그것이 믿음의 행위이든지 다른 어떤 행위이든지 간에, 칭의하시지 않으시며 오직 구주께서 하신 일 때문에 칭의하신다." Edwards, "Miscellanies," No. 416, 13:475.

[128] Edwards, *Justification by Faith Alone*, 19:175.

내적, 외적 선 모두가 포함된다. 그러므로 사도 바울이 우리는 자신의 의로 칭의되는 것이 아니라고 할 때, 그것은 도덕법에 의한 행위도 부정한다는 의미이다.[129]

아홉 번째, 에드워즈는 "율법의 행위"는 "우리 자신이 행하는 의"로 종합될 수 있으며 여기에는 제의법 역시 포함된다고 본다. 디도서 3:3-7, 로마서 3:24, 4:4-7, 16, 11:16에 근거하여 에드워즈는 "우리의" 의를 칭의의 근거로서 배제하는 것은 "모든" 종류의 의와 행위를 배제하는 이유와 같다고 강조한다. 여기에는 유대인들이 의의 근거로 잘못 생각하고 있는 제의법도 해당된다. "믿음의 의는 율법의 의와 반대된다. … 이는 은혜로 칭의되는 것과 율법의 행위로 칭의되는 것이 정반대되는 것과 … 마찬가지다."[130]

열 번째, "율법의 행위 없이"라는 구절에서 "사도가 제의법의 행위만을 말하고자 한 것이 아님은" 에드워즈가 볼 때 "진지한 순종"(sincere obedience)의 구도를 주장하는 자들의 견해와는 다르게 "구약과 신약의 성도 모두들이 확증하는 바다." 만일 그들이 제의법 대신 도덕법을 고수했다 하더라도 그들의 논리 구조가 같은 이상, 에드워즈가 볼 때 그들의 논리는 일관성이 없을 뿐이다. 에드워즈가 반박하는 논리는 오히려 명료하다. 구약 성경에서 "순종이 관건이라면, 제의법에 순종하는 것이나 … 도덕법에 순종하는 것이나 같은 의미이다." 이 원리는 신약에서도 동일하게 적용된다. "신약에서 우리가 순종으로 칭의된다면, 그 순종은 반드시 유효하게 작동 중인 하나님의 모든 계명에 대한 순종을 포함해야 합니다. 즉, 도덕적 조항들은 물론 세례

129　Edwards, *Justification by Faith Alone*, 19:176-77.
130　Edwards, *Justification by Faith Alone*, 19:177-79.

와 성찬에 참여해야 하는 긍정적 조항들도 포괄합니다." 그러나 에드워즈는 주의를 준다. "순종이 중요한 것은, 그것은 순종을 요구하는 어떤 명령 때문이 아니라, 순종 그 *자체* 때문이다." 고로 에드워즈가 볼 때 그들의 주장은 자신들에게 불리하게 작용한다. 비록 그들이 "율법의 행위 없이"를 제의법만 폐기된 것으로 해석한다 하더라도, "그들의 논리를 따르면, 구약의 성도들은 적어도 일정부분 제의법에 순종함으로써 칭의된다"는 비난을 피할 수 없다. 로마서 4:6-8과 시편 32편을 근거로 에드워즈는 다윗이 행위 없이 칭의되었음이 "모든 종류의 행위인지 단지 제의법의 행위인지에 대해 적어도 명백한 것은 다윗은 제의법의 행위로 칭의되지 않은 것은 확실하다"고 설명한다. 이를 바탕으로 에드워즈는 다음과 같은 결론을 이끌어 낸다.[131]

> 만일 우리의 순종이 칭의되는 조건이라면, (앞에서 입증한 것처럼) 구약 시대에는 사람들이 부분적으로 제의법에 순종함으로 칭의된 것이 됩니다. 하지만 구약의 성도들은 결코 부분적으로도 제의법의 행위로 칭의되지 않았습니다. 그러므로 누구도 자신의 순종이 자신이 칭의되는 조건이 되지 않습니다.[132]

---

[131] Edwards, *Justification by Faith Alone*, 19:180-81. [이탤릭 삽입]. 에드워즈는 새 언약에 대한 제의법의 관계를 다음과 같이 설명한다. "하나님께서 이스라엘 자손들을 모세의 손을 통해 이집트에서 이끌어 내시면서 그들과 매우 엄숙한 방식으로 이 언약을 갱신하시며 그들에게 이 언약과 연관된 장차 있을 영광을 상징하는 제의법을 주셨습니다." Edwards, *Sermon on 2 Sam. 23:5*, (*WJE Online*, Vol.44).

[132] Edwards, *Justification by Faith Alone*, 19:181; 참조. "그러므로 율법의 행위나 자신의 의가 아닌 오직 값없이 주시는 은혜로 칭의된다는 교리는 구약과 신약 모두의 교리이다. 이는 사도가 율법의 행위가 아닌 칭의를 그렇게 강조하였을 때, 그는 우리의 도덕적 선이나 어떤 것도 없는 칭의를 말한 것이었다." Jonathan Edwards, *Annotations on Passages of Scripture*, in *Selections from the*

열한 번째 로마서 4:6-8, 9:31-33, 10:3, 5-6을 근거로 에드워즈는 "여기에서 사도가 믿음에 의한 칭의에 대비하여 율법의 행위에 의한 칭의를 말할 때, 그는 제의법만 의미하는 것이 아니라, 도덕적 행위 또한 말하는 것"이라고 주장한다. 에드워즈가 볼 때 모세 율법이 "이것들을 행하는 자는 그로 인해 살리라"라고 할 때, 이것은 제의법만을 의미하는 것이 아니었음이 확실하다. 인간에게 주신 하나님의 언약은 제의법만을 지키면 살 수 있다는 내용이 아니었다. 그렇다면 모세 율법은 단순히 제의법에만 국한되지 않는다. 에드워즈는 제의법이 모세율법이 말하는 것이라고 주장하는 것은 진지한 순종(sincere obedience)으로 칭의된다는 알미니안 도식에 동의하는 것이라고 비판한다. 알미니안들은 "복음의 가르침"을 행하는 자라야 살 것이라고 주장한다. "행해야 하는 내용이 달라졌을 뿐, 행함이 살기 위한 조건이 아니라는 점에는 전 경우나 나중 경우나 전혀 달라지지 않았다"고 주장한다. 에드워즈가 보기에, 만일 "그것을 행하는 자는 그로 인해 살리라"라는 구절이 실제로 제의법은 물론 도덕법에서도 유효하다면, "제의법에 순종함으로 칭의되는" 것이나 "알미니안이 주장하는 것처럼, 도덕법에 대한 진지한 순종으로 칭의되는" 것은 본질적으로 전혀 차이가 없다. 에드워즈가 볼 때 "율법의 행위"를 도덕법을 제외시키기 위해 단지 "제의법의 행위"로 보는 시도는 알미니안이 말하는 진지한 순종에 의한 칭의도 변호하지 못한다.[133]

결론적으로, 에드워즈는 사도 바울이 행위가 아니라 믿음으로

Unpublished Writings of Jonathan Edwards of America, ed. by Alexander B. Grosart (Ligonier, PA: Soli Deo Gloria, 1992), 125.
[133] Edwards, *Justification by Faith Alone*, 19:182-183.

칭의된다고 선포한 것은 율법의 행위를 부인하는 것이었다고 종합한다. 아브라함의 칭의가 이 점을 잘 설명한다고 에드워즈는 말한다.

> 아브라함이 율법의 행위가 아니라 믿음으로 칭의되었다는 것은 아브라함과 그 후손이 율법의 의가 아니라 믿음의 의를 통해 하나님의 유업이 되는 약속이 주어졌기 때문입니다. 이 약속에 전적으로 하나님이 아브라함과 맺은 언약이 담겨 있습니다. 이 언약과 약속은 율법을 통해 주어진 것이 아니며, 같은 말이지만, 아브라함이 율법의 행위에 약속된 복을 받은 것이 아닙니다. 약속이 율법을 통해 주어진다면 율법은 저주를 낳기 때문에 그 약속은 소용이 없을 것이 명백합니다. 아브라함의 후손 중 율법을 완벽하게 지킨 사람은 아무도 없으며, 13, 14, 15절처럼 율법을 통해 약속이 주어진다면, 그 약속은 결코 우리에게 유익이 되지 않았을 것입니다. 그러나 이 약속은 율법이 아니라 믿음으로 주어진 즉 우리의 범죄와 무자격함을 이겨내는 주권적 은혜의 약속이기에 안 그랬으면 아브라함의 후손 중 아무도 받지 못했을 텐데 이 약속은 이제 분명히 모든 후손에게 주어졌습니다.[134]

에드워즈가 보기에, 아브라함의 칭의는 율법이 제정되기 전에 칭의되었다는 점에서 결정적인 의미를 지닌다. 즉, 아브라함은 율법의 행위로 칭의된 것이 아님이 확실하다. 행위언약은 더 이상 구속력이 없기에 칭의의 방법이 되지 못한다. 다시 말해, 아브라함은 행위가 아니라 새로운 언약의 방법인 오직 믿음으로 칭의되었다. 에드워즈는 은혜언약 하에서 도덕법은 더 이상 칭의의 길이 되지 못한다고 강조한다. 이제 그에게 칭의의 유일한 근거로 그리스도의 의를 믿

---

[134] Edwards, *Sermon on Romans 4:16*, (*WJE Online*, Vol. 45).

는 믿음만이 은혜언약의 길이 된다. 다른 주장을 하는 사람들에게 에드워즈는 이렇게 말한다. "당신은 값없이 주시는 은혜와 아무 상관이 없습니다."[135]

5. 값없이 주시는 은혜(Free Grace)

에드워즈는 칭의의 믿음은 무엇보다 하나님께서 값없이 주시는 은혜를 확증한다고 보았다. 우리가 자신의 선이 아니라 "오직 믿음으로" 칭의된다는 사실에서 값없이 주시는 은혜가 분명히 드러난다. 우리 자신의 의를 신뢰하는 것은 "복음을 욕되게 하는 것"이며, 동시에 "복음의 영광을 가로채는" 행위이다.[136] 그것은 성경의 중요한 목적인 값없이 주시는 복음의 은혜를 훼손하는 행위이다.

> 복음에 선포된 하나님의 계획은 죄인을 칭의하는 방법에서 그리고 그들을 당신의 은총으로 받아들이는 방식에서 당신의 은혜의 자유함과 풍성함을 찬양하며 복음이 선포하는 은혜의 복된 열매를 찬양하는 것입니다. 성경의 가르침은 복음언약에 제시된 칭의의 방법이 그 목적을 위해 제정되어 값없이 주시는 은혜가 드러나고 영광받게 하는 것입니다. 로마서 4:16, "은혜에 속하기 위하여 믿음으로 되나니." 죄인 칭의와 구원을 위한 복음의 구도에서 값없이 주시는 은혜가 행사되고 확대되는 것이 분명히 복음의 주된 목표입니다. 복음에 나타난 이 은혜의 자유함과 풍성함이 성경 모든 곳에서 복음

---

135 Edwards, *Sermon on Gal 5:6 (a)*, Yale Beinecke Library MSS.
136 Edwards, *Sermon on Romans 4:16*, (*WJE Online*, Vol. 45).

의 가장 큰 영광이라고 이야기합니다.[137]

에드워즈가 보기에 우리에게 중보자가 계시다는 사실 그 자체가 은혜이며, 이 사실은 성경에 이신칭의 공식으로 표현되어 있다. 이신칭의는 정확히 칭의가 오직 중보자에 의한 것임을 확증한다. 구원의 계획은 값없이 주시는 은혜와 일관된다. 오직 그리스도께만 칭의의 근거를 두는 것이 칭의하는 믿음의 목적이다.

> 죄인이 중보자 없이 하나님과 연합하는 것은 합당치 않은 일이기에 하나님은 인간의 구원을 위해 중보자가 꼭 필요하다고 여기셨다. … 하나님이 그 타당성을 주장하시는 것이 당신의 은혜의 가장 높은 차원의 자유함과 모순되지 않는다. … 그러므로 능동적으로 자원하는 연합(active voluntary union)이 강조되는 것은 구원 방법에 있어 은혜의 자유함을 조금도 손상시키지 않는다.[138]

에드워즈가 볼 때, 값없이 주시는 은혜의 자유함과 풍성함은 이것을 받는 수혜자의 도덕적 덕목이나 선이 최소화되거나 심지어 부인

---

[137] Edwards, *Justification by Faith Alone*, 19:183. 로마서 4:16 설교에서 에드워즈는 왜 믿음으로 얻는 칭의가 값없이 주시는 은혜인지 세 가지 이유를 제시한다. 첫째, "다른 이의 대속에 대한 믿음으로 우리가 칭의된다는 것은 분명히 그 칭의가 우리 자신이 이룬 대속에 근거하는 것이 아님을 보여 준다." 둘째, 칭의는 "그것을 주시는 분이 이를 통해 어떠한 유익을 얻거나 기대함 없이 주시는 것이다." 셋째, 칭의는 "우리의 인격이나 행동에 있는 어떤 가치나 탁월함으로 그것을 주시는 분을 움직여 사랑과 자애를 베풀도록 하는 것 없이 주시는 것이다." Edwards, *Sermon on Romans 4:16*, (*WJE Online*, Vol. 45).

[138] Edwards, "Miscellanies," No. 1346, 23:382.

될 때 비로소 세워진다.

> 즈시는 분을 움직여 사랑과 자애를 받을 만큼 우리 인격이나 행동에 어떠한 탁월함도 없이 그분이 호의를 보일 때, 그의 선이 더더욱 풍성하게 나타납니다. … 받는 자에게 선의와 친절을 이끌어 낼 만한 것이 적으면 적어질수록, 주시는 분의 선의와 친절의 원리가 더더욱 드러납니다. … 그러므로 받는 이에게 탁월함이나 사랑스러움이 전혀 없이 이것이 주어질 때, 또는 받는 이에게 아무런 탁월함이 전혀 없음에도 불구하고 그가 선물로 존중될 때, 주는 이의 호의와 선이 가장 크게 나타납니다.[139]

우리에게는 도덕적 선이 없을 뿐 아니라 죄로 가득하여 오직 혐오와 반감만 불러일으킬 뿐이라는 현실을 직시할 때, 이 차이는 더욱 극명하게 드러난다. "우리에게는 진정한 탁월함이 없을 뿐만 아니라 무한히 혐오스러운 것으로 가득하고 더럽혀져 있을 뿐입니다."[140]

> 받는 이에게 아무것도 받을 만한 자격이 없을 뿐 아니라 내버릴 만큼 지대한 혐오만 보일 때 주시는 분의 자애가 더더욱 드러납니다. 호의를 줄 만한 아무 자격이 없는데도 베푸실 뿐만 아니라 오히려 혐오로 가득한 대상을 극복하는 데에서 풍성한 선이 드러납니다. 받는 이에게 그것을 받을 만한 특별한 탁월함이나 아름다움이 없을 뿐 아니라, 오히려 전적으로 더럽고 증오스럽기만 할 때, 그때 호의와 사랑이 가장 승자의 모습으로 놀랍도록 위대하게

---

[139] Edwards, *Justification by Faith Alone*, 19:184
[140] Edwards, *Sermon on 1 Cor. 1:29-31*, 17:205.

나타날 것입니다.[141]

에드워즈는 오직 믿음으로 칭의된다는 것이 값없이 주시는 은혜라는 점을 아주 흥미롭게도 하나님의 두 가지 속성, 즉 "자애"(benevolence)와 "자기만족"(complacence)의 관점으로 설명한다. 결국 오직 믿음으로 칭의하시는 방법의 근원적인 동력은 오직 하나님에게만 있는 것이 된다.

> 즉, 그는[하나님은] 자신에 앞서 그들의 행복을 원하시고 그들에게 행복을 주실 수 있도록 하시기 위해 그들에게 거룩을 주신다. 그리고 그것이 주어질 때 그분은 단지 선을 향한 성향 외에 다른 것에 의해 또한 움직이신다. 신적 속성에는 이 두 속성이 있는데, 하나는 지금 절대로 아무런 가치가 없는 존재에게 선을 베푸시고자 하는 것이며, 다른 하나는 아름답고 거룩한 존재에게 선을 베푸시며 스스로 만족하시는 성향이다. 그분은 거룩을 상주시는 경향이 있으시다. 그러나 그는 또한 상을 주시려는 목적으로 상을 주신다. 그는 피조물을 사랑하시고, 상을 주시는 것을 좋아하시기 때문에, 그러므로 그는 상을 주실 수 있는 뭔가를 주신다.[142]

---

141 Edwards, *Justification by Faith Alone*, 19:184.
142 Edwards, "Miscellanies," No. 314, 13:395-96. 에드워즈에 따르면 사랑에 두 종류가 있다. "사랑은 일반적으로 자애의 사랑(love of benevolence)과 자기 만족의 사랑(love of complacence)으로 구분할 수 있다. 자애의 사랑은 어떤 대상을 향한 마음에서 우러나는 애정 또는 성향인데, 그 대상 쪽으로 기울며, 그 대상의 행복을 바라며 즐거워하는 것을 말한다. … 흔히 자기 만족의 사랑이라고 불리는 사랑은 아름다움을 전제한다. 즉, 그 사랑은 아름다움을 즐거워하는 것, 그 사람의 아름다움 때문에 그에 대해 만족을 누리거나, 그 아름다움 때문에 사랑받는 것에 만족을 취하는 것이다." 우리는 사랑받을 만한 본성적 아름다

에드워즈가 말하는 "자애"는 아무런 가치가 없는 존재임에도 불구하고 선을 베풀기를 좋아하는 성향을 말한다. 반면, "자기만족"은 상대가 아름답고 거룩해서 선을 베풀기를 좋아하는 성향이다. 에드워즈는 칭의, 즉 구원에는 하나님의 이 두 가지 속성이 모두 작용한다고 본다. 위 본문에서 "주다"(give), "베풀다"(communicate), "상을 주다"(reward)를 통해서 하나님의 자애와 자기만족의 속성이 드러난다. "거룩을 상주시는 경향"은 자기만족의 속성이다. 반면, "상을 주시려는 목적으로 상을 주시는" 것은 자애이다. "[하나님께서] 그 사람을 의롭다고 여기시는 것은, 그 사람에게 이미 의를 주셨기 때문이고, 나중의 동작은 반드시 선행되는 동작을 전제하기 때문이다."[143] 에드워즈가 볼 때 하나님만이 값없이 주시는 은혜의 동력이 되시며, 이신칭의야말로 값없이 주시는 은혜를 드러내기에 적합하다.

심판의 본질을 바탕으로, 에드워즈는 하나님의 사랑이 우리의 사악함과 혐오스러움을 극복한다는 사실에서 은혜의 크기가 얼마나

움을 가지고 있지 않다. 그러므로 에드워즈에 따르면, 하나님께서 우리를 사랑하시는 사랑은 반드시 자애의 사랑이어야 한다. 하나님 만이 "단순히 고려되는 존재"(being simply considered)를 사랑할 수 있으시다. 에드워즈는 이에 대해 이렇게 설명한다. "덕스러운 자애의 첫번째 대상은 단순히 고려되는 존재이다. 만일 단순히 고려되는 존재가 그 대상이라면, 일반 존재(Being in general)가 그 대상이라는 것이고, 일반 존재의 최고의 선(highest good)이 그것에 대해 갖는 궁극적 성향이 된다." *True Virtue*, in *Ethical Writings*, ed. Paul Ramsey, vol. 8, *The Works of Jonathan Edwards* (New Haven: Yale University Press, 1989), 542–543, 545.

143 Edwards, "Miscellanies," No.704, 18:320. 참고로, 이 인용에서 "나중의 동작"은 칭의를 말하고, "선행되는 동작"은 의의 전가를 말한다. 그렇다면, 의의 전가는 자애의 속성에 해당되고, 칭의는 자기만족의 속성에 해당된다고 볼 수 있다.

놀라운지 발견한다. 말할 필요도 없이 구원과 정죄 사이에는 거대한 차이가 있다. 값없이 주시는 은혜로 구원 받을 수 있는 것은 우리가 그리스도의 의를 믿는 믿음으로 칭의될 수 있도록 하나님께서 주권적으로 그렇게 정하셨기 때문이다. 반면 악인이 심판받는 것은 정당한 사법적 절차로서 자신이 어떠한 존재인가에 근거해 심판받는다.

> 그리스도께 대한 관심을 주시는 것은 전적으로 주권적인 행위인 반면, 그리스도께 대한 관심을 거두시는 것은 사법적 행위이다. 그리스도와 연합하고 그리스도의 유익 안에서 교통할 수 있는 것은 오로지 값없이 그리고 주권적으로 주시는 은혜의 행위이며, 결코 사법적 절차가 아니다. 그러나 구주에 대한 소개를 받았고, 복음 안에서 근신의 시간이 있었으며, 구주를 받아들일지 말지의 연단이 있었던 기독교 신앙을 고백하는 사람들이 심판의 날에 배제되는 것은 반드시 사법적 절차이며, 그리스도께 합당하지 않게 응대한 그들에 대한 정당한 형벌이다.[144]

이 값없이 주시는 은혜가 얼마나 큰가를 안다면 우리가 얼마나 감사해야 하는지 역시 알 수 있다. 에드워즈는 자신의 설교를 듣는 회중들에게 죄인을 칭의하시는 하나님의 값없이 주시는 은혜가 "받는 이들에게 감사해야 할 의무를 고조한다"고 말한다.

> 이것은 인류의 보편 상식과도 부합하는데 자애의 대상이나 친절을 받을 사람이 덜 가치 있거나 탁월할수록 그는 더 큰 은혜를 입은 것이고 더 큰 감사를 표해야 합니다. 그러므로 자신에게 어떤 선이나 탁월함이 없이 오히려 전

---

144 Edwards, "Miscellanies," No. 705, 18:321.

적으로 그리고 전체적으로 혐오스러운 존재가 호의를 받았다면, 그는 더욱 큰 은혜를 입은 것입니다.[145]

에드워즈에 따르면 상식적으로 보더라도 오직 믿음으로 칭의되는 우리가 얼마나 크게 감사해야 하는지 깨달을 수 있다. 감사는 성경에서 가장 자주 언급되는 주제 중 하나이다.

> 이것이 인간의 보편 상식에 부합하듯이, 하나님의 말씀에도 역시 부합합니다. 성경에서 얼마나 자주 하나님께서 인간들에게 자신을 사랑하라고 그리고 자신의 호의를 인정하라고 강조하십니까! 하나님은 얼마나 그들에게 감사에 대한 의무로서 그들이 죄인이며, 자격이 없고, 벌받아 마땅한지 강조하십니까![146]

에드워즈는 이렇게 결론을 내린다. 우리의 행위가 아니라 오직 믿음으로 칭의된다는 사실은 하나님의 은혜가 얼마나 큰지 잘 보여준다. 더욱이 죄인들을 칭의하셨다는 사실에서 그 은혜는 더욱 크게 드러난다.

> 하나님께서 한 사람을 칭의하시며 그에게 큰 호의를 베푸시어 영생의 권리를 주실 때, 그의 어떤 순종이나 어떤 식의 선행 때문에 칭의하시는 것이 아니라, 칭의는 사람을 죄인으로 간주하고 그리고 전적으로 어떤 식으로도 덕, 아름다움, 또는 탁월함이 없는 것으로 간주합니다. 이 교리는 반대되는 교리

---

[145] Edwards, *Justification by Faith Alone*, 19:184.
[146] Edwards, *Justification by Faith Alone*, 19:184-85.

와 다르게 칭의를 통해 하나님의 값없이 주시는 은혜와 그 은혜에 대한 인간의 감사의 의무를 훨씬 더 높입니다.[147]

에드워즈는 오직 믿음으로 칭의된다는 복음의 본질을 알면 알수록 값없이 주시는 하나님의 은혜를 찬양하지 않을 수 없다고 말한다. "우리는 새 언약의 놀라운 은혜의 대상입니다. 바로 이 은혜가 우리에게 그런 구원을 주시고 이런 방식으로 우리를 칭의하시는 성부 하나님과 우리의 의이신 주 예수 그리스도께 우리가 다가오게 하고 찬양하게 하는 이유입니다."[148] 하나님의 값없이 주시는 은혜는 바로 "오직 믿음으로"를 통해 입증된다. 바로 이 점이 에드워즈가 칭의의 복음을 수호하고자 하는 이유이다.

C. 맺음말(Closing Remarks)

이 장에서 우리는 에드워즈의 이신칭의 교리 중 특별히 "오직 믿음으로"에 담긴 본질과 의미를 살펴보았다. 우리는 에드워즈의 "믿음으로"(by faith)를 통해 칭의의 일에 있어서 믿음이 차지하는 관계의 특성을 알 수 있었다. 에드워즈는 믿음을 칭의의 조건 또는 도구로 정의하는 것을 거부하는 대신 믿음을 단순히 하나의 동작, 즉 그리스도를 받고, 가까이 가며, 연합하는 "동작"으로 정의하였다. 그는 "믿음으로"를 자연적 적합성 개념을 통해 설명하였다. 그의 시도가 구원

---

[147] Edwards, *Justification by Faith Alone*, 19:185.
[148] Edwards, *Sermon on Romans 4:16*, (*WJE Online*, Vol. 45).

의 일에 있어서 하나님이 믿음에 부여한 믿음의 독특한 역할을 설명하기에 효과적인 방법이었던 것은 자연적 적합성 개념이 언약적 구도와 특성을 잘 담을 수 있었기 때문으로 판단된다.

이 장의 논의에서 우리는 에드워즈의 "오직 믿음으로"는 "오직 그리스도로" 집중됨을 볼 수 있었다. 그의 "오직 믿음으로"는 무엇보다도 그리스도가 아닌 다른 어떤 것도 칭의의 근거가 되는 것을 부정하였다. 그리고 오직 그리스도만이 칭의의 근거라는 복음을 그는 언약 개념에 근거하여 잘 방어할 수 있었다. 에드워즈의 "오직 믿음으로"는 인간의 능동성과 하나님의 주권적 은혜 사이의 균형을 잘 유지하면서 오직 그리스도의 의로 모든 공로를 돌릴 수 있었다.

우리는 에드워즈가 설명하는 칭의의 믿음에 경험적 차원이 있음을 또한 볼 수 있었다. 이는 분명히 에드워즈가 개혁주의 논의에 기여하는 특징이다. 믿음이 그리스도와 연합하는 전인격적인 동작이라는 의미를 자신의 "마음의 새로운 감각"(the new sense of the heart)을 통해 설명하였다. 그리스도가 누군신지(who he is)의 차원과 그리스도가 무슨 일을 하셨는지(what he is)의 차원이 우리가 믿음으로 연합하는 한 분 그리스도시라는 새로운 경험으로 집약될 수 있었다. 또한 행위에 의한 칭의를 배격하는 에드워즈의 노력은 근본적으로 행위언약과 은혜언약의 분명한 대비를 통해 효과적으로 입증되었다. 결과적으로 에드워즈의 "오직 믿음으로"는 오직 값없이 주시는 은혜를 극대화할 수 있었다.

이제 에드워즈의 칭의 개념은 칭의된 자가 어떻게 신자의 삶을 사는지에 대한 관심으로 이어진다.

제4장

칭의와 신자의 삶

Justification and the Christian Life

　에드워즈가 볼 때 종교개혁 칭의 교리의 핵심 사상이라고 할 수 있는 "죄인 칭의"(justification of the ungodly)는 칭의된 자가 여전히 죄 가운데 머물러도 된다는 의미가 아니다. 칭의는 경건한 삶을 수반한다. 물론 이는 칭의된 삶에서 반드시 있어야 하는 여러 은혜들이 칭의와 시간적 또는 인과적 선후 관계에 있다는 뜻은 아니다. 칭의는 그리스도 안에서 이루어지는 유기적 삶 가운데 한 국면이지만 특히 중요한 부분이다. 즉, 칭의는 "먼저 하나님께서 받으신다는 근거를 놓는 것이고 모든 구원은 칭의에 바탕을 두는데, 즉 전적으로 그리스도와 그의 의에 근거하는 겁니다."[1] 에드워즈에 따르면 그리스도 안에 있다는 것, 즉 그리스도의 의를 소유했다는 것이 그리스도 안에서 살아 있고 역동적인 우리의 삶을 이른다. 이 점을 인식한 콘라드 체리(Conrad Cherry)는 그리스도의 의 전가의 결과에 대해 다음과 같이 설명한다. "그리스도의 의가 인간의 의라고 선언됨과 동시에 그것은 인간의 삶에서 살아 있는 실제(a living reality)가 된다. 하나님이 인간을 법정적으로 의롭다고 간주하신다는 것은 인간의 구체적 삶을 그대로 두

---

[1] Edwards, *Justification by Faith Alone*, 19:218.

시지 않으시고 현재 활발한 실제로서 삶을 침투한다."² 구원론적 관점에서 볼 때 여기에는 분명히 유기적 결합이 있으며, 종말론적 관점에서 볼 때 방향 의식이 있다. 칭의된 자는 자신의 삶을 살아가야 한다. 에드워즈는 이 삶을 그리스도와의 연합으로 특정되는 언약의 삶이라 본다. 언약적 역동성(*historia salutis*)은 구원론 삶(*ordo salutis*)에 의미를 더한다.³

이 장에서 우리는 어떻게 에드워즈가 복음적 칭의 교리를 희석시키지 않으면서, 칭의의 삶을 이해하는지 살펴보고자 한다. 또한, 이점은 전체의 논지와 중요한 연관성이 있는 것으로, 에드워즈에게 있어서 구원의 삶의 다양한 국면이 어떻게 그리스도와의 연합 위에 구축되어 있는지 드러낼 것이다. 물론 구원의 다른 국면들도 정당히 논의의 대상이 되어야겠지만, 에드워즈가 다루었던 성화, 선행, 순종, 견인, 상급으로 논의를 국한하는 점을 아울러 밝힌다.

A. 성화(Sanctification)

칭의된 자가 그리스도 안에서 새롭게 사는 삶이 성화이다. 성화 주제는 에드워즈에게 있어서 가장 큰 주제 중의 하나이다. 목회자-신학자로서 그가 쏟아낸 많은 글들이 성화를 직접적으로 다루거나 아

---

2 Conrad Cherry, *The Theology of Jonathan Edwards: A Reappraisal* (Bloomington, IN: Indiana University Press, 1966; reprint, 1990), 103. [이탤릭 삽입].
3 Edwards, "Miscellanies," No.617, 18:148-51에서 에드워즈는 언약의 약속은 신자와 그리스도의 교통(communion)의 측면에서 볼 때 칭의, 성화, 견인을 포함한다고 설명한다.

니면 적어도 깊은 연관이 있다.⁴ 그럼에도 불구하고 그에게 있어서 성화는 그리스도와의 연합 아래서 칭의와 불가분의 관계에 있다. 좀 더 구체적으로, 그의 성화 개념은 그리스도와의 연합 안에서 칭의를 전제하고 있다. 우리의 관심은 에드워즈가 어떻게 칭의와 성화의 관계를 유지하는지 살피는 것이다.

1. 새로운 삶(New Life)

에드워즈가 보기에, 성화의 삶의 특징은 무엇보다도 새로운 삶(new life)에 있다. 새로운 삶에 대한 성경적 의미는 성령의 새롭게 하시는 사역이다. 성령의 내주하심으로 우리가 그리스도와 연합하게 됨으로써 우리는 아버지 앞에서 새로운 법적 지위를 얻을 뿐 아니라 이때부터 우리는 하나님의 형상(Imago Dei)으로 빚어져 가게 된다. 즉, 성령의 내주하심에 의해 새로운 삶이 시작된다. 에드워즈는 새 삶 전체를 자주 중생(regeneration)이라고 불렀다.⁵ "하나님의 영이 하시는 구원

---

4 참고, 이윤석, 『그리스도와의 연합 관점으로 본 조나단 에드워즈의 성화론』(서울: 기독교문서선교회, 2017).

5 이에 관해 몇 가지 예를 언급한다면, "하나님의 백성은 하나님께로 즉각적으로 태어납니다. 성도가 된다는 것은 거룩해지며, 거듭난다는 뜻입니다. 그들은 새로운 본성을 얻었으며, 새로운 삶이 시작된 겁니다. 그들이 하나님께로 났기에, 중생과 새로남을 통해 그 전인(the whole man)이 새로워집니다." Edwards, *Sermon on 1 Peter 2:9*, 17:287. "당신께 나아오는 지친 영혼에게 힘과 새로운 삶의 원리를 주십니다. … 그는[그리스도] 영적 삶의 원리를 주셨으며 영생을 시작토록 하십니다. 그는 당신의 삶과 힘을 나누시어 우리의 마음을 기운나게 하시고, 우리 본성을 새롭게 하시며, 새롭게 창조하고, 새로운 피조물이 되게 하십니다." Edwards, *Sermon on Is.32:2*, (*WJE Online*, Vol.43). 또한 Edwards, *Original Sin*, 3:361-371. 에드워즈가 regeneration을 넓은 의미에서 구원의 전과정으로 보

사역의 전체, 그 시작과 과정에 있어서, 처음 신적 빛이 비취고 신자의 삶이 처음 시작된 순간부터 죽음에 이르기까지 그 전체는 어떤 면에서 하나의 중생의 사역으로 볼 수 있다." 여기에서 에드워즈가 칭의와 성화를 중생에 포함시키는 이중적 측면이 드러난다. "1. 이 일은 때때로 인간이 처음 구원으로 부르심을 받고 믿기 시작한 순간, 또는 예수 그리스도께 신실한 자가 된 순간, 또는 성도가 된 순간에 이미 이루어진 것으로 여겨진다." 그리고 "2. 이 일은 성도가 된 후에도 아직 노력하고 기도해야 하는 남아 있는 과정이라고 말하기도 한다." 에드워즈가 보기에, 중생은 영혼을 "죄의 상태에서 건져내는"(칭의) 데서부터 "하나님의 형상의 회복"에 이르는(성화) 데까지이다.[6] 새로운 삶은 "해방"(deliverance)과 "변화"(change)의 은혜를 동시에 담고 있다.[7]

는 경향은 이미 칼빈에게서도 찾을 수 있는 모습이다. 『기독교강요』 제3권에서 구원의 적용에 대해 설명하면서 그는 그리스도 안에서 새롭게 태어나 변화해 가는 전과정을 regeneration으로 표현했다. 칼빈에게서 regeneration은 대체로 넓은 의미로 쓰였던 것이 사실이나, 에드워즈에게는 좁은 의미로, 즉 오늘날 우리가 사용하는 중생의 의미로 사용되는 경우가 보다 더 일반적이다.

6 Edwards, "Miscellanies," No. 847, 20:68-69. 에드워즈는 인간 안에 두 종류의 하나님의 속성을 닮은 두 종류의 하나님의 형상이 있다고 지적한다. "우리가 하나님을 인식함에 있어서 하나님께는 두 가지 속성이 있으시다. 하나는 그의 도덕적 속성으로 그의 거룩으로 요약되며, 다른 하나는 그의 자연적 속성으로 힘과 지식 등으로 하나님의 위대하심을 이룬다. 마찬가지로 하나님의 형상도 두 가지가 있는데 그의 도덕적 영적 형상으로 그의 거룩을 말하는 것으로 하나님의 도덕적 탁월을 대변하는 형상(이 형상은 타락으로 상실되었다)이다. 그리고 하나님의 자연적 형상은 인간의 이성, 이해, 자연적 능력, 피조물에 대한 통치 등으로 이루어져 있는데, 이것은 하나님의 자연적 속성을 나타내는 형상이다." Edwards, *Religious Affections*, 2:256, 259; cf., Edwards, *Distinguishing Marks of a Work of the Spirit of God*, 4:276-80; cf., Edwards, *Sermon on 1 Cor. 1:29-31*, 17:206-9; cf., Edwards, *Charity and Its Fruits*, 8:159.

7 Edwards, "Miscellanies," No. 78, 13:236.

에드워즈에게 있어서 칭의에서 시작된 새로운 삶(new life)은 재창조의 의미를 갖는다. 에드워즈는 하나님께서 행하신 무로부터의(ex nihilo) 창조를 염두에 두면서, 성화를 자주 "새롭게 태어남"(new birth), "새로운 창조"(new creation)라고 표현한다. "하나님의 영이 하시는 성화의 전 사역은 모든 단계에 있어서 그리스도 예수를 죽은 자 가운데서 일으키신 동일한 위대한 능력으로 영혼을 죽은 자 가운데서 일으키신다." 여기에서 성화의 능력은 예수 그리스도를 죽은 자 가운데서 일으키셨던 부활의 능력과 동일하다는 점에서 재창조적 중요성을 지닌다. 그것은 "영혼에 대해 최초로 사역을 시작할 때와 동일하게 필요하고 역사해야 하는 전능하신 창조의 능력이다."[8] 에드워즈는 칭의와 성화가 성령의 새롭게(regenerating) 하시는 하나의 사역을 형성한다고 본다. 그런 의미에서 이 둘은 서로로부터 떨어져 있는 것으로 이해되서는 안 된다. 성령의 새롭게 하시는 사역의 시작점은 타락한 우리의 지위를 이미 하나님 앞에서 법적으로 회복시키는 것인 반면, 성령의 계속적인 새롭게 하시는 사역은 바로 우리 안에 하나님의 형상을 재창조하신다. 칭의가 새 삶의 시작점을 가리킨다면, 성화는 같은 새 삶의 지속적인 창조이다.

에드워즈에 의하면 새로운 삶(new life)의 총체적 의미는 아담과 그리스도의 구속사적 대비로 설명된다. 즉, 그리스도 안에서 새 생명은 아담 안에서의 첫 생명과 대조된다.

> 인간의 본성이 아담에 의해 처해지게 된 파멸과 죽음, 이제도 첫 생명에 의해 종속되어 있는 그 파멸과 죽음과, 그리고 그리스도에 의해 영혼이 회복된

---

8 Edwards, "Miscellanies," No. 847, 20:71.

새 생명 사이에는 서로 깊은 연관이 있어서 하나는 다른 하나에 의해 평가된다. 즉, 하나는 다른 하나의 제거와 다른 하나로부터의 회복으로 이어진다. 그러므로 새 생명은 영혼이 전적으로 회복될 때까지 완성된 것이 아니며 아담과 첫 생명을 통해 온 파멸과 죽음이 완전히 제거되기까지 완성된 것이 아니다.[9]

여기에서 에드워즈의 언어가 언약적 의미를 지니는 것을 알 수 있다. 첫 번째 생명은 아담이 가져온 죄 가운데 있는 삶을 가리킨다. 그리스도 안에서 그리고 그리스도에 의한 새 생명은 아담 안에서의 첫 번째 생명과 대조된다. 이런 맥락에서 에드워즈는 새 생명의 목표를 첫 번째 생명(부패와 죽음)을 제거하는 것이라 말한다. 에드워즈가 말하는 아담과 그리스도의 언약적 대비를 구원론적 차원으로 변환하면, 새 생명은 칭의와 성화라는 이중적 의미를 갖는다. 성령의 새롭게 하시는 사역으로서의 새 생명은 우리가 이미 그리스도 안에서 새로운 피조물이지만(칭의), 새롭게 만들어져 가고 있음(성화)을 의미한다. 구원론 관점에서 볼 때, 언약적 성취에 담긴 "이미-그러나-아직"(Already-But-Not-Yet)의 긴장이 새롭게 됨의 이중적 측면, 즉 칭의와 성화를 통해서 드러난다.

에드워즈에게 있어서, 그리스도 안에서 새로운 삶(new life)은 태어난 순간 이후 시간이 갈수록 점점 시들어가는 것이 아니다. 칭의가 그리스도 안에서 확실한 만큼 성화도 그리스도 안에서 새로운 삶이 확실한 것을 분명히 한다. 에드워즈가 언급하는 다음 성구들은 이 의미를 분명히 한다. "옛사람을 벗고, 새사람을 입는다. 그들은 온전히

---

[9] Edwards, "Miscellanies," No. 847, 20:71.

성화된다. 새 피조물이 된다. 이전 것은 지나갔으며, 모든 것은 새것이 된다." 이 구절들은 성화의 확정적(definitive) 특징을 말한다. 아담과 그리스도의 대조가 확실한 만큼, 옛사람에서 새사람으로의 변화 역시 확정적이다. 계속되는 죄의 위협에 대해 에드워즈는 이렇게 말한다. "그는[신자] 여전히 이러한 죄의 위험에 처할 수 있지만, 그러나 죄가 더 이상 그를 지배하지 못할 것이며, 죄가 더 이상 그의 인격이 되지 못할 것이다."[10] 일단 새 생명이 시작되면, 성화의 점진적(progressive) 성질은 성화의 확정성(definitive) 위에서 진행한다.[11]

에드워즈가 보기에, 죄의 지배와의 확정적인 단절은 – 즉, 새로운 삶(new life)의 확실한 시작은 – 우리 안에 원리(principle)가 존재함으로써 특징된다.[12] 에드워즈에 있어 성령의 내주는 원리의 내재로 설명된다. 그리스도와 연합은 우리 안에 거하는 성화의 새로운 원리(new principle)를 형성한다. 이것이 에드워즈에게 있어서 중요한 것은 새로운 원리는 새로운 행위에 선행하기 때문이다.

---

10 Edwards, *Religious Affections*, 2:341-342. [설명 삽입]. 여기에서 우리는 성화의 확정적 의미에 대해 자세히 설명하지 않는다. 자세한 설명을 위해서는 John Murray, *Systematic Theology*, vol. 2, *Collected Writings of John Murray* (Edinburgh: The Banner of Truth Trust, 1984), 277-284와 강웅산, 『구원론』, 365-75 참고할 것을 추천한다.
11 마찬가지로, 성화의 점진적 특성과 특별히 확정적 특성과의 관계에 대해 강웅산, 『구원론』, 375-86 참고할 것을 추천한다.
12 에드워즈는 *Religious Affections*에서 성령의 내주하심을 원리(principle)라는 용어로 설명하는데, 이는 성령의 내주를 우리 안에 어떤 새로운 기관(new faculty)이 만들어진 것으로 보는 관점을 특별히 거부하기 위한 의도이다. 성령께서 우리 안에 새로운 원리가 되시어서 그로부터 성화의 행동이 나오는 것이다. 자세한 논의를 위해 *Religious Affections*, 2:206을 보라. 그의 *Treatise on Grace*, 21:153-97에도 동일한 논지가 나타난다. 여기에서 그는 원리의 존재를 특별히 그리스도와 신자의 연합의 표지로 강조한다.

모든 경우에 행동이 있기 전에 원리가 있어야만 한다. 죄인의 마음에 변화가 있은 후에야 그 변화의 결과로 행동이 있을 수 있다. 그렇다. 거룩이 행해지기 전에 거룩의 원리가 있어야만 한다.[13]

이런 맥락에서 에드워즈는 새로운 원리와 성화된 행동 사이에는 일정한 질서가 있다고 본다. 그리스도의 의가 우리 안에서 새로운 원리가 되는 것이 성화된 행동이라는 결과를 낳는다. "하나님의 은혜가 그 마음에 심겨진 사람은 누구든지 하나님의 성령을 소유하여 성화의 영향력을 낳는다."[14] 성화의 원리이신 그리스도의 영이 계속해서 우리의 인격과 행동을 변화시키시 때문에 성화의 삶은 더 새로운 삶을 향해 나아간다. "만일 은혜가 … 완전히 새로운 종류의 원리라면, 그것을 행하는 것 역시 완전히 새로운 종류의 행동이다."[15] 성화의 목표는 바로 우리를 의롭다고 칭한 그리스도의 의를 높이는 데 있다. 에드워즈에게 있어서 우리가 그리스도와 연합되어 있다는 사실이 우리로 하여금 그리스도를 위해 참된 미덕을 드러내게 하는 동기가 된다.

2. 참된 미덕(True Virtue)

에드워즈가 형이상학적 언어로 참된 미덕(true virtue)이라고 부른 것은 신학적 언어로 성화이다.[16] 에드워즈의 형이상학적 논문이 성경

---

[13] Edwards, "Miscellanies," No. 77, 13:245.
[14] Edwards, *Perseverance of Saints*, (Banner), 2:603b.
[15] Edwards, *Religious Affections*, 2:205.
[16] 여기에서 우리는 에드워즈가 말하는 참된 미덕의 일반적 성질과 특성을 다루지는 않는다. 그것은 이 연구의 범위를 벗어나는 부분이므로 다만 에드워즈의 연

을 인용하지 않기 때문에 성경적 근거가 없다는 비판을 끊임없이 받고 있긴 하지만, 내용적으로 볼 때 그 사상의 본질은 분명히 성경적이며 개혁주의적이라 말할 수 있다.[17] 에드워즈는 자신의 논문, 『참된 미덕의 본질』(The Nature of True Virtue) – 이 책은 그의 『천지창조의 목적』(The End for which God Created the World)과 함께 쌍을 이루는 책인데 – 에서 참된 미덕을 다음과 같이 정의한다. "참된 미덕은 가장 본질적으로 보편존재에 대한 자애(benevolence to Being in general)에 있다." 더 부연하자면, "그것은 보편존재에 대한 마음의 동의, 기울기, 연합으로, 이는 즉각적으로 일반적인 선한 의지로 발현된다."[18]

에드워즈의 참된 미덕 개념은 그의 미학적 개념과 연결된다. 그는 미(beauty)를 개념적으로 "일반적 미"(general beauty)와 "특별한 미"(particular beauty)로 구분한다. "일반적 미"란, 에드워즈는 정의하기를, "어떤 것이 그것이 관계된 모든 것에 대해 그 모든 경향과 연관관계에 있어서 가장 완벽하고, 종합적이고, 보편적으로 보인다면 그것

합 개념의 빛 아래에서 참된 미덕과 성화의 연관성만 다루게 됨을 밝힌다.

[17] Paul Ramsey는 에드워즈를 옹호하며 다음과 같이 말한다. "그러나 형이상학적 언어와 성경적 신학적 언어 사이에 지적되는 대조는 에드워즈에게 있어서 전혀 갈등의 소지가 되지 않는다. 근대시대 이전, 고전 기독교 신학에서는 이 둘을 서로 대립되는 요소로 여기지 않았다. 신학적 언어가 형이상학적 언어와 대립되지 않았고, 성경적 언어와 신학적 언어도 대립되지 않았다." Paul Ramsey, "Introduction" to *Ethical Writings*, 8:32.

[18] Edwards, *True Virtue*, 8:540. "보편존재"(Being in general)라는 표현은 에드워즈만의 용어는 아니다. Norman Fiering에 따르면, 이 표현은 17세기 말 Malebranche에게서 찾아볼 수 있는데, 스콜라 전통의 "*ens commune*"(보편존재)나 Shaftesbury의 "great whole"(위대한 전체)도 유사한 표현에 속한다. Norman Fiering, *Jonathan Edwards's Moral Thought and Its British Context* (Chapel Hill: The University of North Carolina Press, 1981), 325–326.

은 아름답다"는 의미이다. 반면에 "특별한 미"란 "어떤 것이 제한적이고, 개별적인 범위에서 어떤 특정한 것에 대해 단지 그것과의 연관성과 경향성의 관점에서만 아름답게 보이는" 것이다.[19] 이 두 종류의 미 중 "일반적 미"가 에드워즈가 말하는 참된 미덕을 뒷받침한다. 가장 보편적이고 일반적인 대상에 대한 미가 에드워즈가 생각하는 참된 미덕의 성질이다. 이런 맥락에서, 에드워즈의 참된 미덕 개념은 존재 개념, 특별히 "존재의 정도"(the degree of existence)와 연관된다. 에드워즈는 "존재의 정도"에 다음과 같은 각주를 달았다.

> 내가 "존재 정도에 비례하여"(in proportion to the degree of existence)라고 하는 것은 어떤 존재가 다른 존재보다 더 위대할(great) 수 있는 것처럼, 다른 존재보다 더 큰(more) 존재를 가질 수 있기 때문이다. 위대한 존재는 더 큰 존재이고, 작은 것보다 무에서 훨씬 멀리 있다. 한 존재가 자신에 속하는 모든 긍정적인 것을 다 갖고 있을 수 있고, 또는 (결함에 반대로) 낮은 편보다는 높은 정도에서 긍정적 존재가 되는데 필요한 모든 것, 또는 더 큰 능력과 힘, 더 큰 이해, 보다 높은 정도에서 모든 기능과 긍정적 자질을 다 갖고 있을 수 있다. *대천사*(arch-angel)는 틀림없이 벌레나 벼룩보다 더 큰 존재를 지녔으며, *비존재*(nonentity)로부터 모든 면에서 훨씬 멀리 옮겨져 있다고 생각할 수 있다.[20]

---

19 Edwards, *True Virtue*, 8:540.
20 Edwards, *True Virtue*, 8:546, 각주 6. [이탤릭 삽입]. 존재의 정도(the degree of existence)의 원개념은 에드워즈의 『천지창조의 목적』에서 찾아볼 수 있다. 여기에서 에드워즈는 다음과 같은 논지를 전개한다. "존중의 정도는 항상 존재에 대한 비례와 탁월함에 대한 비례, 또는 위대함과 선함의 정도를 함께 고려하여 형성된다. … 창조주는 무한하시며, 모든 가능한 존재, 완성, 탁월함을 지니고

고로, 에드워즈가 볼 때, 가장 큰 존재에게 행해지는 미덕이 바로 가장 아름다우며 가장 덕스러운 행위가 된다. 이 맥락에서 에드워즈가 정의하는 "보편존재"(Being in general)란 가장 큰 존재, 즉 성경적 언어로는 하나님을 가리킨다.

에드워즈의 미덕 개념이 미 개념과 짝을 이룰 때, 하나님은 비록 최고의 존재 정도를 가지신 분이 맞지만, 유일한 미덕의 대상은 아니라는 의미도 성립한다. 미덕은 더 낮은 존재 정도를 가진 존재들도 – 예를 들어 동료 인간 – 대상으로 한다. 그러나 여기에서 참된 미덕에 대한 에드워즈의 형이상학적 개념과 연관하여 알아야 할 매우 중요한 것이 있다. 특정 존재에 대한 참된 미덕은 원래 "보편존재에 대한 자애"에서 나온다. 이것은 참된 미덕의 기원이 "다른 세계"(otherworldliness)에 있음을 반영한다고 할 수 있다. 특정 존재에 대한 사랑은 그 특정 존재 자체에 의해 비롯되는 것도 아니며, 행동하는 주체의 내재적 사랑에 의존하는 것도 아니다. 최초의 사랑은 반드시 보편존재를 향한 사랑에서 비롯되어야 한다. 에드워즈의 형이상학적 표현을 신학적으로 표현하자면, 최초의 사랑은 반드시 하나님에 대한 사랑에서 비롯되어야 하며, 그러므로 성화된 행동은 반드시 성령의 내주에서 비롯된다. 바로 이점이 에드워즈를 동시대의 형이상학자들로부터 차별화하는 특징이다. 물론 사랑은 대상의 존재 정도에 비례하는 방식으로 행해질지 모르나, 사랑 그 자체가 동작의 주체에

계시기에, 그분은 가능한 모든 존중을 받으셔야 한다. 그분은 모든 면에서 처음이시고, 최상이시고, 그의 탁월함은 모든 면에서 최상의 아름다움과 영광이며, 본래적 선이며, 모든 선의 근원이시기에, 그분은 모든 면에서 최상의 존중을 받으셔야 한다." Edwards, *End for which God Created the World*, 8:423-424.

서 발현하는 것이 아니다. 사랑은 반드시 초자연적으로 주어진다. 결국 참된 미덕은 구원의 성격을 지닌다. 보편존재에 대해 사랑을 가진다는 것은 오직 성령의 구원하시는 역사를 통해서만 가능하다. 그 후에야 비로소 사랑이 더 낮은 존재 정도의 대상들을 향해서도 비례해서 행해질 수 있다.

에드워즈는 참된 미덕을 다음과 같이 정리한다. "가장 본질적인 성질에서 볼 때, 미덕은 보편존재를 향한 마음의 자애로운 정서나 성향(benevolent affection or propensity)에 있다. 그리고 거기에서 흘러나와 특정 존재를 향해 크고 작은 정도에 따라 그들이 지닌 존재와 미의 크기에 따라 행해진다." 에드워즈의 형이상학 구조를 따를 때, 성화란 하나님이 그 첫 대상이며 다음으로 동료 인간들을 향하게 된다. 그 본질상 참된 미덕은 보편존재에서 나와 특별한 존재들로 흘러가는 것이다. 다른 피조물에 대한 인간의 도덕적 행위는 결국 "보편존재를 향한 마음의 덕스러운 성향에서 비롯된 열매"라 할 수 있다. 다시 말해, "*서로를 향한 피조적 존재의 덕스러운 사랑은 오직 하나님을 향한 사랑에 의지하며 그것에서 비롯된다.*" 보편존재를 향한 사랑의 표명으로서 성화는 동료 인간에게서 이차적 대상을 찾는 것이다.[21]

> 덕스러운 마음이 피조물을 향한 사랑으로 참된 미덕을 행할 때, 이는 주로 피조물의 선을 추구하는 것으로, [참된 미덕은] 하나님의 영광과 미에 대한 그것의 지식 및 시각, 하나님과의 연합, 그분께 대한 일치와 사랑, 그분 안에서 즐거워함으로 이루어진다. 그런 마음의 성향, 즉, 보편존재를 향한 마음의 동의, 연합 또는 경향이, 진정으로 미덕이라고 불리는 것이고, 다른 말로, 참

21　Edwards, *True Virtue*, 8:557. [이탤릭 삽입].

된 은혜나 진정한 거룩이다.[22]

에드워즈는 다른 상황에서 또한 참된 미덕이 성령이 하시는 구원의 사역을 특징짓는 표지라고 강조한다. "어떤 영이 사람들에게 이러한 방식으로 작용한다면, 이는 참되고 신적인 영의 역사라는 가장 높은 종류의 증거이다."[23] 그러므로 에드워즈에게 있어서 참된 미덕은 성화를 형이상학적, 철학적 용어로 표현한 것이다.

요약하자면, 에드워즈가 말하는 참된 미덕은 다음의 두 단계로 요약할 수 있다. 먼저 참된 미덕은 "보편존재를 향한 마음의 연합"이며, 둘째 "참된 은혜와 진정한 거룩"의 표출이다. 에드워즈에게 있어서 핵심 개념은 "보편존재에 대한 사랑"으로서의 참된 미덕은 동료 인간은 물론 다른 피조물에 대한 덕스러운 행동을 포함한다. 즉, 신자의 그리스도와의 연합에서 덕스러운 행동이 나오는 것이다. 이것은 에드워즈의 형이상학적 논의를 개진해 나가는 동력이 그리스도 안에 있는 구원 은혜(saving grace)라는 점을 충분히 드러낸다. 보편존재에 대한 사랑으로서의 참된 미덕은 바로 그리스도와의 연합과 그 연합 안에서 일어나는 성화의 행동을 형이상학적 또는 철학적 언어로 표현한 것이다. 신학적으로 설명하자면, 이차적 대상에 대한 참된 미덕은 성화의 행위들이다. 이는 성화의 사역(2차적 참된 미덕)이 그리스도와의 연합(1차적 참된 미덕)에서 비롯된 것이다. 결론적으로, 에드워즈의 형이상학 논증은 충분히 그리스도와의 연합과 성화 사이의 신학적 상관성을 입증하였다. 하나님의 솜씨(workmanship, 엡 2:10)는 바로 그리

22　Edwards, *True Virtue*, 8:559-560. [설명 삽입].
23　Edwards, *Distinguishing Marks*, 4:256.

스도와 연합한 삶을 통해 입증된다. 이러한 맥락에서 연합 동작으로서 칭의의 믿음(justifying faith)은 첫째, 참된 미덕의 행위이며, 둘째, 덕스러운 삶의 시작을 특징짓는다. 에드워즈는 말한다. "칭의의 믿음이란 다른 것이 아니라 참된 미덕이 상황과, 드러난 계시와, 우리가 처한 상태와, 수혜자들의 혜택과, 그 방식과 방편과, 이런 것들에 대한 우리의 관계에, 적합하고 부드러운 숨결처럼 어우러지는 것이다."[24] 청교도의 가시적 성도(visible saints) 정신이 에드워즈의 참된 미덕과 성화의 상관성을 통해서 확인된다.[25] 성도의 참된 미덕이 하나님의 솜씨(workmanship)임을 다시 확인하며, 우리는 칭의 된 삶에서 보여야 하는 선행에 대한 논의로 나아간다.

B. 선행과 순종(Good Works and Obedience)

에드워즈가 보기에 선행(good works)과 순종은 칭의된 삶에서 중요한 부분을 차지한다. 그의 요한계시록 22:17 설교는 그 중요성에 대해 이렇게 요약한다. "사실 우리는 선행 없이는 복음이 말하는 복을 누릴 수 없습니다. 이는 선행이 선결 조건이기 때문이 아니라, 선

---

[24] Edwards, *Faith*, 21:463.
[25] 미국 청교도들은 순수한 교회(pure church)라는 이상을 실현하고자 했지만, 세대가 지나면서 타협은 불가피했다. 에드워즈는 타협없는 청교도로 되돌아가고자 했고, 이를 위해 많은 댓가를 치러야 했다. 성도의 가시성(the visibility of sainthood)에 대한 17세기 미국 청교도들의 정서를 알고자 한다면 Edmund S. Morgan, *Visible Saints: The History of a Puritan Idea* (New York: New York University Press, 1963)을 참조하라.

행 역시 복음이 말하는 복의 일부이기 때문입니다."[26] 에드워즈에게 있어서 행위는 구원의 삶에 있어서 중요한 부분을 차지함에 틀림없다. "인간이 자신의 어떠한 행위 때문에 구원받는 것은 아니지만, 행위 없이 구원받을 수는 없습니다."[27] 구원의 삶에 행위가 없지 않다는 말은 성화의 삶을 통해서 확인된다. 그러나 칭의와의 관계에 대해서는 신중한 고찰이 필요하다.

1. 표식과 실제(Sign and Reality)

구원론적 관점에서 볼 때 칭의는 행위 때문이 아니다. (엄밀히 말하자면, 그리스도의 행위 때문이고, 단지 우리의 행위가 부정되는 것이다.) 에드워즈가 수차례 강조한 것처럼 이것이 바울 구원론의 핵심이다. 반면 신약의 야고보서는 이 점에서 바울과 언뜻 반대되는 것처럼 보일 수 있다. 이에 대해 에드워즈는 야고보서의 "칭의"와 "믿음"이 과연 바울과 같은 의미로 쓰였는지 의문을 가질 수 있다고 지적한다. 결국 에드워즈는 바울과 야고보는 각각 다른 의미로 이 단어들을 사용했다고 결론을 내린다. 에드워즈에게 있어서 핵심은 바울과 야고보 모두 칭의 교리에 대해 다르지 않다는 것이다. "우리의 의가 아니라 오직 믿음으로 칭의된다는 교리 이외에 성경 전체에서 더 이상 주장되고, 설명되고, 강조되는 교리는 없습니다."[28] 이신칭의가 바울과 야고보 모

---

[26] Edwards, *Sermon on Revelation 22:17*, (WJE Online, Vol. 46).
[27] Edwards, *Sermon on Genesis 6:22*, (Banner), 2:53a. 3장에서 언급했듯이, 칼빈도 유사한 말을 한다. cf. Calvin, *Institutes*, 3:16:1.
[28] Edwards, *Justification by Faith Alone*, 19:232.

두에게 이견이 있을 수 없는 교리라면, 왜 둘 사이에 대립이 있는 것처럼 보이는걸까? 에드워즈가 보기에, 야고보서의 "칭의"와 "믿음"에 특별히 우리가 주목하는 것은 바로 칭의의 삶의 역동성 문제를 다루기 때문이다.

  이 긴장을 해결하기 위해 에드워즈는 칭의가 두 가지 의미로 이해될 수 있다고 제안한다. "하나는 실제적으로(really) 인정되는 것이고, 다른 하나는 선언적으로(declaratively) 인정되고 받아들여지는 것이다."[29] 이에 대해 에드워즈는 이런 예를 든다. 법정에서 한 사람이 자신의 선으로 칭의될 수도 있고, 또는 증거에 의해 드러나는 선으로 칭의될 수도 있다. 간단히 말해 칭의란 승인(approbation)일 수도 있고, 또는 승인에 대한 증거(testimony)일 수도 있다. 전자의 경우에 칭의의 근거는 "그의 경우를 선하게 만드는 것"과 "그 자신이 그 일에 대해 정당한 주체"라는 것이다. 이는 2장에서 보았듯이 조성적 성질(constitutive nature)에 해당된다. 쉽게 말해, 그 사람이 선해서 선하다고 하는 것이다. 반면에 후자의 칭의는 선언적, 또는 증거적(demonstrative), 표명적(manifestative) 칭의라고 불리는데, "증거들이 결정에 이렇다 저렇다 할 어떤 영향을 끼칠만한 성질이 되는지 아닌지에 대해, 증거들이 그의 경우가 사실상 선하다는 것을 드러낼 때만, 증거가 칭의한다."[30] 쉽게 말해, 그 사람이 선하게 보이니까 선하다고 하는 것이다. 에드워즈에 따르면 성경에는 사실 칭의가 증거적(demonstrative) 의미로 언급된 구절

---

29 Edwards, *Justification by Faith Alone*, 19:233. 에드워즈에게 있어서 이 두 가지 의미가 모두 성립되는 경우를 열거하면, "칭의하다"(justify), "정죄하다"(condemn), "받아들이다"(accept), "거부하다"(reject), "상을 주다"(prize), "냉대하다"(slight), "인정하다"(approve), "부인하다"(renounce) 등을 들 수 있다.

30 Edwards, *Justification by Faith Alone*, 19:232.

들이 많이 나타난다. 예를 들어, 마태복음 12:37, 예레미야서 11:20, 시편 7:8-9, 34-55, 잠언 20:11 등을 들 수 있다.[31] 특별히 이러한 이유로 에드워즈는 바울이 심판의 날을 "하나님의 의로운 심판이 드러나는 날"(롬 2:5)이라 불렀다고 예를 든다. "사실 하나님은 무엇이 옳은지를 알기 위해 증거를 필요로 하지 않지만, 유념해야 할 점은, 하나님이 심판 보좌에 앉으셔서 세상의 재판관들처럼 그의 경우에 있어서 무엇이 옳은지를 찾는 것은 아니라, 단지 옳은 것을 선언하시고 표명하신다."[32]

전자의 칭의 방식은 오직 믿음으로 이루어진다. "왜냐하면 오직 우리 안에 있는 것으로 우리가 받아들여지고 인정되기에 적합하기 때문이다." 이것은 주로 바울이 설명하는 칭의 이론이다. 여기에서 우리는 에드워즈가 말했던 조성적 성질을 기억한다. "믿음으로 우리의 경우가 선한게 보일 뿐만 아니라, 또한 선한 것이 되는 것은 믿음으로 우리는 그리스도와 연합하기 때문이다."[33] 즉, 믿음으로 그리스도와의 연합을 통해 만들어지는 언약 실제(covenant reality)를 말한다. 반면 "후자에 있어서 무엇이 우리의 적합함에 대한 증거인지가 마찬가지로 관건이다." 그러므로, 후자의 경우 "모든 다른 은혜들이나 선한 행위가 공통된 동일한 연관이 있는 것은 어떤 다른 은혜나 거룩한 행위들도 믿음처럼 동일하게 받아들여지고 인정받는 자격의 증거이기 때문이다." 후자는 야고보서의 주장이다. 그래서 야고보처럼 후자

---

31   예를 들어 마태복음은 야고보서의 칭의처럼 선언적, 증거적, 표명적 칭의를 말한다. 참고, 강웅산, "마태복음에 나타나는 칭의 개념", 『프로에클레시아』 17.1 (2008): 217-40.
32   Edwards, *Justification by Faith Alone*, 19:233.
33   Edwards, *Justification by Faith Alone*, 19:232.

의 관점을 따를 때 에드워즈는 사람이 믿음으로만이 아니라, 또한 행위로도 의롭다고 선언된다(칭의)고 말한다. 예를 들어, "한 나무가 좋은 나무인지는 나무를 즉시 시험해 보아서 뿐만 아니라, 열매로도 알 수 있다." 이로써 에드워즈는 칭의의 방식에 두 가지가 있음을 설명했다. 하나는 바울의 방식이고, 다른 하나는 야고보의 방식이다. 무엇보다 중요한 것은 바울과 야고보가 칭의 교리에 대해 서로 모순되지 않는다는 것이다. 에드워즈가 칭의 논의에서 야고보서를 언급했던 이유는 야고보서는 행위를 "믿음의 필요한 표명이요 증거"이고 또한 "현실, 삶, 믿음의 선함에 대한 합당한 표지이고 증거"로 여겼기 때문이다.[34]

야고보와 바울의 상관성을 다른 말로 표현하자면 표식(標識, sign)과 그 표식이 가리키는 실체의 관계라 할 수 있다. 표식은 그 표식이 가리키는 그것이 아니다. "약속은 합리적으로 말해서 믿음의 표식(signs)과 증거(evidence)에 대해 맺어집니다. 그러나 약속된 것은 표식 자체에 달려 있는 것이 아니라, 그 표식이 가리키는 것에 달려 있습니다."[35] 그럼에도 불구하고 표식은 실체를 상징하고 더 나아가 동일시되기도 한다. "종종 성경 언어에서는 어떤 것의 표식이 바로 그것 자체와 동일시되기도 합니다."[36] 이에 대해 에드워즈는 다음과 같은 예를 든다.

몸의 행동 자체가 그 몸의 생명 또는 정신이 아닙니다. 그러나 이러한 행동

---

[34] Edwards, *Justification by Faith Alone*, 19:234.
[35] Edwards, *Justification by Faith Alone*, 19:208.
[36] Edwards, *Justification by Faith Alone*, 19:234.

또는 움직임의 표식이 되는 능동적 성질이 몸의 생명입니다. 어떤 것이 살아 있다고 선언하게 하는 것은 그것이 능동적으로 작동하는 성질을 가졌음을 관찰하기 때문입니다. 그들이 관찰하는 것은 다름아닌 그것의 표식이 되는 행동과 움직임입니다.[37]

생명(본체)의 살아 있는지의 여부를 우리는 숨을 쉬는지, 몸이 움직이는지 등(표식)의 여부로 판단한다. 숨을 쉬는 것을 보게 될 때, 우리는 살아 있다고 판단한다는 말이다. 에드워즈에게 있어서 행동이 살아 있다는 표식이듯, 행위와 순종은 칭의되었다는 표식이다. 야고보서는 칭의와 행위를 혼동하지는 않았다. 에드워즈가 볼 때, 야고보서의 입장에 대해 의심할 여지는 없는 것이다.

> 행위가 필요한 것은 우리의 구원에 있어서 믿음과 대등한 중요성을 지니기 때문이 아님이 사도의 사고에서 명백합니다. 그러나 그는 행위를 오직 믿음과 연관되는 범위에서 그리고 믿음의 표현인 범위에서 언급합니다. 이는 결국 이 일에 있어서 어느 것도 믿음과 대등한 중요성을 갖는 일 없이 믿음을 유일한 중요한 조건이 되게 합니다. 다른 것들은 오직 믿음의 여러 표현이나 증거가 되는 범위에서 조건이 될 뿐입니다.[38]

인용 끝부분에 에드워즈가 "다른 것들은 … 조건"이 된다고 한 말을 오해하지 말아야 한다. 앞에서도 여러 차례 설명했듯이, 에드워즈가 사용하는 조건의 정의가 있었다. 즉, "다른 것들은" 구원 받았

---

[37] Edwards, *Justification by Faith Alone*, 19:235.
[38] Edwards, *Justification by Faith Alone*, 19:235.

다면 없을 수 없으나 믿음과 같은 기능을 하지는 않는 조건이란 의미에서 에드워즈는 여러 차례 "믿음과 대등한 중요성"을 갖지 않는다는 점을 강조하는 것이다.

에드워즈가 보기에, 야고보서가 창세기 22장의 사건을 언급하는 것은 아브라함이 자신의 아들을 제물로 바치는 행위를 "그를 칭의할 만한 증거"로 이해하기 때문이다. 아브라함은 "마음의 원리인 믿음으로만이 아니라, … 믿음의 삶의 표현인 삶의 유효한 행동들로 칭의되었습니다."[39] 에드워즈는 갈라디아서 5:6의 내용이 바로 야고보가 열정적으로 강조하는 그 내용이라고 지적한다. "열매를 맺지 않고 선한 행위를 행하지 않는 믿음은 죽은 믿음입니다. 살아 있다면 반드시 열매를 맺기 때문입니다." 같은 설교에서 야고보서 2:14, 18을 언급하면서 이 역시 같은 생각을 피력한다. "행위가 없는 믿음은 칭의하지 않습니다. 그는 오직 믿음으로 칭의되었습니다. 즉, 믿음은 영향을 끼치는 모든 것이지만 홀로 있지 않고 … 항상 믿음은 행위를 수반합니다."[40] 바울도 야고보도 오히려 칭의된 삶에 있어서 선한 행위가 있어야 한다는 점에서 일치한다. 행위와 순종이 믿음과 대등한 중요성이나 역할을 하지는 않으나, 살아 있는 믿음의 표식(sign)이라는 점에서, 칭의된 삶에서 반드시 보여야 할 정당한 구성요소라는 것이다.

아브라함이 독자를 제물로 드린 사건에서 그의 순종의 행위는 자신에게도 매우 중요한 역할을 했다. 에드워즈에 따르면 아브라함의 순종은 하나님에게 뿐만 아니라 자신에게 믿음의 열매와 증거로서

---

39 Edwards, *Justification by Faith Alone*, 19:236.
40 Edwards, *Sermon on Gal 5:6 (a)*, (Yale Beinecke Rare Book and Manuscript Library 미공개 자료).

"그 자신의 양심에 평안과 확신"을 주었다.[41] 아브라함은 이 사건에서 자신의 믿음의 증거를 목격함으로써 스스로의 믿음에 대한 확신을 가질 수 있었다. 에드워즈에 따르면, 표식은 하나님께서 필요한 것이 아니라 우리 자신의 양심을 위한 것이다.

> 용서가 우리 안에 용서하는 영에 약속되듯이, 긍휼을 얻는 것은 합당하게 우리 안에 긍휼함에 약속되고, 다른 것도 마찬가지입니다. 여러 경우에 있어서 그것들은 우리 마음이 믿음으로 그 유익들과 하나가 됐다는 가장 자연스러운 증거가 됩니다.[42]

에드워즈는 표식과 본체 사이에는 "달콤한 일치와 동의"(the sweet accord and consent)가 있음을 지적한다. 여기에서 에드워즈가 생각하는 것은 자연적 적합성(natural fitness)이다. 본체와 표식 사이의 자연적 적합성이 부각시키는 효과는 "미덕의 실천은 그 감각을 더욱 새롭게 하며, 약속된 복에 대한 소망을 새롭게 할뿐만 아니라, 또한 의무를 무시했을 때, 유익이 거부되는 정의에 대한 양심을 확신시킵니다."[43] "문집"(Miscellanies) 670번에서 에드워즈는 같은 맥락의 생각을 "주체"(본체)와 "선물"(표식)의 대비로 설명한다.

> 하나님은 주체와 선물 사이에 자연적 적합성을 존중하시는 것을 알 수 있다. 악을 용서하는 사람에게서 그의 영혼과 용서의 유익 사이에 자연적 적합과

---

41 Edwards, *Justification by Faith Alone*, 19:235.
42 Edwards, *Justification by Faith Alone*, 19:209.
43 Edwards, *Justification by Faith Alone*, 19:209.

일치가 특별히 나타난다. 또한 자비를 베푸는 사람에게서 그와 자비를 받는 유익 사이에 자연적 동의가 특별히 나타난다. 그런 것들을 통해서 그 특정한 유익들에 대한 믿음에 있는 영혼의 일치와 동조가 특별히 행해지고 나타난다. … 용서나 자비를 보이는 것이 영혼이 이러한 유익들에 대해 적합하고, 부합하고, 하나 됨을 표현하듯이, 하나님은 그런 것들을 보시고 이런 유익들을 주신다. 일반적인 복음적 순종에 대해 말하자면, 그것이 그리스도와 그의 구원에 대한 영혼의 일치와 연합함의 표현이듯이, 그것은 또한 믿음의 원리의 표현이고 표명이고, 하나님이 그들의 순종에 대한 존중으로 구원을 베푸시는 것이다. 사람은 오직 믿음으로 구원을 받지만, 그러나 복음적 순종이 믿음의 표현인 만큼 그들은 복음적 순종으로도 구원을 받는다.[44]

"믿음의 표현"으로서 용서를 실천할 때, "더 큰 위로와 함께 우리는 그리스도께서 우리를 용서하신다는 약속을 우리 자신에게 적용할 수 있게 된다"는 에드워즈의 설교가 마음에 와 닿는다.[45]

2. 방종(Licentiousness)

야고보와 바울의 비교에서 우리는 특별히 에드워즈의 목회적 관심을 엿볼 수 있다. 칭의를 논하던 중 선행과 순종에 대한 그의 강조는 방종을 크게 꾸짖는다. 선행을 중요하게 강조하는 것은, 에드워즈가 볼 때, 구원은 "순종과 뗄 수 없이 연결되어 있고, 지옥의 벌은 순종의 결핍과 연결되어 있기" 때문이다. 에드워즈의 언어가 의미가 심

---

[44] Edwards, "Miscellanies," No.670, 18:222-23.
[45] Edwards, *Justification by Faith Alone*, 19:209.

장하다. 여기에서, 야고보서를 통해 보았듯이, 법정적 칭의가 그것을 입증할 표식(sing)이 없지 않다는 점에 주목할 필요가 있다. 그런 면에서 믿음의 표식과 증거는 "구원에 이르는 길과 그것을 위한 필요한 준비"로서 없어서는 안 되는 것으로 강조된다. 왜냐하면 "심판의 날 우리의 양심에서 우리의 칭의는 우리가 용납되었다는 증거로서 그것[증거]에 의존하기" 때문이다.[46] 그러므로 에드워즈의 칭의 개념에는 방종이 설 자리가 없다. "이 복음적 칭의 도식은 방종을 권장하는 것과 거리가 멀고" 대신 "엄하고 보편적인 순종과 가장 최고로 탁월한 거룩을 권장하고 독려해야 할 많은 이유를 갖고 있다."[47]

에드워즈는 그리스도와의 연합을 통해서 우리에게 드러나는 그리스도의 왕직이 방종을 저지한다고 강조한다. 이 말은 그리스도께서 왕으로서 당신에게 연합한 성도의 삶을 다스린다는 것을 전제한다. 에드워즈는 이런 질문이 있었다. "왕이신 그리스도와 연합하는 것이 칭의의 믿음의 본질인가?" 그의 답은 긍정이었다. 왕이신 그리스도를 받아들인다는 것은, "죄 사함을 받아들이는 것이 죄 사함을 받기 위한 타당한 조건인 것처럼, 그가 왕직을 행하시는 가운

---

[46] Edwards, *Justification by Faith Alone*, 19:236. [설명 삽입].
[47] Edwards, *Justification by Faith Alone*, 19:237. 에드워즈는 *Religious Affections*에서 선행이 칭의의 표시이자 복음의 핵심이라고 강조하며 선행에 대한 강조를 적법한 교리로 보는 자들에게 이렇게 대답한다. "값없는 은혜 교리나 이신칭의 교리들이 은혜의 표시로서 거룩한 실천을 강조하는 것과 서로 일관되지 못하다면, 그 교리들은 은혜의 표시, 거룩, 또는 우리 안에 있는 어떤 은혜, 또는 신앙에 대한 우리의 어떤 체험으로서 우리 안에 있는 어떤 것의 중요성과도 마찬가지로 일관되지 못하다. 거룩한 실천이 그래야 하는 것처럼, 이 중 어느 것이 우리가 칭의되는 의가 돼야 한다면, 이것은 값 없는 은혜나 이신칭의 교리와 모순된다", Edwards, *Religious Affections*, 2:456.

데 주시는 구원의 조건이다." 그리스도의 다스리심(Lordship)과 사하심(priesthood)이 그리스도와의 연합 안에 있다. 에드워즈가 볼 때, 그리스도의 왕직과 제사장직은 그리스도와의 연합 안에서 서로 분리될 수 없다.

> 그리스도를 제사장과 왕으로 받아들이는 것은 서로 분리될 수 없다. 이 둘은 서로 분리될 수도 그 주체 안에서 갈라질 수도 없을 뿐 아니라, 또한 그 성질에 있어서도 서로 별개인 것으로 간주될 수도 없다. 그것은 하나 안에 다른 하나가 포함되기 때문이다. 그리스도를 왕으로 받아들인다는 것은 그를 제사장으로 받아들이는 것에 포함된다. 그는 제사장으로서 왕직에 의한 유익을 누릴 권리를 이루셨다. 그러므로 그를 제사장으로 받아들인다는 것은 그를 왕으로 받아들이는 것을 포함한다. 왜냐하면 우리가 그의 제사장직을 살 수는 없고, 단지 산 유익을 누릴 뿐이다. 만약 믿음이 그리스도를 우리 칭의의 중보자로 받아들이는 것 이상으로 더 많은 것을 직접적으로 포함하고 있는 것이 아니라면, 그 칭의는 그리스도의 왕직으로 이룬 유익들에 대해 권리를 주는 것을 의미한다.[48]

어떤 면에서 우리는 에드워즈의 제사장직과 왕직 개념이 그리스도의 부정적-긍정적 의 개념과 평행하다는 것을 발견한다. 율법에 대해 긍정적, 부정적 차원에서 의를 이루는 것과 그리스도가 왕직과 제사장직을 수행하여 이룬 유익이 결국 그리스도 안에서 우리의 것이 된다. 그런 점에서 에드워즈는 칭의된 삶에서 그리스도의 왕직은 그의 제사장직과 떨어질 수 없으며, 그 반대도 마찬가지라는 점을 강조

---

[48] Edwards, "Miscellanies," No.855, 20:82-83.

한다.

다르게 표현하자면, 그리스도와의 연합에 의한 칭의는 직설(indicative)과 명령(imperative) 모두를 포함한다. 에드워즈는 선행과 순종(명령)은 우리가 그리스도 안에서 칭의되었다(직설)는 사실 위에 있음을 강조한다. 이런 점에서, 앞서 말했듯이, 선행과 순종은 그리스도와의 연합 안에서 칭의의 표식이다. 즉, 칭의된 삶을 드러내는 의와 거룩은 바로 우리와 함께 계신 그리스도의 의와 거룩으로부터 오는 것이다.

> 신자의 거룩은 오로지 그리고 전적으로 하나님의 빛의 반영이며, 하나님의 의의 소통이며, 일획도 우리 때문이 아니다. 이는 전적으로 하나님의 피조물이고, 새로운 피조물이며, 이는 우리 가운데 계신 그리스도시다. 이는 선물인 것 외에 우리의 거룩도 우리의 의도 아니다. 우리의 자손도 후손도 아니고, 우리의 자연적 권리도 아니다. 우리가 뭔가를 더하기 때문도 아니고, 우리를 보존하기 때문도 아니다. 은혜의 모든 움직임과 동작은 우리 안에 사시는 그리스도시며 다른 아무것도 아니다.[49]

에드워즈에게 있어서 방종은 그리스도와 연합한 자의 삶에 어울리는 것이 아니다. 방종은 직설(칭의)과 명령(선행과 순종)의 유기적 결합을 부정할 때 발생한다. 에드워즈는 우리가 그리스도 안에 있다는 직설이 인정된다면, 반드시 우리 안에 사시는 그리스도의 명령이 따라와야 한다고 강조한다. 그리스도와의 연합 하에서 그리스도의 왕직과 제사장직이 분리될 수 없듯이, 칭의의 삶에서 직설과 명령이 분

---

49 Edwards, "Miscellanies," No. 66, 13:236.

리될 수 없다.

3. 사랑의 명령(Imperative of Love)

에드워즈에게 있어서 그리스도와의 연합이라는 서술(indicative)은 사랑의 명령(imperative)으로 또한 표현된다. 사랑은 에드워즈 사상에 있어서 중심 주제 중 하나이다.[50] 성령의 내주를 통해 그리스도께서 우리 안에 사신다면, 에드워즈에게 있어서, 그리스도와의 연합은 흔히 사랑으로 종합된다.

> 하나님의 영은 사랑의 영이시다. 그러므로 하나님의 영이 영혼 안에 들어갈 때 사랑도 들어간다. 하나님은 사랑이시기에 하나님이 그의 영으로 거하는 사람은 그 안에 거하는 사랑을 갖게 된다. 성령의 본성은 사랑이시다. 그리고 성령 자신과 자신의 본성을 교통하심으로 말미암아 성도의 마음은 사랑과 자비로 가득 차게 된다.[51]

---

50 Conrad Cherry는 에드워즈에게 있어서 사랑은 종교개혁자들의 경우보다 더 중심적인 위치를 차지한다고 설명한다. Cherry에 따르면, 루터나 칼빈은 사랑을 믿음과 결부시키긴 하지만 "강조와 순서"에 있어서 사랑을 믿음에 종속된 위치에 두었다. 그들에게 사랑은 "칭의의 믿음에서 흘러나오는 또한 칭의의 믿음으로 장식되는 선행"이었다. 그러나 Cherry가 만약 에드워즈가 사랑을 믿음의 행위로서 믿음 안에 포함시키면서, 사랑을 "단지 사랑의 열매가 아니라 바로 본질"로 보았다고 주장한다면, Cherry에 대해 필자는 동의하기 어렵다. 이 연구에서 확인되듯이 믿음과 사랑이 불가분의 관계이기는 하지만 에드워즈에게서 사랑은 믿음에서 흘러나오는 행위 그 이상은 아니다. 이 부분에서 에드워즈는 종교개혁자들의 입장과 다르지 않았다. Cherry, *Theology of Jonathan Edwards*, 77.

51 Edwards, *Charity and Its Fruits*, 8:132. 에드워즈는 성령을 하나님의 사랑으로 묘사한다. "하나님의 영은 하나님의 사랑이다. 그렇기에 성령은 우리의 모든 생

에드워즈가 볼 때 우리 안에 거하시는 그리스도의 영은 당신의 존재를 외적으로 드러내실 때 사랑이라는 형태로 드러내신다. 그렇다면 선행은 사랑의 또 다른 이름이다. 사랑의 행위에는 본성적으로 그 행동을 행할 대상을 갖는다. 즉, 우리의 사랑에는 두 대상이 있는데 하나님과 이웃이다.

> 1. 그리스도에 대한 사랑. 여기에서 내가 성자를 사랑한다고 할 때, 성부 하나님을 향한 사랑을 배제하는 것이 아닙니다. 참된 신자는 무엇보다 주 예수 그리스도를 사랑합니다. 그리스도는 그를 가장 사랑하는 자가 되고, 가장 가까운 친구가 되고, 그리고 자신의 최고의 행복이 되도록 택하셨습니다. 그는 신자에게서 순결과 놀라운 탁월을 보시고 강하게 자신의 사랑을 그에게 부어 주십니다. 2. 그리스도로 인한 신자를 향한 사랑. 이는 신자의 거룩의 매우 중요한 부분으로, 말씀 안에서 아주 많이 강조되고 아주 많이 제시되며, 그것으로 다른 사람들이 우리를 알고 우리도 우리를 알수 있는 신자의 구별되는 표지로 주어진 것입니다.[52]

각을 무한대로 뛰어넘는 방식으로 성부와 성자로부터 나아오시고 또는 숨쉬어지신다. 이것은 마치 신적 본질이 전적으로 성부와 성자로부터 무한대로 순수한 사랑과 달콤한 기쁨 가운데 흘러나오고 숨쉬어지시는 것과 같다." Edwards, *Treatise on Grace*, 21:184.

[52] *Sermon on Gal 5:6* (a), (Yale Beinecke Rare Book and Manuscript Library 미공개 자료). 에드워즈는 사랑에 대한 우리의 동기에 대해 이렇게 말한다. "하나님을 향한 참된 사랑의 첫 근거는 당신이 스스로 사랑스럽고, 사랑받을 만하며, 자신의 본성의 최고의 사랑스러움이시라는 것 외에 다른 것을 생각하는 것은 합리적이지 않다. 이것은 분명히 그를 가장 사랑스럽게 만드는 것이다. 사람이나 어떤 피조물을 가장 사랑스럽게 만드는 것은 그의 탁월함인데, 그래서 하나님을 가장 사랑스럽게 만들고, 의심의 여지없이 참된 사랑의 최고의 근거가 되게 하는 것은 그의 탁월함이다." Edwards, *Religious Affections*, 2:242. 에드워즈

에드워즈가 말하는 사랑의 대상 사이에는 특정한 질서가 있다. 두 종류의 대상 중에서 하나님을 향한 사랑에서 이웃을 향한 사랑이 나온다. 여기에서 우리가 하나님을 사랑하는 것은 오직 그리스도와의 연합을 통해 가능한데, 에드워즈가 볼 때, 동시에 이 사랑이 우리가 이웃을 향해 사랑할 수 있게 하는 근원이자 동력이 된다.

> 하나님을 향한 우리의 사랑이 하나님의 계명을 지키는 데 수반하는 어려움을 극복하게 한다. 이것은 사랑이 구원의 믿음에 있어서 핵심적 요소이며, 생명이고 능력임을 보여 준다. 믿음으로 사랑은 놀라운 결과를 낳는데, 사도 바울이 믿음을 "사랑으로 역사하는 믿음"이라고 불렀던 것에 일치한다.[53]

그리스도와의 연합 속에서 우리가 사랑할 수 있다면, 사랑도 믿음으로 하는 것이다. 그렇다면, 에드워즈의 논지를 따를 때, 사랑은 믿음으로 하고, 믿음은 사랑으로 역사하는 것이다.

에 따르면 하나님을 향한 참된 사랑은 하나님이 우리를 위해 무엇을 하셨냐에 앞서 하나님이 누구시냐에 의해 일어난다. "하나님을 향한 사랑(affections)이 먼저 자신들에게 주어진 유익에 근거할 때, 그들의 사랑은 잘못된 쪽에서 시작된다. 그들은 하나님을 신적 유익의 최고 한계라고 생각하는데, 거기가 그것이 그들에게 감동을 주고 그들의 관심에 미치는 한계이고, 근원적 선이고, 모든 선의 참된 기초이고, 모든 종류의 사랑의 첫 근원이고, 그래서 모든 참된 사랑의 첫 근원이신 하나님의 본성의 무한한 영광에 대해서 그들은 관심이 없다." Edwards, *Religious Affections*, 2:243.

[53] Edwards, *Faith*, 21:448. 에드워즈는 모든 말씀의 교훈을 사랑으로 종합한다. "성경은 사랑이 하나님의 율법에 들어있는 모든 것과 그분의 말씀에서 요구되는 모든 의무의 총합이란 것을 우리에게 가르친다." 그리고 "우리가 율법을 십계명을 말하는 것으로 봐야하는지, 아니면 기록된 모든 하나님의 말씀으로 봐야하는지에 대해 성경은 요구되는 것의 총합이 사랑이라고 우리에게 가르친다." Edwards, *Charity and Its Fruits*, 8:137, 138.

에드워즈가 볼 때, 역동적인 사랑은 성령의 역사를 전제한다. 에드워즈가 그리스도와의 연합을 성령의 내주와 연결시킬 때, 우리는 하나님에 대한 사랑과 이웃에 대한 사랑이 오직 성령의 내주에 근거한다는 사실을 기억하게 된다. 에드워즈의 사랑의 도식은 삼위일체의 사랑과 닮았다. 삼위의 내적 사랑의 교통이 외적 사랑으로 발산되어 구속의 사랑으로 나타난 것처럼, 성령의 내주를 통한 하나님 사랑이 이웃 사랑을 가능케한다. 단순한 유비를 넘어서 신학적 논리가 있다. 삼위의 사랑 자체이신 성령이 우리 안에 내주하심으로 우리의 하나님 사랑은 이웃을 향한 실천적 사랑으로 진행한다.

아울러 에드워즈는 우리가 얼마큼 사랑할 수 있는지도 오직 그리스도와의 연합에 근거를 둔다. 사랑의 명령은 그리스도와의 연합이라는 직설에 뿌리를 두기 때문이다. 이런 의미에서 칭의된 우리가 사랑을 실천할 때 그 실천은 "하나님의 솜씨"(workmanship)가 된다. 에드워즈는 이 사실을 뒷받침하기 위해 하나님의 창조의 능력과 구속의 은혜가 "우리 행위에 앞선다"고 지적한다. 우리의 솜씨(명령)는 하나님의 솜씨(직설)에서 비롯된다. "이 솜씨를 가능케 하는 하나님의 은혜와 능력과 그들을 향한 하나님의 작정과 목적이 우리의 행위와 그것의 원인보다 우선한다."[54] 에드워즈가 볼 때 하나님의 솜씨가 우선적으로 강조되는 것은 하나님이 "성도의 행위를 받으심이 그들의 인격

---

[54] Edwards, *Efficacious Grace*, 21:282. 에드워즈는 아가서 7:1의 "너의 허벅지의 관절은 숙련된 장인의 손이 만든 작품"에 대해 설명하며 에베소서 2:10의 "솜씨"(workmanship)와 연관짓는다. 여기에서 에드워즈의 강조는 교회의 몸은 하나님의 솜씨에 의해 하나로 연결된다는 점이다. "관절들이 성도들의 상호간의 자비, 거룩한 사랑, 연합과 교통에 의해 합당한 움직임과 작동을 위해 딱 맞게 보호된다. Edwards, *Notes on Scripture*, No. 490, 15:585.

을 받으신 것에 따른 결과"이기 때문이다.[55] 바로 직설에 근거한 명령이다. 한 사람이 칭의된 후에야 그의 사랑의 실천이 받아들여지는 것이다.

이제까지 살펴보았듯이, 에드워즈에게 있어서 선행과 칭의 사이에는 밀접한 관계가 있다. "믿음 없이 칭의하는 것이 맞는 일일 수 없지만, 선행 없이 칭의하는 것이 맞다고 말하는 것도 모순이다."[56] 에드워즈에게 있어서 그리스도 안에서 칭의가 선행을 낳는 것은 생명이 있기 때문이라는 것을 아무리 강조해도 지나칠 수 없다. 이런 관점에서 볼 때 하나님의 뜻에 순종하는 것은 더 이상 이상하거나 부자연스러운 일일 필요가 없다.

4. 진지한 순종이 아니라(No Sincere Obedience)

선행과 마찬가지로 순종이 칭의된 삶에서 없어서는 안 되지만, 순종에 대한 에드워즈의 강조가 알미니안의 진지한 순종(sincere obedience)을 뜻하는 것은 아니다. 에드워즈는 진지한 순종을 부정하기 위해 "준비"와 "권리"를 구분한다. "자녀가 상속자인 경우 유산을 물려받기까지 부모는 교육을 통해 자녀를 준비시키기 위해 많은 것을 합니다. 그렇습니다. 유산을 실제로 받도록 자녀를 준비시키기 위해서 필요한 많은 것이 있습니다. 그러나 상속권을 갖기 위해 준비가 필요한 것은 아닙니다." 실제 상속을 위해서는 준비가 필요한 반면, 권리를 갖는 것은 준비를 통해 주어지는 것이 아니라는 말이다. 에드

---

[55] Edwards, "Miscellanies," No. 780, 18:449.
[56] Edwards, "Miscellanies," No. 412, 13:473.

워즈는 알미니안의 모순을 이렇게 설명한다. "만일 영광을 받기 위해 사람을 준비시키는 데 필요한 모든 것들이 칭의의 합당한 조건이라면, 완벽한 거룩이 칭의의 조건일 겁니다."[57] 진지한 순종으로 칭의되는 알미니안의 칭의 도식이 복음에 반하는 것은 칭의가 도덕적 적합성(moral fitness)에 근거하는 도식이 되기 때문이다. "문집"(Miscellanies) 647번에서 에드워즈는 이렇게 주장한다. "일반적으로 진지한 순종을 그리스도께 참여하는 조건이라고 말하는 것은 구원을 도덕적 적합성으로 이해하게 만드는 방식이 된다." 에드워즈에게 "그것은 바울이 말한 방식이 아니라 오히려 그가 조심스럽게 피하려고 한 것이다."[58]

에드워즈는 로마서 4:16 설교에서 알미니안이 주장하는 진지한 순종의 문제가 어디에 있는지 지적한다. 그들의 문제는 바로 언약을 이해하는 방식에 있었다.

> 알미니안은 칭의가 진지한 순종에 근거한다고 주장합니다. 그들은 주장하기를 하나님은 완전한 순종을 칭의의 조건으로 제시했던 첫 언약을 우리가 깨뜨린 것을 보시고, 이제 우리에게 그 대신에 진지한 순종을 제시하는 또 다른 언약을 주셨다는 겁니다. 그들은 새 언약의 은혜가 나타났다는 것은 하나님이 우리가 완전한 순종을 행할 수 없게 된 것을 보시고 그 대신에 불완전하지만 진지한 순종을 취하시는 것이라고 믿습니다. 그들은 그리스도께서 우리의 순종의 불완전함을 대속하셨고 값 주고 칭의의 엄한 조건을 폐지하셨다고 생각합니다. 즉, 그들은 우리를 위한 그리스도의 완벽한 순종이 하나님께서 대신해서 불완전한 순종을 기꺼이 받으시게 한다고 믿습니다. 그

---

57 Edwards, *Justification by Faith Alone*, 19:210.
58 "Miscellanies," No.647.

들은 믿음이 칭의에 있어서 뭔가 중요한 일을 한다고는 하지만, 믿음은 단지 그리스도를 받아들임이 아니라, 진지한 순종의 한 중요한 부분으로서 선행만 한 것이라고 주장합니다.[59]

진지한 순종의 문제는 2장에서도 부분적으로 다루었다. 에드워즈는 언약에 대한 올바른 이해만이 그들의 문제가 어디에 있는지 드러낼 것이라고 지적한다. 알미니안의 문제의 핵심은 행위언약과 은혜언약의 관계를 보는 방식에 있다. 알미니안에게 새 언약이란 "하나님이 인류를 향하신 자비하심으로 엄한 제도를 폐하시고, 우리를 새 법 아래 두시면서 훨씬 쉬운 제도를 주신 것이다."[60] 그러므로 새 언약 하에서 하나님은 우리의 능력을 넘어서는 어떤 것도 요구하지 않으신다. 이들의 도식을 따르자면, 대신 그리스도의 죽으심은 우리의 진지한 순종이 지니는 불완전함을 대속하셨다. 하지만 에드워즈의 눈에는 그들의 새 언약은 단지 불완전한 순종만을 요구하기 때문에 율법을 충족시키는 것은 더 이상 필요치 않다. 아이러니칼 하게도, 불완전한 순종도 율법을 어긴 것이라고 생각하지 않는다. 그러므로 알미니안 체계에서는 그리스도의 대속이 처음부터 필요치 않았다. 에드워즈는 이러한 알미니안의 자기 모순적 구조에 대해 회의를 표한다. "그리스도께서 우리를 대신하여 율법을 만족시키시기 위해 죽으셨고, 그래서 우리가 율법 아래 있지 않고 율법으로부터 놓임을 받아서 우리가 좀 더 쉬운 법 아래 있게 하기 위한 것이었다고 말한다면",

---

[59] Edwards, *Sermon on Romans 4:16*, (WJE Online, Vol.45). cf. Edwards, "Miscellanies," No.829, 18:539-40.

[60] Edwards, *Justification by Faith Alone*, 19:165.

에드워즈는 답답하다는듯이, "그렇다면, 그리스도께서 죽으실 필요가 무엇이겠는가?"라고 반문한다.[61] 이렇듯 에드워즈가 칭의의 삶에서 순종의 중요성을 이해하는 방식은 알미니안이 진지한 순종에 대해 주장하는 바와 전혀 다르다. 에드워즈가 보기에, 그리스도인의 삶에서 순종의 바른 위치는 바로 칭의와 칭의의 표식으로서의 순종의 유기적 관계를 바로 이해하는 데에 있다.

5. 그리스도 안에서의 순종(Obedience in Christ)

이렇듯 다소 복잡해 보일 수 있는 순종과 칭의의 관계에 대하여 에드워즈는 바른 답을 얻기 위해서는 먼저 바른 질문을 던져야 한다고 한다.

> 문제는 사람이 복음적 순종으로 칭의되는지 아닌지가 아니다. 관건이 되는 질문은 복음적 순종 자체가 선을 포함하기에 이를 통해 우리가 칭의될 수 있는지, 아니면 단지 복음적 순종으로 그리스도를 받아들이기 때문이고, 단순히 그것은 그리스도를 영접하는 것이기 때문이고, 단지 이것으로 신자가 그리스도와 연합하고 그와 하나가 되기 때문이고, 그래서 하나님이 [신자와 그리스도를] 똑같이 여기시는지, 이것이 문제이다. 사람들이 그들이 논쟁하는 문제가 무엇인지 생각하지 않는 것은 참으로 안타까운 일이다.[62]

3장 앞부분에서 믿음의 조건성을 말하면서 에드워즈는 일반적

61　Edwards, *Justification by Faith Alone*, 19:166.
62　Edwards, "Miscellanies," No. 36, 13:219.

으로 조건이란 "그것이 있음으로 있게 되고, 그것이 없음으로 없게 되는 것"이라고 정의한 바 있다. 이 정의를 따르면 믿음 외에도 순종과 같은 다른 은혜들이 없으면 칭의도 존재하지 않게 된다. 논리적으로 칭의되었는데 다른 은혜가 없는 경우는 있을 수 없기 때문이다. (이것이 언약의 성질임을 설명하였다.) 에드워즈가 볼 때 문제는 순종이 칭의의 조건인지 아닌지가 아니다. 이것은 에드워즈에게 있어서 잘못된 질문이다. 순종이 문제가 되는 것은 두 가지이다. 첫째, 순종이 도덕적 적합성을 취하고, 둘째, 순종이 그리스도와 연합하는 일을 할 때이다.

에드워즈는 일관되게 칭의하는 믿음으로부터 순종을 배제했다. 오직 믿음만이 "우리가 칭의되고, 우리가 그리스도께 참여하는 모든 것을 지닙니다. 그래서 우리 구원에 있어서 믿음과 대등한 중요성을 지니는 것은 없습니다."[63] 칭의에 있어서 에드워즈가 순종을 부인하는 이유는 결국 두 가지이다. 순종이 도덕적 적합성을 가질 때, 그리고, 순종이 그리스도와 연합하는 동작이 될 때이다. 다시 말해, 순종이 칭의될 만한 도덕적 가치가 있어 그리스도를 붙잡는다는 이론을 에드워즈는 반박하는 것이다.

그럼에도 불구하고 에드워즈는 믿음과 순종을 연결한다. 바로 그리스도 안에서이다. 그리스도와의 연합 속에서 믿음과 순종은 유기적으로 결합되어 있음을 에드워즈는 강조한다. 한편, 믿음에서 순종을 강하게 배제하던 그가 다른 한편으로 순종이 없는 믿음을 비판한다. "단지 믿음에 대해 순종이 차지하는 관계 때문에, 즉 믿음의 본질 안에 순종의 원리가 포함되어 있다는 이유만으로, 순종 없이도 사

---

63 Edwards, *Justification by Faith Alone*, 19:222.

람이 그리스도 안에 있는 것으로 간주되고 그에게 복음적 구원의 권리를 주는 것은 합당치 않다."⁶⁴ 그리스도와의 연합을 전제할 때, 에드워즈에게는 두 가지를 다 강조할 필요가 있다. 칭의하는 믿음은 순종이 아니다. 동시에 순종은 믿음의 표식이다. 그래서, 에드워즈가 볼 때, 칭의에서 순종이 믿음과 동일한 중요성을 갖지 않는다고 부정하는 것과 순종이 믿음의 표식으로서 그 안에 포함되어 있다고 강조하는 것은 동일하게 중요하다.

> 그래서 우리가 오직 믿음으로 칭의된다고 한다. 즉, 그것은 오직 우리의 영혼이 구주 그리스도와, 그의 구원과, 그 구원의 방식에 하나가 되고 연합하기 때문에 우리가 칭의되는 것이지, 우리의 성향이나 행위의 어떠한 탁월함이나 사랑스러움이 하나님을 움직이기 때문이 결코 아니다. 그리고 우리는 순종이나 선행에 의해서 칭의된다. 즉, 순종의 원리나 거룩한 성향이 그 조화와 연합에 포함되어 있고, 영혼의 본성과 복음 사이에 일치와 연합에 대한 이차적 표현이 되고, 또한 믿음의 실천이고 열매고 증거로서, 우리가 순종이나 선행으로 칭의된다.⁶⁵

에드워즈가 정의한 조건의 관점으로 보면, 둘 다 성립한다. 믿음으로 칭의되고, 순종으로 칭의된다. "하나는 실제적으로(really) 인정되는 것이고, 다른 하나는 선언적으로(declaratively) 인정되고 받아들여지는 것이다."⁶⁶ 하나는 바울의 이론이고, 다른 하나는 야고보의 주장

---

64 Edwards, "Miscellanies," No.412, 13:473.
65 Edwards, "Miscellanies," No.416, 13:476; 또한 Nos.315, 412, 507를 보라.
66 Edwards, *Justification by Faith Alone*, 19:233. 에드워즈에게 있어서 이 두 가

이다. 이것이 에드워즈가 말하는 자연적 적합성이다.

에드워즈는 오직 믿음으로 칭의되는 것이 자연적 적합성이라고 했다. 자연적 적합성은 순종에 대해서도 성립한다. 다른 방식으로 성립한다. 언약적-존재론적 실제(covenantal-ontological reality)의 관점에서, 순종과 다른 은혜들이 믿음 안에 포함되어 있다. 그리스도 안에서 믿음과 순종이 언약적-존재론적 실제를 이루는 것이 자연적 적합성이다. 에드워즈의 언약 신학 관점에서 믿음으로 칭의된다는 것은 언약 안에서 우리의 관계가 회복됨을 가리킨다. 하나님과 우리의 관계가 그리스도 안에서 회복됐다. 한번 아담 안에서 상실됐던 순종이 그리스도 안에서 새로운 기능으로 회복됐다. "그분의 순종과 속죄를 통해 그리스도를 구주로 받아들이고 하나님의 거룩한 자비, 즉 이 방식으로 죄를 사하시고, 생명을 주심을 받아들이는 것은 당연히 자유의 법으로써 그리고 자유롭고 순수한 영으로 종이 아니라 자녀의 순종으로써 하나님의 법에 대한 보편적 순종을 확고히 한다."[67] 죄인을 칭의하는 믿음이 그들에게 하나님의 자녀의 신분을 회복시키면, 아버지를 향한 자녀의 자연스러운 반응은 두려움이 아닌 사랑으로 순종한다. 즉, 그 순종은 강요가 아니라 자녀의 자유이다. 이것이 에드워즈가 말하는 언약적-존재론적 실제이고, 자연적 적합성이다. 갈라디아서 5:6 설교에서 에드워즈는 이 맥락에서 히브리서 6:10과 로마서 8:14-15을 언급한다.

지 의미가 모두 성립되는 경우를 열거하면, "칭의하다"(justify), "정죄하다"(condemn), "받아들이다"(accept), "거부하다"(reject), "상을 주다"(prize), "냉대하다"(slight), "인정하다"(approve), "부인하다"(renounce) 등을 들 수 있다.

67 Edwards, "Miscellanies," No.1130, 20:510.

믿음에서 나오는 선행은 사랑으로 말미암는 것, 또는 사랑에서 흘러나오는 것입니다. 복음적 순종은 사랑에서 비롯되는 것이지 근본적으로 두려움에서 나오는 것이 아닙니다. 진정한 신자라면 위협과 회초리로 강요되기 때문이 아니라 자유롭게 하나님의 뜻을 행하고자 합니다. 그것들은[위협과 회초리는] 강제하고 강요할 뿐입니다. 성도의 순종은 사랑의 수고입니다.[68]

연장선상에서 에드워즈는 고린도전서 13:3을 바탕으로 "사도가 이처럼 명백히 우리에게 말하는 것처럼, 사랑이 없이는 우리의 순종이 아무 유익이 없다"고 강조한다.[69] 명령과 직설의 수사를 다시 대입하면, 칭의의 믿음(직설)은 그리스도 안에서 그리고 그리스도를 위한 순종(명령)을 결정짓고 기대한다. 그러므로 그리스도 안에서 순종은 칭의된 삶에서 적법한 위치를 차지한다.

신자의 순종이 진정 복음적인 것이며, 마음에 보내진 아들의 영으로 행해지는 것이라면, 그것은 중보자 그리스도에 모든 근거를 두는 것이며, 단지 그 영혼이 그리스도와 연합했다는 믿음의 표현입니다. 모든 복음적 행위는 사랑으로 역사하는 믿음의 행위이며. 모든 그런 순종은, 마음에서 우러나오는 영혼의 행위로서, 그리스도를 받아들인 새로운 효과의 행위이며, 영광스러운 구주에 밀착하는 것입니다.[70]

---

68 Edwards, *Sermon on Gal 5:6 (a)*, (Yale Beinecke Rare Book and Manuscript Library 미공개 자료). [설명 삽입].
69 Edwards, *Sermon on Gal 5:6 (a)*, (Yale Beinecke Rare Book and Manuscript Library 미공개 자료).
70 Edwards, *Justification by Faith Alone*, 19:207.

순종은 칭의된 삶에서 보여야 하는 합당한 증거이다. 누구도 완벽한 순종의 삶을 살지 못하고, 칭의된 자도 완전히 죄가 없는 삶을 살지 못한다. 그러나 우리는 견인의 약속을 받은 사람들이다. 에드워즈가 보기에 견인은 칭의의 첫 순간부터 불가분적으로 연결되어 있다.

C. 견인(Perseverance)

칭의된 삶에서 이제 선행과 순종이 제자리를 찾을 수 있게 되었다. 에드워즈의 다음 질문은 "믿음의 첫 동작 외에 다른 동작이 칭의와 어떤 연관은 없는지, 또는 믿음에 의한 견인이나 믿음의 지속적이고 새로운 동작들은 이 일에 어떤 영향을 끼치는지"의 문제였다.[71] 에드워즈에게 견인은 칭의 주제와 상관이 없는 문제가 아니었다. "믿음의 견인은 이 일에서 배제되지 않습니다. 견인은 틀림없이 칭의와 연관성이 있을 뿐 아니라 또한 죄인 칭의가 근거를 두는 것이나 그가 어떻게 칭의되느냐로부터 떨어져 있지 않습니다."[72]

1. 견인의 위치(Place of Perseverance)

에드워즈는 성경이 견인을 "구원에 부합하는 필수요건"이며[73]

---

[71] Edwards, *Justification by Faith Alone*, 19:201.
[72] Edwards, *Justification by Faith Alone*, 19:202.
[73] Edwards, *Perseverance of Saints*, (Banner), 2:600b. cf. Edwards, "Miscellanies,"

"우리 구원의 조건"으로[74] 지지한다고 믿었다. 그렇기에 그는 주저함 없이 "믿음 안에서 견인은 어떤 의미로 칭의의 조건이다"라고[75] 말했다. 에드워즈의 구원관에 따르면, 하나님은 "그리스도를 통해 구원받은 자들이 그렇게 불완전하게 구원받는 것은 합당하지 않다고 보셨다."[76] 에스겔 18:24을 통해 에드워즈는 "타락이라는 선행 요소와 죄 가운데 죽는 결과"[77] 사이에 분명한 연관성이 있음을 인정한다. 마찬가지로 칭의와 견인 사이에도 연관성이 존재한다는 것이 그의 생각이다. 에드워즈의 조건의 정의를 따를 때, 실제로 견인은 칭의가 성립하는 조건이다. 흔히 이런 것을 가리켜 *sine qua non*(없으면 안 되는 것)이라고 한다. "비록 이것이[견인] 우리가 처음 영생의 권리를 갖게 한 것은 아니지만, 그것을[영생] 실제로 소유하기 위해 그것에 도달하는 길로서 그것이[견인] 필요하다. 우리가 견인 없이 그것에[영생] 도달하는 것은 불가능하다."[78] 에드워즈의 구원관에 있어서 견인은 없어서는 안 되는 위치를 점하고 있다.

에드워즈에게 있어서 견인은 그것이 있음으로 칭의가 있고, 그것이 없음으로 칭의가 있지 않는 관계이다. 이러한 조건성은 칭의와의 관계에서 자연적 적합성을 반영한다. 즉, 견인이 칭의의 조건인

No.808, 18:510.

74 Edwards, "Miscellanies," No.488, 13:532.

75 Edwards, *Perseverance of Saints*, (Banner), 2:596a-b. cf. Edwards, "Miscellanies," No.428, 13:480.

76 Edwards, *Perseverance of Saints*, (Banner), 2:596b.

77 Edwards, *Perseverance of Saints*, (Banner), 2:601a. cf. Edwards, "Miscellanies," No.799, 18:498-500.

78 Edwards, *Perseverance of Saints*, (Banner), 2:598a. cf. Edwareds, "Miscellanies," No.729, 18:353-57. [설명 삽입].

것은 신적 조성에 의한 일이라는 것이다. 견인이 자연적 적합성에 의해 칭의에 관여하는 방식은 믿음의 첫 동작 속에 견인이 포함되어 있기 때문이다. 그러나 이 말은, 이미 여러 차례 주의를 강조했지만, 에드워즈의 구원관을 희석시키지 않는다. "죄인은 믿음의 동작을 행하자 마자 *실제로*(actual) 그리고 *최종적으로*(final) 칭의된다."[79] 같은 문맥에서 에드워즈는 거의 똑같은 말을 반복한다. "죄인은 믿음의 첫 동작을 통해 실제로 그리고 최종적으로 칭의된다." 이신칭의 교리는 에드워즈에게 있어서 단회적이고 최종적이다. 그럼에도 불구하고 에드워즈는 견인과 칭의의 믿음의 유기적 관계를 확신한다. "죄인이 최초 믿는다고 할 때 선포되는 칭의의 동작에서 하나님은 믿음의 그 첫 동작에 사실상(virtually) 포함되어 있는 견인을 바라보십니다. 그리고 칭의하시는 분이 견인을 바라보시고 그것이 마치 믿음의 한 속성(property)인 것처럼 취하십니다."[80] 여기에서 두 가지가 눈길을 끈다. 하나는 견인이 "믿음의 그 첫 동작에 실제로 포함되어 있다"는 점이며, 다른 하나는 견인이 "마치 믿음의 한 속성인 것처럼 취하신다"는 점이다. 에드워즈의 논리대로 칭의가 믿음의 첫 동작에서 "실제로" 그리고 "최종적으로" 선언되었다면, 신자의 믿음이 지속적으로 유지되어야 한다. 그리고 견인은 이미 믿음의 "한 속성"으로서 믿음의 행위 속에 포함되어 있는 것이 맞다. 에드워즈가 견인을 믿음 안에 "한 속성"이라고 말할 수 있는 것은 견인이 "신적 체제에 의한 것"이라고 확신했기 때문이다.[81]

---

79 Edwards, *Justification by Faith Alone*, 19:201. [이탤릭 삽입].
80 Edwards, *Justification by Faith Alone*, 19:203.
81 Edwards, *Justification by Faith Alone*, 19:203. cf. Edwareds, "Miscellanies," No. 729,

(우리 측면에서) 믿음은 구원의 중요한 조건이다. 우리는 믿음에 의해서 칭의되고 구원받는다. 그러나 이 믿음에 속한 견인은 믿음이 구원에 가져다주는 조화에 중요한 토대가 된다. 견인은 생각해 보면 심지어 죄인 칭의에서도 생명으로 받아들임이 적합한지가 달려 있다. 하나님은 견인이 사실상(virtually) [믿음의] 첫 동작에 있는 것으로 여기셨다. 그리고 그것[견인]이 죄인이 칭의되는 믿음의 한 속성(property)인 것으로 간주된다. 하나님은 믿음 안에서 견지하는 것을 보시고, 마치 이미 그것[견인]이 있었던 것처럼, 죄인이 그것[견인]에 의해 칭의된다. 왜냐하면 펼쳐지는 신적 질서에 의해 그것[견인]은 마치 그때 보였던 믿음안에 있는 속성이었던 것처럼 인정된다. 이것[견인]이 없이는 죄인이 처음 믿는다고 했을 때 칭의되는 것은 적합하지 않다. 그러나 죄인이 믿음 안에서 견인할 때까지 [하나님의] 칭의의 동작은 보류되는 것이 필요하다.[82]

재차 말하지만, 에드워즈가 가톨릭 견인을 말하는 것이 아니다. 이 관계에서 에드워즈가 지적하는 것은 자연적 적합성이다. 믿음의 첫 동작에서 견인이 뗄 수 없는 것으로 보이는 것이 하나님이 조성하신 실제이기 때문이다. 견인이 믿음의 미래 동작으로 포함되어 있도록 보이는 것이 하나님이 만드신 현실이고, 그것이 유지되고 지켜지는 것이 자연적 적합성이다.

에드워즈에게 있어서 오직 믿음으로 칭의된다는 것은 오직 믿음으로 그리스도와 연합했기 때문이라는 것이 본 연구의 논지이다. 바

18:354.

[82] Edwards, *Perseverance of Saints*, (Banner), 2:598b; cf. Edwards, "Miscellanies," No.729, 18:353-57. [설명 삽입].

로 그 그리스도와의 연합 관점에서 볼 때 칭의의 믿음이 참된 믿음이라면 반드시 견인한다. 칭의하는 믿음은 그리스도 안에서 미래를 본다. 믿음은 그리스도 안에서 앞으로 펼쳐질 삶을 기대한다. 견인은 그리스도 안에 있다는 증거이다. 견인은 살아 있다는 표식이다. 그래서 현재 속에서 미래적 관점이 가능하다. 하나님의 칭의하심은 믿음의 첫 동작 순간에 미래적 의미를 담고 있다.[83] "최초의 칭의는 결정적이고(decisive) 최종적이기(final) 때문에 과거의 모든 죄뿐만 아니라, 그들이 책임져야 할 미래의 모든 결점 및 죄된 행위들까지도" 포함한다.[84] 에드워즈가 보기에 믿음의 첫 동작과 미래 동작은, 달리 말해, 믿음의 "후속 행위"(after-acts)는 그리스도 안에서 유기적이고 불가분적으로 연결되어 있다. 현재의 것이 미래의 것을 품고 있고 고대한다. "우리는 믿음으로 이 의를 처음 보고 알게 되었고, 처음으로 받아들이고 껴안았다. 일단 그것에 참여하게 된 다음에는, 미래에 확실하게 믿음으로 견인하는 것을 통해 우리는 지속적인 믿음을 갖게 된다."[85] 믿음의 미래 동작은 빌립보서 3장에서 바울과도 조화를 이룬다. "마치 아직 그것을 얻지 못했고 그러나 그것을 향해 계속해서 나아가는 것처럼, 그렇게 그는 그리스도를 믿는 믿음을 통해 의를 얻기 위해 노력하고, 또한 그리스도의 부활의 유익에 참여하고자 애씁니다."[86]

---

[83] 20세기에 들어 Geerhardus Vos와 Herman Ridderbos 등은 구원론 논의에서 "이미-아직"의 종말론적 역동성을 지적한다. 참고. Geerhardus Vos, *Pauline Eschatology* (Grand Rapids: Eerdmans, 1953); Herman Ridderbos, *The Coming of the Kingdom* (Philadelphia: Presbyterian and Reformed Pub. Co., 1962).

[84] Edwards, *Justification by Faith Alone*, 19:203, [이탤릭 삽입].

[85] Edwards, *Perseverance of Saints*, (Banner), 2:598a. cf. Edwards, "Miscellanies," No.1187, 23:107.

[86] Edwards, *Justification by Faith Alone*, 19:206.

믿음의 후속 동작들은, 그것들이 칭의된 자의 삶에서 반드시 드러나야 한다는 점에서, 하나님이 만드시고 집행하시는 언약적 실제이다. 에드워즈는 그리스도와의 연합 개념을 통해서 믿음과 견인, 첫 동작과 후속 동작, 현재와 미래, 사이의 질서가 존재함을 설명할 수 있었다. 그 질서는 전자가 후자에 의존하지는 않지만, 후자가 없는 전자는 없는 질서이다. 결국 전자에 의한 결과가 후자가 있음으로 다시 확인되는 관계이다. 이것이 에드워즈가 말하는 자연적 적합성이다. 같은 사상을 계속해서 확인할 수 있다.

> 약속이란 한 사람이 다른 사람에게 어떤 선을 행할 계획을 표명하는 것으로 그것에 의존하게 되고 의지하게 되는 목적이 있다. 그 표명에서 그의 확신이 오게 되고, 그의 정의로운 의무가 표명을 하는 데서 나오는 것이 그가 그 약속에 의존하게 되는 효과이다. 그러므로 믿음의 후속 동작들은 죄인에게 첫 동작만큼 구원의 권리를 준다고 말할 수 있다. 방금 말했듯이, 타당성이 첫 동작만큼 후속 동작들에게서도 나온다. 그것들은 같은 방식으로 중보자 그리스도와의 연합의 성질을 갖고 있고, 첫 동작 만큼, 어쩌면 첫 동작보다 더 크게 우리의 의존을 위해 구원의 미래성을 표명하는 것이 된다. 이것을 안다는 것은 주로 후속 동작과 우리의 일련의 행동에서 나온다. 성경은 아브라함과 노아의 믿음의 후속 동작이 그들에게 칭의의 관건인 의의 자격을 주었다고 말한다.[87]

에드워즈는 믿음의 미래 행위들이 중요할 뿐 아니라, 오히려 신

---

[87] Edwards, *Perseverance of Saints*, (Banner), 2:598b-99a. Edwards, "Miscellanies," No. 729, 18:356.

자의 확신이라는 실제적인 측면에서 볼 때 더 큰 중요성을 지닌다고 말한다.[88] 한 사람이 칭의되었는지 아닌지의 문제는 주로 믿음의 첫 행위보다는 후속 행위를 통해 분명하게 알 수 있기 때문이다. 에드워즈는 이런 면에서 견인을 중요시 여긴다. 믿음의 첫 동작이 그리스도와 연합하는 첫 동작이라면, 믿음의 후속 동작들은 그 연합 안에 머물러 있다는 증거이다.

2. 그리스도 안에서의 견인(Perseverance in Christ)

이미 언급했듯이 에드워즈는 견인과 칭의의 관계를 그리스도와의 연합 관점에서 이해하였다. 그리스도와의 연합은 최초로 연합하는 동작뿐 아니라 계속해서 연합에 머무는 것을 포함한다. 칭의의 결과가 지속적으로 유효한 것은 그리스도 안에 있기 때문이고, 견인은 성도가 계속해서 그리스도 안에 거하는 한 모습이다.

> 구원을 위해서 그리스도와 영혼 사이의 연합이 지속되어야 하는 것은 일단 그것[구원]이 시작되면 끝까지 지속되어야 하는 것과 같은 이유이다. 만약 시작되었지만 지속되지 않는다면, 그 시작은 헛된 것이다. 영혼은 그리스도와의 연합 외에 다른 방법으로 구원 받지 못한다. 그러할 때에만 그 영혼은

---

[88] 에드워즈가 확신을 믿음의 증거로 삼는 것은 William Perkins보다 William Ames를 따르는 청교도 전통과 일치하는 것으로 보고되고 있다. William K. B. Stoever에 따르면 그 영향이 Perkins의 지적(cognitive) 강조에서 Ames의 (Preston, Sibbes, Ball을 포함) 의지적(volitional) 강조로 바뀌었다고 한다. 자세한 내용은 William K. B. Stoever, *'Faire and Easie Way'; Covenant Theology and Antinomianism in Early Massachusetts* (Middletown, CN: Wesleyan University Press, 1978), 119-160을 참조하라.

마땅히 그리스도의 것이라 여겨진다. 그 영혼이 그리스도 안에서 구원을 받는데, 그러기 위해서는 지금 그 영혼이 반드시 그리스도 안에 있어야 한다. 실제로 구원이 주어질 때는, 한번 그리스도 안에 있었다는 게 아니다. 그러므로 하나님이 죄인을 칭의하실 때, 즉 믿음의 첫 동작에서, 칭의와 믿음의 견인 사이의 조화를 주목하신다. 이런 맥락에서 견인은 구원에 필수적이다. 없어서는 안 되는 것(*sine qua non*)이나 구원을 소유하는 길로서뿐만 아니라, 또한 칭의의 조화를 위해서도 필요하다.[89]

에드워즈에 따르면, 그리스도 안에 지속적으로 거하는 것은 연합이 시작된 목적이고, 견인은 그리스도 안에 지속적으로 거한다는 증거이다. 간단히 말해 지속성이 연합의 특징으로 강조되고 있다. 흥미로운 것은 이 특징이 실천적 차원을 가져온다는 것이다. 견인이 지속적 연합에 의존하는 것처럼, 연합도 견인에 의존한다고 말한다.

> 이것은 그들이 하나이고, 그리스도와 구원의 관계에 있으며, 그리스도의 신비적 몸과 이룬 연합, 바로 구원의 모든 영적 유익의 권리가 달려 있는 그 연합도 믿음의 견인에 달려 있음을 의미한다. … 요한복음 15장에서 보면, 신자가 그리스도를 믿는 믿음으로 견인하고 그 안에 거하는 것은 그리스도와 성도 사이에 있는 지속적인 구원의 연합과 관계를 위해 그리고 그리스도가 그들 안에 머무는 것을 위해 필요하다.[90]

에드워즈는 견인을 지속적인 연합의 관점에서 이해하기 위해서

---

[89] Edwards, *Perseverance of Saints*, (Banner). 2:598b.
[90] Edwards, *Perseverance of Saints*, (Banner). 2:600b−601a.

언약 관점을 도입한다. 연합이 가져오는 언약 실제(covenant reality)의 성격을 에드워즈는 결혼 유비를 통해 설명한다.

> 한 여인이 자신을 그녀에게 내어주며 결혼을 신청한 남자에게 아내가 되기로 하고 그를 자신의 남편으로 맞이하는 데에 동의하는 것과 그녀가 자신의 남편에게 언약으로 약속한 의무, 즉 죽을 때까지 아내로서 그에게 연합하고 그에게 신실하기로 약속한 의무 사이에는 차이가 있다.
>
> 그녀가 그를 남편으로 맞이하는 것과 그녀가 그에게 아내로서 죽을 때까지 신실할 것, 이 둘은 어떤 의미에서 언약의 조건이긴 하지만, 같은 의미는 아니다. 전자는 조건 자체에 강조가 있다. 즉, 그녀가 그 조건을 이행하는 즉시, 그녀가 약속했던 의무를 실제로 실행하기도 전에, 그녀는 남편에 대해 말하자면 그의 사랑과 친절, 그리고 그의 소유에 대한 권리를 갖게 된다. … 그러나 그녀가 실제로 죽을 때까지 그에게 신실해야 하는 것 또한 중요한 조건이다. 그가 [그녀를] 아내로 맞아들인다는 것은, 그녀가 그를 남편으로 받아들이며 신실을 약속함 속에 그리고 약속에 신실하겠다는 그녀의 마음 속에서, 그에 대한 그녀의 신실함은 사실상(virtually) 행해진 것으로 보는 것이다.[91]

---

91 Edwards, "Miscellanies," No.617, 18:150–51. 에드워즈는 신적 조성과 언약에 의해서 은혜의 첫 동작이 미래의 동작들을 향하는 경향이 있다고 주장한다. "사실 은혜의 첫 동작은 그 첫 빛에 있어서 미래 동작들에 대해 어떤 자연적 힘이 아니라 마치 하나님의 은혜와 언약에 의한 지속적인 원리에서 비롯되는 것 같은 경향이 있다. 하나의 은혜로운 발견이든 천 가지 은혜의 동작을 주시든 그것이 미래를 위해 지속적인 은혜의 성향(habit)이 되게 할 아무런 자연적 근거는 없고 오로지 신적 조성과 언약이 아니라면 있을 수 없다." Edwards, *Treatise on Grace*, 21:196.

이 결혼 유비에서 단서를 얻을 수 있듯이, 연합은 (남편과 아내, 또는 하나님과 우리 사이의) 언약을 의미한다. 언약을 맺는 동작은(칭의)는 언약 안에 계속 머무르는 것을 포함한다. 다시 말해 언약적 신실함(견인)이 기대된다. 그러나 칭의와 견인의 역동적 관계는 인정되나, 연합에 들어감(칭의)과 머무름(견인)이 "정확히 같은 방식은 아니라"는 에드워즈의 경고에 유념할 필요가 있다. 칭의가 견인과 관계하는 방식은 연합하는 첫 동작이 연합의 미래적 측면을 포함하는 반면, 견인이 칭의와 관계하는 방식은 연합되어 있음이 견인으로 표명되는 것이다. 아내가 그 남편과 연합하는 것은 남편에 대해 지속적으로 신실할 것을 약속한다. 동시에 아내가 남편에게 신실해야함이 아내가 남편과 연합하는 순간 마치 이미 다 충족한 것처럼 연합의 교통을 누린다. 이것이 연합에 담겨 있는 언약 실제이다. 칭의와 견인의 밀접한 관계는 은유 그 이상의 것이다. 적어도 우리의 관점에서 볼 때, 하나님과의 언약 관계는 하나님께 대한 우리의 언약적 신실함 없이는 생각할 수 없다. 에드워즈는 이러한 언약적 실제가 바로 그리스도와 연합한 우리의 현재 상태라고 본다. 그리스도와의 연합은 구원론적 삶을 꽃피우게 하는 현실이다. 믿음의 효력의 시작과 지속은 연합이라는 실제 속에서 서로 분리할 수도 분리될 수도 없다. 칭의가 믿음으로 되어지는 것이 하나님의 경륜에 자연적 적합성을 지니듯이, 칭의된 자가 견인하는 것 역시 자연적 적합성이다. 칭의와 견인이 자연적 적합성을 갖는 것은 그리스도와의 연합이라는 환경(context) 때문이다. 견인으로 칭의되지 않지만, 견인 없는 칭의도 없다.[92]

92　거듭 말하지만, 이것은 칼빈과 에드워즈 칭의론의 공통된 특징이다.

3. 견인과 구속사(Perseverance and Redemptive History)

에드워즈의 그리스도와의 연합 관점은 견인 논의에 구속사적 차원을 더하는 유익이 있다. 본 연구에서 1장이 나머지 논의에 대해 갖는 의의는 그리스도와의 연합 관점을 통해 구원론적 삶을 구속사와 하나님의 경륜을 배경으로 이해한다는 것이다. 에드워즈에게 있어서 견인 주제는 특히 그런 의미가 크다고 할 수 있다. 이에 구속사와 관련하여 몇 가지 특징을 지적할 수 있다.

에드워즈에게 있어서 견인은 구속사 이전에 예정론적 관점에서 볼 때 택함(election)이 확인되는 사건이다.

> 경건한 삶을 살지 않는 자들은 자신들이 택함을 받지 못했다는 것을 알게 되고, 경건한 삶을 사는 자들은 자신들이 택함을 받았다는 것을 알게 된다. 그래서 이렇다. 최선을 다해 순종의 방식으로 견인하는 사람은 자신의 순종과 의가 참되다는 것을 알게 되고, 그렇지 아니하는 자는 자신의 순종과 의가 거짓이라는 것을 발견하게 된다.[93]

에드워즈가 아는 칼빈주의적 예정론은 한 영혼의 구원으로 예정되면 견인도 포함한다. 에드워즈의 우회적 말을 통해 이점을 확인할 수 있다. "회심이 없다는 것은 택함을 받지 못했다는 표시인 것 만큼, 견인이 없다는 것은 참된 회심이 없다는 명확한 증거이다."[94] 칭의된

---

[93] Edwards, *Perseverance of Saints*, (Banner), 2:596a.
[94] Edwards, *Perseverance of Saints*, (Banner), 2:596a. cf. Edwards, "Miscellanies," No. 415, 13:474-75. 성도의 가시성은 청교도 신학의 한 중요한 특징이다. 즉,

자는 견인한다. 왜냐하면 그들은 이미 그리스도 안에서 택함을 받았기 때문이다.

또한 에드워즈에게 있어서 그리스도와의 연합은 견인의 확실성을 그리스도의 견인에 근거한다는 구속사적 의미를 지닌다. "견인 교리는 그리스도 중보의 본질에서 나타난다."[95] 그리스도의 견인이라 함은 그리스도가 인성을 입으시고 이루신 중보의 사역을 완수하시고 부활하셨음을 일컫는 말이다.

> 여기에서 신자의 견인이 결코 실패하지 않을 것임을 분명히 드러난다. 즉, 그들의 영적인 삶은 그리스도의 부활 생명, 또는 죽은 자 가운데서 부활하시면서 받으신 생명에 참여하는 것이고, 결코 그리스도께서 죽음 이전에 사셨던 생명에 참여하는 것은 아니다. 그들은 그 안에 사시는 그리스도에 의해 산다(갈 2:20). 이 생명은 그가 부활 때 받으신 생명으로 사는 것이며, 그가 죽음에서 일어나실 때에 받으신 충만함을 그들에게 교통함으로 사는 것이다. … 이 영적 부활과 생명은 그리스도가 고난의 순종으로 자신의 부활과 생명을 사신 것과 같은 방식으로 그리스도의 지체들을 위해 이루셨고 사신 것이다. 로마서 6장 논의의 연장선상에 있는 7장 시작부에 기록되어 있듯이 그들은 그와 연합하였고, 부활하신 구주의 지체이고, 그리고 그에게로 회심을 통해 혼인함으로써 생명을 받았다.[96]

경건한 삶을 보고 그 신앙의 진위를 알 수 있다는 정신은 청교도 전통을 꽃 피운 적이 있었다.

95 Edwards, *Perseverance of Saints*, (Banner), 2:599a; cf. Edwards, "Miscellanies," No.773, 18:422-24.
96 Edwards, "Miscellanies," No.823, 18:534. cf. Edwards, *Perseverance of Saints*, (Banner), 2:600a-b.

여기에서 우리의 견인이 그리스도의 부활에 참여하는 데에 있음을 에드워즈가 얼마나 열정을 갖고 말하는지 느낄 수 있다. 그리스도의 부활은 우리의 견인에 대한 보증이다. 부활하신 그리스도께서 우리 안에 사신다는 것은 우리가 그 생명의 풍성함에 참여한다는 의미이며 또한 견인한다는 확실한 보증이기도 하다. 그리스도 안에서 견인하는 우리 삶이 바로 그리스도의 부활의 삶이다. 에드워즈에게 있어서 우리의 견인이 확정적(definitive) 성격을 갖는 것은 그리스도의 부활이라는 구속사적 사건에 있다. 우리는 부활하신 그리스도와 연합하였기 때문에 견인한다.

> 그러므로 성도들은 분명히 그들의 영적 삶과 칭의된 상태에서 견인할 것이다. 사도는 로마서 6장에서 신자들이 최종적으로 죄로부터 자유해지고, 영원히 그리스도와 함께 살 것이며, 죄가 더 이상 그들을 지배하지 못할 것이라고 주장한다.[97]

그리스도의 견인은 우리의 견인에 대한 객관적 근거일 뿐만 아니라 동시에 모범적 효과(exemplary effect)를 지닌다. 그러나 모범적 효과란 단순히 주체의 반응에 따라 가변적일 수 있는 도덕적인 영향을 말하는 것은 아니다. 그리스도의 견인이 모범이 될 수 있는 것은 우리가 그리스도와 연합함으로써 그의 견인이 중보적 근거가 되어 우리가 소유할 수 있기 때문이다. 명령은 직설에 근거한다.

인간 그리스도 예수께서 영생을 얻기 위한 조건은 하나님께서 행하라고 주

---

[97] Edwards, "Miscellanies," No.823, 18:535.

신 일들을 행하는 것이었다. 즉, 완전하게 견인의 순종을 행하고, 그것으로 사탄과 세상과 반대를 정복하고, 그가 접하는 모든 고난을 견뎌내는 것이다. 그렇기에 그리스도는 이 일을 행하기 위해 최고로 근면하셨고, 실패하지 않도록 모든 주의를 기울이셨고, 실패하지 않고 오히려 견디기 위해 하나님의 도움을 구하는 애타는 울부짖음과 눈물로 기도하셨고, 피가 땀이 되도록 하나님과 씨름하셨다.[98]

앞선 논의에서는 우리가 칭의된 것이 직설이고 우리가 견인하는 것이 명령이라는 각도에서 말했다. 이것을 구속사적 배경을 통해 이해하면, 그리스도의 견인이 직설이 되고 우리의 견인이 명령이 되는 차원으로 이해가 가능하다. 에드워즈는 그리스도의 고난과 순종 전체를 하나의 중보적 견인으로 보았고, 더 나아가 우리가 힘들 때 바라볼 수 있는 모범으로 소개하고 있다.

언약 구조에 대한 에드워즈의 관점이 견인과 칭의의 밀접한 관계를 뒷받침하는 구속사적 배경을 강화한다. 에드워즈는 칭의된 자의 삶에서 견인을 강조하는 것이 은혜언약을 거스르고 행위언약으로 되돌아가는 것이 아님을 확인한다.

> 모든 것이 거저, 값없이 주시는, 절대적인 은혜인 은혜언약에서 생명의 상급이 인간 자신 의지의 강함과 지속적인 데에 의존하는 인간의 견인에 달려 있다는 것은 맞지 않다. 그것은 인간 자신의 힘에 의한 결과에 영생이 달려 있는 행위언약이지 은혜언약이 아니다.[99]

---

98 Edwards, *Perseverance of Saints*, (Banner), 2:599b.
99 Edwards, *Perseverance of Saints*, (Banner), 2:596b, cf. Edwards, *Charity and Its*

바꾸어 말하면 견인도 은혜언약에서 주시는 은혜이다. 신자가 틀림없이 견인한다는 확실성은 새 언약의 완전성에 근거를 둔다. 우리가 견인에 성공할 것이라는 약속이 가능한 것은 우리의 견인이 더 이상 아담에 근거하는 것이 아니라 그리스도께 근거하기 때문이다. 에드워즈는 사람의 견인에 약속(언약)이 담보되었기 때문에 첫 언약은 실패했다고 본다.

> 견인의 실패를 초래한 인간의 불안정 때문에 첫 언약은 인간을 하나님의 영광으로 인도하는 데 실패하였다. 인간의 가변성이 바로 연약함이고, 그것은 육신을 통해 나타났다. 그러나 하나님은 자비 가운데 타락한 인간과 두 번째 언약을 세우셨고, 이전 것에서는 실패했는데, 이 언약을 통해 인간이 하나님의 영광에 이르도록 하셨다. 하나님은 당신이 정하시고 조성하신 방식에 따라 하나가 그 정한 목적을 이루지 못했을 때, 그 대신에 다른 것이 대신하게 하셨는데, 처음 것의 약함과 결점을 보완하시어 다시 소개하시어 절대 실패하지 않고 그 목적을 이루게 하셔서, 그것을 더 이상 대체할 필요가 없는 것이 되도록 하셨다.[100]

견인을 위해서도 새 언약이 필요했다. 인간의 관점에서 볼 때, 어떤 면에서는 첫 번째 언약보다 두 번째 언약에서 상황은 더 나빠졌다고 할 수 있다. 전에는 "생명이 달려 있는 견인이 *단지* 인간의 힘에 달려 있었는데, 이제는 (가상으로 말해서) 견인이 *타락한* 인간의 힘에 달려 있기 때문이다." 그래서 에드워즈는 새 언약에서는 견인이 더 이

Fruits, 8:346.
[100] Edwards, "Miscellanies," No. 774, 18:424.

상 인간의 힘에 달려 있지 않게 하셨다고 확신한다.

> 만일 새 언약에서 영생이 인간 자신의 견인에 달려 있고, 자신의 힘 말고 더 이상 그것을 보증하는 약속 없이 자신의 근면한 노력으로 견인하며 서야 한다면, 그것은 첫 언약 이상으로 은혜언약이라고 불릴 자격이 없다. 왜냐하면 인간의 능력은 이전보다 훨씬 못하고 견인하기에 훨씬 더 불리하기 때문이다. 인간이 이제 스스로의 힘으로 견인함으로써 영생을 취해야 한다면, 영생은 그로 인해 첫 언약 때보다 훨씬 더 자신의 힘으로 이룬 것이 된다. 왜냐하면 지금의 견인은 그때 상황보다 훨씬 더 큰 일이 되었고, 자신 안에는 그때 가졌던 것보다 자신을 도울 은혜가 훨씬 적기 때문이다. 지금 그가 가진 것은 그 안에 있지 않아서 그때 은혜처럼 같은 율법으로 그것을 할 수 없고, 그러나 지금은 은혜의 영에 의해 훨씬 더 임의적이고 주권적인 방법으로 되게 하셨다.[101]

타락한 현실 속에서 견인이 인간의 힘에 맡겨졌다면, 견인은 첫 번째 때보다 훨씬 더 힘들어졌을 것이라며, 에드워즈는 중보자의 필요성을 부각시킨다. 그러나 에드워즈가 강조하는 것은, 그리스도께서 아담을 대신하신 견인은 단순히 우리를 아담의 원래 상태로 돌려놓아, 다시 우리 힘으로 견인하기 위한 것이 아니었다. 그리스도께서 견인을 완성하심으로써 완성된 견인이 우리에게도 적용되게 하신 것이다. 그렇기에 우리는 그리스도를 믿는 믿음의 첫 동작에서 이미 견인의 은혜를 가진 것이다. 에드워즈가 볼 때 그리스도가 언약의 머리 되심이 완성된 견인과 적용되는 견인 사의의 관계를 설명한다.

---

[101] Edwards, "Miscellanies," No.695, 18:278.

그리스도께서 아담의 자리를 대신하여 우리의 대표이며 보증으로 아담이 했어야 했던 일을 감당하셨다면, 그리스도는 우리를 아담이 받았던 시험 하에, 그 불확실한 상태에 다시 두시지 않으시고, 오히려 아담이 시험 상태에서 일할 때 그 안에 있고 그에 의해 대표되는 우리를 아담이 자신의 일을 감당했다면 도달했을 확실한 상태로 옮기셨다.[102]

에드워즈가 복음으로 이해하는 견인은 그리스도의 견인이 우리에게 그 결과를 약속한다는 것이다. 즉, 그리스도가 머리되시는 언약이 은혜언약인 것은 우리의 견인이 죄와의 싸움에서 이미 그리스도가 이기셨기 때문이다. 신적 조성에 따라 견인의 조건성이

성립하는 것은 바로 은혜언약의 구조에서 이해해야 되는 문제이다. 견인의 조건성을 가톨릭 견인으로 이해하는 것은 은혜언약에 대한 이해가 다르기 때문이라고 할 수 있다. 견인이 은혜언약에서 주어지는 은혜인 것은 우리가 둘째 아담 그리스도와 연합하여 "확실한 상태"에 있기 때문이다. 그러므로, 에드워즈가 볼 때, 우리의 견인은 하나님의 불가항력적 은혜의 증거이다.

은혜는 하나님이 적들의 큰 공격과 마음의 부패와 사탄과 세상으로부터 오는 강한 공격에 대항하여 마음에 심은 것이다. 이것들이 심으신 은혜를 대항하는 노력이 대단하고, 은혜를 없애기 위해 최대의 수고를 한다. 그러므로 이 대적들에도 불구하고 하나님이 마음 안에 은혜를 두시기 위해 당신의 모든 정복의 힘을 발하시는 것을 볼 때, 의심의 여지 없이, 그 은혜를 뿌리 뽑

---

102 Edwards, *Perseverance of Saints*, (Banner), 2:597a–b. cf. Edwards, "Miscellanies," No.695, 18:280.

기 위해 그것들이 연합하여 노력해도, 그 안에 은혜를 유지하실 것이다 …. 당신의 형상을 영혼에 회복하심으로 영광되게 적들을 당신의 발 아래 굴복시키신 그분은 당신의 형상이 마지막에 적들의 발에 밟히지 않도록 하실 것이다. 하나님만이 이 은혜를 있게 하셨다. 이것이 그가 감당하신 일이고, 전적으로 그의 일이고, 그러므로 의심의 여지 없이 그가 유지하실 것이다. 그는 당신이 손으로 하신 일을 포기하지 않으실 것이다. 그가 선한 일을 시작하셨으니, 그리스도의 날까지 그 일을 이루어가실 것이다[빌 1:6]. 고린도전서 13:7의 표현이 문자적으로 강조하는 것처럼, 은혜는 모든 것을 참으며, 모든 것을 견딜 것이다.[103]

에드워즈가 볼 때, 우리의 견인이 확실한 것은 우리의 새 보증이신 그리스도가 확실하시기 때문이다. 물론 하나님이 조성하신 질서에 따라, 적어도 외적으로 보기에, 견인이 칭의에 대해 조건 관계에 있지만, 이 견인의 확실성은 믿음의 첫 동작에 약속되어 있다. 에드워즈에게 있어서 그리스도 안에서의 칭의는 견인의 동기가 되고, 그리스도 안에서 견인은 칭의를 확증한다. 결국 견인은 천국에서의 상급이 없지 않다.

D. 상급(Reward)

칭의 논의와 더불어 에드워즈가 다룬 상급 개념은 특별히 우리

---

[103] Edwards, "Miscellanies," No.750; 또한 *Perseverance of Saints*, in *Works* (Banner), 2:600a를 보라.

의 이목을 끈다. 에드워즈는 성경 여러 곳에서 상급에 대한 약속이 언급되어 있음을 잘 알고 있었다(마 10:43, 고전 3:8, 계 3:4). 선행을 하고, 선한 싸움을 싸우며, 견인한 자들은 천국에서 상급을 받을 것이다. 그러나 상급과 관련된 주제는 종종 논쟁의 대상이 된다. 에드워즈 역시 이 잠재적 문제점을 인식하고, 칭의 교리와 관련하여 명확하게 정리할 필요를 느낀다. 에드워즈가 볼 때, 칭의와 관련하여 상급의 문제는 크게 두 가지이다. 한 편으로는 "상급을 준다는 것이 상급이 주어지는 대상과 상급 사이에 도덕적 적합성이 존재하는가"의 문제이며, 다른 한 편으로는 "미덕과 선생의 여러 등급에 따라 영광에도 차등이 있는가" 하는 문제이다.[104] 하나는 도덕적 적합성에 관한 것이고, 다른 하나는 상급의 차등 문제이다. 에드워즈는 특별히 칭의 이후의 삶을 염두에 두며, 상급 이해가 궁극적으로 칭의 교리를 훼손하는 것이 되지 않아야 하는 목회적 마음이 컸다고 느껴진다.

1. 그리스도 안에서 상급(Reward in Christ)

에드워즈에게 상급은 칭의의 결과로서 미덕과 행위에 바탕을 둔 잘못된 상급 개념과는 대조가 된다. "우리의 미덕이 받을 만하고 상을 줄 만한 것이 되는 것이 칭의보다 앞서는 것이 아니라, 오히려 그것은 칭의의 결과이며, 전적으로 칭의 위에서 이루어진다." 즉, 칭의가 상급에 선행하는 것은, 에드워즈가 보기에, "그리스도와의 관계, 즉 성경의 언어를 빌리자면 신자가 그리스도 안에 있다는 것이 우리 미덕과 선행을 하나님이 받으시고, 그래서 상이 주어지는 기초가 되

---

[104] Edwards, *Justification by Faith Alone*, 19:210.

기 때문입니다. 왜냐하면 상급은 받아들임에 대한 증거이기 때문입니다."[105] 우리 안에 있는 어떤 미덕도 "우리가 실제로 그리스도 안에 있고, 그리스도를 통해 의롭다 함을 얻기 전에는", 그리고 "그가[하나님께서] 그들을 그리스도 안에 있는 자들로 보시고, 그리스도의 의로 옷 입히시기까지는" 받으실 만한 것이 되지 못한다.[106] 에드워즈는 먼저 어떤 것도 상급을 받을 만한 근거를 갖고 있지 않다는 점을 분명히 한다. 결국 칭의 때문에 상급도 성립한다. 즉, 그것은 칭의를 가능케 하는 그리스도와의 연합이 상급 개념의 근간임을 가리킨다.

에드워즈가 말하는 "그리스도 안에서"(in Christ)의 의미는 "그리스도 밖에서"(out of Christ) 또는 "그리스도와 떨어져"(separate from Christ)와 대조가 된다. 간단히 말해, "그리스도 안에서"는 칭의를, "그리스도 밖에서"는 정죄를 의미한다. 그리스도 밖에서 우리의 미덕은 결코 "우리의 죄책에 비례하지 않는다." 왜냐하면 우리의 타락과 죄에 대한 혐오는 우리의 미덕을 "무한히 넘어서기" 때문이다.[107] 우리의 행

---

[105] Edwards, *Justification by Faith Alone*, 19:211.
[106] Edwards, *Justification by Faith Alone*, 19:212.
[107] 에드워즈가 보기에, 그리스도 밖에서 우리가 아무리 덕스러운 일을 한다고 해도 그것은 여전히 결함과 죄로 가득할 뿐이다. 그리스도 밖의 상태에서 합당치 않은 감사를 하는 것도 어느 구체적인 죄만큼 책망받아 마땅한 것이다. "만약 어느 고귀하고 탁월한 사람이 순수한 관대함과 선에서 우러나와 자신을 과할 정도로 베풀고, 엄청난 비용과 수고를 들여 다른 사람의 생명을 구하고, 극심한 재난에서 다른 사람을 구했는데, 만약 그 사람이 그에 대해 감사의 표현도 안 하고, 어떤 식으로도 최소의 감사의 표현을 안 한다면, 이것은 그의 배은망덕과 사악함이 부정적으로 드러나는 것으로, 배은망덕한 행동과 같은 것이고 천하고 가치없는 마음에서 나오는 적극적인 행위이고, 정말로 그런 표현이므로, 마치 어떤 적극적인 행동으로 다른 사람에게 크게 해를 끼친 것만큼 큰 책망을 받아야 합니다." Edwards, *Justification by Faith Alone*, 19:212.

위가, 그리스도 안에 있지 않을 때, 결함과 부패로 하나님이 보시기에 무한한 혐오만을 불러일으킬 뿐이다. 그리스도와 떨어져서는 어느 것도 하나님 보시기에 상을 받을 만한 자격이 없다. 그래서 에드워즈는 상급에 대해 논하기 전에 먼저 그리스도와 우리의 연합을 견고히 한다. "상급을 얻을 만한 자격이 되는 것"(rewardability)은 오로지 그리스도와의 연합에서 비롯되기 때문이다.

하나님이 당신의 자녀들에게 상급을 주시는 것에 대해 에드워즈는 상급을 "그분이 보시기에 그들의 거룩과 선행의 사랑스러움을 존중하는 증거"[108] 또는 간단히 "받아들임의 증거"(testimony of acceptance)라고 정의한다. 이미 언급했듯이, 이 정의에서 전제되는 것은 그 자녀들이 그리스도 안에 있다는 것, 다시 말해, 그리스도와 연합해 있다는 것이다. 이 "그리스도 안에서" – 또는 그리스도와의 연합 – 에는 "오직 그리스도 때문에"라는 강한 의미가 담겨 있다. 에드워즈가 "오직 그리스도 때문에"라는 표현을 쓸 때는, "하나님이 신자들의 선행에 대해 상을 주시는 것은 그들의 선행이 그리스도 안에서 사랑스러움에 대한 존중의 증거인데, 그들의 선행이 그들 안에서는 하나님께 사랑스럽지 않고 그리스도 안에서만 하나님께 사랑스럽고, 그들이 그리스도와 떨어져 있거나 혼자 있는 것이 아니라, 그리스도 안에 있는 것으로 보시기 때문"이라는 뜻이다.[109]

에드워즈는 여기에서 상급 수여를 위해 두 가지가 일어나야 한다고 지적한다. 첫째는 "그들이 지닌 죄책이 모두 사라지며, 그들의 선행에 여전히 남아 있던 오염과 혐오가 가리어지는" 것이며, 둘째는

---

[108] Edwards, *Justification by Faith Alone*, 19:213.
[109] Edwards, "Miscellanies," No. 627, 18:155.

"그리스도에 대한 그들의 관계가 하나님 보시기에 그들의 선행에 긍정적 가치와 존귀함을 더한다"는 점이다.[110] 그러나 사실 따지고 보면 한 가지 일이 일어나는 것이다. 그리스도와의 연합을 통해 가치의 변화가 일어난다. 즉, 그리스도의 의가 전가되어 가치를 절하하는 모든 것이 사라지고, 다음으로 상급을 받을 만한 자격이 될 만한 의미와 가치를 더하신다. 이 일이 그리스도와 연합했기에 일어난다.

> 그리스도 안에 있는 모든 것은 하나님이 보시기에 귀하다. 그들은 하나님 보시기에 귀한 보석이다. 그리고 그로 인한 이들의 존귀함은 그들이 칭의되었기 때문에 그렇게 받아들여지고 그런 특권으로 인정되게 할 만한 가치가 되게 한다. 그들은 오직 그리스도 안에 있고 그의 지체이기에 그토록 가치 있고 귀하게 된다. 비록 스스로는 가치가 없지만, 그리스도 안에서 가치가 있다. 그러나 그 가치와 고귀함은 이저 진정으로 그리고 합당하게 그들의 고귀함이다. 고귀함은 보속의 것이다. 비록 그들이 그 고귀함을 지니게 되는 것이 그런 상황에 있음으로, 즉 그리스도 안에 있고, 그와의 그러한 관계 안에 있음으로 인한 것이지만, 그 고귀함 때문에 그것들이 가치가 있고 - 가치 있게 여겨지고 - 그러한 특권으로 인정되게 된다.[111]

"그리스도 밖에서"가 함의하는 모든 추하고 죄악된 것이 사라지고 나서 다음에 "그리스도 안에서"가 함의하는 새로운 가치와 존귀함이 상급의 근거로 더해진다. 그리고 새로 더해진 가치는 "그들의 고귀함"이 된다. 즉, 전가에 의해 더해진 새로운 가치는 이제 우리의 것

110　Edwards, *Justification by Faith Alone*, 19:214.
111　Edwards, "Miscellanies," No.688, 18:250.

이다. 이것은 칼빈이 "그의 것이면 무엇이든지 우리의 것이라고 할 수 있다"고 한 말과 유사하다.[112]

에드워즈의 말을 정리하면 "그리스도 안에서" 상급이 정의되는데, 상급은 "전가된" 가치에 근거한다는 것이다. 에드워즈에게 있어서 행위의 가치는 그 사람의 가치에 의존한다. 상급은 하나님이 우리의 사랑스러움을 존중하시는 것에 근거한다고 할 때, 그것은 "전가된" 사랑스러움이다. 따라서 에드워즈는 이렇게 주장한다. "비록 사람이 죄에서 자유를 얻었다 할지라도 그가 혼자인 것으로 간주되는 것이 아니라 그리스도에 대한 그들의 관계 덕에 하나님이 보시기에 신자들이 매우 고귀하게 여겨진다."[113] 에드워즈가 볼 때 더 이상 아담의 가치가 아니라 그리스도의 가치가 상급을 결정짓는다. 이는 마치 "천한 신분의 사람이 왕과 결혼할 때, 존귀해지는 것"과 같다.[114] 여기에서 핵심은 새롭게 정립된 관계이다. 예를 들어, "왕자의 자녀와 아내는 매우 존귀하게 대우받을 만한 가치를 지닙니다. 그러므로 만약 천한 신분의 사람이 왕자의 자녀로 입양되거나, 왕자와 결혼하게 된다면, 그녀는 그러한 명예와 존중을 받을 가치가 있다고 말할 수 있습니다. 비록 왕자와의 관계 때문에 그녀가 그러한 자격을 지니지만, 이제 그녀가 가치가 되므로, 그녀는 그녀가 받는 그런 존중을 받을 만하다고 말하는 것이 억지가 아닙니다."[115] 그리스도 안에서 새

---

112 Calvin, *Institutes*, 4:17:2.
113 Edwards, *Justification by Faith Alone*, 19:214.
114 Edwards, *Justification by Faith Alone*, 19:214. "성도들은 그리스도와의 관계 때문에 하나님이 보시기에 값진 보석이므로 그분의 면류관을 받을 자리에 걸맞는다고 여겨진다." Edwards, *Justification by Faith Alone*, 19:217.
115 Edwards, *Justification by Faith Alone*, 19:217.

로운 지위는 우리의 인격과 행위에 대한 새로운 가치로서, 그것은 그리스도의 가치이고, 그의 전가된 의이다. 에드워즈는 실천적 차원에서 그리스도의 의의 전가 의미를 설명한다.

> 그들이 그리스도 안에 있고 그리스도의 지체인 것으로 여겨지기에 그로 인해 그들의 순종에 위대한 가치가 주어진다. 어떤 면에서 그것은 마치 그리스도 자신의 의인 것으로 가치를 갖는다. 그 지체의 의가 어떤 면에서 성부에 의해 그의 것으로 간주된다. 그래서 그리스도 때문에 그것[지체의 의]에 대해 천국이 더 이상 합당할 수 없는 상급으로 간주된다. 하나님이 그리스도의 지체로서 그들에 대해 가지시는 호의 때문에 마치 신자의 고난이 어떤 면에서 하나님에 의해 그리스도 자신의 고난으로 간주된다.[116]

간단히 말해, 에드워즈의 논지는 결과적으로 "그리스도 때문에 그것[지체의 의]에 대해 천국이 더 이상 합당할 수 없는 상급으로 간주된다"는 것이다. 하나님은 우리의 자리를 대신하여 그리스도의 의를 바라보신다. 하나님은 우리의 수고가 마치 그리스도의 수고인 것처럼, 우리의 순종을 그리스도의 순종인 것처럼, 우리의 고난이 그리스도의 고난인 것처럼 바라보신다. 이제 새로운 관계를 통해서 그들의 인격과 행동이 갖는 가치는 정확하게 그리스도의 것이다. 비밀은 "그리스도 때문"이다.

에드워즈에 따르면, 우리가 하나님의 상급이라는 맥락에서 말할 때, 가치의 전가가 신자의 인격과 행위는 전혀 고려하지 않은 채 그저 그리스도의 것으로 덧씌워진다는 것만을 말하는 것은 아니

---

[116] Edwards, "Miscellanies," No. 671, 18:225.

다. 만일 그렇다면, 이는 반율법주의(antinomianism)로 치닫게 될 것이다. 오히려 하나님은 오직 그리스도 때문에 신자의 인격과 행위를 귀하게 여기신다고 말해야 한다. 에드워즈는 이러한 가치를 "파생된"(derivative) 가치, "이차적"(secondary) 가치라고 부른다.[117] 여기에서 에드워즈의 "파생된", "이차적"에 대한 설명이 필요하다. 에드워즈는 하나님의 상급을 "그분이 보시기에 그들의 거룩과 선행의 사랑스러움을 존중하는 증거"(testimony of his respect)라고 정의한다. 이 정의에서 볼 수 있듯이, 하나님의 상급은 일정 부분 우리의 도덕이나 행위를 좋게 보시는 부분이 있다. 즉, 하나님의 상급은 그 가치에 대한 인정으로 즉 도덕적 적합성에 대한 "적합한 증거"로서 주어진다는 것이다. 마치 우리 인격과 행위의 도덕적 가치가 하나님의 상급을 받기에 적합한 것처럼 말이다.

그러나, 에드워즈가 보기에, 이러한 도덕적 가치는 오로지 "그리스도 때문에" 주어지는 파생적이며, 이차적인 성질의 것이다. 우리가 무엇보다도 그리스도 안에 있기 때문에 우리가 한 일이 가치 있는 것으로 계수되고 그 가치에 대해 상급이 주어지는 것이다. 우리가 "그리스도 밖에서" 동일한 일을 했다고 가정해 보자. 그것은 하나님 보시기에 분명히 아무런 가치를 지니지 않는다. 우리가 한 일이 가치

---

[117] 에드워즈는 이 표현에 담긴 의미를 명확히 한다. "여기에서 파생적 사랑이라고 할 때, 나는 꼭 그들이 사랑스럽게 받아들여질 만한 자격이 그리스도에게서 파생된 즉 그분의 능력과 그분이 값 주고 산 것에서 비롯된다는 뜻만은 아닙니다. 그러나 그들을 사랑스럽게 받아들이는 것 그리고 그들에게 주어지는 모든 가치, 그리고 상급을 받을 만한 모든 연관성이 그리스도의 의와 가치에 근거하고 파생된다는 의미이기도 합니다." Edwards, *Justification by Faith Alone*, 19:215.

를 갖는 것은 결국 우리가 그리스도 안에서 했기 때문이다. 그런 의미에서 에드워즈는 그 가치를 "파생적" 그리고 "이차적"이라고 규정하였다. 우리가 한 일이 하나님 보시기에 도덕적 가치를 지니는 것은 그 가치가 오직 그리스도에게서 비롯된 것이기 때문이다. 그리스도 때문에 하나님은 우리가 하는 일이 도덕적 가치를 지닌 것으로 계수하시는 것이다. 상급 개념에서 에드워즈가 파생적 특성을 강조하는 것은 상급이 오로지 그리스도의 의의 전가에 바탕을 둔다는 사실을 반증한다. 에드워즈에게 있어서 파생적 의미로서 도덕적 적합성은 실제로 실천적 의의를 지닌다. 즉, 그것은 우리 편에서 방종이 아니라 부지런함과 신실함을 독려한다.

여기에서 한 가지 더 짚고 넘어가야 할 것이 있다. 에드워즈가 말하는 도덕적 적합성이 그리스도의 전가된 의에서 오는 파생적인 의미를 지닌다는 것은 또한 하나님의 상급이 실제로 은혜라는 사실을 강조한다. 에드워즈는 우리가 천국에서 받게 될 상급이 일반적으로 파생적 가치가 마땅히 받아야 할 것과는 비교할 수 없는 것임을 지적한다. "천국에서 더 높은 등급의 영광뿐 아니라, 어떤 면에서 볼 때, 천국 그 자체가 성도들의 거룩과 선행에 대해 이차적이고 파생적 의미에서 상급으로 주어집니다."[118] 이어서 에드워즈는 사실 그 자치를 훨씬 넘어서는 이 상급이 "그 자체가 개별적으로 가지는 탁월함" 때문이 아니라, "그것의 근거가 되는 그리스도의 의" 때문임을 명심해야 한다고 경계한다.[119] 결국 에드워즈는 상급은 그리스도 안에서 전가된 새로운 가치에 근거를 둔다고 결론 내린다.

---

118   Edwards, *Justification by Faith Alone*, 19:215.
119   Edwards, *Justification by Faith Alone*, 19:217.

2. 상급과 언약(Reward and Covenant)

에드워즈의 상급 개념은, 그리스도와의 연합 개념과 짝을 이룰 때, 언약 구조를 가장 잘 나타낸다. 앞서 정의한 대로, 상급은 하나님께서 받아들임에 대한 증거이다. 특히, 언약 관점에서 볼 때, 하나님께서 상급을 주시는 것은 두 언약의 차이와 깊은 연관성이 있다.

> 첫 언약의 취지에 따르면 사람이 행위에 근거해서만 받아들여지고 상을 받을 수 있었습니다. 그러나 은혜언약으로 말미암아 사람에 근거하여 행위가 받아들여지고 상급이 주어지게 됐습니다. 즉, 사람이 먼저 그리스도의 지체로, 그리고 그리스도의 의로 덧입혀진 것으로 여겨져야 합니다.[120]

에드워즈는 일관되게 상급은 그 자체로 언약적 성격을 지닌다는 논지를 견지한다. 첫 경륜에서는 행위가 우선이고 사람이 이차적이었던 반면, 두 번째 언약은 행위-언약(work-covenant) 대신 사람-언약(person-covenant)으로 세워졌으며, 이런 맥락에서 그것은 은혜의 언약인 것이다. 특별히 관계적 측면에서 두 번째 언약은 사람이 우선이고 그 다음 행위가 뒤따른다. 좀 전에 언급했지만, 그리스도와의 연합이 에드워즈의 상급 개념에 근간을 이룸으로써 사람과 행위에 대해 새로운 관계를 회복하고 확립한다. 이러한 점에서 그리스도의 중보 사역은 상급 개념에까지 확장된다고 하겠다. 그리스도를 통해서 그리고 그리스도 때문에 하나님께서 우리의 불완전함도 귀히 여기시고 상급을 주실 뿐 아니라 또한 우리가 지속적으로 견인하도록 용기를 주신다.

---

[120] Edwards, *Justification by Faith Alone*, 19:217.

그리스도와의 언약을 통해 은혜언약이 상급 개념을 지배하고 있음이 드러난다.

에드워즈의 상급 구도 속에서 우리의 수준까지 낮아지시는 (condescending) 아버지의 사랑이 잘 드러난다. 어린이 같은 순종을 상 주시는 것은 아버지-자녀 관계가 먼저 있었음을 반증한다. 관계 관점에서 이는 상급이 칭의에 근거한다는 말과 같은 말이다.

> 호의가 먼저 있은 다음에, 즉 (사람의 방식으로 말하자면) 그것이 복을 주시도록 하나님의 마음을 기울여서, 행한 일에 대해 복락이 상으로 주어지는 것이 불가능한 것은 아니다. 이것은 어떤 면에서 이렇게 설명될 수 있다. 아버지는 자식에 대한 호의가 이미 있어서, 그가 자신의 자식이므로, 유산을 물려주려고 전적으로 기울 수 있다. 그러나 아버지가 자식의 의무감이나 행동이 어린아이이므로 상급의 방식으로 유산을 자식에게 물려주기로 하는 것은 얼마든지 가능하며 막을 수 없다. 그러므로 신자가 그리스도의 의 때문에 하나님의 호의로, 그리고 당신의 자녀들에게 향한 거대한 호의로 받아들여지는데, 그들을 향해 하나님이 가지시는 그 호의가 본질적으로 하나님을 움직여 그들을 최고로 행복하게 만들고, 영광된 유산을 그들에게 주시게 한다. 그러나 그들의 어린이 같은 순종을 위해서 상급의 방식으로 유산을 주시기로 정하신 것을 아무도 막을 수 없다.[121]

아버지-자녀 유비는 언약 관계의 핵심을 반영하고 있다. 상급의 언약 성격이 그리스도의 의로써 얻은 칭의가 근본적으로 깨어진 관계를 회복시킨다는 사실에 잘 나타나 있다. 여기에서 에드워즈의

---

[121] Edwards, "Miscellanies," No. 671, 18:225-26.

칭의 개념은 양자(adoption) 개념과 중첩되는 것을 볼 수 있다. 사실 에드워즈의 연합 개념에 있는 언약 개념은 관계의 문제이다. 그리고 이 관계 개념은 그의 양자의 개념까지 연장된다. 즉, 칭의로 회복된 관계는 궁극적으로 아들과 종의 신분을 구분한다. 에드워즈는 아들과 종의 차이를 다음과 같은 예로써 설명한다. "아버지는 유산을 아들의 순종에 대한 합당한 상급 이상으로 여기시지 않지만, 종의 순종에 대해서는 [유산이] 합당한 상급보다 훨씬 더 크다고 여기십니다."[122] 이때 에드워즈는 두 언약의 대비를 염두에 두고 있는 듯하다. 그리스도께서 머리되실 때에 우리는 아버지의 자녀가 되는 반면, 아담이 머리일 때 우리는 종일 뿐이다. 이때 상급의 잣대는 우리의 신분이 아니라 우리의 행위였다. 그러나 새 언약에서 우리는 그리스도와 함께 이 상급을 받을 같은 후사들이다. 이제 우리의 행위가 아니라 우리의 자녀 된 신분이 상급의 근거가 된다.

> 신자들은 그들의 선행에 앞서 영생의 상속자가 된다. 신자들은 그들 안에 있는 어떤 것이 선행이나 또는 미덕이나 사랑스러운 자격으로 여겨지기 전에 믿음으로 받은 그리스도의 의에 의해서 권리를 갖는다. 그러나 그들에게 이런 방식으로, 즉 그들의 선행이 그리스도 안에서 하나님께 사랑스러우므로 상급을 주시는 방식으로, 천국을 주는 것은 하나님이 기뻐하시는 바다. 그리고 이것은 그리스도 자신이 성자로서 그의 선행 이전에 세상 왕국의 상속자가 되는 것보다 더 말이 안 되거나 일관성이 없는 것이 아니다. 그러나 그의 수고에 대한 상급으로 그에게 왕국을 소유하게 하시는 것은 하나님이 기뻐하시는 바다. 그는 하나님의 아들이고 고로 세상의 상속자이다. 그것이 하

---

122 Edwards, *Justification by Faith Alone*, 19:216.

나님이 그에게 그런 일들을 맡기셔서 그런 방식[상급]으로 그것을 소유하게 하신 이유이다. 그래서 신자들이 자녀로서 (그것은 그들이 그리스도의 의로 된 것인데) 상속자가 되는 것이 하나님이 그들을 선행의 방식으로 천국을 소유하게 하신 이유인데, 이것이 하나님이 전에 그들이 선행으로 살도록 작정하신 것이다.[123]

에드워즈에 따르면 상급의 조건성이 상급을 덜한 것이 되게 하지 않는다. 왜냐하면 상급을 받는 자들은 이미 하나님의 자녀들이고 그리스도와 같은 후사들이라는 전제가 있기 때문이다. 이것은 자녀와의 관계를 더욱 돈독하게 하기 위한 아버지의 낮아지심(condescension)이다.

> 우리 하늘 아버지는 이미 자녀를 위한 호의를 가지고 계셔서 자녀에게 유산을 주실 완전한 준비가 되어 계십니다. 왜냐하면 그가 당신의 자녀이기 때문인데, 그것은 그가 그리스도의 의를 사심에 의해 된 것입니다. 그러나 아버지는 자녀에게 그가 자녀로서 할 의무와 행동에 대해 상을 주시는 방식으로 유산을 주시기로 하셨습니다.[124]

아버지는 (전가된 가치에 근거하여) 마치 자녀들의 행위가 도덕적 적합성을 지니는 것처럼 상을 주실 뿐 아니라, 또한 실제보다 훨씬 더 큰 상급을 주신다고 에드워즈는 강조한다. 상급의 조건성은 언제나 자녀된 관계를 전제한다. 조건성은 아버지가 정하신 방식이나 상급

---

123 Edwards, "Miscellanies," No. 793, 18:498. [설명 삽입].
124 Edwards, *Justification by Faith Alone*, 19:215-16.

은 아버지의 사랑을 담고 있다. 에드워즈는 회복된 관계가 자식의 순종을 결코 방해하는 것이 아니라고 강조한다.

> 신자들이 순종에 앞서 믿음으로 천국에 대한 권리를 갖거나 또는 그것이[권리가] 이미 그들에게 절대적으로 약속되어 있다는 것이, 실제로 천국을 주시는 것이, 비록 앞으로 할 일이지만, 그들의 순종에 대한 하나님의 존중의 증거라는 것을 방해하지 않습니다.[125]

그래서 에드워즈가 볼 때 언약 관계성 측면에서 볼 때 상급은 자녀의 의무와 "걸맞다"(meet). 상급의 조건성은 언약 관계를 함양한다. "하나님은 당신의 지혜로 이러한 방식을 통해 완전하고 영원한 복락을 주시기로 정하셨습니다."[126] 물론 에드워즈는 "복락을 주심이 어떤 면에서 그들의 거룩과 선행을 조건으로 한다"는 의미의 파생적(derivative) 차원에서 우리의 선행이 갖는 정당한 역할을 인정한다.[127] 그리스도를 근거로 자녀들의 순종이 마치 도덕적으로 적합한 것처럼 그들에게 상급을 주시는 하나님의 계획에 자연적 적합성이 성립한다. 바로 상급의 조건성이 에드워즈가 말하는 자연적 적합성이다. 에드워즈는 바로 이 조건성이 자연적 적합성임을 입증함으로써 상급이 하나님의 은혜임을 증명한다.

> 상급이 선행의 정도에 비해 무한하게 크다고 해서 성도의 선행에 대한 상급

---

[125] Edwards, *Justification by Faith Alone*, 19:216.
[126] Edwards, *Justification by Faith Alone*, 19:215.
[127] Edwards, "Miscellanies," No. 671, 18:226.

으로 주어질 수 없다는 증거가 될 수는 없다. 때때로 사람들이 동료들에게 그들이 한 일이나 베푼 친절에 대해 수여하는 상급은 받은 친절보다 훨씬 더 크다고 해서 그것이 상급이 될 수 없다고 할 수는 없다. 마태복음 20장에서 우리가 읽는 주인은 포도밭에서 단 한 시간 일한 품꾼에게 그 노동의 가치보다 훨씬 더 많이 주었고 또한 하루 종일 노동과 뙤약볕을 견딘 일꾼과 동일한 품삯을 주었다. 그러나 주인이 그들에게 준 것이 그들이 수고한 대가에 대한 상급이 될 수 없다고 할 수는 없다.[128]

주인이 일꾼에게 품삯을 약속한 것은 조건성이다. 그리고 조건대로 품삯을 주는 것은 자연적 적합성이다. 자연적 적합성은 스스로 설정한 약속에 성실한 주인의 은혜를 극대화한다.

에드워즈에게 있어서 상급 개념은 그리스도와의 연합에 담겨 있는 언약의 실제(reality)를 전제한다. 즉, 그리스도와의 연합이 상급의 환경(reality)이다. 상급은 자녀들이 언약 의무를 잘 이행하도록 독려하는 아버지의 방식이다. 상급이 도덕적 적합성을 갖는 것으로 보이게 하여 자녀들이 견인하도록 격려하시는 것이 아버지의 자상한 조치라는 것이 에드워즈의 설명이다. 아버지는 그리스도 때문에 상을 주신다. 에드워즈에게 있어서 이 사실은 한편 하나님의 선하심을 극대화하고, 다른 한편 우리의 언약적 신실성을 진작시킨다.

3. 상급의 차등(Degrees in Reward)

하나님의 구원 계획에 상급이 포함되어 있다는 사실을 밝혔으

---

[128] Edwards, "Miscellanies," No. 671, 18:227.

므로, 이제 에드워즈에게 다음 질문은 다양한 미덕과 선행의 종류에 따른 상급의 차등이 있는가 하는 것이다. 이 문제를 이렇게 질문할 수 있다. 말한 대로 상급은 그리스도의 의라는 동일한 값을 치르고 산 것이라면, 상급은 모두 동일해야 하지 않는가 하는 질문이 될 수 있다.

에드워즈는 천국에 상급이 있을 뿐 아니라 그 상급에 차등이 있음을 말한다. 이를 증명하기 위해 에드워즈는 그리스도께서 값으로 사신 것 – 천국의 영원한 영광 – 과 우리가 그것에 참여할 수 있는 정도를 구분한다. "그리스도는 그 의로써 모두를 위한 완전하고 완벽한 복락을 값으로 사셨는데, 이는 그들의 분량(capacity)을 따른 것입니다."[129] 에드워즈에 따르면 모든 복락은 그리스도께서 신자들을 위해 값으로 사신 반면, 신자들은 다양한 분량을 가지며, 이에 따라 다양한 등급의 복락을 누리게 된다. 그는 에베소서 4:4-7을 근거로 다양한 분량을 설명한다. "성도들은 마치 다양한 크기의 그릇과도 같습니다. 이 그릇을 복락의 바다에 던지면, 모든 그릇마다 가득차게 됩니다. 이는 그리스도께서 이들 모두를 위해 값으로 사신 것입니다." 복락의 바다 속에 푹 잠기면 그릇이 크고 작고는 상관이 없다. 이들 모두가 동일한 복락을 누리게 된다. 그렇다면 그릇의 크기의 차이는 어디에서 오는 것인가? 에드워즈는 이렇게 대답한다. "무엇보다 그릇의 크기를 결정하는 것은 하나님의 기뻐하시는 주권에 달려 있습니다. 그리스도의 의는 이 문제에 관여하지 않습니다."[130]

에드워즈는 삼위일체 간의 차이를 염두에 두면서 성부와 그리스

---

[129] Edwards, *Justification by Faith Alone*, 19:215.
[130] Edwards, *Justification by Faith Alone*, 19:219.

도의 역할 차이를 지적한다. 신자 개개인의 분량(capacity)을 결정하는 것은 그리스도의 경륜적 특성에 속하는 일이 아니다. 대신 "그리스도께서 하셔야 했던 일은 행위언약을 성취하는 것이었고, 그러나 행위언약은 이 일에 관여하지 않습니다."[131] "어떤 기쁘신 뜻에 따라 각 사람의 분량의 정도를 정할지는" 아버지께의 경륜적 권한에 속하는 일이다.[132] 여기에서 에드워즈의 논지는 각 개인이 누리는 복락은 하나님이 정하신 분량에 따라 참여하는데 이 모든 것은 그리스도께서 순종을 값으로 지불하고 사신 열매라는 사실이다. 성부의 주권적 결정과 그리스도께서 값 주고 사신 일의 관계를 에드워즈는 다음과 같은 가상의 상황을 예로 설명한다.

> 만약 그리스도께서 오직 한 사람을 위해 순종하시고 죽으셨고 하나님은 기꺼이 그에게 매우 큰 분량을 주셨다면, 그리스도의 완전한 순종으로 그의 분량을 가득 채우는 것을 사신 것이 될 것이며, 그리고 그의 모든 복락은 합당하게 그리스도의 완전한 순종의 열매라고 말하게 될 것입니다. 비록, 만약 그가 더 작은 분량이 주어졌다면, 같은 순종에 의해서 그만큼의 복락을 누리지는 못했을 것이나, 그리스도가 그를 위해 공로가 된 점은 같습니다.[133]

누가 구원받고 얼마만 한 분량의 복락을 누릴지는 성부께서 정

---

[131] Edwards, *Justification by Faith Alone*, 19:219. 에드워즈는 또한 이렇게 말한다. "그리스도의 의는 다만 의는 그 분량에 대해 충분하며 완전하다는 점 이상으로 복락의 정도와는 관여하지 않는다." Edwards, *Justification by Faith Alone*, 19:220.

[132] Edwards, *Justification by Faith Alone*, 19:219.

[133] Edwards, *Justification by Faith Alone*, 19:219-20.

하신다. 그리스도의 대속은 한 사람이든 많은 사람이든 상관없이 성부께서 의도하신 범위에 정확히 상응한다. 에드워즈가 볼 때, 그리스도가 사신 하늘의 복락은 의도된 모든 사람을 위해 동일하나, 개별적으로 참여하는 정도와 분량은 성부께서 결정하신다.

에드워즈는 이 복잡한 문제를 탁월한 예를 들어 설명해 나간다. 육적인 몸과 그리스도의 몸의 유비가 상급 차등의 이해를 돕는다.

> 그리스도와 모든 성도로 이루어진 교회는 마치 하나의 몸과 같습니다. 그 교회에서 그리스도는 머리시며, 성도들은 다양한 위치(place)와 분량(capacity)을 지닌 지체입니다. 이제 전체 몸, 즉 머리와 지체가 그리스도의 의 안에서 교통합니다. 그들 모두가 그 유익에 참여합니다. 머리이신 그리스도가 상급을 받으시며, 모든 지체도 이 유익과 상급에 참여합니다. 물론 이는 결코 모든 지체가 이 유익에 동일하게 참여한다는 뜻이 아닙니다. 각 지체는 그 위치와 분량에 맞게 참여합니다. 머리가 다른 지체보다 훨씬 더 많이 누리며, 더 귀중한 지체는 낮은 지체보다 더 많이 누립니다. 완벽한 건강을 즐기는 자연적 신체도, 머리, 심장, 폐는 건강에 있어서 훨씬 더 많은 부분을 차지합니다. 손이나 발도 신체의 더 귀한 부분처럼 완벽한 건강을 누리는 점에서는 같지만, 그것들은[머리, 심장, 폐] 손이나 발보다 더 중요한 분량을 차지하므로 더 중요한 위치를 차지합니다. 그리스도의 신비한 몸도 마찬가지입니다. 모든 지체들이 머리가 누리는 유익에 참여하지만, 몸에서 차지하는 다양한 분량과 위치에 따라 이루어집니다. 하나님은 당신이 원하시는 대로 위치와 분량을 정하십니다. 하나님은 발로 원하시는 이를 발로 만드시고, 손으로 원하시는 이를 손으로 만드시고, 폐로 원하시는 이는 폐로 만드셨습니다. 고린

도전서 12:18. "하나님이 원하시는 대로 지체를 각각 몸에 두셨으니."[134]

사람이 온전하고 건강하다면, 몸의 모든 부위는 동일하게 그 유익을 누리기 마련이다. 그러나 에드워즈의 유비에 따르면, 어떤 부위는 특별한 위치와 분량 때문에 다른 부위보다 이 유익을 더 많이 누린다. 소위 완벽한 건강은, 유비적으로 말해서, 그리스도께서 몸의 모든 지체들을 위해 사신 유익을 말한다. 그리스도의 의와 천국의 영원한 복락은 그리스도께서 당신의 몸인 교회 전체를 위해 이루신 것이다. 반면 그리스도의 몸에서 각 개인이 어떤 위치와 분량을 차지하는지는 성부께서 결정하신다.

이 사실을 바탕으로 에드워즈는 상급이 은혜임을 확신한다. 우리가 천국에서 상급을 받는다는 것이 확실한 일일 뿐만 아니라, 또한 개인에 따라 차등이 있다. 에드워즈가 오직 성부께서 각 사람의 위치와 분량을 결정하신다고 말할 때, 이는 특정한 분량에 따른 특정한 상급도 결국은 성부께 속한 문제라는 것이다. 이러한 논지를 통해 에드워즈는 상급에서 공로 개념을 배제한다. 비록 상급이 그리스도의 의를 근거로 마치 도덕적 적합성에 따른 "합당한" 증거로 인정되도록 정해져 있지만, 상급은 결코 각 개인에게 주어진 분량과 위치를 넘어선 공로가 아니라는 것이다. 물론 이 분량과 위치도 성부께서 정하신 바라는 점을 잊지 말아야 한다. 자녀들은 각각의 분량의 한계 속에서 신실함만이 성부께서 미리 약속하신 유업에 상응하는 자녀들의 "합당한" 화답이다. 상급의 은혜 특성이 단지 분량과 위치에 대한 예정

---

134 Edwards, *Justification by Faith Alone*, 19:220. cf. Edwards, "Miscellanies," No. 403, 13:468.

에 국한되지 않는다. 에드워즈의 칼빈주의는 하나님이 분량과 위치를 정하실 뿐 아니라, 하나님의 작정하심이 정확하게 성취될 수 있도록 필요한 은혜와 도움을 공급하심을 믿는다.

> 하나님은 각 지체의 위치와 분량을 유효하게 정하시어 이 세상에서 다양한 분량의 은혜와 도움을 통해 향상하게 하셨습니다. 몸에서 최고로 높은 위치로 의도하신 자들에게는 하나님이 그의 영과, 신적 속성과, 머리이신 그리스도 예수의 영과 속성을 가장 많이 주시며, 가장 탁월한 일을 감당하고 가장 풍성하게 되기 위한 도움을 주십니다.[135]

에드워즈의 상급관에서 두 가지 눈에 띄는 점이 있다. 하나님이 정하신 분량 안에서 도덕적 적합성이 존재한다는 점과 결과적인 차등이 있다는 점이다. 이 경우에 도덕적 적합성은 오직 자연적 적합성 안에서 성립한다. 왜냐하면 도덕적 적합성은 오직 그리스도 때문에 인정되기 때문이다. 이 점은 상급의 차등으로 이어진다. 차등의 상급은 행한 일이 다른 데에 따라 주어지는 것이다. 그리고 우리가 무슨 일을 하느냐의 분량과 위치는 하나님의 주권의 문제이다. 그러므로 상급의 차등이 우리에게 경쟁심을 유발하는 것이 아니라, 오히려 하나님 나라에서 다양한 역할을 담당하도록 부르신 하나님의 주권을 인정하게끔 한다. 에드워즈는 우리가 이러한 사실을 알 때 공로에 대한 생각을 버리고 오히려 하나님과의 언약 관계에 더욱 신실할 수 있게 된다고 권면한다. 에드워즈는 상급 개념을, 그리스도와의 연합 안

---

[135] Edwards, *Justification by Faith Alone*, 19:220. cf. Edwards, "Miscellanies," No. 589, 18:122-23.

에서, 칭의에 근거하여 논하고 있다는 점에서 그의 상급 논의는 칭의 논의에서 정당한 위치를 차지한다고 하겠다.

E. 맺음말(Closing Remarks)

이 장에서 우리는 에드워즈가 어떻게 칭의와 신자의 삶을 연관 짓는지 살펴보았다. 그 목적을 위해 우리는 성화, 선행, 순종, 견인, 상급과 같은 주제들을 다루었는데, 이 주제들은 에드워즈가 칭의 논의에서 중요하게 다룬 주제들이었다. 전체적으로 일관되게 입증되는 점은 에드워즈가 그리스도인의 삶을 그리스도와의 연합 속에서 칭의와 유기적인 관계에 있는 것으로 보았다는 것이다.

이 연구에서 보았듯이, 성도의 삶과 관련하여 에드워즈가 갖는 중요한 관심은 칭의의 복음 교리를 방어하는 것이다. 즉, 신자의 삶에서 꽃피는 믿음의 후속 동작들이 결코 이신칭의 교리를 손상시켜서는 안 된다는 것이다. 그러나 동시에 이것이 칭의의 유기적으로 연결되어 있는 삶의 차원을 간과하는 것이 되어서도 안 된다. 죄인이 칭의되었을 때, 그들은 죄인으로 머무는 것이 아니다. 칭의는 행위로 되는 것이 아니나 행위 없이 되는 것도 아니다. 이때 칭의의 단회적, 단정적 성질이 훼손되어서는 안 된다. 그러나 그리스도와의 연합 안에서 성도의 삶과 유기적으로 연결되어 있다는 부분도 놓쳐서는 안 되는 것이다. 그래서, 에드워즈가 볼 때, 구원의 삶은, 다른 말로, 그리스도 안에서 나누는 교통은 그리스도와의 연합 안에서 더 풍성하고 충만한 의미를 갖는다.

이 장에서 우리는 언약적 관점에 의해 칭의된 삶의 유기적 특징이 더욱 강화됨을 알 수 있었다. 그리스도와 연합 관점에서 칭의는 언약 관계의 회복, 즉 그리스도의 의를 통한 하나님 앞에서 새로운 신분으로 이어진다. 그러므로 언약 관점에서 볼 때 그리스도 안에서 칭의된 자에게 신실함이 기대되는 것은 자연스러운 일이다. 에드워즈에게 있어서 칭의의 믿음은 연합하는 첫 동작(언약 안에 들어가기)인 동시에 그리스도 안에 머무르는 것(언약 안에 머무르기)을 포함한다. 이 믿음의 첫 동작은 후속되는 믿음의 동작을 미리 내다보는 반면, 후속되는 믿음의 동작은 믿음의 첫 동작 속에 있다. 즉, 칭의된 자의 삶에서 직설과 명령이 그리스도의 연합을 통해 결합된다. 그러나 에드워즈는 동시에 믿음의 후속 동작이 믿음과 결코 동일한 의미를 지니는 것이 아니라는 점을 빠뜨리지 않았다. 우리가 오직 믿음으로 칭의되는 것이 하나님 보시기에 자연적 적합성을 지닌다.

    에드워즈의 상급 개념에서, 상급은 그리스도와의 연합 안에서 칭의와 전가에 바탕을 두고 있음을 알 수 있었다. 또한 상급의 언약적 성질은 공로 개념을 막고 신자의 삶에 있어서 신실함을 독려한다는 점이 밝혀졌다. 또한 우리는 에드워즈가 상급의 차등을 우리가 1장에서 다루었던 성부와 성자의 경륜적 관점에 의해 방어하는 탁월한 관점도 볼 수 있었다. 언약적 관점에서 볼 때, 에드워즈의 상급 개념은 하나님의 선하심을 더욱 풍성히 드러낸다.

제5장

평가 및 결론

Evaluation and Conclusion

앞에서 우리는 에드워즈의 설교, 논문, 문집 등 다양한 글을 배경으로 그의 칭의 교리를 다루었다. 이 연구를 통해 우리는 에드워즈의 교리가 "큰 그림", 즉 구속사(*historia salutis*)를 바탕으로 하고 있다는 사실을 알 수 있었다. 이 큰 그림은 바로 그리스도와의 연합을 통해 투영되어 그의 논의에 배경이 되었다. 에드워즈의 구속사 이해가 얼마큼 그의 신학에 기초를 이루는지 확인된다. 그리스도와의 연합에 담긴 언약적, 기독론적 차원은 삼위일체 구조를 관통하며 영원과 역사 사이에 다리가 된다. 에드워즈의 그리스도와의 연합 개념은 다양한 조직신학 영역(*loci*)을 하나의 관점으로 모을 수 있으며 각기 고립된 주제로 다루기보다는 구속의 큰 그림을 제시할 수 있었다. 무엇보다 에드워즈에게 있어서 그리스도와의 연합은 칭의 교리를 복음에 충실하게 전달하기 위한 탁월한 신학적 기제였음이 확인되었다.

이 연구의 결론부에 해당하는 이 장에서 우리는 에드워즈의 칭의 교리를 일반적으로 개혁주의 전통에서 그리고 에드워즈 연구사의 관점에서 재고하고자 한다. 우리는 여기에서 에드워즈의 칭의 교리를 방법론적 측면에서 반추하는 동시에 에드워즈가 개혁주의 전통의 어디에 속하는지를 판단하고자 한다. 덧붙여 에드워즈의 칭의 교리를 잘못 해석한 대표적인 학파로 성향적–존재론적(dispositional–

ontological) 구원론 모델을 살피면서 이 모델이 왜 에드워즈 칭의 교리의 언약적 구속사적 성격과 조화를 이루지 못하는지 분명히 하고자 한다.

A. 평가(Evaluation)

1. 방법론적 문제(Methodological Issue)

조직신학에서 신학방법론을 다루는 신학서론(prolegomena)은 각론의 구체적 내용만큼 중요하다. 리차드 멀러(Richard Muller)는 이렇게 말한다. "신학서론은 교리에 앞서는(pre-dogmatic) 것이 아니다. 신학서론은 교리 체계의 중심적인 부분으로서 형성된 신학 전반과 개별적 교리의 결론 사이의 대화를 이끌어간다."[1] 종교개혁 이후 개혁교회는 개혁주의 신학의 커다란 발전을 이루었다. 이 발전 속에는 신학방법론의 진보도 들어있다.

신학방법론과 관련하여 특별히 20세기 후반에 들어와서 구속사(*historia salutis*)와 구원서정(*ordo salutis*)의 관계 문제는 많은 논쟁을 야기시켰다. 간단하게 말해, 구속사는 성경에 기록된 구원 역사이다. 즉, 구속사란 구약의 이스라엘 역사와 신약의 사도 시대에 드러난 삼위일체

---

1 Richard Muller, *Post-Reformation Reformed Dogmatics: Volume 1, Prolegomena to Theology* (Grand Rapids: Eerdmans, 1987), 81. 종교개혁 이후 신학방법론의 발전은 매우 중요한 연구 주제이다. 그러나 우리의 연구 범위를 벗어나기에 관련된 범위 안에서만 논함을 밝힌다.

하나님의 구속 사역을 말한다. 그러나 구속 계시는 단지 구속사만을 드러내고 있지 않다. 예를 들면, 그리스도의 죽음과 부활(*historia salutis*)을 구원의 적용(*ordo salutis*) 없이 생각할 수 없다. 반대도 마찬가지이다. 한마디로 구원서정이란 그리스도께서 완성하신(accomplished) 사역을 성령께서 적용하시는(applied) 사역이다. 성경은 구속사와 구원서정 모두를 증거하고 있다.[2] 그러므로 구속사와 구원서정은 서로를 뒷받침하는 관계이며, 리차드 개핀(Richard B. Gaffin, Jr.)의 말처럼 "함께 서고 넘어지는" 관계이다.[3]

그러나 몇몇 개혁주의 계파에서는 구원서정의 문제를 매우 협소한 관점으로 보아, 구원 적용의 논리적, 인과적, 심지어 시간적 선후관계를 밝히는 작업으로 해석하였다(이후 우리는 인과관계 도식에 바탕을 둔 성향적-존재론적 구원론 모델을 살펴볼 것이다). 이때 우리에게 관건이 되는 것은 구원서정이 일종의 신학방법론으로 작용한다는 점이다. 개인의 구원을 일련의 구원 경험들로 구분하여 그 사이의 논리적, 인과적, 시간적 순서 및 관계를 규명하는 작업 자체가 독립적인 주제가 되는 경우를 말한다. 역사적 측면에서 볼 때 구원서정이라는 방법론은 17세기 개혁파 및 루터파 정통주의에서 실천적/목회적 의도와 목적을 갖고 등장한 것이다. 개핀은 이 방법론에 본질적인 문제점이 내재되어 있음을 지적한다. "전통적인 구원서정의 구조와 문제점은 바울이 구속의 적용에서 모든 것이 걸려있는 것으로 보았던 그리스도와의 연

---

[2] 구속 계시는 구속사와 구원서정 모두를 드러낸다는 것에 대해, 강웅산, 『구원론』, 45-80 참고할 것.
[3] Richard B. Gaffin, Jr., "A New Paradigm in Theology?" Westminster *Theological Journal* 56 (1994): 390.

합을 대체 불가한 것으로 강조하지 못했다는 점이다." 예를 들어 이 방법론은 칭의와 성화를 한 사건(그리스도와의 연합)의 다른 국면들이 아니라, 별개의 사건들로 보는 문제점이 있다.⁴ 즉, 추상적 성격을 지니는 "무시간적" 형식 및 정적 진리에 초점을 맞출 뿐, 성경 계시의 역사적 역동적 성격은 도외시되는 것이다. 19세기 프린스톤 신학교의 조직신학자들은 종종 너무 개혁파 스콜라주의(Reformed scholasticism)의 유산에 의존한다는 비판을 받곤 했다. 예를 들어 찰스 핫지(Charles Hodge)는 자부심을 가지고 "이 신학교에서는 결코 새로운 사상이 태동한 적이 없다고 말하는데 전혀 거리낌이 없다"라고 말한다.⁵

개혁주의 신학자들이 가졌던 지배적인 견해는 조직신학을 하는 데 있어서 역사적(historical) 방법과 논리적(logical) 또는 주제별(loci) 방법은 서로 부합하지 않는다고 보는 것이었다.⁶ 그러나 개핀은, "교리(dogma) 및 교리학(dogmatics)은 구속사의 한 기능일 뿐이며 교리의 형성

---

4 Richard B. Gaffin, Jr., *Resurrection and Redemption: A Study in Paul's Soteriology* (Grand Rapids: Baker Books, 1978; reprint, Phillipsburg, NJ: Presbyterian and Reformed Publishing Co., 1987), 138-139. 바울과 전통적인 구원서정(*ordo salutis*)의 세 가지 원리적 차이점에 대해서 알고자 한다면 137-143을 보라.

5 Archibald Alexander Hodge, *The Life of Charles Hodge: Professor in the Theological Seminary* (New York: Charles Scribner's Sons, 1880), 521, Mark A. Noll, ed., T*he Princeton Theology, 1812-1921* (Phillipsburg, NJ: Presbyterian and Reformed Publishing Company, 1983), 38에서 재인용.

6 Gabriel Fackre은 조직 신학 최근 경향을 잘 개관하고 있다. 그의 복음주의적(evangelical), 교회일치적(ecumenical), 체험적(experiential) 범주는 필자가 보기에 구원론적 기준에 바탕을 둔 구분으로 여겨진다. 그는 신칼빈주의 노선의 Gordon Spykmand의 *Reformational Theology*를 언급하는 것 외에는 역사적 방법에 관심을 갖는 새로운 움직임에 대해서는 아직 감지하지 못하는 듯하다. 그의 "The Revival of Systematic Theology: An Overview," *Interpretation* 49.3 (1995): 229-241을 보라.

은 신약에서 시작한다"고 한다.⁷ 그는 같은 논문에서 한 가지 방법론에 매진한 나머지 다른 것을 버려서는 안 된다고 경계한다. 왜냐하면 "성경의 구속사적 본질은 신학이 할 일을 규정하며,"⁸ "구속의 지속적인 적용(구원서정)은 단번에 이루어진 완성(구속사)의 기능이자 실행"인 관계에 있기 때문이다.⁹ 이런 맥락에서 개핀은 고든 스파이크만(Gordon J. Spykman)과 헤르만 리덜보스(Herman Ridderbos)가 역사적 방법은 잘 강조하였지만 주제별(loci) 방법에는 취약했던 불균형을 지적한다. 예를 들어 스파이크만은 『개혁주의 신학』(Reformational Theology: A New Paradigm for Doing Dogmatics)에서 조직신학에 "새로운" 방법(역사적)을 소개한다고 하면서, 사실상 주제별(loci) 방법을 포기한다. 그러나 그가 주장하는 것과는 달리 그의 "역사적" 방법은 사실 새로운 방법도 아니며 독창적인 것도 아니라는 비판이 제기된다.¹⁰

조직신학에서 역사적 방법을 중시하는 최근의 노력은 사실 전혀

---

7   Richard B. Gaffin, Jr., "Vitality of Reformed Dogmatics," in *The Vitality of Reformed Theology: Proceedings of the International Theological Congress June 20-24th 1994 Noordwijkerhout The Netherlands*, ed. J. M. Batteau, J. W. Maris and K. Veling (Kampen: Uitgeverij Kok, 1994), 46.

8   Gaffin, "A New Paradigm in Theology?" 390.

9   Gaffin, "The Vitality of Reformed Dogmatics," 32.

10 Gordon J. Spykman의 *Reformational Theology: A New Paradigm for Doing Dogmatics* (Grand Rapids: Eerdmans, 1992)와 Herman Ridderbos의 *Paul: An Outline of His Theology* (Grand Rapids: Eerdmans, 1975)의 평가를 살펴보고자 한다면 Gaffin, "Vitality of Reformed Dogmatics," 27-48과 Gaffin, "A New Paradigm in Theology?" 379-90을 보라. David F. Wells는 Spykman의 *Reformational Theology*의 서평에서 Spykman이 조나단 에드워즈의 방법론을 따르고 있다고 평가하는 반면, Richard Gaffin은 그가 Geerhardus Vos의 방법론에 가깝다고 본다. David F. Wells, Review *of Reformational Theology: A New Paradigm for Doing Dogmatics*, by Gordon J. Spykman, *Theology Today* 50 (1993): 138.

"최근의" 것이 아니다. 실제 개혁주의 신학에서 이 두 방법론을 조화시키고자 하는 노력은 이미 있었다. 리차드 멀러는 17세기 개혁파 스콜라주의 연구를 토대로 주제별—논리적 방법과 역사적 방법이 형성되어 가는 배경으로 볼 때 사실 서로 충돌하는 것이 아니었다는 결론을 내린다. 멀러에 의하면, 칼빈주의자들이 정립한 논리적 방법은 사실 칼빈의 방법론과 역사적으로 연속성 상에 있는 것으로 보아야 한다고 주장한다. 칼빈의 방법론은 전체적인 측면에서 볼 때 역사적 방법이다. 물론 어떤 학자들은 의도를 갖고 칼빈과 칼빈주의자들 사이의 불연속성을 강조하는 것이 사실이다.[11] 물론 16세기(칼빈)와 비교할 때 17세기(칼빈주의) 방법론에 변화가 있다는 것이 사실이지만 그것

---

[11] 불연속성을 주장하는 학파들로는 Basil Hall, "Calvin against the Calvinists," in *John Calvin: A Collection of Distinguished Essays*, ed. G. E. Duffield (Grand Rapids: Eerdmans, 1966), 19-37; Brian Armstrong, *Calvinism and the Amyraut Heresy: Protestant Scholasticism and Humanism in Seventeenth Century France* (Madison: University of Wisconsin Press, 1969); James B. Torrance, "Strengths and Weakness of the Westminster Theology," in *The Westminster Confession*, ed. Alisdair Heron (Edinburgh: Saint Andrews Press, 1982), 40-53; idem, "Calvin and Puritanism in England and Scotland — Some Basic Concepts in the Development of 'Federal Theology'," in *Later Calvinism: International Perspective*, ed. W. Fred Graham (Kirksville: Sixteenth Century Journal Publishers, 1994), 264-77; David Willis-Watkins, "The Third Part of Christian Freedom Misplaced," in *Later Calvinism*, 471-88; R. T. Kendall, *Calvin and English Calvinism to 1649* (New York: Oxford University Press, 1979); idem, "The Puritan Modification of Calvin's Theology," in *Later Calvinism*, 197-214; J. Wayne Baker, *Heinrich Bullinger and the Covenant: The Other Reformed Tradition* (Athens: Ohio University Press, 1980); Elsie Anne McKee, and Brian G. Armstrong, eds., *Probing the Reformed Tradition: Historical Studies in Honor of Edwards A. Dowey, Jr.* (Louisville: Westminster/John Knox Press, 1989).

이 신학 본질의 변화를 의미하지는 않는다.[12] 차이점이 있다면 구속 계시의 역사성에 대한 깊은 이해의 결과로 17세기에 언약 신학(federal theology)이 꽃피게 되었다는 사실이다.

그러나 역사적-신학적 연속성을 전제하더라도 여전히 방법론적 차이와 진전은 더욱 꼼꼼히 들여다볼 필요가 있다. 큰 맥락에서 볼 때 칼빈과 그 후예들 사이의 차이점은 바로 역사적-논리적 방법의 차이에 있다는 점이 분명하다. 구속언약, 행위언약, 은혜언약, 세 언약으로 구성되는 언약 신학은 하나님의 약속의 쌍방성(bilateral)의 근거를 삼위일체의 선시간적(pre-temporal) 경륜에 근거를 두는 탁월함이 있다. 반면 일방성(unliateral)에 더 무게를 두는 단일 언약관이 하나님의 구속 사역에 대한 칼빈의 역사적 이해에 더 부합한다는 것은 우연이 아니다. 논쟁의 여지는 있겠지만, 논리적, 합리적 경향이 17세기

---

12 연속성을 주장하는 학파들로는 Richard Muller, *Post-Reformation Reformed Dogmatics: Volume 1, Prolegomena to Theology* (Grand Rapids: Eerdmans, 1987); idem, *Christ and the Decree* (Durham: The Labyrinth Press, 1986), 1-13; idem, "Giving Direction to Theology: The Scholastic Dimension," *Journal of the Evangelical Theological Society* 28.2 (June 1985): 183-193; idem, "Calvin and the 'Calvinists': Assessing Continuities and Discontinuities Between the Reformation and Orthodoxy," Part One, *Calvin Theological Journal* 30 (1995): 345-375; idem, "Calvin and the 'Calvinists': Assessing Continuities and Discontinuities Between the Reformation and Orthodoxy," Part Two, *Calvin Theological Journal* 31 (1996): 125-160; Paul Helm, Calvin and the Calvinists (Edinburgh: The Banner of Truth Trust, 1982); Lyle D. Beirma, "Federal Theology in the Sixteenth Century: Two Traditions?" *Westminster Theological Journal* 45 (1983): 304-21; Robert Letham, "Faith and Assurance in Early Calvinism: A Model of Continuity and Diversity," in *Later Calvinism*, 355-84; idem, "Saving Faith and Assurance in Reformed Theology: Zwingli to the Synod of Dort," 2 vols. (Ph.D. diss., University of Aberdeen, 1979); Joel R. Beeke, *Assurance of Faith: Calvin, English Puritanism, and the Dutch Second Reformation* (New York: Peter Lang, 1991).

언약 신학의 특징인 반면, 16세기 칼빈의 역사적 방법은 서술적 성격이 더 크다고 할 수 있다. 그러나 겉으로 보이는 차이점은 레오나르드 트린터루드(Leonard Trinterud)나 웨인 베이커(J. Wayne Baker)의 주장처럼 신학의 차이가 아니라, 오히려 라일 비어마(Lyle D. Bierma)나 로버트 레탐(Robert Letham) 등의 주장처럼 발전 과정에 따른 시간적 차이로 보는 것이 더 타당할 것이다.

그렇다면 역사적-논리적 방법의 관점에서 에드워즈는 어디에 속한다고 볼 수 있을까? 그가 칭의론을 설명해 나간 방식은 역사적 방법인 반면, 그 논의를 뒷받침하는 신학 전반의 체계는 언약 신학이었다.

2. 에드워즈의 위치(Place of Edwards)

사실 에드워즈를 전통에 대한 막연한 추종자라 보기는 매우 힘들다.[13] 이안 머레이(Iain H. Murray)는, "그는 자신이 이전 세대가 세워

---

13 에드워즈가 위치한 신학 전통을 거슬러 올라가면 그 정점에 칼빈이 있다. Perry Miller는 에드워즈를 칼빈주의자라 규정한다. "그[에드워즈]는 전통이 시작된 교리로까지 거슬러 올라간다. 거슬러 올라가, 뉴잉글랜드의 첫 세대를 지나 칼빈에까지 올라간다. 그 결과 그는 뉴잉글랜드의 첫 일관된 정통 칼빈주의자가 되었다." *Errand into the Wilderness* (Cambridge, MA: The Belknap Press of Harvard University Press, 1981), 98. Paul Ramsey는 이렇게 기록한다. "칼빈을 읽은 사람이라면 … 그것들[칼빈의 관점들]과 에드워즈의 관점들 사이에 상당한 유사함을 발견하지 않을 수 없다." Appendix to *Ethical Writings*, Jonathan Edwards, ed. Paul Ramsey, vol. 8, *The Works of Jonathan Edwards* (New Haven: Yale University Press, 1989), 750. 그러나 에드워즈는 자신이 맹목적으로 칼빈을 추종하는 것은 아니라고 말한다. 그는 자신의 *Freedom of Will* 서문에서 자신이 칼빈주의자라는 것을 인정하면서도, 자신의 독립적인 사고에 대해 이렇게 피력한다. "구

놓은 지적 전통을 고수하는 일에 꼭 얽매일 필요가 없다고 여겼다"라고 전한다. 동시에 머레이는 에드워즈를 새로운 신학의 창시자라고 보지도 않았다. "오히려 그는 이미 존재하는 기초에서부터 시작

분을 위해서, 내가 칼빈주의자라고 불리는 것에 대해 기분이 나쁘다는 것은 아니다. 비록 내가 칼빈에 전적으로 의존하거나 단지 그가 믿었고 가르쳤기 때문에 내가 지금 믿는 교리를 믿는 것이 아니지만, 나는 그가 가르친 대로 모든 것을 다 믿는다고 해서 비난받는 것은 정당할 수 없다." *Freedom of the Will*, ed. Paul Ramsey, vol. 1, *The Works of Jonathan Edwards* (New Haven: Yale University Press, 1985), 131. B. B. Warfield는 방금 에드워즈가 한 말의 의도를 이렇게 설명한다. "물론 그가 '칼빈이 가르쳤다고 해서 모든 것을 다 믿지' 않는 것처럼 들리긴 하지만, 그는 단지 자신이 맹목적으로 칼빈을 따르는 것이 아니라는 우려를 하는 것이고, 그는 확신 가득한 칼빈주의 수호자로 이해되어야 한다." *Studies in Theology* (New York: Oxford University Press, 1932), 531. 여기에 덧붙여 Carl W. Bogue는 이렇게 말한다. "에드워즈는 떠먹여 주는 대로 답을 하는 것이 아니라, 창의적으로 새로운 기반을 추구하는 독특한 사람들 중 하나였다." *Jonathan Edwards and the Covenant of Grace* (Cherry Hill, NJ: Mack Publishing Company, 1975), 91. 뿐만 아니라 에드워즈는 칼빈 이후 제네바 신학자였던 Francis Turretin의 신학적 정밀성과 논쟁적 예리함을 물려받았다. Charles Hodge의 *Systematic Theology*가 Turretin의 *Institutes of Elenctic Theology*로부터 많은 영향을 받았다는 점을 감안할 때, 에드워즈의 신학은 이미 장로교 신학과 상당한 공감대를 이룬다는 결론을 내릴 수 있다. 에드워즈 당시 예일 대학의 모든 신학도들은 William Ames의 *Medulla theologica*, *De Conscientia*, *Theses Logicae*를 거의 줄줄 외울 정도였다는 점에서 Ames 역시 에드워즈에게 상당한 영향을 끼쳤음을 알 수 있다. 또한 웨스트민스터 신앙고백 전통에 있어서, 에드워즈는 자녀들에게 웨스트민스터 소요리문답을 외울 정도로 가르쳤다. 또한 에드워즈가 1750년 7월 5일 John Erskine에게 보낸 편지에 따르면, 에드워즈는 웨스트민스터 신앙고백서의를 문제 없이 수용했을 뿐만 아니라, 회중교회 말고도 장로교 치리체제에 동의했음을 알 수 있다. 에드워즈의 신학적 배경에 대해 자세한 연구를 보고자 한다면, David F. Coffin, Jr., "A Select Bibliography of Jonathan Edwards' Reading," in *The Rational Biblical Theology of Jonathan Edwards*, by John Gerstner, vol. 3, (Powhatan, VA: Berea Publications, 1993), 605-667을 보라.

할 준비가 되어 있었다."[14] 겉보기에 모순적으로 보일 수 있는 머레이의 평가는 충분히 타당하다. 에드워즈는 개혁파 정통주의(Reformed Orthodoxy)의 유산인 언약 신학을 기초(framework)로 삼았다. 동시에 그의 서술적 문체와 구속사에 민감한 감각은 17세기 칼빈주의자들보다 칼빈에 더 가깝다고 할 수 있다. 비록 칼빈과 개혁파 정통주의(칼빈주의자) 사이에 방법론과 스타일에 차이가 보이지만, 멀러는 둘 사이의 역사적–신학적 연속성을 놓쳐서는 안 된다고 주의를 준다. 즉, 에드워즈가 칼빈주의자들보다 칼빈에 더 가깝다고 주장하는 것은 결코 칼빈–칼빈주의자들의 대립 구도에 에드워즈를 끼워 맞추려는 것이 아니라, 단지 방법론과 스타일의 차이를 잘 이해할 필요가 있음을 지적하는 것뿐이다.

예를 들어, 17세기 정통주의에서 이룬 방법론의 발전을 고찰한 윌리엄 에반스(William Evans)의 연구는 에드워즈의 방법론을 평가하려는 우리의 시도와 매우 적절한 연관성을 지닌다.[15] 에반스는 칼빈과 언약 신학자들 사이의 방법론적 차이점이 그들이 그리스도와의 연합을 보는 관점에서 기인했다고 보았다. 칼빈은 구원을 그리스도와의 연합을 통해 "전체적으로(*in toto*) 교통되는 유기적 연합"이라 보는 반

---

14 Ola Winslow는 에드워즈를 "순응적으로 교육받았다"고 주장하지만, Murray는 이를 반박한다. Iain H. Murray, *Jonathan Edwards: A New Biography* (Edinburgh: The Banner of Truth Trust, 1987), 67, 468을 보라. McGrath는 에드워즈의 칭의론 교리를 가리켜 "칭의의 언약적 근거를 중시하는 전통적 견해"라고 평가한다. Alister E. McGrath, *Iustitia Dei: A History of the Christian Doctrine of Justification, From 1500 to the Present Day* (Cambridge: Cambridge University Press, 1986), 120.

15 William Borden Evans, "Imputation and Impartation: The Problem of Union with Christ in Nineteenth-Century American Reformed Theology" (Ph.D. diss, Vanderbilt University, 1996).

면, 언약 신학자들은 구원을 "일련의 연속적이면서도 구분되는 행동 (acts)들을 통해 주어지는" 것으로 보았다는 것이다. 칼빈은 구원의 법정적 효과(칭의) 및 변화의 효과(성화)를 그리스도와의 연합 속에서 교통되는 것으로 본 반면, 언약 신학은 구원서정적 접근 방식을 통해 법정적 유익과 변화의 유익을 각기 구분되는 행동으로 보았다. 에반스의 주장에 따르면, 언약 신학은 점차 논리를 강조하는 경향이 많아졌고 그리스도와의 연합을 쪼개서(bifurcation) 보았으며, 결국 이원론적 구원론으로 귀결되는 경향이 발생했다고 지적한다. 그 결과 그리스도와의 연합은 "언약적/법적 연합"(칭의)과 "영적/실제적 연합"(성화)으로 이해되었고 17세기 중반에 이르러 법적 연합이 영적 연합을 능가하게 되었다고 에반스는 설명한다.[16] 이 특징은 앙리 모리모토(Anri Morimoto)가 개혁주의 전통에서 흔히 칭의가 성화보다 지배적인 위치를 차지한다고 한 비난과 일치하는 면이 있다. (이에 대하여는 다시 살펴볼 것이다.) 그리스도와의 연합을 통해 총체적 구원관을 이룬 에드워즈는 대부분의 언약 신학자들보다 칼빈에 더 가깝다는 에반스의 분석은 우리 연구에 의미를 더한다.

물론 에반스의 에드워즈 분석은 몇몇 부분에서 우리 연구와 차이가 있다. 에반스가 에드워즈에게 있어서 언약 신학자들과의 연속성과 불연속성이 동시에 존재한다고 본 것은 정당하다. 그러나 에반스는 "에드워즈가 상당한 정도로 칭의를 정적이자 순간적인 것으로 보는 구원서정의 틀을 수용했다"라며 에드워즈를 칼빈보다는 언

---

16 Evans, "Imputation and Impartation," 192-199. 언약 신학에 담긴 이원론적 구원론에 대한 그의 평가를 알고자 한다면 69-148을 보라.

약 신학자들과 더 가까운 위치에 둔다.[17] 이 주장은 우리가 이 연구를 통해 고찰한 내용과 다르다는 것을 알 수 있다. 에드워즈가 구원서정 개념을 갖고 있는 것은 의심할 여지 없다. 그러나 그가 칭의론을 정립하며 사용한 방법은 오히려 역사적 방법이었다. 에반스의 분석과는 달리 에드워즈는 이 점에 있어서 언약 신학자들이 아니라 칼빈과 더 가깝다.

동시에 에반스는 에드워즈가 언약 신학자들보다 칼빈과 더 가깝다는 점도 있다는 것을 인정한다. 에반스에 따르면, 에드워즈는 "하나님의 은혜는 직접적(immediate)이고 피조되지 않은(uncreated) 은혜라고 재정의한다." 그 결과 에드워즈에게 있어서 "은혜의 주입 문제를 포함하여 정통주의의 특징이었던 자연-은혜(nature-grace)의 미묘한 균형의 문제는 완전히 사라졌다." 더 나아가 "에드워즈는 믿음의 의미를 '운동'(exercises) 또는 믿음에서 비롯되는 행동을 포괄하는 방향으로 관점을 확대한다."[18] 물론 에드워즈에게 있어서 하나님의 은혜의 일방적(unilateral), 단동적(monergistic) 강조가 자연-은혜의 혼동을 최소화하거나 사실상 제거한 것이 사실이다. 에드워즈의 이러한 측면은, 에반스의 주장처럼, 언약 신학자들보다는 칼빈과 더 가까운 부분이다. 에반스의 지적대로 에드워즈가 행위를 믿음의 증거와 표시로 보는 유기적 관점은 언약 신학자들이 예리하게 믿음과 행위를 떼어놨던 것보다는 칼빈의 강조에 더 가깝다.

에반스는 또한 칼빈과 칼빈주의자들의 대비를 단일 언약(One-covenant) 관점과 두 언약(two-covenants) 관점의 대비로 이해했다. 에반스

---

17 Evans, "Imputation and Impartation," 225.
18 Evans, "Imputation and Impartation," 226.

가 보기에, 칼빈의 단일 언약 관점은 행함을 참된 믿음의 증거로 보는 반면, 언약 신학자들의 두 언약 관점은 행함과 믿음을 날카롭게 구분하곤 한다.[19] 그러나 4장에서 살펴보았듯이, 에드워즈의 관점은 그리스도와의 연합을 중심으로 믿음과 후속 행위를 유기적 관점에서 본다. 이런 이유에서 에드워즈의 관점은 오히려 단일 언약 관점에 가깝다고 볼 수 있다. 물론 이 둘은 긴밀하게 서로 연관되어 있다는 점을 전제한다. 그래서 에드워즈의 신학방법론을 개혁주의 전통 어디에 위치하느냐의 문제는 복잡한 일이다. 에드워즈의 그리스도와의 연합 개념은 칼빈과 언약 신학자들을 꼭 긴장 관계에 있는 것으로 볼 것이 아니라, 모두의 어깨 위에 서 있다는 점을 인정할 필요가 있다.

이를 위해 우리는 우선 에드워즈의 신학적 기틀(framework)인 그리스도와의 연합의 몇몇 특징을 다시 살펴볼 필요가 있다. 가장 먼저 언급해야 할 것은 아마 그의 연합 모델이 섭렵하는 범위(scope)일 것이다. 그리스도와의 연합을 구원서정 중의 한 국면으로 취급하는 관점들과는 달리, 에드워즈는 연합을 사실상 구원 전체와 동일시 한다.[20] 에드워즈의 신학에서 그리스도와의 연합은 이미 하나님의 절대

---

19 Evans는 칼빈과 개혁파 정통주의 사이에 그리스도와의 연합을 보는 결정적인 차이가 언약 관점에 있다는 것을 명시하지는 않는다. 그러나 Evans가 언약 관점의 차이(즉 단일 언약 대 두 언약)를 전제하고 있다는 점은 부인할 필요가 없다. 사실 이 전제는 칼빈 대 칼빈주의자들의 대립 도식과 같은 맥락을 유지한다. 다시 정리하면, 그는 언약 관점의 차이를 근거로 그리스도와의 연합을 이분법(bifurcation)적으로 분석하였다. 언약 관점의 차이가 어떻게 그리스도와의 연합을 유기적 관점(organic view)과 이분법적 관점(bifurcation view)으로 나누는지에 대한 자세한 논의를 위해 그의 "Imputation and Impartation," 6-148을 보라.

20 John Murray는 "그리스도와의 연합은 구원 적용에서 뿐 아니라 그리스도 사역의 단회적 완성과 성취에 있어서도 구원 교리 전체에 대해 중심이 되는 진리"라고 말한다. 그는 또한 덧붙이기를 "그리스도와의 연합은 매우 포괄적인 주제

적이고 무조건적인 예정에서부터 작용하고 있다. 이것은 칼빈 신학의 전형적인 특징 중의 하나이기도 하다. 그리스도가 언약의 머리되심이 이미 영원 가운데 하나님의 택함의 작정과 성부와 성자 사이의 언약에 작용한다. 에드워즈가 이러한 언약 관점을 가질 수 있었던 것은 개혁파 정통주의의 덕이었다. 예정론과 언약 개념이 그리스도와의 연합 개념에 장착되었을 때 제한 속죄의 관점을 낳는 것은 에드워즈에게 아주 논리적인 귀결이다. 그러나 모리모토와 같은 학자들은 직간접적으로 에드워즈 신학에 보편 속죄 사상이 담겨 있다고 주장한다.[21] 에드워즈의 신학에서 그리스도와의 연합이 섭렵하는 범위는 이 땅에서 경험하는 구원의 개인적 측면뿐 아니라, 천국에서의 완성에 이르기까지 확장된다. 하나님과의 교통(communion)은 역시 그리스도와의 연합을 통해 이해 가능한 것으로 신화(deification)와는 구분되야 한다. 그의 방대하고 총체적인 연합 관점은 하나님의 영원한 경륜에서 출발하여 하늘의 영원한 영화에까지 이를뿐만 아니라, 다양한 영역의 신학을 하나로 또한 통합하는 기능을 한다. 아마도 이런 측면에서 사무엘 로건이 에드워즈가 칼빈에서 존 머레이(John Murray)로 이어지는 전통에 있다고 한 주장은 타당하다고 할 수 있다.[22]

이다. 그것은 하나님의 택하심이라는 궁극적인 근원에서부터 택한 자의 영화라는 최종적인 열매에 이르기까지 구원의 전 과정을 포괄한다. 그것은 단순히 구원 적용의 한 국면이 아니라, 그 성취와 적용에 있어서 구속의 모든 측면들을 뒷받침한다." Murray, *Redemption Accomplished and Applied*, 161, 165.

21 Morimoto가 에드워즈의 구원론을 해석하는 방식은 제한 속죄(limited atonement)마저 무너뜨린다.

22 "그리스도와의 연합 하에 구원의 전 과정을 담는다는 점에서 에드워즈는 명백히 John Calvin과 John Murray의 전통에 서 있다. 바로 이 점에서 Conrad Cherry는 에드워즈의 구원론을 Newton과 Locke 사상의 혼합으로 보았던 Perry Miller

에드워즈의 그리스도와의 연합은 삼위일체 위에서 영원한 경륜과 역사적 개입을 연결한다. 그 말은 우리가 1장에서 다루었던 내용인데 에드워즈는 언약의 머리이신 그리스도의 사역을 이해하기 위하여 존재론적(ontological) 삼위일체와 경륜적(economical) 삼위일체에 논의의 근거를 둔다는 말이다. 그리스도와의 연합이 어떻게 역사 속에서 드러나는지는 존재론적-경륜적 삼위일체에서 출발한다. 그리스도의 사역의 결과가 신자에게 전가되는 문제도 삼위일체의 문맥을 벗어나서는 생각할 수 없다. 그러므로 에드워즈의 신학에서 이른바 그리스도-중심적(cristocentric) 관점과 하나님-중심적(theocentric) 관점은 서로 긴장 관계에 있지 않다. 예를 들어, 칼빈의 구원론은 그리스도-중심적인데 비해, 그의 후계자들(베자)의 구원론은 하나님-중심적이라는 말이 있다. 그러나 에드워즈의 구원론에서는 그리스도-중심적과 하나님-중심적 사이의 경계가 그리 선명해 보이지 않는다. 그리스도가 언약의 머리라는 그의 이해는 예정론과 삼위일체 구조에까지 이르기 때문에 그 두 관점은 본질적으로 서로 대립되지 않는다. 에드워즈의 구원론에서 이른바 귀납적(그리스도-중심적) 방법론과 연역적(하나님-중심적) 방법론은 그리스도와의 연합 방법론을 통해서 이상적인 조화를 이룬다. 그러므로 에드워즈가 볼 때 예정론이 예정론으로 성립되는 것은 그리스도와의 연합이 갖는 언약적 성질 때문이지 예정론 자체가 독립적인 원리가 되기 때문이 아니다. 예정론이 의미를 갖는 것은 택

의 초기 주장을 잘 반박하였으며, 에드워즈가 분명히 의식을 가지고 개혁파 정통주의의 입장을 취했다고 주장한다." 그러나 Logan은 에드워즈의 그리스도와의 연합 모델이 어떤 측면에서 개혁파 전통주의의 특징인지는 설명하지는 않는다. Samuel T. Logan, Jr., "The Doctrine of Justification in the Theology of Jonathan Edwards," *Westminster Theological Journal* 46 (1984): 35.

하심을 받은 자의 삶에서 하나님의 주권적 은혜가 실존적으로 체험되어지는 데에 있다. 결국 에드워즈 신학에서 언약론과 예정론은 어떤 구조적 갈등을 보이지 않는다.[23]

에드워즈의 신학적 기제인 그리스도와의 연합은 언약 신학의 관점에서 더 확실히 확인된다. 물론 에드워즈가 구속언약, 행위언약, 은혜언약의 구조로 되어 있는 언약 신학을 토대로 신학 작업을 한 것은 분명하나, 그는 이 세 언약들을 그리스도와의 연합을 통해 하나의 관점으로 통합하였다. 이미 언급했듯이, 개혁주의 안에서 종종 일방적(unilateral) 또는 쌍방적(bilateral) 관점이냐에 따라 칼빈과 칼빈주의자들을 구분하곤 한다. 개혁파 정통주의가 완성되고 한 세대 후의 신학자인 에드워즈는 연합이라는 기본틀을 중심으로 겉보기에 대립되는 것처럼 보이는 이 두 관점을 하나의 관점으로 통합하였다. 에드워즈가 칭의와 칭의된 삶의 유기적 관계를 강조하는 것은, 특징적으로 말해, 언약의 쌍방성을 반영한 것인 반면, 그리스도의 성취를 강조하는 "오직 믿음으로"는 언약의 일방성에 초점을 두고 있다. 일방적 그리스도 중심적(unilateral Christocentric) 관점에서(칼빈) 쌍방적 체험적(bilateral experiential) 관점(개혁파 정통주의)으로 강조점이 옮겨간다고 흔히 하는 주장과는 다르게, 연합에 바탕을 둔 에드워즈의 신학방법론은 하나를 강조하기 위해 나머지 하나를 간과하는 선택을 하지 않았다. 에드워즈는 언약 구도를 통해 칭의를 고찰함으로써 죄인을 칭의하시는 은

---

[23] 이 부분의 논의는 Bierma와 Letham의 관점이 크게 기여했다. 자세한 내용은 Lyle D. Bierma, "Role of Covenant Theology," 461–2와 Robert Letham, "Continuity and Diversity," 362을 참조할 것. Bierma는 Richard Muller가 William Perkins의 신학에서 언약과 예정은 "완전히 조화를 이룬다"고 말했다고 지적한다.

혜의 측면과 그 결과로 신자의 삶에 요구되는 순종을 나란히 강조하는 데 성공한다. 확신의 관점에서 볼 때, 에드워즈에게 있어서 믿음은 그리스도와의 연합하는 동작이라는 점에서 확신과 동일시될 수 있다. 이것은 대체로 칼빈에서 퍼킨스(William Perkins)에 이르는 신학의 특징이다. 동시에 견인을 구원의 삶에 있어서 "그것이 없이는 칭의가 있을 수 없는" 조건의 관계에 두는 실천적 논법(practical syllogism)이 확신을 뒷받침 한다. 이것은 에임스(William Ames)와 후대의 청교도들의 특징이라고 할 수 있다.[24] 청교도이기도 했던 에드워즈는 확신의 체험적 측면을 강조했던 것이 사실이다. 그러나 동시에 에드워즈는 칭의하는 믿음의 첫 동작이 이미 성화를 기대하고 있다고 여겼다. 왜냐하면 믿음은 연합하는 동작으로서 연합으로 들어오는 동작과 연합에 머무르는 동작을 분리하여 볼 수 없기 때문이다. 몇몇 이들이 갖는 오해와는 달리, 에드워즈는 체험적 기독교(experimental Christianity)를 강조했던 청교도의 경향이 꼭 구원에 대한 주관적 불확실성을 가져오는 것이 아니라고 보았다. 물론 에드워즈가 믿음의 능동성(쌍방성)을 강조한 것도 사실이지만, 에드워즈의 청교도주의는 일방성에 근거한 확실성을 포기하지 않았다.

첫 질문으로 돌아가서, 에드워즈는 칼빈과 개혁파 정통주의 사

---

[24] Lints는 말하기를, "청교도들은 교리가 진정으로 삶을 움직인다고 믿었고 이러한 점에서 에드워즈 역시 분명히 청교도 중의 한 사람이었다." Richard Lints, *The Fabric of Theology: A Prolegomenon to Evangelical Theology* (Grand Rapids: Eerdmans, 1993), 178. 실천적 삼단논법은 Peter Raumus가 청교도 신학에 끼친 중요한 영향이다. 특별히 William Ames는 Raumus의 논리를 신학에 적용하였다는 점에서 주목할 필요가 있다. Ames가 적용을 강조했던 특징은 영혼을 일깨우기 위해 "새로운 조직신학"(new body of divinity)을 시도했던 에드워즈에게서 다시 살아났다고 할 수 있다.

이 어디에 위치하는가? 이에 답하기 위해서는 주의 깊은 고찰이 필요하다. 역사적-논리적 도식에서 볼 때 에드워즈는 오히려 칼빈의 역사적 방법론과 가까운 것이 사실이다. 특별히 그리스도와의 연합을 중심으로 하는 에드워즈의 통합적 관점의 구원론은 칼빈과 매우 유사하다. 그러나 에드워즈가 언약 신학 구도 안에서 신학 작업을 했으며, 실천적 측면을 강조했던 청교도였다는 점은 정통주의 덕이다. 에드워즈 신학에 나타나는 이중적 경향에 대해 에반스는 이렇게 말한다. "초기의 보다 역동적인 개혁주의 성경 신학을 … 후기의 정적인 스콜라주의 언약신학과 결합한다는 것은 그다지 자연스러운 시도는 아니다."[25] 그러나 앞서 언급했듯이, 에드워즈는 대립의 소지가 있어 보이는 문제를 양자 간에 택일의 방법으로 해결하려 하지 않았다. 즉, 구속사(*historia salutis*)냐 구원서정(*ordo salutis*)이냐의 문제로 보지 않았다는 것이다. 그는 다분히 역사성의 성격이 강한 연합을 기본틀로 하지만 구원서정(*ordo salutis*)의 논리성도 포기하지 않음으로써 난제를 극복하였던 것이다.

3. 칭의와 양자됨(Justification and Adoption)

한편으로 에드워즈의 방법론이 칼빈과 유사한 면이 있지만, 다른 한편 그의 칭의론은 프란시스 투레틴(Francis Turretin, 1623-1687)에게서 또한 커다란 영향을 받았다. (참고로 여기에서 필자는 신학 방법과 내용을 분리하고자 하는 것이 아니라, 단지 에드워즈의 칭의론의 역사적 발전 과정을 제시하고자 할 뿐이다.) 칼빈과는 달리 에드워즈의 칭의론은 양자(adoption) 개

---

25 Evans, "Imputation and Impartation," 226.

념을 포함한다. 물론 이 논의가 주독하는 것은 칼빈 대 칼빈주의자(투레틴)의 문제가 아니라, 에드워즈는 칼빈과 칼빈주의자들 모두의 어깨 위에 서 있다는 점이다.

에드워즈는 칭의를 사함(remission)과 상급(reward), 달리 말하면, 면제(absolution)와 받아들임(adoption)이라 정의했다는 것을 우리는 기억한다. 그에게 칭의와 전가는 서로 매우 밀접하게 연결되어 있어서 그리스도의 의의 이중적(부정적, 긍정적) 의미 역시 칭의의 이중적 효과, 즉 면제(absolution)와 받아들임(adoption)과 짝을 이룬다. 그의 칭의 정의에서 우리가 다시 주목하게 되는 것은 비록 부분적이라도 이미 양자의 개념이 담겨 있다는 점이다. 즉, 어드워즈의 칭의 개념에는 적어도 그의 형제로서 그리스도와 함께 상속자가 된다는 양자의 권리가 포함되어 있다. 사실 에드워즈는 양자 개념을 독립적인 주제로 따로 떼어서 다룬 적은 거의 없다. 아주 드물게 양자의 교리를 다루었던 증거가 그의 "문집"(Miscellanies) 1093번에 나타난다. 여기에서도 에드워즈는 사실상 양자 교리를 제대로 취급했다기보다는 칭의 안에 포함시켜야 할지에 대한 고민이었다.

1093번은 두 교리 사이의 근본적인 차이점을 다룬다. 칭의에서 하나님은 "법의 재판관" 또는 "최종 판결자"이신 반면, 양자에서 하나님은 "사랑의 아버지"이시다. 에드워즈는 둘을 다음과 같이 구별한다. "칭의는 칭의된 사람에게 법이 요구하는 적법성 또는 의에 대해 상급으로 이 유익을 부여하는데, 바로 영생이다." 반면, 에드워즈는 구분하기를 양자는 "법에 의해 의에 따라가는 특권이 아니다." 여기에서 아주 흥미로운 것은 법이 법정적 칭의에 대한 준거인 반면, 양자에 대해서는 그렇지 않다는 점이다. 우리가 자녀로 받아들여지는 것은 "그들이 하나님의 독생자와의 특별한 연합을 이루기 때문이다."

양자 개념에서는 자녀됨(filial)의 관계가 강조되는 반면, 칭의의 맥락에서는 법적 신분이 관건이 된다. 그러나 비록 에드워즈가 구원론적 맥락에서 양자됨을 "칭의와는 엄밀히 말해서 다른 것"으로 구분하긴 하지만, 본질에 있어서는 양자의 특권을 긍정적 의가 주는 영생 상급의 한 측면으로 보았다. "양자됨과 관련된 모든 특권들은 신자들에게 의의 상급으로 주어지는 유익에 속한다. 심지어 그리스도의 칭의에서 자신에게 의로 간주되었던 그리스도의 의도 말이다." 즉, 에드워즈의 신학 사상에서 영생은 상당히 넓은 의미를 지닌다.[26] 에드워즈에게 있어서 영생이란 시간의 길이가 아니라 하나님의 영광에 신자가 영원히 참여하는 것을 의미한다. 그런 의미에서 자녀됨의 특권이 칭의의 순간에 주어진 "영생"에 이미 포함되었다고 하는 것은 절대 지나친 과장이 아닌 것이다.

그렇다 해도, 양자 개념을 칭의 범주에 포함시킨 것이 에드워즈가 최초는 아니다. 칼빈 역시 다양한 문맥에서 여러 차례 칭의를 정의했다.[27] 어느 부분에서 칼빈은 "'칭의하다'(to justify)란 다름 아닌 고소

---

[26] 에드워즈의 글에서 하늘(천국)은 종종 영생의 동의어로 사용된다. 인간의 궁극적 행복이 종종 하늘로 압축된다. 예를 들어 에드워즈는 *Personal Narrative*에서 다음과 같이 말한다. "내가 바라는 천국은 거룩한 천국이었다. 바로 하나님과 함께 하고, 하나님의 사랑과 그리스도와의 거룩한 교통 가운데 나의 영원을 보내는 곳 말이다. 내 마음은 천국과, 거기서 즐거움과, 거기서 완벽한 거룩과 겸손과 사랑을 사는 것 등을 생각하는 것으로 사로잡혀 있다. 동시에 천국의 커다란 행복의 하나로 다가오곤 하는 것은 거기서 성도들이 그리스도께 그들의 사랑을 표현하는 것이다." 분명히 에드워즈의 글에서 천국과 영생은 서로를 대변하는 호환적 의미를 갖는다는 것을 보게 된다. Edwards, *Letters and Personal Writings*, 16:795.

[27] Stanford Reid는 칭의 교리를 "칼빈의 신학 체계 전체의 절대적 중심"이라 여겼으며, "이신칭의 교리를 '핵심' 교리라고 부르는 것은 칼빈 자신의 정서를 그

당한 자의 죄를 사하여 그의 무죄를 확인하는 것이다"라고 정의한다. 칼빈은 좀 더 정교하게 자신의 정의에 대해 부연하기를, 우리가 칭의 된다는 것은 "우리의 무죄를 확증 받아서가 아니라, 의의 전가를 통해서 스스로는 의롭지 아니한 자가 그리스도 안에서 그렇다고 간주되는 것이다."[28] 여기에서 칼빈은 의의 전가에 근거하여 칭의의 긍정적 결과를 강조하고 있다. 즉, 전가를 근거로 한 사람이 의인이 되는 것이다. 그러나 엄밀하게 말해서, 그 칭의의 긍정적 결과에는 양자 개념이 포함되어 있지 않다.[29]

제네바 신학자였던 프란시스 투레틴은 칼빈 이후 칭의론이 어떻게 발전했는지에 대한 중요한 실마리를 제공한다. 투레틴은 정당하게 칭의가 죄 사함만을 의미한다는 사상을 부정했다.[30] 칭의가 오직 죄 사함만을 의미한다는 것은 사실 알미니안 칭의론의 핵심이며,

---

대로 반영하는 것이다"고 하였다. Stanford Reid, "Justification by Faith According to John Calvin." *Westminster Theological Journal* 42 (1979): 291.

28 Calvin, *Institutes*, 3:11:3. 다른 곳에서 칼빈은 칭의에 대해 이렇게 말한다. "죄인이, 그리스도의 피로 깨끗하여지고, 죄 사함을 얻고, 그리스도의 의를 마치 자신의 것처럼 덧입고, 하늘의 심판대 앞에 자신있게 설 수 있게 되어, 그리스도와의 교통으로 받아들여지고, 은혜로 하나님과 화목하게 되었다." Calvin, *Institutes*, 3:17:8. 또는 간략하게, "우리를 의로운 자로서 하나님의 은총으로 받아들이심" Calvin, *Institutes*, 3:11:2. 또한 3:11:4의 제목은 "칭의는 하나님께서 은혜로 용납하시고 죄 사하심." 이 인용들을 근거로 우리는 Beza는 칭의를 죄 사함과 의의 전가라고 본 반면, 칼빈에게는 전가 개념이 그다지 분명하지 않았다는 Basil Hall의 주장이 정당하지 않음을 알 수 있다. Hall, "Calvin Against the Calvinists," 27-28.

29 칼빈의 양자의 교리를 위해, Timothy J. R. Trumper, "An Historical Study of the Doctrine of Adoption in the Calvinistic Tradition" (Ph.D. diss., University of Edinburgh, 2002)를 추천한다.

30 Turretin, *Elenctic Theology*, 16:4:2, 3.

에드워즈도 이를 민감하게 문제시했었다. 그런데 투레틴은 놀랍게도 칭의를 죄 사함과 의의 전가로 보는 입장에 대해서도 불편해한다. 사실 그의 의도는 의의 전가를 강조하고자 함이었다.

> 하나님께서 먼저 우리의 죄를 사하시고, 후에 의를 전가하시는 것이 아니다. 오히려 먼저 의를 전가하신 후에 전가된 의를 근거로 우리의 죄를 사하시는 것이다. 반드시 먼저 속죄(satisfaction)와 속전(ransom)이 중재되어야 한다. 그 후에야 비로소 하나님의 공의가 손상됨 없이 하나님이 사함을 주실 수 있으시며, 그것은[의의 전가] 택한 자들을 위해 주어지는 사함의 선언에 근거가 된다.[31]

본질에 있어서 투레틴은 칼빈과 다르지 않다. 다만 강조점을 어디에 두느냐의 차이일 뿐이다. 투레틴은 의의 전가를 칭의의 한 부분이나 또는 죄 사함에 따른 결과로 보는 것이 아니라, 의의 전가가 칭의의 근거임을 분명히 하고자 하였다. 구체적으로 말해, 투레틴은 의의 전가에 기초에 칭의의 두 과가 온다고 보았다.

> 그[그리스도]의 가장 완전한 의의 전가에서 두 가지 유익, 즉 죄 사함과 생명의 권리 또는 양자됨이 나온다. 그러므로 의의 전가는 칭의의 토대이자 공로적 동인이다. 반면 양자됨(adpotion)과 죄 사함(absolution)은 칭의의 두 측면이자 의의 전가가 가져오는 두 효력으로, 서로 불가분적으로 연결되어 있다.[32]

---

31 Turretin, *Elenctic Theology*, 16:4:4. [설명 삽입].
32 Turretin, *Elenctic Theology*, 16:4:5; 사함(absolution)과 양자됨(adoption)에 관해서는 16:6:1, 2, 3, 6, 8, 9과 더불어 17을 보라.

여기에서 우리는 투레틴이 의의 전가 개념을 명료하게 하는 데 공헌했다고 평가할 수 있다. 물론 칼빈이 그리스도의 의의 전가가 지니는 중요성을 충분히 강조하지 못했다는 뜻은 아니다. 그럼에도 불구하고 우리는 투레틴과 에드워즈가 칼빈에서 진일보하여 칭의의 기독론적 근거를 보다 더 직접적이고 구체적으로 밝혔다고 평가할 수 있다. 이것은 17세기 언약 신학이 그리스도의 의에 대한 이해를 더욱 풍성히 하는 데에 기여했다는 증거가 될 수 있다. 물론 칼빈에게 있어서 언약이 중심 주제인 점은 두말할 나위가 없다. 그럼에도 불구하고 주저함 없이 공언할 수 있는 것은, 투레틴과 에드워즈의 성숙된 언약 사상에 의해 비로소 그리스도의 의의 이중적 의미와 칭의의 이중적 효과의 밀접한 상관관계가 분명히 드러났다는 사실이다. 물론 그 과정 속에 이들에게 개혁파 스콜라주의(Reformed scholasticism)의 이성주의적 경향도 함께 드러난다는 것도 인정할 일이다.

에드워즈보다 거의 한 세기 앞서 투레틴은 이미 그리스도의 의가 지니는 이중적 의미를 밝힌 바 있다.

> 이러한 두 유익들[죄 사함과 양자됨]이 의의 두 가지 특성에서 비롯되는 것은 이 의가 속죄(satisfactory)의 효력과 동시에 공로(meritorious)의 효력을 지니기 때문이다. 전자를 근거로 전가된 의는 죄 사함의 토대가 되며, 후자를 근거로 생명에 대한 권리의 동인이 된다.[33]

투레틴의 공헌에 의해 칭의의 이중적 효과, 즉 죄 사함과 양자됨이 의의 전가의 이중적 의미에 근거한다는 사실이 분명해진다. 결

---

[33] Turretin, *Elenctic Theology*, 16:4:5.

국 이렇게 정리할 수 있다. 칼빈은 의의 전가를 칭의와 보다 더 유기적 관계에 있는 것으로 이해했기 때문에 의의 전가가 칭의의 근거인 것이 분명하면서도 때로는 칭의의 결과로 언급되기도 한다. 이것은 논리의 모순에 기인한 것이 아니라 강조의 문제로 이해할 것이라고 본다. 반면 투레틴은 전가의 이중적 의미와 칭의의 이중적 효력을 서로 직결시키는 데 초점을 맞추었다. 결론적으로 말해, 투레틴의 칭의관은 양자 개념을 포함하고 있고 이 특징은 에드워즈에게 이어지고 있다.

다시 에드워즈로 돌아와서 결론을 내리자면, 에드워즈가 칼빈의 전통 위에 서있고 특히 방법론적 연속성은 분명하지만, 칭의가 양자 개념을 포함한다는 점은 투레틴에게서 왔다. 물론 칼빈 이후의 세대들이 그에 비해 더욱 이성적이고 논리적 정교성을 추구하는 사고를 하는 경향이 있다는 것은 분명하다. 에드워즈도 예외는 아니다. 세대의 변화와 함께 에드워즈도 자신의 세대에 속한 한 사람이다. 역사적 방법에서 칼빈을 닮았다는 특징과 사고 체계(언약)에 의해 보다 더 논리적 사고를 하는 후대의 모습이 에드워즈에게서 함께 발견된다. 에드워즈가 칭의 개념에 가족적(filial) 의미를 반영한 것은 그리스도와의 연합이 가져오는 언약의 맥락에서 "그리스도 안에 머물기"(staying in Christ)가 특히 강조된 것이라고 하겠다.

에드워즈의 칭의론이 종교개혁 교리(the Reformation doctrine)의 전통을 충실하게 계승한다는 점은 의심할 나위가 없다. 그러나 이것이 에드워즈의 칭의론이 칼빈의 칭의 교리와 완전히 일치한다는 뜻은 아니다. 시간이 흐르면서 교회는 내용과 방법의 측면에서 신학의 발전을 이루었다. 물론 이러한 발전은 새로운 것을 도입하기 위해 반드시 앞선 세대의 유산을 포기하거나 버려야 하는 것은 아니다. 에드워즈는 칼빈과 정통주의 모두에게서 풍성한 개혁주의 유산을 물려받았을 뿐 아니라, 그들의 특성과 장점을 조화시켜 내용과 방법론적 측면에서 신학을 보다 성숙한 형태로 정립하였다. 에드워즈의 방법론인 연합은 종교개혁 칭의 교리를 신실하게 보존할 뿐 아니라, 다가오는 개혁교회의 유익을 위해 효과적으로 신학하는 성숙한 모습을 보여 주었다.

그러나 종교개혁 이후(엄밀히 말하자면 바울 시대 이후) 역사를 통해 알 수 있듯이, 칭의 교리는 언제나 공격을 받아왔다. 특별히 최근 에드워즈 연구는 비록 에드워즈의 칭의 교리를 완전히 부정하지는 않더라도, 심각한 위협이 되고 있다. 대표적인 예가 일본의 안리 모리모토(Anri Morimoto)이다. 그는 성향적-존재론적(dispositional-ontological) 철학에 입각하여 에드워즈의 칭의 교리를 약화시킬 뿐 아니라, 더 나아가 종교개혁 전통 전체를 로마 가톨릭 신앙에 예속시키는 시도를 하고 있다.

B. 성향적-존재론적 구원론(Dispositional-Ontological Soteriology)

에드워즈 연구가들 중 전가의 법정적 의미에 대해 호의적이지 않거나, 적어도 에드워즈의 칭의 교리를 법정적으로 보는 것을 주저하는 한 학파가 있다. 이들에게 나타나는 불편한 심기는 사실 루터교 스콜라주의를 전형적으로 대표했던 칭의 개념에 대한 반발이 컸다. 그들의 허구적 칭의는 페리 밀러(Perry Miller)의 말처럼 "진부한 교리"라고 자주 비판을 받고는 한다.[34] 앞서 이미 논했듯이, 개혁주의에서

---

[34] Perry Miller, *Jonathan Edwards* (New York: W. Sloane Associates, 1949; reprint,

말하는 법정적 칭의는 언약에 의해 조성된 실제에 바탕을 두고 있기에, 단순히 "…인 것처럼"(as if)의 허구적 논의를 반대한다. 안타깝게도 개혁주의 노선의 어떤 학자들은 루터교의 법정적 칭의가 개혁주의 입장과 다를 바 없다며 법정적 전가가 근거하는 언약적 실제(covenant reality)를 맹렬히 반박하기도 한다. 그러나 앞서 살펴보았듯이, 에드워즈의 법정적 칭의 개념은 단순한 허구적인 법률 과정이 아니라, 언약에 근거한 실제에 바탕을 두고 있다. 이는 에드워즈 자신의 창작이 아니라, 칼빈과 웨스트민스터 표준에 바탕을 둔 것이다.[35] 어떤 학자들은 이를 존재론적(ontological)이라 평하기도 한다. 아바 챔벌린(Ava Chamberlain)은 에드워즈에게 있어서 "믿음으로 이루어지는 그리스도와의 연합은 전가에 꼭 필요한 존재론적 근거를 이룬다는 점에서, 믿는 자가 칭의되는 것이 타당하다"라고 말한다.[36] 챔벌린이 말하는 "존재론적"은 연합이 지니는 언약적 성격과는 다른 존재론적 철학에 근거한다. 철학적 존재론 접근이 가져올 수 있는 최악의 시나리오는 칭의의 종교개혁 특징을 부정하거나 타협하는 것으로서 바로 이러한 일이 안리 모리모토(Anri Morimoto)에게서 일어났다.

자신의 저서 *Jonathan Edwards and the Catholic Vision of Salvation* (조나단 에드워즈와 가톨릭 구원관)에서 모리모토는 존재론적 관점에서 칭의

Amherst: The University of Massachusetts Press, 1981), 75.

[35] 이 논문에서 주제와 관련된 칼빈의 문헌을 제시하였다. 대표적인 문헌을 다시 정리하자면, Calvin, *Institutes*, 3:1:1, 3; 3:2:24; 3:11:10; 3:13:5; 4:17:6, 7; 4:17:32; *Commentaries on Dan. 7:27*; *John 6:51*; *14:20*; *1 Cor. 11:24*; *Eph. 3:17*; 더불어 *Westminster Larger Catechism* 58-90 및 *Shorter Catechism* 29-32을 보라.

[36] Ava Chamberlain, Introduction to *The "Miscellanies" 501-832*, by Jonathan Edwards, ed. Ava Chamberlain, vol. 18, *The Works of Jonathan Edwards* (New Haven: Yale University Press, 2000), 17.

론을 포함한 에드워즈의 구원론 전체가 본질적으로 가톨릭 구원론에서 벗어나지 않는다고 평가한다. 우리를 놀라게 하는 사실은 그가 주장하는 성향적-존재론적 논쟁이 그의 말처럼 에드워즈의 구원관과 조화를 이룬다면 그것은 칼빈을 비롯한 개혁신학 전체를 가톨릭 신학이 삼켜버리는 것이 된다는 것이다. 그는 개혁주의 신학 속에서 이미 교회 화합(ecumenism)을 이룰 수 있는 충분한 증거가 있다고 주장한다. 그의 철학적 전제는 언약 신학에 기초를 두고 있는 에드워즈의 칭의론을 정당하게 대변하지 못한다.[37]

1. 이론과 방법론(Theory and Methodology)

이미 자명한 사실을 다르게 해석하기 위해서는 이해하는 방식(방법론)을 바꾸어야 한다. 원래 핵심이 아니었던 질문을 제기하는 것 역시 초점을 옮기는 효과적인 방법 중 하나이다. 누군가가 (이 경우 에드워즈의 칭의 교리를) 새롭게 읽고자 끊임없이 노력한다면 원래 (저자에 의해) 의도되지 않았던 결과에 이를 수도 있다. 그렇다고 해서 새로운 해석이 자동적으로 정당하다고 인정될 수 있는 것은 아니다. 아무리 새로울지라도 잘못된 질문에서 출발한 것이라면, 즉 잘못된 전제와

---

[37] 이상현의 "성향적 존재론" 철학에 입각한 소위 "성향적-존재론적 구원론"으로 나아가는 대표적인 예를 든다면, Anri Morimoto, *Jonathan Edwards and the Catholic Vision of Salvation* (University Park: PA, The Pennsylvania State University Press, 1995)와 George Hunsinger, "Dispositional Soteriology: Jonathan Edwards on Justification by Faith Alone," *Westminster Theological Journal* 66.1 (Spring 2004): 107-120를 지적할 수 있다. 좀 더 전통적인 입장에서 에드워즈를 방어하는 입장으로 Josh Moody, ed., *Jonathan Edwards and Justification* (Wheaton, IL: Crossway, 2012)가 있다.

의도에서 출발한 것이라면, 아무리 많은 주장들을 제시했다 할지라도 결코 올바른 결론에 이를 수 없다.

모리모토는 사실 에드워즈에게 그다지 관심의 주제가 아닌 질문을 던지면서 그의 칭의론에 접근한다. 간단히 말해 그의 질문의 본질은 구원서정(ordo salutis)의 문제로서 회심과 칭의 사이의 – 시간적, 인과적 – 순서를 묻는 문제였다. 모리모토는 에드워즈가 역사적 방법이 아니라 주로 논리적 방법을 사용한다고 보았다. "구원서정(구원의 순서)이라는 전통적인 방법론이 여기에서 그의 파편적인 단상들을 의미 있는 하나로 구성하는 원리로 작용한다."[38] 페리 밀러는 같은 노선에서 에드워즈의 칭의 논의의 주된 관심은 인과성(causality)에 있다고 주장하기도 하였다. "그는 칭의가 간단하게 말해서 인과적 순서에 따라 구성됨을 증명하고자 하였다. 즉, 구원을 결과라고 부르고, 그에 대해 믿음이 어떤 의미에서 원인이라고 한다면, 이 일련의 과정은 뉴턴의 언어로 새롭게 정립될수 있다."[39] 우리가 보기에 밀러와 모리모토 모두 정당하다 하기 어렵다. 만일 선후 관계가 핵심 주제였다면,

---

[38] Morimoto, *Catholic Vision*, 10. 모리모토는 에드워즈의 구원론에서 회심이 칭의에 앞선다는 주장을 뒷받침하기 위해 에드워즈 문헌에서 다음의 구절을 인용한다. "이 모든 세대 속에서 하나님은 타락한 인간을 변화시키는 회심 사역을 행하시는 것처럼, 그리스도의 의를 통해 그들을 의롭다고 하시고, 그들의 모든 죄를 사하시고, 당신 보시기에 그들을 의로운 자로 받으신다." 모리모토의 기대와는 다르게, 넓은 문맥에서 볼 때 에드워즈의 관심이 회심과 칭의의 순서를 설명하는 것이 아니라는 점은 분명하다. 또한 모리모토는 이신칭의에서 "믿음으로"를 회심이 칭의에 앞서는 명백한 증거라고 주장한다. 그러나 앞서 3장에서 살펴보았듯이, 그의 주장은 에드워즈의 교리와 조화를 이루기 어렵다. Morimoto, *Catholic Vision*, 72–83. cf. Edwards, *History of the Work of Redemption*, 9:121.

[39] Miller, *Jonathan Edwards*, 75.

에드워즈가 이 주제를 그의 칭의 설교나 문집(Miscellanies)에서 거의 언급하지 않은 것은 매우 모순적이다. 예를 들어 부흥의 정황 속에서 에드워즈의 주요 관심사는 회심이었다. 그러나 에드워즈가 회심과 칭의의, 또는 구원론의 다른 부분과의 선후 관계를 밝히고자 했다는 단서는 거의 찾아볼 수 없다. 어떤 이들은 에드워즈가 자세하게 기록한 회심과 부흥의 글들을 바탕으로 회심 이론을 심리학적으로 연구하기도 한다. 그러나 사실 에드워즈의 관심은 오직 회심이 - 또한 부흥 역시 - 성령의 역사임을 강조하며, 하나님께서 자격 없는 죄인을 구속하시는 주권적이고 영광스러운 사역이 구속 사역의 역사성과 잘 조화를 이룸을 드러내는 것이었다. 구원을 경험하는 일련의 과정에서 논리적, 인과적, 심지어 시간적 선후 관계를 밝히는 것은 에드워즈의 주된 관심이 아니었다. 모리모토가 에드워즈에게 억지로 인과관계의 도식을 투영하고자 하는 의도는 그것을 통해 그의 관심, 즉 에큐메니즘을 구현할 수 있기 때문이다. 그는 자신에게 유리한 방법론으로 성향적-존재론을 택했다. 그것은 그가 에드워즈의 구원론을 로마 가톨릭 안에 귀속시킬 수 있는 이론적 장치가 된 것이다.

  모리모토의 주장을 효과적으로 반박하기 위해 먼저 우리는 그의 방법론의 이론적 배경을 살펴볼 필요가 있다. 에드워즈에게 로마 가톨릭의 옷을 입히고자 한 모리모토의 시도는 "성향적 존재론"(dispositional ontology)으로 알려진 이상현(Sang Hyun Lee)의 철학적 해석에 바탕을 둔다.[40] 이상현의 성향적 존재론은 아리스토텔레스의 헥시

---

40 성향적 존재론에 대한 자세한 논의는 Sang Hyun Lee, *The Philosophical Theology of Jonathan Edwards* (Princeton, NJ: Princeton University Press, 1988)을 보라. 이상현은 자신이 에드워즈의 "성향"(disposition)을 성령의 내주로 해석하는 것은 사

스(*hexis*) 개념을 기독교화시킨 토마스 아퀴나스의 하비투스(*habitus*) 개념에서 비롯된 것이다.[41] 이상현은 성향(disposition) 또는 경향(habit)을 "능동적이고 존재론적으로 내재하는 능력으로 운동 중이지 않을 때도 실제의 양상을 지니는 것"이라고 정의한다.[42] 간단히 말해, 성향의 형이상학적 상태는 "완전한 실현태(full actuality)와 순수한 가능태(pure potentiality) 사이의 중간"이다. 이를 자연−은혜 영역에 적용하자면, 주입된 은혜(infused grace)는 "존재적 경향"(entitative habit), 다시 말해 "존재의 차원에서 활동하는 경향"을 가진다.[43] 주입된 은혜에 대한 전형적인 중세의 이해 방식은 인간 본성 안에 "창조된 성질"(created quality)로 보는 정적 개념이었다면, 성향적 존재론은 주입된 은혜를 "존재론적으로 생산적인"(ontologically productive) 것으로 동적인 위치에 올려 놓았다. 이런 맥락에서 성향적 존재론은 전통적인 기독교의 정적 "존재"(being) 개념(즉 하나님)에 과정신학의 진화적 "생성"(becoming) 개념을 접목한 것이라 볼 수 있다. 이상현은 에드워즈의 사상과 신학을 성향적 존재론의 관점에서 해석하였고, 모리모토는 스승의 이론적 기반을 구원론 영역에 적용하여, 에드워즈를 로마 가톨릭의 구원론과 조

실 "창조되지 않은 은혜"(uncreated grace)를 주장하는 Lombard와 같은 노선이며, 모리모토는 "창조된 은혜"(created grace)를 말한 Aquinas 접근 방식이라고 주장한다. 그의 주장을 감안하더라도, 여기에서 필자가 지적하고자 하는 것은 모리모토의 성향적−존재론적 구원론이 이상현의 성향적 존재론에 이론적 근거를 둔다는 점이다. 에드워즈의 은혜 교리에 대한 이상현의 접근 방법은 그의 Introduction *to Writings on the Trinity, Grace, and Faith*, ed. Sang Hyun Lee, vol. 21, *The Works of Jonathan Edwards* (New Haven, Yale University Press, 2003), 38−62를 보라.

41 Lee, *Philosophical Theology*, 17−22.
42 Lee, *Philosophical Theology*, 7.
43 Lee, *Philosophical Theology*, 20−22.

화를 이루는 것으로 해석한 것이다.

이러한 목적으로 모리모토는 에드워즈가 사용한 주입(infusion)이란 단어에 초점을 맞춘다. 앞에서 언급한 인과성의 도식을 기반으로, 모리모토는 비약을 시도한다. 즉, 에드워즈의 구원론에서 회심 시 주입된 은혜가 바로 존재론적 실재이며 – 에드워즈는 이것을 성향이라고도 하는데 – 이 위에 에드워즈의 구원론 전부가 기초한다는 것이다. 또한 회심 시 주어진 존재론적 실재는 구현(구원)을 기다리고 있다고 주장한다. 모리모토는 성향적 존재론 언어로 에드워즈의 구원를 한편으로 "순수한 가능태"인 동시에 다른 한편으로 "완전한 실현태"로 보았다. 그 중간에 이른바 "가상적 존재"(virtual existence) 또는 성향(disposition)이 있다.[44] 앞서 말했듯이 성향은 에드워즈에게 있어서 성령의 내주를 나타낸다. 모리모토는 성향을 "가상적 존재"라 정의함으로써 성령의 내주에 담긴 모든 신학적 실제와 의미를 "가상적 존재"라는 말로 일축한 것이다. 그는 이러한 철학적 장치를 통해 성령의 내주와 더불어 시작된 구원의 실제와 생명을 성령에게도, 인간에게도 속한 것이 아닌 어떤 것, 다시 말해, 단지 개념적 범주 속에 "가상적으로"(virtually) 존재하는 어떤 것으로 치환해 버렸다. 성향을 강조하는 모리모토의 논지는 성령의 내주로 성립하는 그리스도와의 연합이라는 실제의 의미를 강화하는 것이 아니라 희석시킬 뿐이다. 물론 모리모토는 이상현과 더불어 성령의 인격과 사역을 창조된 은혜로 격하시키는 중세 실재론의 구조적 약점을 피할 수는 있었지만, 그럼에도 불구하고 모리모토는 여전히 성령의 인격과 사역을 단순히 "가상적 존재"로 축소해 버리는 잘못을 범하고 있다. 현실적으로, 모리모토

---

[44] 자세한 내용은 Morimoto, *Catholic Vision*, 54–59을 보라.

의 존재론적 구원론에서 가장 중요한 것은 중생이 된다. 그렇다면 질문은 아직 구현되지 않았더라도, 과연 사람에게 "가상적 존재"가 있는가이다. 성향적 존재론에 의하면, 이 "가상적 존재"는 계기를 만나면 믿음으로 구체화된다. 그러나 어떤 이는 전혀 이러한 기회가 없이 "일평생 비신자로 남는다." 그러나 모리모토의 구원관에 의하면, 그 역시 구원을 받을 수 있는데, 바로 실현되지 않은 형태의 "가상적 존재"가 있기 때문이다.[45]

가상적 존재 또는 성향은 은혜의 주입에 의해 주어져 구원에 있어서 "실재의 고유한 양상"을 띤다. 이후 적절한 계기를 맞으면 이 성향은 완전한 실현태로 발현된다. 전통적 구원서정 도식을 따를 때, 중생의 존재론적 선행은 구원의 후속적 결과를 가져온다. 즉, 모리모토의 존재론적 철학에 따르면 구원서정은 단순히 하나의 존재론적 실재에서 다른 존재론적 실재로 옮겨가는 것이다. 그래서 존재론적 구원론 도식에서 중생이 차지하는 비중은 매우 커 성화의 "원천"이라고도 불린다. 즉, 한 사람에게 성향적 존재가 성립되면 그는 사실상 존재론적으로 선을 행할 수 있는 능력을 지니는 것이다. 이런 맥락에서 성화는 진정한 의미에서 인간이 하는 일이 된다. 모리모토는 성화를 "자율적인 인간의 노력과 하나님의 직접적이고 즉각적인 동인의 산물"이라 규정한다.[46] 그 의미는 성향을 창조하는 것까지는 하나님의 일인 반면, 성향이 만들어진 후에는 인간의 일에 속한다는 것이다. 이러한 구원론의 도식에서 칭의는 먼저 주어진 존재론적 실재인 성향에 의존하며, 결과적으로 칭의는 중생에 가려 사실상 사라지게 된다.

---

[45] Morimoto, *Catholic Vision*, 66.

[46] Morimoto, *Catholic Vision*, 137.

즉, 칭의는 본질적으로 존재론적 변화에 대한 인식에 지나지 않는다. (이 부분은 다시 다루기로 한다.)

이렇듯 모리모토의 구원 개념은 이론적-방법론적 근거로서 한편으로는 이상현의 성향적 존재론을 다른 한편으로는 전통적 구원서정을 붙잡고 있다. 모리모토는 이 둘을 에드워즈의 주입(infusion) 언어를 통해 융합한다.

2. 주입 언어(Infusion Language)

전통적으로 전가(imputation)와 주입(infusion)의 문제는 개신교회와 로마 가톨릭을 가르는 계기가 되었다. 주입된 의는 구원을 존재론적 실재(ontological reality)로 이해하는 반면, 전가된 의는 언약적 실제(covenantal reality)에 바탕을 둔다. 가톨릭의 존재론적 관점은 결국 칭의(구원)의 근거를 그리스도에서 멀어지게 하였다. 이 문제가 종교개혁의 핵심이었기 때문에 개신교회는 개념에 대해서 뿐만 아니라 용어 자체에 대해서도 비판적으로 반응한다. 모리모토에게 있어서 주입 언어는 구원서정 방법론과 더불어 존재론적으로 에드워즈를 읽기에 충분하다.

사실 에드워즈는 "주입" 언어를 사용한다. 이는 쉬쉬할 비밀이 아니다. 모리모토는 이 사실을 자신의 주장을 뒷받침하는 근거로 삼아 구원의 존재론적 토대가 될 뿐만 아니라 개신교 신학에서도 주입의 자리가 여전히 있다고 주장한다.[47] 에드워즈의 주입 언어와 성향적 존재론이 서로 조화가 된다는 것을 증명하기 위해 모리모토는 토마스

---

47 Morimoto, *Catholic Vision*, 13, fn.

아퀴나스의 존재론적 세계관이 에드워즈에게 전달됐고, 투레틴이 이에 대한 책임이 있다고 요약한다. "칼빈 대 칼빈주의자들" 대립 도식에 근거하여 모리모토는 칼빈은 "도덕적 설득"(moral suasion)의 관점에서 중생을 이해한 반면, 그의 후예들은 "물리적 주입"(physical infusion)으로 치우쳤다고 주장한다. 결국 역사는 지성(칼빈)에 대한 의지(칼빈주의자들)의 승리였다. 이 도식에서 모리모토는 에드워즈를 역시 칼빈보다는 칼빈주의자들과 일치시킨다. 그것은 에드워즈의 "마음 언어"(heart language)에서 전형적으로 나타나는 그의 총체적 인간관이 "도덕적 설득"보다 "물리적 주입"과 더 잘 조화를 이룬다고 보았기 때문이다.[48] 이것은 투레틴이 아퀴나스의 존재론적 신학을 에드워즈에게 전해 주는 중간적 역할을 했기에 에드워즈가 "물리적 주입"을 택할 수 있었다는 것이다. 이런 의미에서 모리모토는 이상현의 성향적 존재론이 에드워즈의 주입 언어와 잘 조화를 이룬다고 보았다.

그러나 여기에서 한 가지 유의해야 할 점이 있다. 에드워즈의 "물리적"은, 체리(Cherry)의 말처럼, "초자연의 자연화"(naturalizing of the supernatural)[49]나 은혜를 존재론적 가능태로 축소시키는 것이 아니다. 에드워즈는 이렇게 말한다. "사도 시대 이후 우주 어디에서라도 피조물에게 하나님의 영의 직접적인 영향이나 움직임이 있다면, 그것은 물

---

[48] Morimoto, *Catholic Vision*, 13–22. 예를 들어 Peter van Mastricht는 성령의 도덕적 작용보다 물리적 작용을 주장한다. 에드워즈와 마찬가지로 van Mastricht는 "물리적"을 중생의 직접적인 효과를 강조하는 의미로 사용한다. Peter van Mastricht, *A Treatise on Regeneration*, ed. Brandon Withrow (Morgan, PA: Soli Deo Gloria Publications, 2002), 17–22, 37–46.

[49] Conrad Cherry, *The Theology of Jonathan Edwards: A Reappraisal* (Bloomington, IN: Indiana University Press, 1990), 37.

리적인(physical) 것"이다.⁵⁰ 여기에서 "물리적"은 존재론적 의미가 아니라, 성령께서 피조 세계에, 즉 물리적, 물질적 차원에 관여하시는 조화와 신비를 표현하는 것이다. 이는 하나님과 인간 모두의 참여를 함의하는 구원의 언약적 실제를 가리키는 것으로, 은혜의 초자연적 성격과 인간의 자연적 성격 모두를 포괄한다. 이는 양쪽 중 어느 하나의 의미도 손상시키지 않은 채 초자연적 은혜가 자연 영역에서 일어나는 것이다. 은혜가 결코 자연에 속한 피조적 성질을 가질 필요가 없으며, 또한 인간이 존재론적 변화를 통해 신화될 필요가 없다. 에드워즈에게 있어서 "물리적"과 함께 "주입" 언어가 중생한 피조체의 환경에서 일하시는 성령의 내주와 작용을 설명하기 위해 사용됐다. 이때 에드워즈의 언어는 정교하고, 분석적이고, 학자적 정의라기보다는 어떤 의미에서 그 스타일에 있어서 서술적이다.⁵¹ 에드워즈의 "물리적 주입"은 자연과 은혜를 이원론적 세계관으로 보지 않는다 (사실 에드워즈는 평생에 걸쳐 이 주제를 특별히 중요하게 다룬 적이 없다). 그래서

---

50 Edwards, *Concerning Efficacious Grace*, (Banner), 2:553a.

51 사실 에드워즈에게 "주입"(infusion)은 "성향"(disposition), "원리"(principle), "습관"(habit)과 마찬가지로 성령께서 신자 안에 거하심을 나타내는 표현이다. 그 예로 Edwards, "Efficacious Grace," (Banner), 2:551b-552a 및 "Miscellanies," No. p.을 보라. "주입"이 성령께서 중생한 자 안에서 역사하시는 방식을 나타낸다는 논의와 관련하여 필자의 "Jonathan Edwards' Understanding of the Distinction between Common Grace and Saving Grace," 16-40을 보라. R. C. De Prospo는 *Theism in the Discourse of Jonathan Edwards*에서 영문학적 관점에서 에드워즈의 글은 유신론 범주에 속하는 서술적 형식(discursive pattern)으로 분류될 수 있으며, 또한 이 형식은 청교도주의, 칼빈주의 더 나아가 근대 인문주의의 담론 형식과도 차별화되어야 한다고 주장한다. 그는 에드워즈의 유신론적 서술 형식(theist discursive wiritngs)를 초기 미국 문학의 한 형태였다고 보았다. R. C. Prospo, *Theism in the Discourse of Jonathan Edwards* (Newark: University of Delaware Press, 1985).

에드워즈는 "물리적 주입"을 염두에 두며 "성령에 의한 은혜의 주입을 부인하는 사람은 필연적으로 성령께서 하시는 일 모두를 부인하게 마련이다"고 경고한다.[52]

주입 언어는 에드워즈만의 언어는 아니고, 칼빈에게서도 유사하게 발견된다. 폴 램지(Paul Ramsey)는 칼빈의 용례와 "깊은 가족 유사성"을 지적하며, 에드워즈의 주입 언어를 옹호하였다.[53] 칼빈도 주입 언어를 사용하였던 사실을 모리모토는 오히려 개신교 신학에 주입의 자리가 있었다는 증거로 사용한다. 다음 인용이 칼빈이 비난받을 수 있는 예가 될 수 있다.

> 여러분이 알다시피, 우리의 의는 우리에게 있는 것이 아니라 그리스도 안에 있고, 우리가 오직 그리스도 안에서 [그것을] 취하므로 그 의를 소유한다. 참으로 그와 더불어 우리는 모든 부를 소유한다. … 그가 언급하시는 성취는 오직 우리가 전가를 통해 받는 것이다. 주 그리스도께서 그러한 방식으로 자신의 의를 우리에게 나누시는데, 정말로 놀라운 방법으로 그리스도께서 하나님의 심판을 견딜만한 충분한 능력을 우리에게 부어 주신다(pours into).[54]

칼빈이 사용한 주입 언어는 사실 정확한 신학 용어라기보다는 서술적 표현일 뿐이다. 이를 통해 칼빈이 강조하는 것은 그리스도와의 연합에서 이루어지는 실제적이고(real) 조성적인(constitutive) 교통이

---

[52] Edwards, *Concerning Efficacious Grace*, (Banner), 2:551b.
[53] Ramsey가 다룬 에드워즈가 사용한 주입의 용례를 자세히 알고자 한다면, 그의 "Appendix IV. Infused Virtues in Edwardsean and Calvinistic Context," in *Ethical Writings*, 8:739-750을 보라.
[54] Calvin, *Institutes*, 3:11:23. [설명 및 이탤릭 삽입].

사실의 것이라는 점이다. 그것은, 앞서 여러 차례 설명했듯이, 연합이 구원의 언약적 실제(covenant reality)를 형성하기 때문이다. 이런 점에서 칼빈의 주입 언어는 에드워즈의 경우와 다르지 않다. 이에 대한 더 많은 근거들을 제시할 수 있다.

> 우리가 하나님과 연합해 있다는 말을 들을 때마다, 거룩이 묶는 줄이라는 사실을 기억하자! 우리의 거룩 덕에 우리가 그분과 교통하는 것이 아니다. 오히려, 우리는 먼저 그분과 연합해야 하고, 그러면 그의 거룩이 주입되어(infused) 우리는 어디든지 부르시는 대로 따를 수 있다.[55]

여기에서 "그의 거룩이 주입되어"를 존재론적으로 읽는 것은 언약적 실제를 말하는 칼빈의 연합 개념과 맞지 않는다. 투레틴도 주입된 은혜를 존재론적 실재로 읽는 로마 가톨릭을 비판한다.

> 로마 가톨릭은 칭의가 죄 사함과 마음의 내적 혁신 두 요소 이루어진다고 보며 하나님이 우리를 칭의하시기 위한 동인은 (우리에게 주입되어) 내면적 의를 조성하는 하나님의 의라고 주장한다. 비록 그들이 그리스도의 의를 완전히 배제하는 것은 아니지만, 그들은 동시에 그리스도의 의의 공로로 하나님이 성령으로 우리에게 내면적 의를 교통하시어, 그것이 형식적 원인(formal cause)의 조건(즉, 인간에게 주어지는 내면적 의)이 된다고 주장한다. 그들은 여전히 생명을 얻을 권리가 내면적 의에 달려 있으며 그것 때문에 하나님이 우

---

[55] Calvin, *Institutes*, 3:6:2. [이탤릭 삽입]. 더불어 "그리스도의 몸은 마치 마르지 않는 풍요로운 샘같아서, 그 신성으로부터 흘러나오는 생명을 우리에게 부어주신다." Calvin, *Institutes*, 4:17:9.

리를 칭의하신다는 입장이다.[56]

에드워즈의 주입 언어는 칼빈의 용례와 매우 유사하다. 그것은 성령께서 그리스도의 은혜를 인간의 기관(몸) 안에 교통하심을 서술적으로 표현한 것일 뿐이다. 모리모토가 에드워즈의 주입 언어가 존재론적 구원론을 입증하는 증거라고 주장할지라도, 칼빈과 에드워즈에게 주입 언어는 모리모토가 기대하는 그런 신학 개념을 담은 신학 용어라기보다는 문체의 문제였다. 결국 모리모토의 주장은 에드워즈나 칼빈이 의도하지 않았던 전제와 방법론에 의존하는 것에 불과하다.

3. 구원의 실제(Reality of Salvation)

루터가 외부의 의(iustitia aliena)를 강조하였어도 그에게는 "그리스도 안에서"(in Christ) 개념이 있었다. 루터가 외부의 의를 강조하였던 것은 어거스틴의 "의롭게 되는"(made-righteous) 칭의 개념을 불완전하게 여기어 칭의의 근거로 인간의 의가 아닌 그리스도의 의만을 강조하고자 했던 것이다. 그러나 이후 루터파 정통주의(Lutheran orthodoxy)는 - 예를 들어 멜란히톤(Philip Melanchthon) - 전가된 의의 외적(external) 성격에 지대한 강조를 두며 칭의의 법정적(forensic), 사법적(juridical) 개념을 발전시켰다. 이런 흐름 속에서 루터에게 있었던 "그리스도 안에서" 개념이 비록 완전히 잊히지는 않았어도 뒷전으로 밀려나고 만다. 이렇듯 루터교에서 전가의 언약적 기반이 전적으로 사라지지는 않았어도 매우 약화된 데에 따른 문제로 이들의 칭의관은 흔히 법적 허구

56　Turretin, *Elenctic Theology*, 16:2:4.

(legal fiction)라고 비난을 받게 된 것이다.[57] 칼빈은 연합 개념을 기틀로 루터의 신학을 능가할 수 있었는데, 즉 칭의의 법정적 성격과 언약 개념 사이에서 택일할 필요가 없었다.[58] 연합의 언약 개념을 바탕으로 칼빈은 그리스도께서 이루신 모든 것이 실제로 신자의 소유가 된다고 주장할 수 있었기 때문이다. 물론 칼빈도 "외적"(alien) 의의 개념을 흐리는 것은 아니다. 그러나 외적인 것이 언제나 외적인 것으로 그치는 것이 아니라, 그리스도와의 연합 안에서 "실제"(real)의 것이 되고, 실제의 것은 "법적"(legal)인 것의 근거가 된다.

이 맥락에서 보다 강조해야 할 것은 에드워즈와 칼빈의 유사점이다. 앞서 2장에서 살펴보았듯이, 에드워즈의 신학적 기틀인 연합은

---

[57] 루터교 전통에서 이루어진 칭의 교리의 발전을 알고자 한다면, McGrath, *Iustitia Dei*, 3–32을 보라.

[58] Alister McGrath는 이렇게 말한다. "물른 이런 [법정적] 측면에서 칼빈이 멜랑톤을 따랐다고 할 수 있겠지만, 칼빈은 멜랑톤이 배제한 그러나 루터의 칭의론에서는 중요한 측면인 칭의에 있어서 그리스도와 신자의 인격적 연합을 유지했다. 칼빈은 신자가 '그리스도께 접붙었다'고 말하는데, 즉 하나됨(incorporation)의 개념이 칼빈의 칭의론의 핵심을 이룬다." McGrath, *Iustitia Dei*, 36–37, cf. 36–39. 반면 Cornelis Paul Venema는 전가의 사법적 성질과 그리스도와의 연합 개념은 서로 어울리지 않는다고 주장한다. "그러므로 이렇게 말할 수 있다. 전가에 의한 칼빈의 칭의론과 – 즉 하나님께 받아들여진 새로운 관계를 의미하는 사법적 범주로서 – 칭의가 그리스도와 연합함으로 가능하며 또 그것의 한 국면이고, 중생과 회개가 그것의 다른 국면들이라는 그의 주장 사이에는 긴장이 있다. 만일 칭의가 그리스도와의 연합에 의존한다면, 그것은 전적으로 사법적 범주로만 정의할 수 없다." Cornelis Paul Venema, "The Twofold Nature of the Gospel in Calvin's Theology: The Duplex Gratia *Dei* and the Interpretation of Calvin's Theology" (Ph.D. diss., Princeton Theological Seminary, 1985), 21. 반면 William Evans는 칭의와 그리스도와의 연합이 밀접하게 결부됨을 확신한다. 전가와 그리스도와의 연합의 관계에 대한 해석사를 위해 그의 논문 "Imputation and Impartation"을 참고할 것.

아담과 그리스도의 전가를 상정하기에, 전가된 것은 외적 죄(peccatum alienum) 또는 외적 의(iustitia aliena)에 머무르지 않는다. 이런 이유로 에드워즈는 때때로 언약적 맥락에서 벗어난 방식으로 전가를 다루었다는 비난을 받기도 한다.[59] 사실 에드워즈의 논지가 이렇게 비춰지는 이유는 그가 칼빈과 유사하게 그리스도와의 연합이 지니는 언약적 의미를 일관되게 고수하기 때문이다. 이렇듯 칼빈과 에드워즈 모두 "외적"(alien)의 한계를 넘어서 전가된 의가 "실제적"(real)인 것임을 강조한다. 그러나 이것은 가톨릭에서 주장하는 주입된 의와 같은 존재론적 개념과는 분명히 구분되어야 한다.

에드워즈에게 있어서 연합이 전가의 근거가 된다는 모리모토의 주장은 타당하게 들릴 수 있다. 그러나 모리모토가 말하는 연합은 존재론적 연합이다. 모리모토가 에드워즈에게 있어서 믿음이 "그리스도와의 연합을 이루는 것"이라고 말할 때, 믿음은 "믿는 자에게 존재론적 근거를 마련해 주는 것"이라고 해석한다. 즉, 믿음이란 ― 언약적 도식 속에서 연합하는 행위를 뜻하는 것이 아니라 ― 한 사람이 존재론적으로 그리스도와 연합하는 것을 뜻한다. 이런 맥락에서 모리모토는 페리 밀러 및 토마스 쉐이퍼(Thomas Schafer)와 더불어 에드워즈의 "실제의 것이 법적인 것의 근거"라는 명제가 성립하기 위해서는

---

[59] 이 점에서 모리모토는 에드워즈가 언약 신학 전통과 대립된다고 본다. 그의 *Catholic Vision*, 81; Evans, "Imputation and Impartation," 214–220을 참고할 것. Otto는 에드워즈의 관점은 "문제가 많을"뿐 아니라, "비성경적"이라고 결론을 내린다. Randall E. Otto, "The Solidarity of Mankind in Jonathan Edwards' Doctrine of Original Sin," *Evangelical Quaterly* 62.3 (1990): 205–221. Foster는 에드워즈의 견해를 "다소 새로운 이론"이며, "자신의 독립적인 사고"를 통해 형성되었다고 요약한다. Frank Hugh Foster, *A Genetic History of the New England Theology* (Chicago: The University of Chicago Press, 1907), 86–87.

에드워즈에게 "사법적 법정적 칭의 그 이상의 무언가"가 필요하다고 주장한다.[60] 즉, 모리모토가 볼 때, 이런 맥락에서 "법적 조치를 위해 존재론적 근거를 마련한 그[에드워즈]의 노력"은 탁월했고 꼭 필요한 처사였다.[61]

그러나 모리모토는 존재론적 연합 개념을 오직 에드워즈의 공으로만 돌리지 않았다. 이미 에드워즈 이전에 루터(Luther), 칼빈(Calvin), 에임스(Ames), 판 마스트리트(van Mastricht)의 신학에서 그 근거를 찾았다. 이는 에드워즈가 속해 있는 전통은 이미 칭의에 대해 존재론적 근거를 말하고 있었고, "에드워즈는 이미 전통 가운데 있는 것을 되살린 것뿐"이라는 주장이다.[62] 모리므토가 에드워즈뿐만 아니라 종교개혁 전통 전체를 존재론적 관점에서 해석한다는 점에서 그의 에큐메니컬 의도가 분명히 드러난다. 우리는 앞서 1장에서 에드워즈가 언약적–구속사적 관점에서 연합을 이해한다는 점과 더불어 이 장 앞에서 주입 언어를 사용한 의도를 밝힌 바 있다. 이런 측면에서 볼 때 모리모토의 존재론적 접근은 에드워즈의 신학 체계와 전혀 맞지 않는다. 에드워즈가 이해하는 연합의 언약적 실제는 모리모토의 존재론적 구조와는 분명히 다르다.

비단 모리모토만 칭의를 존재론적 관점에서 해석하고자 했

---

60 모리모토가 에드워즈의 "실제의 것이 법적인 것의 근거다"에 대해 지적한 것처럼, Perry Miller는 이것이 에드워즈가 의도적으로 "17세기 법리주의"에서 "18세기 물리학"으로 옮아가고자 한 것이라고 주장한다. 같은 맥락에서 Thomas Schafer도 에드워즈에 대해 존재론적 해석을 하면서 "자연의 것이 법적인 것을 창출하지, 그 반대는 아니다. 영혼에 실재적으로 존재하는 무언가가 외적 전가에 선행한다." Miller, Jonathan Edwards, 77–78. Schafer, "Justification," 58.

61 Morimoto, Catholic Vision, 86.

62 Morimoto, Catholic Vision, 85–87.

던 것은 아니다. 비슷한 이유로 칼빈 역시 안드레아 오시안더(Andreas Osiander)를 문제시하였다. 에드워즈와 마찬가지로 칼빈은 연합 개념을 전가의 근거로 삼았다. 칼빈의 연합은 언약 개념인데 반해, 오시안더의 연합은 모리모토가 에드워즈를 해석한 것과 비슷하게 존재론적이었다. 칼빈이 보기에 오시안더의 연합 개념은 비록 그리스도와의 연합을 강조하는 것처럼 보이지만 명백히 오류였다.

> 사실 그는 그리스도가 우리와 하나이며, 또한 우리 역시 그리스도와 하나인 증명이 필요없는 사실을 입증하기 위해 많은 성경 구절들을 증거로 제시한다. 그러나 그는 이 *연합의 끈*(the bond of this unity)을 잘 보지 못했기 때문에 스스로를 속인다. … 그는 우리가 그리스도와 하나라고 한다. 우리는 이에 동의한다. 그러나 그리스도의 본질(essence)이 우리의 것과 섞이는 것은 부정한다.[63]

루터교 신학자 오시안더는 전가 논쟁의 핵심이 그리스도와의 연합이라는 점을 인지하였다. 칭의가 "법적 허구"라는 비난을 피하기 위해서 전가는 무언가 "실재적"이어야만 했다. "하나님께서 실제로 여전히 악한 자들을 칭의하신다면, 그것은 하나님을 욕되게 하는 것이고 그분의 본성에 모순된 것이다."[64] 이러한 우려를 표시한 사람은 오시안더가 마지막이 아니었다. 오시안더의 논리는 죄인들이 의롭다고 인정받기 위해서는 그들이 진정으로 의를 소유해야 한다는 것이다. 그러나 그가 고심한 문제는 "의"는 오로지 하나님께만 속한다는

---

63 Calvin, *Institutes*, 3:11:5. [이탤릭 삽입].
64 Calvin, *Institutes*, 3:11:11.

것이었다. 그래서 오시안더는 그리스도와의 연합이 전가를 위한 필수적인 실재를 구성한다고 보았다. 그래서 하나님의 속성들, 특히 의가 존재론적으로 인간과 공유되는 것이다. 간단히 말해서, 신자와 그리스도의 연합은 그의 신성과의 혼합을 뜻한다. 오시안더가 볼 때 그리스도는 "영원한 하나님, 의의 근원, 하나님의 의 자체"로서 우리 안에 존재론적으로 거하신다.[65] 결과적으로 오시안더가 말하는 "본질적 의"(essential righteousness)란 그리스도와 더불어 그의 신성에 참여하는 것이다.[66] 그러므로 오시안더가 말하는 "실재적"은 존재론적인 것이다. (주제에서 벗어나는 부분이라 간단히만 언급한다면, 오시안더의 실재적 공유는 루터의 공재설에서 비롯된다. 물론 오시안더가 루터보다 더 나아간 책임이 있지만, 사실 루터 공재설의 필연적인 결과였다는 비난은 피하기 어렵다.)

칼빈이 이런 존재론적 접근을 복음에 대한 심각한 위협으로 여긴 것은 복음은 언약적 실제를 말하기 때문이다. 우리의 칭의는 "그의 신성에 근거한 것이 아니라, 그에게 부과된 체제(dispensation)에 따른 것이다."[67] 즉, 그것은 그리스도가 인성을 입으시고 감당하신 구속 사역의 결과이다. 칼빈에 따르면 오시안더의 존재론적 관점은 결국 그리스도께서 우리의 칭의를 위해 인성을 입으시고 하신 일, 즉 그리

---

[65] Calvin, *Institutes*, 3:11:5.

[66] Turretin은 Osiander의 "본질적 의"(essential righteousness)를 거부하면서 "그리스도의 의로써라는 표현을 우리는 하나님의 본질적 의가 우리 가운데 거하는 것으로 이해하지 않는다. (Schwenkfeld와 더불어 Osiander는 그리스도는 오직 그 인성에 있어서만 중보자시라고 했던 동료 Stancar의 견해에 반대했는데, 이 오류는 논파되었고 주창자와 함께 사라졌다.) 하나님의 본질적 속성으로서의 의는 우리가 신이 되지 않는 한 우리에게 개별적으로 정식으로 전달될 수 없다." Turretin, *Elenctic Theology*, 16:3:14.

[67] Calvin, *Institutes*, 3:11:8.

스도의 죽음과 부활의 구속사적 중요성을 부인하지는 않아도, 적어도 약화시키는 것이 된다. "물론 그리스도께서 참 하나님이 아니셨다면, 그 피로 우리 영혼을 깨끗하게 하지 못했을 것이요, 그의 희생으로 성부의 진노를 달래지 못했을 것이고, 우리의 죄를 사하지 못했을 것이요, 종합적으로 제사장 직을 완수하지 못했을 것이다. 육체의 능력은 이 무거운 짐에 비해 너무도 역부족이기 때문이다. 그럼에도 불구하고 확실한 것은, 그가 인성을 따라 이 모든 일을 감당하셨다는 점이다."[68] 오시안더의 말대로 "오직 하나님만이 의의 근원이요, 우리는 오직 이에 참여함으로써 의로워질 뿐이다"[69]는 주장은 타당하다. 그러나 칼빈이 말한 것처럼, "모든 의가 그분의 신성이라는 신비한 근원에서 우리에게 흘러나오지만, 육체로 우리를 위해 자신을 성화(sanctified) 하신 그리스도가 당신의 신성을 따라 우리를 위해 의가 되셨다는 말이 아니다."[70] 오시안더는 우리의 죄악된 현실과 우리에게 그리스도의 인성이 필요하다는 사실을 간과하는 잘못을 저질렀다. 즉, 앞서 2장에서 말했듯이, 우리에게 반드시 그가 인성으로 이루신 의의 전가가 필요함을 간과한 것이다. "우리는 불행한 타락으로 말미암아 그분의 의에서 멀어지게 되었기 때문에 우리는 그리스도께서 죽으심과 부활의 능력으로 우리를 칭의하시도록 이 겸손하신 처치에 의지해야 한다."[71] 오시안더의 존재론적 연합은 최악의 경우 이원론적 마니교(dualistic Manichaeism)이고, 잘 돼야 가현적 구원론(docetic soteriology)에 지

---

[68] Calvin, *Institutes*, 3:11:9.
[69] Calvin, *Institutes*, 3:11:8.
[70] Calvin, *Institutes*, 3:11:12.
[71] Calvin, *Institutes*, 3:11:8.

나지 않는다. 이 관점은 그리스도 사역의 구속사적 중요성을 희석시킨다. 그것은 그리스도의 성육신을 불필요하게 만들 뿐 아니라, 그리스도의 죽음과 부활 역시 의미 없는 것이 되게 만든다. 반면 칼빈이 강조한 그리스도와의 연합은 칭의를 위해 필요한 언약적 실제를 마련한다.

> 그러므로 머리와 지체가 서로 결합되어 있는 것, 즉 그리스도께서 우리 마음에 거하시는 것, 다시 말해, 신비적 연합은 우리에게 가장 중요한 부분이다. 이를 통해 그리스도는 우리의 소유가 되시어, 자신이 받으신 선물들을 우리와 함께 공유하게 하신다. 그러므로 그의 의가 우리에게 전가되기 위해서 우리 밖 멀리 계신 그리스도를 생각하는 것이 아닌 것은 우리가 그리스도로 옷 입고 그의 몸에 접붙기 때문이다. 한마디로, 그리스도께서 친히 우리를 당신과 하나 되게 낮추셨기 때문이다. 이때문에 우리는 그와 더불어 의의 교제를 나누는 영광을 누린다.[72]

물론 모리모토가 오시안더처럼 우리가 그리스도의 신성과 연합한다고 주장하는 것은 아니지만, 두 경우 모두 마찬가지로 존재론적 관점은 확실히 "그리스도와 더불어 의의 교제"를 누리는 언약적 역동성을 담아내는 데 실패하였다. 소의 다른 방법론, 정확히 말해 잘못된 방법론으로 구원의 실제(reality of salvation)를 해석하려는 시도는 결국 성경이 말하는 연합의 언약적 실제와는 맞지 않는 답, 다시 말해 잘못된 답으로 끝나고 말았다.

---

[72] Calvin, *Institutes*, 3:11:10.

4. 구원서정의 위치(Place of *ordo salutis*)

앞서 언급했듯이, 전통적인 구원서정 논의의 문제점은 구원의 여러 국면들을 개별적 사건으로 본다는 것이다. 성향적-존재론적 접근 역시 같은 문제가 있긴 하지만 미묘한 차이가 있다. 성향적-존재론적 접근은 모든 구원의 측면들이 "가상적 존재"(virtual existnece)로서 적어도 가능태(potentiality)의 차원에 함께 존재하는 것으로 이해하는 것인데, 이것은 결국 불가지론(agnosticism)에 숨는 것이다.

모리모토는 개신교의 구원서정에서 중생이 대체로 제일 앞에 위치한다고 봄으로써 자신의 성향적-존재론적 구원서정과 일치한다고 보았다. 예를 들어, 그는 에드워즈 신학에서 성화를 사실상 중생의 연장으로 보았다. "중생과 성화는 본질적으로 하나이며 동일한 성령의 사역으로 주입되고 내면화된 은혜를 통해 사람을 안에서부터 새롭게 하는 것이다. 이 둘은 다만 보는 관점에 따라 다른 이름으로 불려질 뿐이다." 즉, 둘은 이름만 다를 뿐, 중생은 새롭게 되는 시작을 가리키는 반면, 성화는 중생 이후 새롭게 되는 점진적인 과정으로 신자의 삶 전반을 포함한다. 중생과 성화가 너무도 밀접하게 연관되어 있기에, 사실상 다른 구원서정의 국면들(예를 들어 칭의)을 생각할 여지가 사라져 버렸다. 왜 그런 것인가? 앞에서 설명한 것처럼, 성향적-존재론적 구원론에서 구원서정은 "가상적 존재"이기 때문이다. "중생에서 발생하는 주입은 성화에 대한 존재론적 근거가 되도록 '계산되고 짜여졌다'." 그래서 존재론적 구원론에서 성화는 단순히 "중생의 발전된 단계"일 뿐이며, 칭의는 논리적으로 "중생의 연속되는 과정" 안에 속한다.[73] 이런 이유로 성향적–존재론적 구원론은 성화가 칭의보다 앞선다고 보지만, 결국 존재론적으로 칭의와 성화는 사실상 불가분적이고 "동시적"(simultaneous)인 관계이다. 결국 칭의는 중생–성화의 도식 속으로 녹아 있거나, 아니면 단순한 인식의 문제일 뿐이다. 이러한 존재론 정서에서 토마스 쉐이퍼는 에드워즈가 "종교개혁자들을 귀찮게 했던 칭의 교리를 뛰어넘어 그것을 뒷받침하고 있는 '실재적' 동작과 관계로 나아갔다"고 칭찬했다.[74]

그래서 모리모토가 보기에, 개신교 구원서정은 가톨릭 존재론에 포함될 수 있다. 가톨릭 관점에서 볼 때 개신교의 성화는 가톨릭의 점진적 칭의와 일치한다. 개신교 구원서정에서는 칭의 이후 반드시 성화가 따라오지만, 가톨릭 구원론에서는 성화에 칭의가 포함된다. 이를 근거로 모리모토는 개신교와 가톨릭 신학은 사실 용어상 차이만 있을 뿐이며, 존재론적 접근을 통해 이 차이는 충분히 극복 가능하다고 본다.[75] 그에게 있어서 칭의가 성화에 포함되는지 아니면 그 반대인지의 문제는 사실 그다지 중요하지 않다. 의의 주입으로 중생이 시작되는 한, 칭의와 성화는 모두 일종의 가상적 존재로서 성향이라는 이름 하에 서로 구분하기 어렵기 때문이다. 이렇듯 그는 종교개혁의 문제를 단지 "의미의 차이"(semantic difference)로 평가절하하면서 구

---

[73] Morimoto, *Catholic Vision*, 132–133. Williams Evans는 에드워즈에게 있어서 그리스도와의 연합이 구원론적 국면들에 앞 서는 것이 성화가 칭의에 앞서는 증거라고 보았다. 에드워즈에게 있어서 실제적 연합이 법적 연합보다 앞 선다는 그의 분화(bifurcation) 이론은 입증하기 어렵다. Evans, "Imputation and Impartation," 226.

[74] Schafer, "Justification," 64.

[75] Morimoto, *Catholic Vision*, 115–116.

원서정의 정당한 위치를 심각하게 훼손한다. 모리모토는 개신교 스콜라주의가 칭의를 "실제적으로 '구원'과 동등한 것으로" 절대시하였으며, "'성화'를 부수적인 문제로 축소하여 칭의의 맥락에서만 의미를 지니는 것으로 만들어 버렸다"고 비난한다. (앞에서 에반스는 이러한 문제가 그리스도와의 연합을 법적 연합과 생동적 연합으로 이분화한 스콜라적 경향에서 비롯되었다고 주장했다.) 그러나 모리모토의 주장에 따르면, 에드워즈는 칭의를 "영혼이 죄의 상태에서 은혜의 상태로 점진적이고 존재론적으로 변화하는 과정에 불과한" 것으로 보았으며 "방법론적 우월을 결정"하도록 하지 않았다.[76] 그러나 우리가 앞서 4장에서 고찰했듯이, 에드워즈의 유기적 관점은 비록 칭의와 성화를 그리스도와의 연합 맥락에서 불가분적인 것으로 보지만 그 사이의 개신교적 질서(order)는 훼손하지 않았다.

존재론적 구원론에서 구원서정의 문제는 매우 모호해져서 칭의의 적법한 위치와 순서가 심각하게 훼손되며, 결과적으로 칭의가 전혀 다른 의미를 띠게 된다. 예를 들어, 페리 밀러의 표현을 빌리면, 칭의란 단지 "내재하는 선"(inherent good)에 대한 하나님의 상급이며, 폴 틸리히(Paul Tillich)의 표현으로는 "이미 받아들여진 사실을 받아들이는 것"(to accept the acceptance)이다. 이와 유사하게 모리모토 역시 어거스틴의 표현을 차용해, 칭의란 "하나님이 당신의 선물을 면류관 씌우심"(God's crowning of his own gift)에 대한 정당한 인식이다. 다시 말해, 칭의는 "다름 아니라 우리가 이미 받아들여졌다는 사실을 기쁨으로 인식하는 것"이다.[77] 모리모토에게 있어서 구원의 모든 문제는 중생의

---

[76] Morimoto, *Catholic Vision*, 118-119.
[77] Morimoto, *Catholic Vision*, 91-93.

문제로 뭉뚱그려진다. 다시 말해 존재론적 주입이 구원의 동인이 되며, 이때 칭의는 단지 성향적 실재가 한 개인의 삶의 여정 속에서 특정한 계기를 만나 발현됨에 대한 인식에 지나지 않는다. 그래서 모리모토는 "그[에드워즈]의 체계 속에서 과연 칭의의 자리가 있는지" 의문을 제기한다. 한마디로 그는 개신교 구원서정이 어떻게 성립하는지 더 이상 관심은 없고, "그리스도 안에서 의의 법정적 선언이 무슨 의미를 지니는지?" 회의 섞인 질문을 던진다.[78] 이러한 접근 방식은 복음을 심각하게 훼손한다. 오시안더의 경우에서 잘 보았듯이, 회심 시 일어나는 존재론적 변화는 결국 죄인들에게 그리스도의 의가 더 이상 필요치 않게 된다. 엄밀히 말해, 모리모토는 칭의의 근거가 그리스도의 의가 아니라고 주장한다. "딱 주입된 '의' 때문이 아니라, 작동하고 협력하는 은혜가 주입된 결과 자유 의지를 통해 칭의에 이르게 하는 것이다." 한번 칭의를 "변화", "움직임", 또는 "과정"으로 타협하면, 자연스러운 결과는 신인협력적 구원관이 된다. "자유 의지가 죄에서 돌이켜(회개) 하나님을 향해 나아가고(믿음), 그래서 그 목적(죄 사함)을 이루기 위해서는 이 과정에서 은혜의 주입이 꼭 필요하다."[79] 마치 죽은 영혼을 살려만 놓으면, 구원은 그 영혼의 능력에 달린 문제가 되고, 이때 칭의는 이 변화된 상태에 대한 인식에 지나지 않는다. 성향적-존재론에서 칭의의 의미와 역할은 완전히 달라진다. 그래서 토마스 쉐이퍼는 에드워즈의 칭의론에 대해 "그의 신학에서 칭의는 모호하고 다소 불안정한 위치를 차지"하는 것으로 보인다며 자신의 실망

---

[78] Morimoto, *Catholic Vision*, 73-74.
[79] Morimoto, *Catholic Vision*, 119.

을 토로한다.[80]

성향적-존재론적 구원론은 구원서정을 모두 "동시적인" 것으로 보기 때문에 칭의와 성화의 개신교적 구분(order)은 더 이상 유효하지 않다. 모리모토는 칼빈의 이중 은혜(duplex gratia)가 칭의와 성화가 "본질적으로 하나이자 동일할 뿐만 아니라, 동시에 이루어진다"는 사실을 입증한다고 믿는다.[81]

칼빈 역시 에드워즈와 마찬가지로 칭의와 성화를 불가분적 관계로 보지만 명백히 존재론적 이유가 아닌 다른 이유에 근거를 둔다. 칼빈의 구원론의 중심은 역시 그리스도와의 연합이다. "우리가 먼저 이해해야 하는 것은 그리스도께서 우리 밖에 계시고, 우리가 그와 떨어져 있는 한, 그리스도께서 인류의 구원을 위해 고난당하시고 행하신 모든 일은 우리에게 아무런 소용이나 가치가 없게 된다."[82] 칼빈은

---

[80] Schafer, "Justification," 57.

[81] Morimoto, *Catholic Vision*, 115.

[82] Calvin, *Institutes*, 3:1:1. McGrath는 칼빈의 칭의론이 그리스도와의 연합 관점을 통해 기독론적 강조가 있다고 설명한다. "칼빈의 칭의론의 강점은 명백하다. 칭의를 기독론적으로 이해함으로써 Zwingli와 Bucer의 칭의론과 연관 있는 도덕적 개념을 본질적으로 버렸다. Zwingli와 Bucer는 칭의가 성령께서 새롭게 하시는 사역을 통해 신자가 율법을 지키고 그리스도의 (외적) 모범을 따를 수 있도록 하는 중생에 의존하는 것으로 만드는 경향이 있다. 반면 칼빈은 칭의와 성화를 그리스도께서 주시는 중요한 유익으로 보며, 이 둘은 그리스도와 접붙은 결과로 신자에게 동시적이고 불가분적으로 주어지는 것으로 이해한다. 즉, 구원서정에 있어서 칼빈은 그리스도를 내적으로 이해하는 반면, Zwingli와 Bucer는 외적으로 파악했다." McGrath, *Iustitia Dei*, 37-38. Charles Partee는 칼빈의 그리스도와의 연합에 대해 이렇게 말한다. "칼빈은 열정적으로 그리스도와의 연합을 강조했지만, 그것을 완전하게 설명하지는 않는다. 아마 완전히 설명할 수 없었던 것은 그것이 기독교 신앙을 이해하고 설명하기 위한 기초에 중심적인 위치를 차지할 뿐만 아니라 궁극적 신비이기 때문일 것이다." Charles

그리스도와의 연합 안에서 칭의를 신자의 삶 전체(구원서정)와 유기적인 관계에 두었다.

> 그러므로 우리는 이 축복을 한 번 받는 것이 아니라 평생 동안 붙들어야 한다. 마침내 값없이 하나님과 화목하게 하신 대사는 어느 한 날만을 위해 공표된 것이 아니라 교회에서 영구히 증거되어야 한다고 말씀하신다[참조. 고후 5:18-19]. 따라서 인생 끝까지 신자들은 거기에 기록된 것 외에 다른 의를 갖지 않는다. 그리스도는 늘 성부와 우리를 화목케 하시는 중보자가 되시고, 그의 죽음은 영원한 효력을 갖는다. 즉, 깨끗케 씻음(cleansing), 대속(satisfaction), 속죄(atonement), 마지막으로 완전한 순종(perfect obedience)으로 우리의 모든 불의가 덮어진다.[83]

칼빈이 보기에, 신자의 삶은 칭의에서 시작되었을 뿐 아니라 칭의 위에서 지속된다. 이 역동성이 바로 그리스도와의 연합이 가져오는 실제이다. 신자의 삶에서 칭의는 지속적으로 유효하여 칭의하신 그분의 뜻과 영광을 향해 나아가게 한다.[84]

> 우리는 고백하는데, 그리스도의 의의 중보를 통해 하나님은 우리를 자신과 화목케 하시고, 또한 값없이 죄를 사하심으로 우리를 의롭다고 여기시는 반

Partee, "Calvin's Central Dogma," *The Sixteenth Century Journal* 18.2 (1987): 198–199.

[83] Calvin, *Institutes*, 3:14:11.
[84] Ronald Wallace는 *Calvin's Doctrine of Christian Life* (Grand Rapids: Eerdmans, 1959)에서 그리스도와의 연합의 관점에서 칼빈의 신자의 삶 교리를 탁월하게 설명한다.

면, 동시에 그의 은혜는 긍휼과 합하여져 성령을 통해 그가 우리 안에 거하시고 능력으로 우리의 육신의 정욕을 매일 죽여가시어, 우리가 실제로 성화되고, 즉, 진정한 순결로서 주님께 드려지고, 우리 마음은 율법에 순종하도록 빚어진다. 그 목적은 우리의 특별한 의지로 그분의 뜻을 섬기는 것이고 모든 수단을 다해 그의 영광만을 높이는 것이다.[85]

이 인용이 어떤 사람에게는 칼빈이 구원의 특별한 순서를 자세히 다루고 있는 것으로 보일 수도 있다. 또는 모리모토에게는 칼빈이 모든 구원론적 동작들은 "존재론적 변화의 점진적인 과정"으로 보고 있다고 주장할 수도 있다.[86] 그러나 칼빈이 그리스도와의 연합을 중심으로 유기적 관점을 취한다는 것은, 다시 말해, 구속사(historia salutis)와 구원서정(ordo salutis)을 하나의 관점으로 묶는 것은, 존재론적 실재가 아니라 언약적 실제를 반영하는 것이다. 그리스도께서 우리 구원의 첫 열매가 되신 것은 우리의 칭의가 되신 것만이 아니라 우리의 성화도 되신 것이다.

그리스도께서 자신을 성부께 거룩하게 드림으로써 그리스도의 거룩이 우리의 것이 될 수 있었다. 축복이 첫 열매로부터 추수 전체로 번져나가듯, 하나

---

[85] Calvin, *Institutes*, 3:14:9. 칼빈은 또한 칭의의 목적을 하나님을 예배하는 것과 결부시킨다. "사실 우리가 칭의된 것은 바로 이 목적, 우리가 앞으로 순전한 삶으로써 하나님을 예배하기 위함이다. 그리스도께서 그 피로 우리를 씻으시고, 하나님은 그리스도의 속죄(expiation)를 근거로 우리를 자비롭게 여기신다. 또한 우리를 새롭게 하시어 거룩한 삶으로 이끄시는 성령께 참여하게 하신다." *Comm*. on Rom. 6:2.

[86] Morimoto, *Catholic Vision*, 116.

님의 영께서 그리스도의 거룩으로 우리를 깨끗케 하시고, 또 우리를 그 거룩에 참여하게 하신다. 전가가 전부는 아닌데, 그 점에 대해 그리스도께서 우리에게 의가 되셨다고(고전 1:30) 한다. 그러나 그는 또한 우리를 위해 성화가 되셨다. 왜냐하면 그는 우리를 당신의 인격으로(*in sua persona*) 성부께 드려서 우리가 성령으로 진정한 거룩으로 새로워지게 하셨다.[87]

여기에서 칼빈은 마치 에드워즈처럼 들린다. 그 반대도 마찬가지이다. 그리스도의 구속사적 완성은 우리 구원의 기초이다. 에드워즈가 구속사의 관점에서 구원서정을 읽듯이 칼빈도 마찬가지이다. 그러므로 칼빈이 칭의와 성화를 이중 은혜(*duplex gratia*)라고 부를 때, 그것은 존재론적이고 혼합적이며 모호한 "가상적 존재"가 아니라, 그리스도의 연합을 통해 이루어지는 기독론적-언약적 실제로 이해되어야 한다.

하나님은 자비하심으로 그리스도를 우리에게 주셨고, 우리는 그리스도를 믿음으로 붙들고 소유한다. 그를 취함으로써 우리는 특별히 이중 은혜를 받는다. 말하자면, 그리스도의 흠 없음을 통해 하나님과 화목케 되어, 우리는 하늘에 재판관 대신 은혜로운 아버지를 갖게 되며, 둘째로, 우리는 그리스도의 영으로 성화되어 흠 없고 순전한 삶을 살게 된다.[88]

---

[87] Calvin, *Comm.* on John 17:19. Richard Gaffin는 예리하게 그리스도의 부활이 우리 칭의의 첫 열매라고 기술한다. "그의 부활은 마지막 아담으로서의 칭의이며, 칭의의 '첫열매'이다." Gaffin, *Resurrection and Redemption*, 122-124.

[88] Calvin, *Institutes*, 3:11:1. 이중 은혜에 대해 추가적으로 인용하면, "그리스도는 우리 안에 두 가지 방식으로 사신다. 하나는 그의 성령으로써 우리를 다스리시며, 우리의 행동을 지시하시는 것이다. 다른 하나는 우리로 그의 의를 취하게

여기에서 "그리스도를 우리에게 주셨다" 또는 "그를 취한다"를 오시안더처럼 존재론적으로 해석해서는 안 된다. 칼빈이 말하는 이중 은혜(*duplex gratia*)는 존재론적 실재가 아니라, 그리스도의 구속사적 사역을 통해 얻어진 언약적 실제에 뿌리를 둔다.

> 그러면 왜 우리가 믿음으로 칭의되는 것일까? 우리는 믿음으로 그리스도의 의를 붙잡으며, 오직 그 의가 우리를 하나님과 화목케 하기 때문이다. 그러나 우리는 동시에 성화를 또한 붙잡지 않으면서 이것만 붙잡을 수 없다. 그리스도는 우리에게 "의와 지혜와 거룩함과 구속이 되시기" 때문이다[고전 1:30]. 그러므로 그리스도는 동시에 성화하시지 않으시면서 칭의하시지 않는다. 이 유익들은 영원히 끊어지지 않도록 서로 묶여 있어서 그는 자신의

함으로써, 우리 스스로는 아무것도 할 수 없지만, 하나님께서 우리를 받으시는 것이다. 전자는 중생과 관련이 있고, 후자는 값없이 주신 은혜에 의한 칭의와 연관이 있다." Calvin, *Comm. on Gal.* 2:20. 또한, "사실 우리가 오직 하나님의 긍휼하심으로 그리스도 안에서 칭의되는 것이 사실이다. 그러나 똑같이 참되고 확실한 것은 칭의된 모두는 주님으로부터 그들의 부르심에 합당한 삶을 살도록 부르심을 받았다. 그러므로, 신자들은 칭의만 아니라 성화에 대해서도 그를 껴안아야 함을 배워야 한다. 그는 이 두 목적을 위해 자신을 우리에게 주셔서 우리의 망가진 믿음으로 그분을 찢지 않도록 해야 한다." Calvin, *Comm. on Rom.* 8:13. 칭의와 성화의 밀접한 관계는 Turretin에게서도 발견된다. "바울은 우리가 중생을 통해 칭의된다고 하지 않는다(딛 3:5-7).… 그의 의도는 하나님께서 주시는 두 가지 유익을 통해 우리가 어떻게 구원받는지 보이려는 것인데, 중생은 성령이 우리 안에 저자시며, 칭의는 우리가 그리스도를 통해 얻는데, 이로써 우리가 영생의 상속자가 된다." Turretin, *Elenctic Theology*, 16:2:21. 같은 생각이 다른 부분에서 반복된다. "우리는 이 두 유익을 서로 나눠지지 않도록 유지한다. 누구도 그리스도에 의해 칭의되고 또한 성화되고, 내재된 의를 선물로 받지 않는 사람이 없다 (그것을 통해 신자는 비록 이 생에서 완전할 수는 없지만, 진전으로 거룩하고 의롭다고 여겨질 수 있다)." Turretin, *Elenctic Theology*, 16:3:10.

지혜로 마음을 밝게 하신 이들을 구원하시며, 구원하신 이들을 칭의하시며, 칭의하신 이들을 성화하신다. … 비록 우리는 이것을 구분해서 말하지만, 그리스도 안에 그 둘 모두가 있다. 당신은 그리스도 안에서 의를 얻기를 원하는가? 그렇다면 먼저 그리스도를 소유해야 한다. 그러나 그는 조각으로 나눌 수가 없으므로[고전 1:13] 그의 성화에 참여함이 없이는 그를 소유할 수 없다. 이는 전적으로 그리스도께서 자신을 희생하심으로 주께서 이런 유익들을 우리에게 주신 것이기 때문에 그는 동시에 그 둘을 주시지 하나만 주시고 다른 것은 안 주시지 않는다. 그래서 너무도 명백하고 참된 것은 우리가 행함 없이 칭의되지 않으나 행함을 통해서 칭의되지는 않는다. 왜냐하면 우리를 칭의하시는 그리스도를 가지는 데에 성화도 의만큼 함께 포함되어 있기 때문이다.[89]

여기에서 흥미롭게도 칼빈이 "우리가 행함 없이 칭의되지 않으나 행함을 통해서 칭의되지는 않는다"고 말한 것은 "사람이 자신의 행함 때문에 구원 받는 것은 아니나, 행함 없이 구원 받지 않는다"고 말하는 에드워즈와 서로 일치한다.[90] 이렇게 칼빈과 에드워즈가 유사한 이유는 둘 모두 연합을 신학적 사고의 기본틀로 삼아 구원서정과

---

[89] Calvin, *Institutes*, 3:16:1; "이것으로부터 우리는 동시에 거룩하게 살지 않으면서는 오직 믿음으로 값없이 칭의될 수 없다는 결론을 내릴 수 있다. 이 은혜의 열매들은 마치 풀 수 없는 매듭으로 서로 밀접하게 연결되어 있어서 그것을 끊으려고 시도하는 사람은 그러한 방식으로 그리스도를 조각내는 것이다. 그러므로 공로없이 주시는 하나님의 선하심으로써 그리스도를 통해 칭의되기 원하는 사람은 동시에 성화를 위해 그를 취하지 않고는 또는 다른 말로 순수하고 깨끗한 삶으로 새로워지지 않고는 그것을 가질 수 없음을 알아야 한다. Calvin, *Comm.* on 1 Cor. 1:30.

[90] Edwards, *Sermon on Genesis 6:22*, (Banner), 2:53a.

구속사를 하나의 관점으로 통합하기 때문이다. 그러므로 그리스도와의 연합의 맥락에서 칭의와 성화가 서로 불가분적으로 연결되어 있지만, 칼빈에게 있어서 또한 중요한 것은 칭의와 성화를 함께 성립시키는 그리스도의 사역이 동시에 둘을 날카롭게 구분한다는 것이다. 이 구분은 특별히 실재론과의 혼합을 막기 위해 반드시 지켜져야 한다.

> 만일 태양의 빛이 열과 구분될 수 없다면, 우리는 지구가 빛으로 따뜻해지고 열로 밝아진다고 말할 수 있을까? … 태양은 그 열로 땅을 소생키시고 풍요롭게 하며, 빛으로 환하게 하고 밝게 한다. 여기에는 상호 뗄 수 없는 결합이 있다. 그러나 이성적으로 한 고유의 성질을 다른 것의 성질로 옮길 수 없다.[91]

칼빈의 이중 은혜는, 성향적-존재론적 구원론의 관점에서 볼 때, 구원서정에 대한 엄격한 구분을 하지 않는다고 할 수 있다. 즉, 칭의와 성화는 "본질적으로 하나이며 같을 뿐만 아니라, 또한 동시에 발생한다"는 것이다. 그러므로 모리모토를 따를 때 구원서정의 위치는 심각하게 훼손된다. 존재론적 관점은 구원을 그저 구현(actualization)

---

[91] Calvin, *Institutes*, 3:11:6; Bavinck의 분석에 따르면, "칼빈은 특별히 오시안더를 반박하는 맥락에서 칭의와 성화를 날카롭게 구분한다. 전자는 순전히 법정적 행위이기 때문이다. 그러나 그는 이 둘을 한 순간도 분리하지 않으며 둘이 밀접하게 연결됨을 지속적으로 유지한다. 물론 둘은 서로 다른 기능을 한다. 그리스도는 동시에 성화하시지 않을 사람을 칭의하시지 않는다. 그러므로 우리는 '행함으로'(by works) 칭의되는 것은 아니지만, '행함 없이'(without works) 칭의되는 것 역시 아니다. Herman Bavinck, "Faith and Justification," private translation by Norman Shepherd, *Reformed Dogmatics*, vol. 4 (Kampen: J. H. Kok, 1930), 182-186, 198-207, no. 471.

의 문제로 전락시키고 만다. 칼빈도 에드워즈도 연합의 관점에서 견인은 칭의의 믿음 안에 이미 존재한다고 했다. 그러나 모리모토에게 그 이유는 모든 것은 "가상적 존재"로 내재하기 때문이다. 그래서 모리모토는 "이는 그리스도의 견인의 법정적 전가이기 때문이 아니다. 칭의하는 믿음은 그 자체로서 견인하는 믿음이다. 왜냐하면 그것은 구체적 상황이 될 때 활동하는 성향이기 때문이다"고 한다.[92] 그러나 에드워즈가 "문집"(Miscellanies) 729번에서 견인이 "사실상"(virtually) 믿음의 첫 동작에 포함되어 있다고 말했을 때, 이 "사실상"은 성향적-존재론의 "가상적 존재"가 아니다. 에드워즈와 칼빈 모두에게 있어서 칭의와 견인의 관계는 서로 "없을 수 없는"(sine qua non) 관계이다. 에드워즈와 칼빈 모두에게 있어서 이것은 구원서정이 특별히 그리스도와의 연합의 언약적 실제 안에서 유기적인 성질을 지닌다는 반증이다. 그러므로 구원서정의 유기적 통일성은 성향적-존재론의 "가상적 존재"와 반드시 구분되어야 한다. 주입에 의한 존재론적 실재가 유지되는 한, 믿음의 구현(actualization)은 더 이상 염려할 필요가 없다. 왜냐하면 구원의 모든 국면들이 "첫 믿음 안에 이미 존재론적으로 실재하기" 때문이다.[93]

지금까지 살펴보았듯이, 모리모토의 성향적 존재론은 칭의를 구원서정의 나머지 부분과 혼합할 뿐 아니라, 필연적으로 자신이 존재론으로 에드워즈의 구원론을 재구성하기 위해 최초에 전제로 삼았던 개신교 구원서정 전부를 버리게 된다. 그러나 칼빈은 물론 에드워즈의 그리스와의 연합을 통한 역사적 방법론은 그런 식으로 구원서정

---

92 Morimoto, *Catholic Vision*, 140.
93 Morimoto, *Catholic Vision*, 141.

을 폐기하지 않는다. 에드워즈는 오로지 구원서정의 모든 국면들(신자의 삶)이 그리스도와의 연합의 실제 속에서 유기적 일체를 이루는 것으로 보았다. 비록 이때 에드워즈가 유기적 통일성을 강조하지만, 그는 결코 구원의 서정적(order) 특징을 희석시키지 않는다. 그리스도와의 연합이라는 실제를 바탕으로 하는 에드워즈의 유기적 관점은 모리모토의 가상적 존재 개념을 부정한다.

모리모토의 방법론은 에드워즈의 주입 언어가 존재론이고 그의 연합 개념이 존재론이라는 잘못된 전제에서 출발했다. 그의 존재론적 논의는 칭의를 인식의 문제로 격하시켰고 결국 전가의 필요성 역시 부정하는 결과를 낳았다. 죄인들을 위한 그리스도의 구속사적 사역의 중요성은, 물론 공개적으로 부정되지는 않지만, 뒷전으로 밀려났다. 물론 회심에서 의가 주입된다고 하지만, 사실 그 의가 어떤 의미인지는 매우 의문스럽다. 이렇듯 잘못된 전제에 바탕을 둔 방법론은 완전히 다른 결과를 만들었다. 구원은 아퀴나스주의에서 말하는 존재론적 변화가 되었고, 의의 주입을 통해 생성된 성향(가상적 존재)은, 삶에서 구현되지 않더라도, 구원의 근거가 되었다. 그러나 이 모두 에드워즈에게는 낯선 것들이다. 사실 에드워즈의 칭의론 논의는 설교이지 형이상학적 논문이 아니었다. 그의 연합 개념은 논의의 기본틀로서 매우 효과적으로 칭의 문제를 그리스도-중심적으로 전달했다. 존재론적 방법론을 따르면 칭의는 경건한 자를 위한 것이다. 반면 에드워즈가 보는 칭의는, 종교개혁의 교리처럼, 죄인들을 위한 것이다.

이런 측면에서 볼 때 모리모토의 존재론적 방법론은 오시안더의 신학과 유사하게 그리스도의 대속적 사역이 심각하게 훼손되는 문제점을 지닌다. 물론 모리모토와 오시안더 모두 그리스도와의 연합이 칭의론의 핵심임을 인정한다. 그러나 칭의 교리가 법적 허구가 되지 않도록 하기 위해 둘 모두 그리스도와의 연합을 존재론적으로 이해했다. 우리의 연구는 에드워즈의 칭의론이 법적 허구가 아님을 충분히 입증했다. 또한 성향적 존재론의 방법론으로는 결코 언약적 실제 속에서 법정적 칭의를 다루는 에드워즈를 제대로 파악할 수 없음도 확인하였다. 에드워즈는 그리스도와의 연합이라는 방법론을 통해 언약적, 구속사적, 기독론적 관점에서 칭의 교리를 설교했던 것이다.

C. 맺음말(Closing Remarks)

앞서 우리는 여러 장에 걸쳐 그리스도와의 연합이 에드워즈의 칭의 논의의 신학적 기틀을 이룬다는 사실을 살펴보았으며, 아울러 에드워즈가 그리스도와의 연합의 배경이 되는 구속사적 관점에서 교리의 여러 영역을 다루었음을 살펴보았다. 이 장에서는 특별히 우리는 방법론적 관점에서 에드워즈의 칭의론을 평가했고, 특히 조직신학과 에드워즈 연구에 있어서 이 방법론은 정당한 자리와 기여도가 있음을 확인할 수 있었다.

우리가 이 연구를 통해 에드워즈는 그리스도와의 연합 관점에서 칭의 교리를 다뤘다는 결론을 내린다. 그에게 있어서 그리스도와의 연합은 역사적 방법론을 가능케 한 신학적 원리였다. 그리스도와의 연합은 언약적 실제를 구성하며 동시에 칭의의 신학적 정황을 제공했다. 에드워즈의 법정적 개념은 언약적으로 조성된 실제(covenantally constituted reality)에 바탕을 두므로 "실제적인 것이 법적인 것의 기초를 이룬다"고 말할 수 있었다. 에드워즈는 믿음을 조건(condition)이나 도구(instrument)보다는 그리스도와 연합하는 동작이라고 정의하였다. 신자의 삶에 대해서는 행함을 통해 칭의되는 것은 아니지만 행함 없는 칭의 역시 있을 수 없다. 즉, 연합의 실제 속에서 신자의 삶은 칭의의 믿음과 불가분적 관계에 있음을 확인했다. 칭의는 이어지는 구원서정의 모든 국면의 기초이며, 천국의 상급까지 칭의에 근거한다. 에드워즈의 역사적 방법론은 구원서정의 논리적 방법론과 조화를 잘 이루어냈다. 오시안더와 모리모토의 존재론적 방법론은 칭의 교리를 다루기 위한 정당한 방법론이 되지 못한다.

에드워즈는 분명히 죄인 칭의라는 종교개혁 교리를 설교했다. 그러나 개혁주의는 종교개혁 이후 2세기 동안 방법론과 내용 모두에 있어서 발전을 이루었다. 그러므로 쉽게 에드워즈가 종교개혁 교리를 설교했다고 말하는 것은 정당한 역사적 평가가 아니다. 그러므로 에드워즈를 칼빈과 함께 자리매김을 해야 할지 개혁파 정통주의에 두어야 할지는 신중한 역사적 평가가 필요하다. 우리의 결론은 에드워즈가 칼빈과 언약 신학자들(정통주의) 모두로부터 배웠다는 것이다. 다시 말해, 에드워즈를 칼빈 대 칼빈주의자들의 대립 구도로 읽지 않는 것이 좋다. 한편으로, 에드워즈의 역사적 방법론은 칼빈에 가깝다는 점을 입증하였다. 그리스도와의 연합을 통한 구원 전체(*in toto*)는 후대의 칼빈주의자들보다는 칼빈에 더 가깝다고 하겠다. 다른 한편, 완전히 무르익은 언약 신학과 삶을 강조하는 실천적 삼단논법은 에드워즈를 칼빈보다는 후대 신학자들에 더 가깝게 했다. 두 세기에 걸쳐 발전한 종교개혁 전통을 계승한 에드워즈는 한편으로 종교개혁 원리를 높이 세웠을 뿐만 아니라 다른 한편으로는 언약 신학의 체계를 일관되게 자신의 신학으로 지켜나갔다.

이 연구의 논지는 한마디로 에드워즈가 그리스도와의 연합의 기틀에서 칭의론을 정립하였다는 것이다. 그리스도와의 연합에 담긴 신학적 의미는 에드워즈의 칭의론을 이해하고 분석하는 데 결정적인 열쇠를 제공하였다. 특별히 그리스도와의 연합은 칭의 논의의 방법론이면서 신학적 문맥을 제공한다는 점에서 그러했다. 우리는 본 연구를 통해 방법론적 시각을 넓히는 부가적인 유익도 얻었다. 칼빈과 에드워즈의 신학 방법론에 대한 더 많은 연구가 앞으로 필요하다. 에드워즈에게 있어서 신학의 진보는 – 내용과 방법 모두에 있어서 – 구속사(*historia salutis*)와 구원서정(*ordo salutis*) 중 양자택일하는 문제가 아니었다. 그는 자세하게 구원서정 논의를 하면서도 주제별(*loci*) 방법에 함몰되지 않았다. 그는 구원서정의 논리적 정교성을 달성하기 위해 구속계시의 역사적이고 역동적인 성명성을 상실하지 않았다. 그리스도와의 연합에 대한 에드워즈의 강조는 분명히 조직신학을 하는 정당한 방법론이고 앞으로도 새롭게 조명될 여지가 남아 있다.

BIBLIOGRAPHY

A. Primary Sources

Ames, William. 1983. *The Marrow of Theology*. Translated by John Dykstra Eusden. Durham: The Labyrinth Press.

Calvin, John. 1950. *The Deity of Christ and Other Sermons*. Translated by Leroy Nixon. Grand Rapids: Eerdmans.

_____. 1967. *The Institutes of the Christian Religion*. 2 vols. Edited by John T. McNeill. Translated by Ford Lewis Battles. The Library of Christian Classics. Philadelphia: The Westminster Press.

_____. 1972. *Calvin's New Testament Commentaries*. 12 vols. Edited by David W. Torrance and Thomas F. Torrance. Grand Rapids: Eerdmans.

_____. 1979. *Calvin's Commentary*. 22 vols. Various Translators. Edinburgh: Calvin Translation Society, 1863. Reprint, Grand Rapids: Baker.

Edwards, Jonathan. "Miscellanies," typescript transcription by Thomas Schafer. The Beinecke Rare Book and Manuscript Library. Yale University. New Haven.

_____. "Controversies Book C." The Beinecke Rare Book and Manuscript Library. Yale University, New Haven.

_____. Sermon Manuscript on 2 Samuel 23:5. Jonathan Edwards Sermon Manuscripts Collection, The Beinecke Rare Book and Manuscript Library, Yale University, New Haven.

_____. Sermon Manuscript on Psalms 10:17. Jonathan Edwards Sermon Manuscripts Collection, The Beinecke Rare Book and Manuscript Library, Yale University, New Haven.

_____. Sermon Manuscript on Psalms 108:4. Jonathan Edwards Sermon Manuscripts Collection, The Beinecke Rare Book and Manuscript Library, Yale University, New Haven.

_____. Sermon Manuscript on Habakkuk 2:4. Jonathan Edwards Sermon Manuscripts Collection, The Beinecke Rare Book and Manuscript Library, Yale University, New Haven.

_____. Sermon Manuscript on Luke 17:9. Jonathan Edwards Sermon Manuscripts Collection, The Beinecke Rare Book and Manuscript Library, Yale University,

New Haven.

———. Sermon Manuscript on Romans 4:16. Jonathan Edwards Sermon Manuscripts Collection, The Beinecke Rare Book and Manuscript Library, Yale University, New Haven.

———. Sermon Manuscript on Romans 6:14. Jonathan Edwards Sermon Manuscripts Collection, The Beinecke Rare Book and Manuscript Library, Yale University, New Haven.

———. Sermon Manuscript on Galatians 5:6(a). Jonathan Edwards Sermon Manuscripts Collection, The Beinecke Rare Book and Manuscript Library, Yale University, New Haven.

———. 1865. *Selections from the Unpublished Writings of Jonathan Edwards*. Edited by Alexander Grosart. Reprinted by Soli Deo Gloria 1992.

———. 1874. *Christian Love, as Manifested in the Heart and Life*. Edited by Tyron Edwards. Philadelphia: Presbyterian Board of Publication.

———. 1903. *An Unpublished Essay of Edwards on the Trinity: With Remarks of Edwards and his Theology*. Edited by George P. Fisher. New York: C. Scribner's Sons.

———. 1935. *Jonathan Edwards: Representative Selections, with Introduction, Bibliography, and Notes*. Edited by Clarence H. Faust and Thomas H. Johnson. New York: American Book Company.

———. 1957–. *The Works of Jonathan Edwards*. 22 vols. General Editors: Perry Miller, John E. Smith and Harry Stout. New Haven: Yale University Press.

———. 1971. *Treatise on Grace and Other Posthumously Published Writings*. Edited by Paul Helm. Cambridge: James Clarke.

———. 1977. *The Philosophy of Jonathan Edwards from His Private Notebooks*. Edited by Harvey G. Townsend. Westport: Greenwood Press.

———. 1992. *The Works of Jonathan Edwards*. 2 vols. Revised and Corrected by Edwards Hickman. London: The Banner of Truth Trust.

Turretin, Francis. 1997. *Institutes of Elenctic Theology*. 3 vols. Translated by George Musgrave Giger. Edited by James T. Dennison, Jr. Philipsburg, New Jersey: Presbyterian and Reformed Publishing.

van Mastricht, Peter. 2002. *A Treatise on Regeneration*. Edited by Brandon Withrow. Morgan, Pennsylvania: Soli Deo Gloria Publications.

B. Secondary Sources

Aldridge, Alfred Owen. *Jonathan Edwards*. New York: Washington Square Press, 1964.

Allen, Alexander V. G. *Jonathan Edwards*. New York: Burt Franklin, 1975.

Armstrong, Brian. *Calvinism and the Amyraut Heresy: Protestant Scholasticism and*

Humanism in Seventeenth Century France. Madison: University of Wisconsin Press, 1969.

Augustine. *On the Spirit and the Letter*, in Saint Augustin: Anti—Pelagian Writings. vol. 5. *A Select Library of the Nicene and Post-Nicene Fathers of the Christian Church*. Edited by Philip Schaff. Edinburgh: T & T Calrk; reprint, Grand Rapids: Eerdmans, 1991.

Aulen, Gustaf. *Christus Victor: An Historical Study of the Three Main Types of the Idea of the Atonement*. Translated by A. G. Hebert. New York: MacMillan Publishing Co., Inc, 1969.

Bahnsen, Greg L., Walter C. Kaiser, Jr., Douglas J. Moo, Wayne G. Strickland, and Willem A. VanGemeren. *Five View on Law and Gospel*. Grand Rapids: Zondervan, 1996.

Baker, J. Wayne. *Heinrich Bullinger and the Covenant: The Other Reformed Tradition*. Athens: Ohio University Press, 1980.

Bartholomew, Craig G. "Covenant and Creation: Covenant Overload or Covenantal Deconstruction." *Calvin Theological Journal* 30 (1995): 11–33.

Battles, Ford Lewis. 1996. *Interpreting John Calvin*. Edited by Robert Benedetto. Grand Rapids: Baker Books

Bavinck, Herman. 1930. "Faith and Justification." Privately Translated by Norman Sheperd. *Reformed Dogmatics*. vol. 4. Kampen: J. H. Kok. 182–186, 198–207. no. 471.

_____. 1979. *The Doctrine of God*. Trans. by William Hendriksen. Grand Rapids: Eerdmans, 1951; Reprint, Edinburgh: The Banner of Truth Trust.

_____. 1984. *Our Reasonable Faith: A Survey of Christian Doctrine*. Translated by Henry Zylstra. Grand Rapids: Eerdmans. 1956. Reprint, Grand Rapids: Baker.

Beeke, Joel R. 1991. *Assurance of Faith: Calvin, English Puritanism, and the Dutch Second Reformation*. New York: Peter Lang.

_____.1993. "Personal Assurance of Faith: The Puritans and Chapter 18.2 of the Westminster Confessions." *Westminster Theological Journal* 55: 73–86.

_____. 1999. *The Quest for Full Assurance: the Legacy of Calvin and His successors*. Edinburgh: The Banner of Truth Trust.

_____.1999. *A Reader's Guide to Reformed Literature: An Annotated Bibliography of Reformed Theology*. Grand Rapids: Reformation Heritage Books.

Berkhof, Louis. 1932. Reformed Dogmatics. Translated by Hugo Bekker. 2 vols. Grand Rapids: Eerdmans.

_____. 1937. *The History of Christian Doctrines*. Grand Rapids: Baker Books House.

_____. 1938. *Systematic Theology*. Grand Rapids: Eerdmans.

Berkouwer, G. C. 1952. *Faith and Sanctification*. Translated by John Vried. Grand Rapids: Eerdmans.

———. 1954. *Faith and Justification*. Translated by Lewis B. Smedes. Grand Rapids: Eerdmans.

———. 1956. *The Triumph of Grace in the Theology of Karl Barth*. Translated by Harry R. Boer. Grand Rapids: Eerdmans.

———. 1960. *Divine Election*. Grand Rapids: Eerdmans.

———. 1971. *Sin*. Translated by Philip C. Holtrop. Grand Rapids: Eerdmans.

Berner, Robert L. 1977. "Grace and Works in America: The Role of Jonathan Edwards." *Southern Quarterly* 15 (January): 125–134.

Bierma, Lyle D. 1983. "Federal Theology in the Sixteenth Century: Two Traditions?" *Westminster Theological Journal* 45: 304–321.

———. 1990. "The Role of Covenant Theology in Early Reformed Orthodoxy." *Sixteenth Century Journal* 21.3: 453–462.

Boersma, Hans. 1993. *A Hot Pepper Corn: Richard Baxter's Doctrine of Justification in Its Seventeenth-Century Context of Controversy*. Zoetermeer: Uitgeverij Boekencentrum.

Bogue, Carl. 1975. *Jonathan Edwards and the Covenant of Grace*. Cherry Hill, NJ: Mack Publishing.

Bonner, Geral. 1990. "The Significance of Augustine's *De Gratia Novi Testamenti*" in *Collectanea Augustiniana*. Edited by B. Bruning, M. Lamberigts and J. Van Houtem. Leuven: Leuven University Press.

Boughton, Lynne Courter. 1986. "Supralapsarianism and the Role of Metaphysics in Sixteenth–Century Reformed Theology." *Westminster Theological Journal* 48: 63–96.

Braaten, Carl E. 1990. *Justification: The Article by Which the Church Stands or Falls*. Minneapolis: Fortress Press.

Brand, David C. 1988. "Beatific Vision, Benevolence, and Self–love: A Contextual Study of Jonathan Edwards with Special Reference to the Cartesian Revolution and the Arminian Triumph in Puritan New England." Th. M. thesis. Westminster Theological Seminary.

Bremer, Francis J. 1995. *The Puritan Experiment: New England Society from Bradford to Edwards*. Hanover: University Press of New England.

Brown, Harold O. J. 1998. *Heresies: Heresy and Orthodoxy in the History of the Church*. Grand Rapids: Baker Books, 1984. Reprint, Peabody, MA: Hendrickson Publishers Inc.

Buchanan, James. 1867. *The Doctrine of Justification*. Edinburgh: The Banner of Truth Trust.

Burman, Ronald Sidney. 1988. "A Study of the Dynamics of Conversion and Identity in the Life and Works of Jonathan Edwards." Ph.D. diss., University of Minnesota.

Campbell, J. McLeod. 1996. *The Nature of Atonement*. Cambridge: MacMillan. 1856. Reprint, Grand Rapids: Eerdman.

Carse, James. 1967. *Jonathan Edwards and The Visibility of God*. New York: C. Scribner's Sons.

Chamberlain, Mary Ava. 1990. "Jonathan Edwards against antinomians and Arminians." Ph. D. diss. Columbia University.

Chemnitz, Martin. 1985. *Justification: The Chief Article of Christian Doctrine as Expounded in Loci Theologici*. Translated by J. A. O. Preus. St. Louis: Concordia Publishing House.

Cherry, Conrad. 1965. "The Puritan Notion of the Covenant in Jonathan Edwards' Doctrine of Faith." *Church History* 34 (September): 328–341.

———. 1990. *The Theology of Jonathan Edwards*. Bloomington, IN: Indiana University Press, 1966. Reprint.

Clifford, Alan C. 1990. *Atonement and Justification: English Evangelical Theology, 1640-1790: An Evaluation*. Oxford: Clarendon Press.

Conforti, Joseph A. 1995. *Jonathan Edwards, Religious Tradition, & American Culture*. Chapel Hill: The University of North Carolina Press

Cooke, George Willis. 1902. *Unitarianism in America: A History of its Origin and Development*. Boston: American Unitarian Association.

Cunningham, William. 1969. *Historical Theology*. 2 vols. London: The Banner of Truth Trust.

Daniel, Stephen H. 1994. *The Philosophy of Jonathan Edwards*. Bloomington: Indiana University Press.

Davidson, Edward H. 1968. *Jonathan Edwards: The Narrative of a Puritan Mind*. Cambridge: Harvard University Press.

De Jong, Peter Y. 1945. *The Covenant Idea in New England Theology*, 1620–1847. Grand Rapids: Eerdmans.

De Prospo, R. C. 1985. *Theism in the Discourse of Jonathan Edwards*. Newark: University of Delaware Press.

Duffield, G. E. ed. 1966. *John Calvin: A Collection of Distinguished Essays*. Grand Rapids: Eerdmans.

Duffy, Stephen J. 1993. *The Dynamics of Grace: Perspectives in Theological Anthropology*. Collegeville, Minnesota: The Liturgical Press.

Dumbrell, W. J. 1984. *Covenant and Creation: A Theology of Old Testament Covenants*. Nashville: Thomas Nelson Publishers.

Eaton, Michael. 1995. *No Condemnation: A New Theology of Assurance*. Downers Grove, Il: InterVarsity Press.

Edwards, Rem B. 1982. *A Return to Moral and Religious Philosophy in Early America*. Washington D.C.: University Press of America.

Eichrodt, Walther. 1961. *Theology of Old Testament*. vol. 1. Translated by J. A. Baker. Philadelphia: The Westminster Press.

Elwood, Douglas J. 1960. *The Philosophical Theology of Jonathan Edwards*. New York: Columbia University Press.

Emerson, Everett H. 1956. "Calvin and Covenant Theology." *Church History* 25: 136–144.

Evans, William Borden. 1996. "Imputation and Impartation: the Problem of Union with Christ in Nineteenth-century American Reformed Theology." Ph.D. diss., Vanderbilt University.

Fackre, Gabriel. 1995. "The Revival of Systematic Theology." *Interpretation* 49.3: 229–241.

Fairbain, Patrick. 1996. *The Revelation of Law in Scripture*. Edinburgh: T. & T. Clark's. Reprint, Phillipsburgh, NJ: P & R Publishing Company.

Faust, Clarence H. and Johnson, Thomas H. 1935. *Jonathan Edwards: Representative Selections with Introduction, Bibliography, and Notes*. New York: American Book Company.

Ferguson, Sinclair B. 1988. "The Whole Counsel of God: Fifty Years of Theological Studies." *Westminster Theological Journal* 50: 257–281.

Fiering, Norman. 1981. *Jonathan Edwards' Moral Thought in Its British Context*. Chapel Hill, NC: University of North Carolina Press.

Fisher, George Park. 1880. "The Augustinian and Federal Theories of Original Sin Compared" in *Discussions in History and Theology*. New York: Charles Scribner's Sons.

Foster, Frank Hugh. 1907. *A Genetic History of the New England Theology*. Chicago: The University of Chicago Press.

Fuller, Daniel P. 1983. "A Response on the Subjects of Works and Grace." *Presbyterion* 9: 72–92.

Gaffin, Richard B. Jr. 1976. "Systematic Theology and Biblical Theology." *Westminster Theological Journal* 38: 281–299.

_____. 1987. *Resurrection and Redemption: A Study in Paul's Soteriology*. Grand Rapids: Baker Books, 1978. Reprint, Phillipsburg, NJ: Presbyterian and Reformed Publishing Company.

_____. 1978. "The Whole Counsel of God and the Bible," in ed. J. H. White, *The Book of Books*, pp.19–28. Phillipsburg, NJ: Presbyterian and Reformed Publishing Co.

_____. 1979. *Perspectives on Pentecost*. Phillipsburg, NJ: Presbyterian and Reformed Publishing Co.

_____. 1979. "Faith and Works in Paul." MSS.

_____. 1980. "The Holy Spirit." *Westminster Theological Journal* 43: 58–78.

_____. ed. 1980. *Redemptive History and Biblical Interpretation: The Shorter Writings of Geerhardus Vos*. Phillipsburgh, NJ: Presbyterian & Reformed Publishing Co.

_____. 1994. "The Vitality of Reformed Dogmatics." in *The Vitality of Reformed Theology: Proceedings of the International Theological Congress June 20-24th 1994 Noordwijkerhout The Netherlands*. Edited by J. M. Batteau, J. W. Maris and K. Veling. Kampen: Uitgeverij Kok.

_____. 2002. Biblical Theology and the Westminster Standards: Inaugural Address for Charles Krahe Chair. Westminster Media INRG2. Cassette.

Gardiner, H. Norman. 1980. *Jonathan Edwards: A Retrospect*. Boston: Houghton, Mifflin and Company.

Gerrish B. A. 1983. "The Chief Article — Then and Now." *The Journal of Religion* 63: 355–375.

Gerstner, John H. 1995. *Steps to Salvation: The Evangelistic Message of Jonathan Edwards*. Philadelphia: The Westminster Press. 1960. Reprint, Soli Deo Gloria Publications.

_____. 1987. *Jonathan Edwards: A Mini-Theology*. Wheaton: Tyndale.

_____. 1991. *The Rational Biblical Theology of Jonathan Edwards*. 3 vols. Powhatan: Berea Publications.

Gerstner, John H. and Gerstner, Jonathan N. 1979. "Edwardsean Preparation for Salvation." *Westminster Theological Journal* 42 (Fall): 5–71.

Godfrey, W. Robert. 1983. "Back to Basics: A Response to the Robertson–Fuller Dialogue." *Presbyterion* 9: 80–84.

Green, Lowell C. 1972. "Faith, Righteousness, and Justification: New Light on Their Development under Luther and Melanchthon." *Sixteenth Century Journal* 4.1: 65–86.

_____. 1974. "The Influence of Erasmus upon Melanchthon, Luther and the Formula of Concord in the Doctrine of Justification." *Church History* 43: 183–200.

_____. 1980. *How Melanchthon Helped Luther Discover the Gospel: The Doctrine of Justification in the Reformation*. Fallbrook: Verdict Publications.

Griffith, Howard, and John R. Muether, eds. 2000. *Creator, Redeemer, Cosummator: A Festschrift for Meredith G. Kline*. Jackson: Reformed Academic Press.

Grudem, Wayne. 1994. *Systematic Theology: An Introduction to Biblical Doctrine*, Grand Rapids: Zondervan.

Guelzo, Allen C. 1989. *Edwards on the Will: A Century of American Debate*. Middletown: Wesleyan University Press.

_____. 1998. "The Making of a Revivalist: Finney and the heritage of Edwards." *Christian History* 7.4: 28–30.

Hall, Basil. 1966. "Calvin against the Calvinists" in *John Calvin: A Collection of*

Distinguished Essays. Edited by G. E. Duffield. Grand Rapids: Eerdmans. 19–37.

Hall, David D. ed. 1990. *The Antinomian Controversy, 1636–1638: A Documentary History*. Durham: Duke University Press.

Haroutunian, Joseph G. 1944–45. "Jonathan Edwards: Theologian of the Great Commandment." *Theology Today* 1: 361–377.

Hatch, Nathan O. and Stout, Harry S., Edwards, eds. 1988. *Jonathan Edwards and the American Experience*. New York: Oxford University Press.

Heinz, Johann. 1981. *Justification and Merit: Luther vs. Catholicism*. Berrien Springs, MI: Andrews University Press.

Helm, Paul. 1982. *Calvin and the Calvinists*. Edinburgh: The Banner of Truth Trust.

———. 1983. "Calvin and the Covenant: Unity and Continuity." *The Evangelical Quarterly* 55: 65–81.

Hicks, John Mark. 1985. "The Theology of Grace in the Thought of Jacobus Arminis and Philip Van Limborch: A Study in the Development of Seventeenth-Century Dutch Arminianism." Ph.D. diss., Westminster Theological Seminary.

Hodge, Archibald Alexander. 1878. "The Ordo Salutis: or Relation in the Order of Nature of Holy Character and Divine Favor." *The Princeton Review* 54: 304–321.

———. 1880. *The Life of Charles Hodge: Professor in the Theological Seminary*. New York: Charles Scribner's Sons.

———. 1972. *Outlines of Theology*. Reprint, London: The Banner of Truth Trust.

Hodge, Charles. 1839. "Testimonies on the Doctrine of Imputation." *Princeton Review* 11: 553–579

———. 1848. "Doctrine of the Reformed Church on the Lord's Supper." *The Biblical Repertory and Princeton Review* 20: 227–278.

———. 1995. *Systematic Theology*. 3 vols. Reprint, Grand Rapids: Eerdmans.

Hoekema, Anthony A. 1987. "The Reformed Perspective" in *Five Views on Sanctification*. Edited by Melvin E. Dieter. Grand Rapids: Zondervan.

———. 1989. *Saved by Grace*. Grand Rapids: Eerdmans.

Holbrook, Clyde A. 1973. *The Ethics of Jonathan Edwards: Morality and Aesthetics*. Ann Arbor: The University of Michigan Press.

———. 1987. *Jonathan Edwards, the Valley and Nature: An Interpretative Essay*. Lewisburg: Bucknell University Press.

Holmes, Stephen R. 2000. *God of Grace and God of Glory: An Account of the Theology of Jonathan Edwards*. Grand Rapids: Eerdmans.

Hopkins, Samuel. 1903. "Edwards's Habits and Tastes." *Congregationalist and Christian World* 88 (October): 471.

Howe, Daniel Walter. 1972. "The Decline of Calvinism: An Approach to Its Study"

in *Comparative Studies in Society and History*. London; New York: Cambridge University Press. 306–327.
Jenson, Robert W. 1988. *American's Theologian: A Recommendation of Jonathan Edwards*. New York: Oxford University Press.
Jeon, Jeong Koo. 1998. "Covenant Theology: John Murray's (1898–1975) and Meredith G. Kline (1922–) Response to the Historical Development of Federal Theology in Reformed Thought. Ph.D. diss., Westminster Theological Seminary.
Jinkins, Michael. 1993. *A Comparative Study in the Theology of Atonement in Jonathan Edwards and John McLeod Campbell*. San Francisco: Mell Research University Press.
Karlberg, Mark W. 1980. "The Mosaic Covenant and the concept of Works in Reformed Hermeneutics: A Historical Critical Analysis with Particular Attention to Early Covenant Eschatology." Ph.D. diss., Westminster Theological Seminary.
_____. 1981. "Justification in Redemptive History." *Westminster Theological Journal* 43: 213–246.
_____. 1997. "The Search for an Evagelical Consensus on Paul and the Law." *Journal of the Evangelical Theological Society* 40/4 (December): 563–579.
_____. 2001. *The Changing of the Guard: Westminster Theological Seminary in Philadelphia*. Unicoi, TN: The Trinity Foundation.
Kendall, R. T. 1979. *Calvin and English Calvinism to 1649*. New York: Oxford University Press.
_____. 1994. "The Puritan Modification of Calvin's Theology," in *Later Calvinism: International Perspective*. Edited by W. Fred Graham. Kirksville: Sixteenth Century Journal Publishers. 197–214.
Kim, Jae Sung. 1998. "Unio Cum Christo : the Work of the Holy Spirit in Calvin's Theology." Ph.D. diss., Westminster Theological Seminary.
Kimnach, Wilson H., Kenneth P. Minkema, and Douglas A. Sweeney, eds. 1999. *The Sermons of Jonathan Edwards: A Reader*. New Haven: Yale University Press.
Klauber, Martin I. 1993. "Francis Turretin on Biblical Accommodation: Loyal Calvinist or Reformed Scholastic?" *Westminster Theological Journal* 55: 73–86.
Kline, Meredith G. 1983. "Of Works and Grace." *Presbyterion* 9: 85–92.
_____. 1986. *Images of the Spirit*. S. Hamilton, MA: Gordon–Conwell Theological Seminary.
_____. 1993. *Kingdom Prologue*. S. Hamilton, MA: Gordon–Conwell Theological Seminary.
Kuiper, Herman. 1928. *Calvin on Common Grace*. Goes, Netherlands: Oosterbaan & Le Cointre.
Kuyper, Abraham. 1995. *The Work of the Holy Spirit*. Translated by Henri De Vries.

Chattanooga: AMG Publishers.
Küng, Hans. 1964. *Justification: The Doctrine of Karl Barth and a Catholic Reflection.* Translated by Thomas Collins, Edmund E. Tolk, and David Granskou. New York: Thomas Nelson & Sons.
Ladd, George E. 1974. *A Theology of the New Testament.* Grand Rapids: Eerdmans.
Laurence, David. 1979. "Jonathan Edwards, Solomon Stoddard, and the Preparationist Model of Conversion." *Harvard Theological Review* 72: 267–283.
Lawrenz, Carl J. 1980. "On Justification, Osiander's Doctrine of the Indwelling Christ" in *No Other Gospel: Essays in Commemoration of the 400th Anniversary of Formula of Concord 1580-1980.* Edited by Arnold J. Koelpin. Milwaukee: Northwester Publishing House. 149–173.
Lehman, Chester K. 1971. *Biblical Theology.* 2 vols. Scottdale, PA: Herald Press.
Lee, Sang Hyun. 1988. *The Philosophical Theology of Jonathan Edwards.* Princeton: Princeton University Press.
Lee, Sang Hyun. & Guelzo, Allen C., eds. 1999. *Edwards in Our Time: Jonathan Edwards and the Shaping of American Religion.* Grand Rapids: Eerdmans.
Lesser, M. X. 1988. *Jonathan Edwards.* Boston: Twayne Publishers.
Letham, Robert. 1979. "Saving Faith and Assurance in Reformed Theology: Zwingli to the Synod of Dort." Ph.D. diss., University of Aberdeen.
_____. 1983. "The Foedus Operum: Some Factors Accounting for Its Development." *Sixteenth Century Journal* 14: 457–467.
_____. 1994. "Faith and Assurance in Early Calvinism: A Model of Continuity and Diversity," in *Later Calvinism: International Perspectives.* Edited by W. Fred Graham. Kirksville, Missouri: Sixteenth Century Journal Publishers, Inc.
Levin, David. ed. 1969. *Jonathan Edwards: A Profile.* New York: Hill and Wang.
Lillback, Peter A. 1985. "The Binding of God: Calvin's Role in the Development of Covenant Theology." Ph.D. diss., Westminster Theological Seminary.
Lints, Richard. 1992. "Two Theologies or One?: Warfield and Vos on the Nature of Theology." *Westminster Theological Journal* 54: 235–253.
_____. 1993. *The Fabric of Theology: A Prolegomenon to Evangelical Theology.* Grand Rapids: Eerdmans.
Logan, Samuel T. Jr. 1980. "The Hermeneutics of Jonathan Edwards." *Westminster Theological Journal* 43: 79–96.
_____. 1984. "The Doctrine of Justification in the Theology of Jonathan Edwards." *Westminster Theological Journal* 46: 26–52.
_____. 1988. "Where have All the Tulips Gone?: Being a Brief Treatise Discovering the Causes of the Decline of the Calvinistical Religion in New England Between 1630 and 1776." *Westminster Theological Journal* 50: 1–26.
Machen, J. Gresham. 1925. *What Is Faith?* Edinburgh: The Banner of Truth Trust.

———. 1937. *The Christian View of Man*. Edinburgh: The Banner of Truth Trust.

Magoun, George F. 1869. "Unpublished Writings of President Edwards." *Congregational Review* 10 (January): 19–27.

Marshall, Walter. 1981. *Gospel Mystery of Sanctification*. 1692. Reprint, Hertfordshire, England: Evangelical Press.

Mastricht, Peter van. 1770. *A Treatise on Regeneration*. New Haven: Thomas and Samuel Green.

McClymond, Michael J. 1998. *Encounters with God: An Approach to the Theology of Jonathan Edwards*. New York: Oxford University Press.

McDermott, Gerald R. 1992. *One Holy and Happy Society: The Public Theology of Jonathan Edwards*. University Park, Pennsylvania: The Pennsylvania State University Press

McGiffert, Michael. 1982. "Grace and Works: the Rise and Division of Covenant Divinity in Elizabethan Puritanism." *Harvard Theological Review* 74.4: 463–502.

———. 1988. "From Moses to Adam: The Making of the Covenant Works." *The Sixteen Century Journal* 19.2: 131–155.

McGrath, Alister E. 1986. *Iustitia Dei: A History of the Christian Doctrine of Justification*. 2 vols. Cambridge: Cambridge University Press.

McKee, Elsie Anne, and Brian G. Armstrong, eds. 1989. *Probing the Reformed Tradition: Historical Studies in Honor of Edwards A. Dowey, Jr.*. Louisville, KY: Westminster/John Knox Press.

McNeill, John T. 1954. *The History and Character of Calvinism*. London: Oxford University Press.

Miller, Perry. 1939. *The New England Mind: The Seventeenth Century*. Cambridge: The Belknap Press of Harvard University Press.

———. 1948. "Jonathan Edwards on the Sense of the Heart." *The Harvard Theological Review* 41 (April): 123–145.

———. 1953. *The New England Mind: From Colony to Province*. Cambridge: The Belknap Press of Harvard University Press.

———. 1981. *Jonathan Edwards*. New York: W. Sloane Associates, 1949. Reprint, Amherst: The University of Massachusetts Press.

Miller, Glen Thomas. 1971. "The Rise of Evangelical Calvinism: A Study in Jonathan Edwards and the Puritan Tradition." Th.D. diss., Union Theological Seminary in the City of New York.

Moller, Jens G. 1963. "The Beginnins of Puritan Covenant Theology." *Journal of Ecclesiastic History* 14: 46–67.

Morgan, Edmund S. 1981. "The Case against Anne Hutchinson" in *Anne Hutchinson, Troubler of the Puritan Zion*. Edited by Francis J. Bremer. Huntington, NY:

Robert E. Krieger Publishing Company.

⎯⎯⎯⎯. 1963. *Visible Saints: The History of a Puritan Idea*. New York: New York University Press.

Morimoto, Anri. 1995. *Jonathan Edwards and the Catholic Vision of Salvation*. University Park: Penn State Press.

Muller, Richard A. 1978. "Perkins' A Golden Chaine: Predestinarian System or Schematized Ordo Salutis?" *Sixteenth Century Journal* 9.1: 69–81.

⎯⎯⎯⎯. 1980. "Covenant and Conscience in English Reformed Theology: Three Variations on a 17th century Theme." *Westminster Theological Journal* 42: 308–334.

⎯⎯⎯⎯. 1982. "The Federal Motif in seventeenth Century Arminian Theology." *Nederlands Archief voor Kerkgeschiedenis* 62: 102–122.

⎯⎯⎯⎯. 1985. *Dictionary of Latin and Greek Theological Terms*. Grand Rapids: Baker Book House.

⎯⎯⎯⎯. 1985. "Giving Direction to Theology: The Scholastic Dimension." *Journal of the Evangelical Theological Society* 28.2: 183–193.

⎯⎯⎯⎯. 1986. "Scholasticism Protestand and Catholic: Francis Turretin on the Object and Principles of Theology." *Church History* 55: 193–205.

⎯⎯⎯⎯. 1987. *Post-reformation Reformed Dogmatics: Volume ! Prolegomena to Theology*. Grand Rapids: Baker Book House.

⎯⎯⎯⎯. 1990. "*fides* and *cognitio* in Relation to the problem of intellect and Will in the Theology of John Calvin." *Calvin Theological Journal* 25: 207–224.

⎯⎯⎯⎯. 1993. *Post-Reformation Reformed Dogmatics: Volume 2 Holy Scripture: The Cognitive Foundation of Theology*. Grand Rapids: Baker Book House.

⎯⎯⎯⎯. 1995. "Calvin and the 'Calvinists': Assessing Continuities and Discontinuities between the Reformation and Orthodoxy." Part One. *Calvin Theological Journal* 30: 345–375.

⎯⎯⎯⎯. 1995. "Calvin and the 'Calvinists': Assessing continuities and Discontinuities Between the Reformation and Orthodoxy." Part One. *Calvin Theological Journal* 30: 345–375.

⎯⎯⎯⎯. 1996. "Calvin and the 'Calvinists': Assessing Continuities and Discontinuities between the Reformation and Orthodoxy." Part Two. *Calvin Theological Journal* 31: 125–60.

Murray, Iain H. 1987. *Jonathan Edwards: A New Biography*. Edinburgh: The Banner of Truth Trust.

Murray, John. 1988. *Redemption Accomplished and Applied*. Grand Rapids: Eerdmans, 1955. Reprint.

⎯⎯⎯⎯. 1957. *Principles of Conduct: Aspects of Biblical Ethics*. Grand Rapids: Eerdmans.

———. 1959. *The Imputation of Adam's Sin*. Grand Rapids: Eerdmans. Reprint, Phillipsburg, NJ: Presbyterian and Reformed Publishing Co.

———. 1968. *The Epistle to the Romans*. Grand Rapids: Eerdmans.

———. 1972. "Covenant Theology" in *The Encyclopedia of Christianity*. Edited by Philip E. Hughes. vol. 3: 199–216. Marshalltown, Del.: National Foundation for Christian Education.

———. 1976. "Irresistible Grace." in *Soli Deo Gloria: Essays in Reformed Theology*. Edited by R.C. Sproul, 55–62. Nutley, N.J.: Presbyterian and Reformed Publishing Co.

———. 1980. *Christian Baptism*. Phillipsburg, NJ: P & R Publishing Company.

———. 1982–1989. *Collected Writings of John Murray*. 4 vols. Edinburgh: The Banner Truth Trust

Nagy, Paul Joseph. 1968. "The Doctrine of Experience in the Philosophy of Jonathan Edwards." Ph.D. diss., Fordham University.

Noll, Mark A. 1983. *The Princeton theology, 1812-1921*. Phillipsburg, NJ: P & R Publishing Company.

———. 1995. "The Contested Legacy of Jonathan Edwards." in *Reckoning with the Past*. Edited by. D. G. Hart. Grand Rapids: Baker Book House.

Nuttal, Geoffrey. 1947. *The Holy Spirit in Puritan Faith and Practice*. Oxford: Basil Blackwell.

Oberg, Barbara B. & Stout, Harry S., eds. 1993. *Benjamin Franklin, Jonathan Edwards, and the Representation of American Culture*. New York: Oxford University Press.

O'brien, Jon S. J. 1967. "The Architecture of Conversion: Faith and Grace in the Theology of Jonathan Edwards." S.T.D. diss., Pontifical Gregorian University.

Oden, Thomas C. 1993. *The Transforming Power of Grace*. Nashville: Abingdon Press.

Otto, Randall E. 1990. "The Solidarity of Mankind in Jonathan Edwards' Doctrine of Original Sin." *The Evangelical Quarterly* 62.3: 205–221.

———. 1993. "Justification and Justice: An Edwardsean Proposal." *The Evangelical Quarterly* 65.2: 131–145.

Owen, John. 1965. The Holy Spirit. vol. 3 in *The Works of John Owen*. Edited by William H. Goold. Edinburgh: The Banner of Truth Trust.

———. 1965. *The Doctrine of Justification by Faith*. vol. 5 in *The Works of John Owen*. Edited by William H. Goold. Edinburgh: The Banner of Truth Trust.

Packer, J. I. 1952. "The Puritan Treatment of Justification by Faith." *The Evangelical Quarterly* 24: 131–143.

———. 1990. *A Quest for Godliness: The Puritan Vision of the Christian Life*. Wheaton: Crossway Books.

Parker, T. H. L. 1952. "Calvin's Doctrine of Justification." *The Evangelical Quarterly* 24: 101–107.

_____. 1995. *Calvin: An Introduction to His Thought*. Louisville: Westminster John Knox Press.

Partee, Charles. 1987. "Calvin's Central Dogma Again." *The Sixteenth Century Journal* 18.2: 191–199.

Pauw, Amy Plantinga. 1990. "'The Supreme Harmony of All': Jonathan Edwards and Trinity." Ph.D. diss., Yale University.

Pelikan, Jaroslav. 1984. *Reformation of Church and Dogma (1300-1700)*, vol. 4 of *The Christian Tradition: A History of the Development of Doctrine*. Chicago: The University of Chicago Press.

_____. 1989. *Christian Doctrine and Modern Culture (since 1700)*, vol. 5 of *The Christian Tradition: A History of the Development of Doctrine*. Chicago: The University of Chicago Press.

Pettit, Norman. 1966. *The Heart Prepared: Grace and Conversion in Puritan Life*. New Haven: Yale University Press.

Piper, John. 1986. *Desiring God: Meditations of a Christian Hedonist*. Portland, Oregon: Multnomah Press.

_____. 1993. *The Justification of God: An Exegetical and Theological Study of Romans 9:1-23*. Grand Rapids: Baker.

_____. 1998. *God's Passion for His Glory: Living the Vision of Jonathan Edwards with the Complete Text of "The End for which God Created the World."* Wheaton: Crossway Books.

Poythress, Vern. 1991. *The Shadow of Christ in the Law of Moses*. Brentwood, TN: Wolgemuth & Hyatt, Publishers, Inc.

Preus, J. A. O. 1989. "Chemnitz on Law and Gospel." *Concordia Journal* 15: 406–422.

Pruett, Gordon E. 1975. "A Protestant Doctrine of the Eucharistic Presence." *Calvin Theological Journal* 10: 142–174.

Reid, W. Stanford. 1979. "Justification by Faith According to John Calvin." *Westminster Theological Journal* 42: 290–307.

_____, ed. 1982. *John Calvin: His Influence in the Western World*. Grand Rapids: Zondervan. Reisinger, Ernest C. 1997. *The Law and the Gospel*. Phillipsburgh, NJ: P & R Publishing Company.

Reymond, Robert T. 1998. *A New Systematic Theology of the Christian Faith*. Nashville: Thomas Nelson Publishers.

Richardson, Herbert W. 1967. *Toward an American Theology*. New York: Harper & Row.

Ridderbos, Herman. 1975. *Paul: An Outline of His Theology*. Grand Rapids: Eerdmans.

Ritschl, Albrecht. 1900. *The Christian Doctrine of Justification and Reconciliation*. trans. H. R. Mackintosh and A. B. Nacaulay. Edinburgh: T. & T. Clark.

Robertson, O. Palmer. 1977. "Current Reformed Thinking on the Nature of the Divine Covenants." *Westminster Theological Journal* 40: 63–76.

———. 1980. *The Christ of the Covenants*. Phillipsburg, NJ: Presbyterian and Reformed Publishing Co.

Ridderbos, Herman. 1962. *The Coming of the Kingdom*. Translated by H. De Jongste. Edited by Raymond O. Zorn. Philadelphia: Presbyterian and Reformed Publishing Company.

———. 1963. *Redemptive History and the New Testament Scriptures*. Translated by H. De Jongste. Phillipsburgh, NJ: Presbyterian and Reformed Publishing Company.

———. 1975. *Paul: An Outline of His Theology*. Translated by John Richard De Witt. Grand Rapids: Eerdmans.

Rudisill, Dorus Paul. 1971. *The Doctrine of the Atonement in Jonathan Edwards and His Successors*. New York: Poseidon Books, Inc..

Ryle, J. C. 1956. *Holiness: Its Nature, Hindrance, Difficulties, and Roots*. London: James & Clarke Co.

Schafer, Thomas A. 1951. "Jonathan Edwards and Justification by Faith." *Church History* 20: 55–67.

———. 1955. "Jonathan Edwards' Conception of the Church." *Church History* 24: 51–66.

———. 1969. "The Role of Jonathan Edwards in American Religious History." *Encounter* 30: 212–222.

Scheick, William J. 1975. *The Writings of Jonathan Edwards; Theme, Motif and Style*. College Station: Texas A. & M. University Press.

Sedgwick, Peter. 1990. "'Justification by Faith': One Doctrine, Many Debates?" *Theology* 93: 5–19.

Sharp, Larry D. 1980. "The Doctrines of Grace in Calvin and Augustine." *The Evangelical Quarterly* 52: 84–96.

Shepherd, Norman. 1974. "Zanchius on Saving Faith." *Westminster Theological Journal* 36: 31–47.

———. 2000. *The Call of Grace: How the Covenant Illuminates Salvation and Evangelism*. Phillipsburg: P&R Publishing.

Simonson, Harold P. 1974. *Jonathan Edwards: Theologian of the Heart*. Grand Rapids: Eerdmans.

Sinnema, Donald. 1990. "Aristotle and Early Reformed Orthodoxy: Moments of Accommodation and Antithesis" in *Christianity and the Classics: The Acceptance of a Heritage*. ed. by Wendy E. Helleman. Lanham: University Press of America.

Smedes, Lewis B. 1970. *All Things Made New: A Theology of Man's Union with Christ*. Grand Rapids: Eerdmans.

Smith, John E. 1988. "A Treatise Concerning Religious Affections, by Jonathan Edwards, 1746." *American Presbyterians* 66 (Winter): 219–222.

_____. 1992. *Jonathan Edwards: Puritan, Preacher, Philosopher*. Notre Dame: University of Notre Dame Press.

Smith, John E., Harry S. Stout, and Kenneth P. Minkema, eds. 1995. A Jonathan Edwards Reader. New Haven: Yale University Press.

Smith, Shelton. 1955. *Changing Conceptions of Original Sin: A Study in American Theology Since 1750*. New York: Charles Scriber's Sons.

Song, Young Jae Timothy. 1998. "System and Piety in the Federal Theology of William Perkins and John Preston." Ph.D. diss., Westminster Theological Seminary.

Spencer, Stephen R. 1994. "Francis Turretin's Concept of the Covenant of Nature," in *Later Calvinism: International Perspectives*. Edited by W. Fred Graham. Kirksville, Missouri: Sixteenth Century Journal Publishers, Inc.

Spinks, Bryan D. 1995. "Calvin's Baptismal Theology and the Making of the Strasbourg and Genevan Baptismal Liturgies 1540." *Scottish Journal of Theology* 48.1: 55–78.

Spykman, Gordon J. 1992. *Reformational Theology: A New Paradigm for Doing Dogmatics*. Grand Rapids: Eerdmans.

Spohn, William C. 1981. "Sovereign Beauty: Jonathan Edwards and the Nature of True Virtue." *Theological Studies* 42: 394–421.

_____. 1985. "Union and Consent with the Great Whole: Jonathan Edwards on True Virtue." in *Annual of the Society of Christian Ethics*. Edited by A. Anderson, 19–32.

Sproul, R. C. 1995. *Faith Alone: the Evangelical Doctrine of Justification*. Grand Rapids: Baker Books.

Sprunger, Keith L. 1966. "Ames, Ramus, and the Method of Puritan Theology." *Harvard Theological Review* 59: 133–151.

_____. 1968. "Technometria: A Prologue to Puritan Theology." *Journal of the History of Ideas* 29: 115–122.

Stek, John H. 1994. "'Covenant' Overload in Reformed Theology." *Calvin Theological Journal* 29: 12–41.

Steele, Richard Bruce. 1990. "Gracious Affection and True Virtue in the Experimental Theology of Jonathan Edwards and John Wesley." Ph.D. diss., Marquette University.

Stein, Stephen J. 1977. "Quest for the Spiritual Sense: the Biblical Hermeneutics of Jonathan Edwards." *Harvard Theological Review* 70 (January–April): 99–113.

_____. ed. 1996. *Jonathan Edwards's Writings: Text, Context, Interpretation*. Bloomington, Indiana: Indian University Press.

Stephens, Bruce M. 1990. "Changing Conceptions of the Holy Spirit in American

Protestant Theology from Jonathan Edwards to Charles G. Finney." *Saint Luke's Journal of Theology* 33: 209–223.

_____. 1996. *The Prism of Time and Eternity: Images of Christ in American Protestant Thought from Jonathan Edwards to Horace Bushnell*. Lanham, MD: The Scarecrow Press, Inc.

Stephenson, Sally Ann. 1983. "The Ministerial and Theological Purposes of Jonathan Edwards' Thought: A Study in Source and Context." Ph.D. diss., University of Pennsylvania.

Stoever, William K. B. 1978. *A Faire and Easie Way to Heaven: Covenant Theology and Antinomianism in Early Massachusetts*. Middletown: Wesleyan University Press.

Story, F. Allan. 1994. "Promoting Revival: Jonathan Edwards and Preparation for Revival." Ph. D. diss., Westminster Theological Seminary.

Strehle, Stephen. 1994. "Imputatio Iustitiae: Its Origina in Melanchthon, its Opposition in Osiander." *Theologische Zeitschrift* 50: 201–219.

Stuhlmacher, Peter. *Revisiting Paul's Doctrine of Justification: A Challenge to the New Perspective*. Downers Grove, Il: InterVarsity Press. 2001.

Sungenis, Robert A. 1996. *Not by Faith Alone: The Biblical Evidence for the Catholic Doctrine of Justification*. Santa Barbara: Queenship Publishing Company.

Tillich, Paul. 1967. *Systematic Theology*. Chicago: The University of Chicago Press.

Tomas, Vincent. 1952. "The Modernity of Jonathan Edwards." *New England Quarterly* 25: 60–84.

Torrance, James B. 1970. "Covenant or Contract?: A Study of the Theological Background of Worship in Seventeenth–Century Scotland." *Scottish Journal of Theology* 23: 51–76.

_____. 1982. "Strengths and Weakness of the Westminster Theology" in *The Westminster Confession*. Edited by Alisdair Heron. Edinburgh: Saint Andrews Press. 40–53.

_____. 1994. "Calvin and Puritanism in England and Scotland – Some Basic Concepts in the Development of 'Federal Theology'" in *Later Calvinism: International Perspective*. Edited by W. Fred Graham. Kirksville: Sixteenth Century Journal Publishers. 264–277.

Townsend, Harvey Gates. 1940. "Jonathan Edwards' Later Observation of Nature." *New England Quarterly* 13 (September): 510–518.

Tracy, Patricia J. 1980. *Jonathan Edwards, Pastor: Religion and Society in Eighteenth Century Northampton*. New York: Hill and Wang.

Trueman, Carl R. and Clark, R. S., eds. 1999. *Protestant Scholasticism: Essays in Reassessment*. Carlisle: Paternoster Press.

Trumper, Tim J. R. 2001. "John Calvin and 'the Good News of Adoption'." Taken from "An Historical Study of the Doctrine of Adoption in the Calvinistic

Tradition." Forthcoming Ph.D. diss., University of Edinburgh.

Tylenda, Joseph N. 1974. "Calvin and Christ's Presence in the Supper — True or Real," *Scottish Journal of Theology* 27:65—75.

Van Til, Cornelius. 1972. *Common Grace and the Gospel*. Phillipsburg, NJ: Presbyterian and Reformed Publishing Co.

_____. 1974. *An Introduction to Systematic Theology*. Phillipsburg, NJ: Presbyterian and Reformed Publishing Co.

_____. 1979. *The Defense of the Faith*. Phillipsburg, NJ: Presbyterian and Reformed Publishing Co.

VanGemeren, Willem. 1988. *The Progress of Redemption: The Story of Salvation from Creation to the New Jerusalem*. Grand Rapids: Zondervan.

Venema, Cornelis Paul. 1985. "The Twofold Nature of the Gospel in Calvin's Theology: The Duplex Gratia Dei and the Interpretation of Calvin's Theology." Ph.D. diss., Princeton Theological Seminary.

Vetö, Miklos. 1996. "Spiritual Knowledge According to Jonathan Edwards." trans. Michael J. McClymond. *Calvin Theological Journal* 31:161—181.

Vos, Geerhardus. 1930. *The Pauline Eschatology*. Phillipsburg, NJ: Presbyterian and Reformed Publishing Co.

_____. 1948. *Biblical Theology: Old and New Testaments*. Grand Rapids: Eerdmans.

von Rohr, John. 1965. "Covenant and Assurance in Early English Puritanism." *Church History* 34: 195—203.

_____. 1986. *The Covenant of Grace in Puritan Thought*. Atlanta: Scholars Press.

Wainwright, William J. 1995. *Reason and the Heart: A Prolegomenon to a Critique of Passional Reason*. Ithaca: Cornell University Press.

Wallace, Ronald S. 1957. *Calvin's Doctrine of Word and Sacrament*. Grand Rapids: Eerdmans.

_____. 1959. *Calvin's Doctrine of Christian Life*. Grand Rapids: Eerdmans.

_____. 1990. *Calvin, Geneva and the Reformation: A Study of Calvin as Social Worker, Churchman, Pastor and Theologian*. Edinburgh: Scottish Academic Press.

Warfield, Benjamin B. 1932. *Studies in Theology*. New York: Oxford University Press.

_____. 1956. *Calvin and Augustine*. Philadelphia: The Presbyterian and Reformed Publishing Company.

Warth, Martim C. 1982. "Justification through Faith in Article Four of the Apology." *Concordia Theological Quarterly* 46: 105—127.

Watson, Philip S. 1959. *The Concept of Grace: Essays on the Way of Divine Love in Human Life*. Philadelphia: Muhlenberg Press.

Weddle, David. 1974. "Jonathan Edwards on Men and Trees, and the Problem of Solidarity." *Harvard Theological Review* 67: 155—175.

Weis, James. 1965. "Calvin Versus Osiander On Justification." *Springfielder* 29: 31—47.

Westminster Theological Seminary. 1980. *Westminster Statement on Justification*. Unpublished Doctrine Statement of Westminster Theological Seminary. Philadelphia, PA.

Williams, Stanley T. 1928. "Memoranda and Documents: Six Letters of Jonathan Edwards to Joseph Bellamy." *The New England Quarterly* 1: 226–242.

Willis, David 1984. "Calvin's Use of Substantia" in *Calvinus Ecclesiae Genevensis Custos*. Edited by Wilhelm H. Neuser. New York: Verlag Peter Lang.

Willis, Edward David. 1966. *Calvin's Catholic Christology: the Function of the So-Called Extra Calvinisticum in Calvin's Theology*. Leiden: E. J. Brill.

Willis-Watkins, David. 1994. "The Third Part of Christian Freedom Misplaced," in *Later Calvinism: International Perspective*. Edited by W. Fred Graham. Kirksville: Sixteenth Century Journal Publishers. 471–488.

Wilson, John F. 1977. "Jonathan Edwards's Notebooks for 'A History of the Work of Redemption'" in *Reformation, Conformity and Dissent: Essays in Honour of Geoffrey Nuttal*. Edited by R. Buick Knox. London: Epworth Press. 239–254.

_____. 1997. "Jonathan Edwards as Historian." *Church History* 46.1: 5–18.

Wilson-Kastner, Patricia. 1973. "The Theology of Grace in Jonathan Edwards." Ph.D. diss., University of Iowa.

_____. 1977. "Jonathan Edwards: History and the Covenant." *Andrews University Seminary Studies* 15 (Autumn): 205–216.

_____. 1978. *Coherence in a Fragmented World: Jonathan Edwards' Theology of the Holy Spirit*. Washington D.C.: University Press of America.

_____. 1979. "Andreas Osiander's Theology of Grace in the Perspeective of the Influence of Augustine of Hippo." *Sixteenth Century Journal* 10.2: 73–91.

Winslow, Ola Elizabeth. 1940. *Jonathan Edwards, 1703-1758*. New York: The Macmillan Co.

Wolters, Albert M. 1985. *Creation Regained: Biblical Basics for a Reformational Worldview*. Grand Rapids: Eerdmans.

Won, Jonathan Jong-Chun. 1989. "Communion with Christ: An Exposition and Comparison of the Doctrine of Union and Communion with Christ in Calvin and the English Puritans." Ph.D. diss., Westminster Theological Seminary.

Wright, Charles Conrad. 1956. *The Beginnings of Unitarianism in America*. Boston: Starr King Press.

Wright, Scott Robert. 1999. "Regeneration and Redemptive History." Ph.D. diss., Westminster Theological Seminary.